贵州省马克思主义中国化
"两个结合"的地方实践推动高端智库

新发展理念下的
贵州经济社会发展实践研究

韩卉 等 著

厦门大学出版社
国家一级出版社
全国百佳图书出版单位

图书在版编目(CIP)数据

新发展理念下的贵州经济社会发展实践研究/韩卉等著.—厦门:厦门大学出版社,2022.2
ISBN 978-7-5615-8384-5

Ⅰ.①新… Ⅱ.①韩… Ⅲ.①区域经济发展—研究—贵州 Ⅳ.①F127.73

中国版本图书馆 CIP 数据核字(2021)第 190924 号

出 版 人	郑文礼
策　　划	宋文艳
责任编辑	施建岚
技术编辑	许克华
封面设计	李夏凌

出版发行	厦门大学出版社
社　　址	厦门市软件园二期望海路 39 号
邮政编码	361008
总　　机	0592-2181111　0592-2181406(传真)
营销中心	0592-2184458　0592-2181365
网　　址	http://www.xmupress.com
邮　　箱	xmup@xmupress.com
印　　刷	厦门集大印刷有限公司

开本 720 mm×1 020 mm　1/16
印张 20.75
插页 1
字数 340 千字
版次 2022 年 2 月第 1 版
印次 2022 年 2 月第 1 次印刷
定价 75.00 元

本书如有印装质量问题请直接寄承印厂调换

厦门大学出版社
微信二维码

厦门大学出版社
微博二维码

目 录

绪 论 /001/

第一章 新发展理念的形成背景与现实逻辑 /007/
第一节 新发展理念的形成背景 /007/
一、新发展理念的产生背景 /008/
二、新发展理念的理论渊源 /019/
第二节 新发展理念的现实逻辑 /022/
一、新发展理念:"旧常态"转向"新常态"现实逻辑下的产物 /023/
二、创新理念的现实逻辑:解决发展动力问题 /024/
三、协调理念的现实逻辑:解决发展不平衡问题 /031/
四、绿色理念的现实逻辑:解决人与自然和谐问题 /041/
五、开放理念的现实逻辑:解决发展内外联动问题 /050/
六、共享理念的现实逻辑:解决社会公平正义问题 /057/

第二章 贵州创新发展实践与经验 /061/
第一节 贵州创新发展的理论与现实依据 /062/
一、贵州创新发展的理论依据 /062/
二、贵州创新发展的现实依据 /069/
第二节 贵州创新发展实践 /073/
一、贵州创新发展进程 /073/
二、贵州创新发展成效 /078/
第三节 贵州创新发展经验 /095/

一、大扶贫引领基层治理创新、农村经营体制创新、行政体制
　　创新　　　　　　　　　　　　　　　　　　　　　　　/ 095 /
二、大数据引领科技创新，促进产业结构升级，创新经济发展
　　模式　　　　　　　　　　　　　　　　　　　　　　　/ 096 /
三、大生态引领绿色金融创新和生态文明进程　　　　　　　/ 097 /
四、创新与新区（开发区）建设相结合　　　　　　　　　　/ 098 /
五、贵州创新实践必须自觉纳入国家创新战略之中　　　　　/ 099 /

第三章　贵州协调发展实践与经验　　　　　　　　　　　/ 100 /
第一节　贵州协调发展的理论与现实依据　　　　　　　　/ 100 /
一、贵州协调发展的理论依据　　　　　　　　　　　　　　/ 100 /
二、贵州协调发展的现实依据　　　　　　　　　　　　　　/ 105 /
第二节　贵州协调发展实践　　　　　　　　　　　　　　/ 107 /
一、贵州协调发展进程　　　　　　　　　　　　　　　　　/ 107 /
二、贵州协调发展成效　　　　　　　　　　　　　　　　　/ 115 /
第三节　贵州协调发展经验　　　　　　　　　　　　　　/ 133 /
一、以改革开放精神推进协调发展　　　　　　　　　　　　/ 133 /
二、以城乡互动融合为抓手推进协调发展　　　　　　　　　/ 135 /
三、充分发挥市场机制推动协调发展　　　　　　　　　　　/ 143 /
四、发挥政府作用，突破落后地区发展瓶颈　　　　　　　　/ 145 /
五、保护生态环境，增强协调发展能力　　　　　　　　　　/ 148 /

第四章　贵州绿色发展实践与经验　　　　　　　　　　　/ 151 /
第一节　贵州绿色发展的理论与现实依据　　　　　　　　/ 151 /
一、贵州绿色发展的理论依据　　　　　　　　　　　　　　/ 151 /
二、贵州绿色发展的现实依据　　　　　　　　　　　　　　/ 154 /
第二节　贵州绿色发展实践　　　　　　　　　　　　　　/ 159 /
一、贵州绿色发展进程　　　　　　　　　　　　　　　　　/ 159 /
二、贵州绿色发展成效　　　　　　　　　　　　　　　　　/ 161 /
第三节　贵州绿色发展经验　　　　　　　　　　　　　　/ 175 /
一、绿色制度建设经验　　　　　　　　　　　　　　　　　/ 175 /

二、绿色产业发展经验 / 178 /
三、绿色民生发展经验 / 185 /
四、绿色文化发展经验 / 188 /

第五章 贵州开放发展实践与经验 / 191 /
第一节 贵州开放发展的理论与现实依据 / 192 /
一、贵州开放发展的理论依据 / 192 /
二、贵州开放发展的现实依据 / 203 /
第二节 贵州开放发展实践 / 215 /
一、内陆开放型经济试验区建设为开放发展提供新契机 / 216 /
二、产业开放发展激发新活力 / 217 /
三、区域合作是开放发展的驱动力量 / 220 /
四、开放平台为开放发展打开新格局 / 223 /
五、贸易开放发展实现新跨越 / 224 /
六、基础设施开放发展迈上新台阶 / 226 /
七、人文交流开放发展取得新突破 / 228 /
第三节 贵州开放发展的基本经验 / 230 /
一、经济试验区建设是促使经济保质增速的关键环节 / 230 /
二、推动产业内外联动是贵州经济发展的动力源泉 / 231 /
三、加快区域开放发展是贵州开放发展的根本保障 / 233 /
四、开放平台建设是贵州经济内生增长的客观要求 / 235 /
五、经贸对外开放是缩小与全国发展差距的内在要求 / 236 /
六、基础设施互联互通是贵州开放发展的先决条件 / 237 /
七、人文交流是贵州适应经济全球化发展的必然要求 / 238 /

第六章 贵州共享发展实践与经验 / 240 /
第一节 贵州共享发展的理论与现实背景 / 240 /
一、贵州共享发展的理论背景 / 240 /
二、贵州共享发展的现实背景 / 246 /
第二节 贵州共享发展实践 / 250 /
一、贵州共享发展进程 / 250 /

二、贵州共享发展成效　　　　　　　　　　/ 264 /
第三节　贵州共享发展经验　　　　　　　　/ 275 /
　　一、建立健全共享发展的"兜底机制"　　/ 275 /
　　二、建立健全共享发展的保障机制　　　　/ 279 /
　　三、建立健全共享发展的分享机制　　　　/ 280 /
　　四、建立健全共享发展的动力机制　　　　/ 284 /

第七章　贵州发展启示　　　　　　　　　　　/ 289 /
　第一节　牢记嘱托,感恩奋进　　　　　　　/ 289 /
　第二节　理论与省情紧密结合　　　　　　　/ 291 /
　　一、创新发展理念下变道赶超　　　　　　/ 291 /
　　二、协调发展理念下经济结构均衡发展　　/ 293 /
　　三、绿色发展理念下守住青山绿水　　　　/ 295 /
　　四、开放发展理念下破除地理位置劣势　　/ 296 /
　　五、共享发展理念下打赢脱贫攻坚战　　　/ 297 /
　第三节　补短板,强优势　　　　　　　　　/ 298 /
　　一、抢人才,保持创新动力之源　　　　　/ 298 /
　　二、通天堑,促进地区经济协调发展　　　/ 301 /
　　三、建生态文明,展贵州绿色之势　　　　/ 304 /
　　四、借政策,打造开放型经济　　　　　　/ 305 /
　　五、全面建成小康社会,共享发展成果　　/ 306 /

参考文献　　　　　　　　　　　　　　　　　/ 309 /

后　记　　　　　　　　　　　　　　　　　　/ 323 /

绪　论

中国特色社会主义进入了新时代,这是对我国历史发展进程和阶段特征的最新定位。习近平新时代中国特色社会主义思想是新时代的指导思想。新发展理念是习近平新时代中国特色社会主义经济思想的主要内容和体现。全国各地区、各族人民正在新发展理念的指引下,推动经济高质量发展。

贵州地处祖国西南,正处于乘风破浪、赶超日月的新阶段。十八大以来,贵州在全国的发展令人瞩目,经济增长率连续 9 年处于全国省区前列,年均增长 11.6%,经济总量突破 1.5 万亿元。常住人口城镇化率达到 44.1%,率先在西部地区实现县县通高速,进入高铁时代,9 个市(州)实现通航机场全覆盖,减少贫困人口 900 多万人。城镇常住居民人均可支配收入年均增长 10.2%,达到 26 743 元①。农村常住居民人均可支配收入年均增长 12.4%,达到 8 090 元。新增就业 315 万人,实施城镇保障性安居工程 174 万套,改造农村危房 180 万户,民营经济占比达到 52%。绿色经济"四型"产业占生产总值的比重达 33%,森林覆盖率达到 52%。

这些成就的获得,离不开以习近平同志为核心的党中央的正确领导、亲切关怀和支持,离不开贵州广大党员、干部、人民群众牢记嘱托、感恩奋进、敢为人先、砥砺前行。这更是践行新发展理念,紧抓补短板、突显强优势和后发赶超的成果。

贵州在实现高质量发展过程中,把践行新发展理念和习近平对贵州发展的嘱托和指示作为实践的引领,全面贯彻到发展的各个环节。新发展理

---

① 谌贻琴:《贵州省政府工作报告(2019 年)》,2020 年 1 月。

念是一个全面、系统、高度科学的经济思想体系,是以习近平同志为核心的党中央关于发展的新思想、新论断、新指引。创新是引领发展的第一动力,是我国发展的重大支撑。只有不断地创新,才能为实现中华民族伟大复兴和社会主义现代化强国目标奠定基础和创造条件,才能永远走在世界前列。协调是新发展理念的重点内容,是解决我国社会主要矛盾的重要抓手。只有协调经济与社会、城乡、新型城镇化、工业化、信息化、农业现代化的发展关系,才能促使我国实现平衡而充分的发展。绿色是实现我国发展的根基,是中华民族持续发展的重要基础,是民族生存和发展的家园"底色"。绿色发展的核心是人与自然的和谐共生,为处理人与自然关系提出了明确的路径,指明了前行的方向。开放是我国发展的战略基点,是我国发展的基本国策和历史经验,更是经济全球化下实现更好更快发展的基本经验。现阶段的开放主要是积极推动"一带一路"、提高"引进来"和"走出去"的质量,促使开放性经济发展水平不断提升。共享发展是新发展的归宿,也是我国发展的最终目标和目的,其核心是促进社会的公平正义。我国社会主义的根本任务和目标就是实现共同富裕,实现了共享发展可让人民群众有更多的获得感、生活水平不断提高、自由而全面发展的质量不断攀升,这是中国共产党的初心和使命,更是我国发展的最终目标。这五大发展理念,深深根植于我国发展的各个环节、各个方面,是指引中国特色社会主义发展的极为重要的发展理论。

贵州一直处于践行中国特色社会主义发展理念的"前沿阵地",贵州需要新发展理念的指引,也只有在新发展理念的指引下才能获得科学、协调、持续的高质量发展。

贵州坚持创新发展不动摇,确保打赢脱贫攻坚战,致力发展先进科技生产力和营造并建设美好和谐生态环境,将新时代全面深化改革与贵州"大扶贫、大数据、大生态"三大战略紧密结合。创新实践中,贵州推动创新驱动全面深化改革,行政体制和机构改革、经济体制和环境(社会营商环境、国资国企现代企业制度环境、财税金融和要素市场环境等)改革、乡村振兴农村改革、社会主义民主法治领域改革、文化体制改革、教育医疗体制和社会治理体系改革、公检法和司法行政改革、党的建设制度和纪检监察体制改革行稳致远。创新驱动新旧动能转换不断加快,贵州传统煤、电、烟、酒产业转型,"千企引进""千企改造"加快实施。贵州大数据发展领先优势突出,深化"万企融合""上云用云",在大数据运用的广度、深度和精度方面不断精进,推进大数据与各行各业各领域深度融合,完善各产业互联网平台,催生经济发展强大动力。大扶贫与农村"三变"改革相结合,激发微观主体新活力,走创新与大扶贫战略行动相结合之路。农村产业革命从推行"三个转变"(转变思想观念、转变发展方式、转变工作作风)开始,践行"八要素"(产业选择、农民培训、技术服务、资金筹措、产销对接、组织方式、利益联结、基层党建)的基本做法。创新扶贫干部培训新模式、因地制宜的创新扶贫模式、易地扶贫"六个坚持"原则和脱贫后续发展的"五个三"等经验做法,大力探索符合贵州实际情况的扶贫攻坚新路子,为全国其他类似地区提供了先行经验。坚持扶贫攻坚必须抓好落实的"四看"法(一看房,二看粮,三看劳动力强不强,四看家中有没有读书郎)和"六个到村到户"(产业扶持到村到户、结对帮扶干部到村到户、教育培训到村到户、扶贫生态移民到村到户、农村危房改造到村到户、基础设施到村到户),强调扶贫工作无小事,重中之重在于抓好落实。工作中获得了很好效果,为精准扶贫树立了贵州样板。

贵州积极践行协调发展理念,城乡协调发展取得重大成效。贵州贫困人口由2012年的1 149万人减少到2020年的185万人[①]。以优质菜、果、茶、药、薯和牛、羊为重点的特色生态产业得到大力发展,贵州省形成了"东油西薯、南药北茶、中部蔬菜、面上干果牛羊"的扶贫产业格局,实现了由"输血式"扶贫向"造血式"扶贫的历史性转变,贫困人口增收有了可持续性。产业协调发展取得新成绩。大数据核心业态、关联业态、衍生业态三大业态快速发展,大数据全产业链加快构建,2017年业态规模总量达到1 600亿元,同比增长46%。经济增速领先,体现贵州赶超的势头突飞猛进;经济结构优化,体现贵州发展的支撑坚实有力。交通协调进程加快。率先在西部省区实现了贵州省县县通高速,建成高速公路5 582公里;高速铁路通车里程达982公里,7个市州、23个县(市)通了高铁;贵阳龙洞堡国际机场二期扩建工程完成,贵州省9个市州全部实现支线机场通航。基本公

---

① 陈传耀:《逐梦小康走新路——贵州创新机制激发脱贫攻坚活力》,《贵州日报》2019年1月21日。

共服务协调发展质量提高,城镇新增就业315万人①。顺利完成教育"9+3"计划、中职学校"百校大战",建成花溪大学城、清镇职教城。学前三年毛入园率从2011年的55%提高到2015年的80%,高于全国平均水平5个百分点;高中阶段毛入学率从58.9%提升到86.1%;高等教育毛入学率从23.2%提升到31.2%;人均受教育年限从7.59年提升到8.03年②。基层医疗卫生实现"五个全覆盖",每千人拥有床位从2.77张提高到5.57张。实施城镇保障性安居工程174万套,改造农村危房180万户③。

贵州绿色发展质量不断提高。为构建具有贵州特色的绿色产业体系,贵州省于2016年出台了《贵州省绿色经济"四型"产业发展引导目录(试行)》,确立了发展生态利用型、循环高效型、低碳清洁型、环境治理型"四型"产业。围绕"绿水青山就是金山银山"的发展理念积极推广绿色防控技术,2018年覆盖率达到32%。创建辣椒、猕猴桃、薏仁等特色作物"百、千、万化肥零增长"核心示范区样板428个,面积278.01万亩,化肥利用率达到38.1%。畜禽粪污综合利用率稳步提升,秸秆饲料化利用率、秸秆资源综合利用率分别达到30%、70%以上④。农业资源环境承载力得到提升。实施退耕还林还草36.5万亩,耕地轮作休耕制度试点20万亩。加强耕地保护与质量建设。启动果菜茶有机肥替代化肥行动,在石阡县龙塘苔茶9.5万亩茶园开展试点示范,推进种养结合、循环发展。大力推进畜禽养殖污染整改和网箱养殖整治,无证网箱养殖取缔工作全面完成,拆除非法网箱17 844.52亩。新农村建设示范稳步扩大。创建19 360个"四在农家·美丽乡村"示范点,覆盖60.5%的行政村,受益群众1 800万人。贵州省制定的《贵州省绿色制造三年行动计划(2018—2020年)》中明确,全力打造高效、清洁、低碳、循环的贵州绿色制造体系。2018年,西秀产业园区实现

---

① 贵州省统计局:《贵州省2018年国民经济与社会发展主要指标统计公报》,2019年。

② 贵州省教育厅:《贵州省基础教育质量逐渐提高,追赶态势已经形成》,《贵州日报》2019年12月3日。

③ 贵州省卫生与计划委员会:《贵州基层医疗服务质量逐年提高,发展态势良好》,《贵州日报》2019年6月10日。

④ 贵州省人民政府发展研究中心宏观经济部:《贵州省2018年绿色发展质量研究报告》,2019年。

规模以上工业总产值237.68亿元,完成500万元以上固定资产投资101亿元;外贸进出口业务持续上升,实现外贸进出口总额17 670万美元;税收收入保持高位增长,实现税收收入35 033.98万元,同比增长46.26%[①]。符合贵州旅游资源特点和市场需求的山地旅游、避暑度假、康体养生、养老养生等新兴旅游业态不断涌现,各类旅游综合体、旅游小镇等建设逐步开展而形成旅游产业聚集区。贵州省旅游收入增速较快,年均复合增长率高达31.2%。"山地公园省,多彩贵州风"已经成为贵州走向世界的一张亮丽名片。

开放发展已成为贵州高质量发展的强大动力。贵州内陆开放型经济试验区建设有声有色,内陆开放型经济渐成高质量发展气候。贵州省2016年、2017年、2018年的经济增速分别为10.5%、10.2%、9.1%,2019年的经济增速为8.3%[②],排全国第一位。贵州省经济发展潜力巨大,中国的开放需要贵州的开放,开放的贵州蕴含着无限的机遇。2018年,贵州省共引进省外项目7 317个,引进省外资金10 129亿元,比上年都有大幅度的增长。同时对外经济技术合作工作进一步推进,不断开拓国际市场,在2018年对外承包工程达35个,签订合作金额达57 077万美元,2018年的进出口总额为760 286万美元。在利用外资上,2018年直接利用外资项目数达298个,签订合同总额达829 773万美元,外资规模不断扩大。2019年来黔留学生的人数从2008年的数十人发展为4 000余人,70%来自东盟[③]。2014年贵州启动了"千人海外留学计划",贵州各高校都派出优秀的学生去海外留学深造。

共享发展使民众的获得感不断增强。贵州省居民收入水平不仅在绝对数量上每年稳步增长,占全国平均水平的比例也在稳步增长,其中贵州城镇居民人均可支配收入占全国平均水平的比例从2013年的77.70%稳步增长到2018年的80.49%,贵州农村居民人均可支配收入占全国平均水

---

① 贵州省环境保护局:《贵州省2018年生态质量研究报告》,2019年。
② 贵州省人民政府发展研究中心宏观经济部:《贵州省2019年开放发展报告》,2020年。
③ 贵州省人民政府发展研究中心宏观经济部:《贵州省2019年开放发展报告》,2020年。

平的比例从2013年的62.54%稳步增长到2018年的66.47%[①]。贵州省社会保障和就业支出自2007年起逐年增加,从2007年的70.80亿元稳步上升到2018年的537.71亿元。但社保支出占贵州地方财政一般预算支出的比例波动较大,2009年达到10.9%的高点后逐渐回落至8.5%左右,2016年之后社会保障和就业的投入力度加大,使得这一比例提高到接近11%。贵州省共有9个地级市(自治州)开展了分级诊疗试点工作,开展现代医院管理制度试点工作的公立医院达到了42所;同时建立了"督医"制度,属于全国首创。全省拥有47个国家卫生城市(县城)、411个国家卫生乡镇。2019年基本完成保障性住房10.9万套,约为2017年的五分之一,但完成保障性住房投资额相对基本完成量下降不大,2019年完成投资额818.5亿元。2019年贵州省全面完成188万人的异地扶贫搬迁,农村"组组通"全面完成,实现30户以上自然村寨全部通硬化路,受益群众近1 200万。

贵州在中国特色社会主义发展经济理论,特别是新发展理念的指引下,取得的成绩有目共睹。这不仅展现了贵州创新、协调、绿色、开放、共享发展的成绩,更是习近平总书记新发展理念的重要实践成果。贵州各族人民在党中央的领导下,会在实现中华民族伟大复兴的新历史进程中牢记嘱托,感恩奋进,乘风破浪,为实现繁荣、和谐、安定、有序的新贵州不断努力。

---

① 贵州省人民政府发展研究中心宏观经济部:《贵州省2018年共享发展报告》,2019年。

第一章　新发展理念的形成背景与现实逻辑

第一节　新发展理念的形成背景

2015年10月,习近平总书记在《关于〈中共中央关于制定国民经济和社会发展第十三个五年规划的建议〉的说明》中指出:发展理念是发展行动的先导,是管全局、管根本、管方向、管长远的东西,是发展思路、发展方向、发展着力点的集中体现。2015年10月29日,习近平总书记在党的十八届五中全会第二次全体会议上的讲话中第一次旗帜鲜明提出了创新、协调、绿色、开放、共享的新发展理念。新发展理念既符合中国国情,又顺应时代要求,对破解发展难题、增强发展动力、厚植发展优势具有非常重大的指导意义。2016年1月29日,习近平总书记在中共中央政治局第三十次集体学习时强调,新发展理念就是指挥棒、红绿灯。2017年10月18日,习近平总书记强调,要贯彻新发展理念,建设现代化经济体系。2018年3月11日,第十三届全国人民代表大会第一次会议通过《中华人民共和国宪法修正案》,在"自力更生,艰苦奋斗"前增写"贯彻新发展理念"。在这个里程碑式的会议中,"创新、协调、绿色、开放、共享"的新发展理念,也称"五大理念",正式被提出。创新发展注重解决发展动力问题;协调发展注重解决发展不平衡问题;绿色发展注重解决人与自然和谐问题;开放发展注重解决发展内外联动问题;共享发展注重解决社会公平正义问题。新发展理念,深刻揭示了实现更高质量、更有效率、更加公平、更可持续发展的必由之路,是针对我国经济发展进入新常态、新阶段,世界经济复苏低迷形势提出的治国之策;是针对当前我国发展面临的突出问题和挑战提出的战略指引;反映了我们党对经济社会发展规律的认识深化,指明了现阶段乃至更长时期我国的发展思路、发展方向和发展着力点,具有战略性、纲领性、引领性。

一、新发展理念的产生背景

(一)和平与发展的时代背景

新发展理念不是凭空得来的,是我们在深刻总结国内外发展经验教训的基础上形成的,也是在深刻分析国内外发展大势的基础上形成的。当今世界正处在一个大发展、大变革、大调整的时代。世界多极化、经济全球化深入发展,社会信息化、文化多样化持续推进,新一轮科技革命和产业革命正在孕育成长,各国联系日益频繁和密切。人类社会已经成为你中有我、我中有你、休戚相关的命运共同体,国际力量对比在此消彼长中朝着相对均衡的方向发展,于是和平、发展、合作、共赢的时代潮流变得愈加突出。可以说,和平与发展是当今世界各国人民共同的企盼,是世界历史发展的主流旋律。

理解和平与发展是中国乃至全世界各国面对的大环境,实则就是理解新理念产生的时代背景。和平问题是当今世界的最根本问题,试想一个战无休止的世界,何谈发展和变革?何谈人民的安居乐业?当代世界和平问题,是指防止世界大战和核战争的爆发,也包括反对和制止大规模的局部战争、常规战争,以及针对军备竞赛尤其是核军备竞赛而进行的裁军活动。和平问题之所以是当今世界的根本问题,主要是因为战争的手段和特点发生了根本的变化,从而也对人类的生存构成了根本性的威胁。从常规武器到核武器,从霸权主义和强权政治到国际恐怖主义、极端民族主义、宗教激进主义和新老法西斯主义,这些均已构成对世界和平与安全的严重威胁。局部战争呈现频繁发生、技术含量高、突发性强、性质复杂、破坏性大等特点,造成的损失也是相当惊人的。总之,战争的潜在因素并未消失,因此,需要全世界人民共同努力来防止战争,维护和平。

发展问题是当今世界的核心问题。早在1985年,邓小平在谈话时指出:"现在世界上真正大的问题,带全球性的战略问题,一个是和平问题,一个是经济问题或者说发展问题。和平问题是东西问题,发展问题是南北问题。"①发展问题的核心是发展中国家的发展,马克思说过:"国际关系是生产力和世界交往发展的产物,世界交往发展的水平决定着国际关系的丰富程度;在国际关系的研究中,应以马克思主义世界历史理论为指导,从整体上把握国际关系的重大问题;国际关系是一个密切联系、不可分割的整体,是一个相互依赖、相互依存的有机体。"②因此发展中国家是否具有向发达国家看齐的能力,是否能在国际市场占有一席之地,是否能拥有国际平均生产力,对发展中国家、发达国家,甚至全世界而言,都是相互牵制和相互影响的。

和平与发展的关系即世界范围内的政治与经济的关系,两者相互依存,互为因果,相互促进,又相互制约。维护和平是促进发展的基本前提。只有维护世界和平,才能为世界经济的发展创造一个良好的国际环境,才能保证世界各国集中精力加快发展,才能保证将有限的人力、物力和财力用在社会经济的发展上面。世界各国的共同发展与繁荣,是世界和平的重要基础。发展是战后乃至更长时间内避免新的世界大战、维护世界和平的有利因素;发展有助于减少和消除一个国家和地区,乃至世界的不稳定因素,减少军事冲突的诱发因素。没有和平就没有发展,没有发展也不可能有真正的和平。在和平中求发展,以发展促和平,是人类社会走向美好未来的重要条件。

2020年6月18日,结合当下疫情形势,习近平主席寄予了"一带一路"倡议新期待:我们愿同合作伙伴一道,把"一带一路"打造成团结应对挑战的合作之路、维护人民健康安全的健康之路、促进经济社会恢复的复苏之路、释放发展潜力的增长之路。通过高质量共建"一带一路",携手推动构建人类命运共同体。③ 中国作为联合国安理会常任理事国,提出走和平

---

① 吴国璋:《全球性的问题是发展问题》,《学习月刊》1996年第3期。
② 严双伍:《马克思主义世界历史理论与国际关系的若干问题》,《武汉大学学报(哲学社会科学版)》1996年第4期。
③ 新华社:《"一带一路"内涵上新了,习主席对这一方案有过哪些重要论述?》,《理论导报》2020年第6期。

发展道路,是对和平与发展的时代主题以及要和平、促发展、谋合作的时代主旋律的最好回应。在和平与发展的时代大背景下,中国一方面遵循国际秩序、维护世界和平;另一方面在全球层面推动治理体系改革,于2013年提出建设"丝绸之路经济带"和"21世纪海上丝绸之路"的合作倡议——如今已经成为中国向世界提供的规模最大的公共产品合作平台,展示了中国推动新型经济全球化的决心,得到了越来越多的支持。中国启动的一大波连接欧亚大陆的基础设施投资,促进各国共享资源与繁荣,广大发展中国家正在加大基础设施建设力度,世界经济发展的红利因此不断输送到这些发展中国家。可以说,"一带一路"倡议为世界提供了一条共商共建共享的途径,推动了新型经济全球化发展。

由此,新理念应运和平与发展的全球化主题,契合贸易大繁荣、投资大便利、人员大流动、技术大发展、教育大融合的国际形势,不仅标志着中国在国际上的重新定位,也使各国人民从中受益,为世界经济发展做出了重要贡献。

(二)发展不平衡不充分的社会背景

党的十九大报告明确提出,新时代我国社会主要矛盾是"人民日益增长的美好生活需要和不平衡不充分发展之间的矛盾"。报告在表述社会主要矛盾转化中突出了发展的"不平衡不充分",并且把"矛盾不平衡"放在前面,抓住了当前各种具体矛盾的本源,及其在经济、政治、文化、社会、生态领域的具体表现。自党的八大以来,关于社会主要矛盾的基本表述除个别时期因特殊原因有较大差别之外,历次改变的只是个别语词,着眼点集中于需求增长与供给不足之间的矛盾,彰显我们党为民执政的基本特质和文明素养。这也是对我国社会主义初级阶段的时代性特征之一的科学认识,是用历史唯物主义基本立场和方法提出的指导党和国家各方面长期工作的重大战略洞见。十九大之后,我国社会的主要矛盾已经转化为人民对美好生活的需要和不平衡不充分的发展之间的矛盾。不平衡发展指的是我国在经济发展过程中出现的不平衡问题,集中表现在供需不平衡、区域不平衡、产业不平衡、城乡不平衡、收入不平衡等方面。不充分发展指我国生产力发展不充分、资源和能源没有得到充分利用、原发性的重大科技创新能力不太强等。这种不平衡不充分可以理解为非均衡发展,最主要表现在地区之间和城乡之间的差异、差距。而其中最为直观的表现是从1949年到2016年31个省(自治区、直辖市)的GDP数据。由于时间跨度较长,根据《中国统计年鉴》,笔者以历史阶段将数据按新中国成立初期(1949—1956年)、摸索时期(1957—1977年)、改革初期(1978—1992年)、改革中期(1993—2002年)、发展时期(2003—2016年)划分为五个部分。

通过1949—2016年31个省(自治区、直辖市)的GDP数据,可以看出中国各地区之间的差异巨大,这种差异也可以从中国区域差距来看:首先,1949年到1956年,全国31个省(自治区、直辖市)中,超过一半在1952年以前都没有GDP数据,海南省更是在1978年前都没有该数据,而这些没有数据的省和地区,就是"基础差、零起点、没条件、慢速跑、后发展"的"边缘、边远、边疆"地区。其次,1957年至1977年,是我国发展过程中成绩与挫折并存的特殊时期,一方面中国共产党领导中国人民为寻找适合中国国情的发展道路而艰苦探索,另一方面由于缺乏经验,犯了"左"倾错误,爆发了"文化大革命",给社会主义现代化建设造成极大危害。这一时期,全国各地区的经济发展呈现"强的不强,弱的更弱"的态势。1978年到1992年,属于改革开放时期。历经15年的改革和探索,确立了社会主义初级阶段的发展道路。但是可以看出,在改革开放之后,中国各地区的差异不但没有缩小,反而更大。1993年到2016年,我国经济发展按地域分为东、中、西、东北四大板块,从2013年起,东北的经济出现下滑,原来西部的增速一马当先,从2017年起中部经济上升超过了西部。同时,板块的内部也在发生分化,有一些地区经济开始变差,而有些地区又稳步上升。借着改革的春风,板块内部出现了一个特殊的现象,就是逐渐出现了南北差距,经济增长南高北低,经济总量南升北降。此外,发展的不平衡不充分还表现在区域内部。计划经济时期最大的发展两极是沿海与内地,直到改革开放前20多年,形成了东、中、西三大板块;21世纪又形成东、中、西、东北区域划分的局面。

换一个角度,即从每一个历史阶段的横切面看,城乡差距和差异都赫然在目。尽管针对"三农"工作的意见和部署自2014年到现在发布的中央一号文件里一直都在着重强调,但总体来看城乡之间的发展不平衡依然显著,主要表现在:首先,城乡基础设施建设发展不平衡。城市基础设施建设发展既快又好,便捷科技随处可见,通畅信息随手可得。农村的基础设施建设政府投入少,大部分靠农民自己解决,而农民收入不高,主动出钱投资公共设施建设热情不高,所以农村的公共基础设施落后,公共事业发展滞后。在管理和维护上,城市有完备的管理体系,有专门单位进行维护管理,而农村则更多以自治为主。其次,城乡居民收入不平衡。城市居民收入增长速度明显快于农村居民,农村居民收入水平低,收入增长速度缓慢。从国家统计局数据可以看出,随着国家整体经济水平提高,城乡居民收入之比在逐渐增大。再次,城乡公共服务水平不平衡。一是教育资源在城市农村学校的分配上不平衡;二是城乡居民的医疗保障和卫生服务的差距明显;三是在社会保障体系方面虽已基本实现新型农村社会养老保险、城镇居民社会养老保险全覆盖,但在工伤、失业等其他方面还有差距;四是农村基础设施薄弱,基础设施及交通安全工作远远落后于城市。最后,社会投资不平衡。在社会固定资产投资总额中,农村固定资产投资额占的比重偏小,且呈现下降趋势。党的十九大报告针对城乡差距,明确提出建立健全城乡融合发展体制机制和政策体系。"这是中央文件首次提出城乡融合发展的概念,也是实施乡村振兴战略、加快推进农业农村现代化的根本保障。城市与乡村是一个有机体,城乡关系是最基本的经济社会关系,也是国家和区域内最重要的相互依赖关系,只有两者均实现可持续发展,才能相互支撑。"①进入新时代,实现第一个百年目标是全体人民期盼已久的共同梦想,全面建成社会主义现代化的脚步也愈加靠近。但需要明确的是社会主义的本质是解放生产力,发展生产力,消灭剥削,消除两极分化,最终达到共同富裕。而针对我国目前的经济现状,尤其是解决区域发展之间、城乡发展之间、收入分配之间以及产业发展之间不平衡的问题,是全面建成小康社会、实现全面建成社会主义现代化强国的首要任务。先富带动后富,城市农村相互依托,以合理的机制实现资源共享、优势互补等,都是要靠发展来实现的。因此,为适应新时代的发展要求和新时代的发展环境,新发展理念则成了一种必要的准则和工具。

(三)马克思主义和中国特色社会主义的理论背景

习近平总书记在纪念马克思诞辰200周年大会上强调:历史和人民选

---

① 阿布都瓦力·艾百、吴碧波、玉素甫·阿布来提:《中国城乡融合发展的演进、反思与趋势》,《区域经济评论》2020年第2期。

择马克思主义是完全正确的,中国共产党把马克思主义写在自己的旗帜上是完全正确的,坚持马克思主义基本原理同中国具体实际相结合、不断推进马克思主义中国化时代化是完全正确的!①

马克思主义的发展观揭示人类生产生活的最一般的规律。马克思从人类生产生活的最一般的规律入手,揭示了人类社会历史发展的规律。马克思认为人类的历史发展是人类社会活动的结果,人类社会是以生产物质生活资料为基础发展起来的。"物质生活的生产方式制约着整个社会生活、政治生活和精神生活的过程。"②生产力的发展水平决定着生产关系的状况,生产力与生产关系的矛盾运动推动着社会的变革和发展。马克思在研究人类社会发展的规律时,指出人类历史有一个由低级形态向高级形态依次更替的进程,并根据不同历史时期生产力方式的不同,提出人类社会的发展大体要经历原始社会、奴隶社会、封建社会、资本主义社会、社会主义社会等若干种生产方式或社会形态。"历史上依次更替的一切社会制度都只是人类社会由低级到高级的无穷发展进程中的一些暂时阶段。"③恩格斯进一步探索了马克思有关人类发展的最一般的规律以及人类社会的发展方向。恩格斯进一步论证了经济、社会、自然三者之间的关系,从三者的和谐统一只有在公有制的制度下才能实现的角度论证了社会主义代替资本主义的历史必然性。马克思主义发展观的主要观点包括:实现人的自由而全面发展;生产力是社会发展中的决定性力量;交往的扩大促进社会发展;促进人与自然的和解与和谐;社会发展是一个自然历史过程,社会发展必须保持协调发展④。另外,恩格斯晚年提出了关于共享观的新论断,实则也是发展观的补充和完善。恩格斯认为"从主体力量上论述绝对保障人人共享改革红利成效;从价值表达的角度鼓励成果的共享才能真正通往

---

① 习近平:《在纪念马克思诞辰 200 周年大会上的讲话(2018 年 5 月 4 日)》,[EB/OL].(2018-5-4)[2020-01-30]. http://www.xinhuanet.com/politics/2018-05/04/c_1122783997.htm.

② 中共中央马克思恩格斯列宁斯大林著作编译局:《马克思恩格斯选集》,人民出版社 2012 年版。

③ 中共中央马克思恩格斯列宁斯大林著作编译局:《马克思恩格斯选集》,人民出版社 2012 年版。

④ 刘宗涛:《马克思主义发展观的基本观点探析》,《科学社会主义》2018 年第 4 期。

自由之境;从实现共享安全的角度来讨论只有在无产阶级专政的基础上保证生产资料公有制的划分,加上共产主义政党强有力的领导才可以最终真正实现;从科学原则方面论述了共享才是公平正义观真正实现看得见的标尺。"①恩格斯晚年对共享的论述更加富有科学性,更加系统化、理论化。从新时代中国的角度看恩格斯晚年共享观奠定了共享发展理念的基础,也是指导新时代中国社会主义建设的理论依据,在指导解决当下处在全面深化改革时期大环境的中国社会主要矛盾、衡量决胜全面小康社会标准、推进国家治理现代化以及针对指导命运共同体方面提供了源源不断的科学实践遵循。再看列宁的发展观,列宁发展观是一个内在逻辑严密的整体,"以辩证唯物主义和历史唯物主义为理论支撑,从帝国主义理论这个逻辑起点出发,依据俄国资本主义发展的实际,对俄不同历史时期社会发展问题做出一系列判断和回答,分别形成了革命的发展观和建设的发展观,以不断促进人的全面发展和解放,把马克思主义发展观推向一个新阶段。"②列宁的发展观对我国的革命、建设和改革有重要影响。在新冠疫情打乱了世界秩序的今天,我们尤为需要从列宁的发展观中获取有益的养分。

马克思主义思想在理解发展问题时始终以人民为中心,从根本上讲源于对人的本质的深刻理解。马克思提出了"人的本质并不是单个人所固有的抽象物,在其现实性上,它是一切社会关系的总和"的著名论断③。这里的"人"就是具有主观能动性的活生生的人民群众。他们不仅能够适应生产关系的变化,而且能通过自己的主观努力,改善和变革生产关系,进而推动生产力的解放和发展。因此,在深刻理解生产力与生产关系辩证关系原理的基础上,马克思主义经典作家无不高度重视生产关系中的人民群众的重要作用,以此抓住生产关系对生产力发挥反作用的关键要素。正如马克思所言:"在一切生产工具中,最强大的一种生产力是革命阶级本身。"④人

---

① 孔祥杰:《恩格斯晚年共享观研究》,喀什大学硕士学位论文,2020年。
② 刘从德、郭彩星:《探析列宁发展观的内在逻辑及其价值》,《决策与信息》2016年第5期。
③ 中共中央马克思恩格斯列宁斯大林著作编译局:《马克思恩格斯选集》,人民出版社2012年版。
④ 中共中央马克思恩格斯列宁斯大林著作编译局:《马克思恩格斯选集》,人民出版社2012年版。

民群众是一切社会活动的根本动力。实践证明,坚持以人民为中心,促进人的全面发展,不仅是一种目标取向,而且是社会主义社会生产力发展的必然要求。因此,马克思主义始终把以人民为中心作为理论和实践的出发点和归宿点,把坚持人民主体地位作为人的本质的必然要求和根本立场。

在发展的历程中,我们将马克思主义与中国的实际相结合,实现了中国从积贫积弱中走出来,站起来、富起来到强起来。

鸦片战争以来,古老的中国曾经内外交困,一系列救国方案纷纷破产。直到十月革命一声炮响,为中国送来了马克思列宁主义,中国共产党应运而生,团结带领中国人民完成了革命、建设、改革一系列实践,实现了中华民族从站起来、富起来到强起来的伟大飞跃。这其中也形成了中国特色的理论体系:如毛泽东思想是马克思列宁主义的基本理论与中国革命具体实践相结合的产物,是马克思主义中国化的第一个重大理论成果。当时旧中国的经济本来就极其落后,连年的战争更是雪上加霜。经过抗日战争和解放战争,到新中国成立时,经济发展水平甚至远远不及战前。在异常严峻的环境下,毛泽东带领党和人民团结合作完成了生产资料私有制的社会主义改造,创造性地实现了由新民主主义社会向社会主义社会的转变,建立起社会主义制度,实现了中国历史上最伟大、最深刻的社会变革,为我国今后的发展奠定了基础。其著作《论十大关系》可以看作是毛泽东对新中国成立以来的经济发展问题的一次全面、深刻的思考,并总结了我国社会主义建设的经验,提出了调动一切积极因素为社会主义建设事业服务的基本方针,对适合中国国情的社会主义建设道路进行了初步的探索。

再如,邓小平继承伟大领袖毛泽东同志和其他老一辈革命家思想,在寻找一条适合我国国情的社会主义道路过程做出许多努力、提出许多好的思想中结合了中国特色社会主义的发展,由此逐步形成了理论体系。自党的十一届三中全会以来,邓小平理论指引我们进行拨乱反正和全面改革,逐步实现了从"以阶级斗争为纲"到以经济建设为中心、从封闭半封闭到改革开放、从计划经济到社会主义市场经济等一系列重大转变,使我国政治稳定,经济发展,民族团结,社会生产力、综合国力和人民生活都上了一个大台阶,成功地走出了一条具有中国特色的社会主义新道路。

而马克思主义中国化的最新成果中的"新发展理念"是习近平总书记根据我国经济发展实践总结提炼出的规律性成果,是将实践经验上升为系统化的经济学说,是建设社会主义现代化国家的总引领,为构建中国特色社会主义政治经济学提供了理论框架。

总的来说,新发展理念是马克思主义发展理论的时代创新。新发展理念是我们党对我国发展方式做出的重大战略选择,体现了鲜明的问题导向和时代特色。一是突出发展的规律性。马克思主义发展理论认为,社会发展是一种自然历史过程。新发展理念强调把发展基点放在创新上,通过创新培育发展新动力、拓展发展新空间、塑造发展新优势;在认识和把握发展客观规律的基础上注重发挥人的主观能动性,体现了尊重经济社会发展客观规律与发挥人的主观能动性辩证统一的高度自觉。二是突出发展的整体性。马克思主义发展理论从世界普遍联系和永恒发展的观点出发,把社会看作是一个由各个要素或子系统组成的社会有机整体。新发展理念体现了发展的系统性、整体性,体现了两点论和重点论、发展平衡和不平衡、发展短板和潜力、国内国际经济发展的有机联系和内在统一。三是突出发展的永续性。在马克思主义发展理论看来,社会历史是人与自然相互作用的两个过程在人类实践中的统一。新发展理念要求有度有序利用自然,体现了促进人与自然和谐发展这一实现人类社会永续发展的必然要求。四是突出发展的共享性。马克思主义发展理论把人的发展作为社会发展的核心和最高目标。新发展理念强调以人民为中心,把增进人民福祉、促进人的全面发展作为出发点和落脚点,反映了人的发展与社会发展相统一的历史规律。

由此看出,我们党发展理论的最新成果——创新、协调、绿色、开放、共享的发展理念是马克思主义发展理论在当代中国的新发展,是中国特色社会主义理论体系中衍生的新发展,也是符合建设中国特色社会主义道路和中国国情的新发展,并深深地照亮了中国特色社会主义前进的方向。

(四)中国特色社会主义的制度背景

制度是定国安邦的根本,成就伟业的保障。马克思主义告诉我们,无产阶级夺取政权以后不能简单地运用现成的国家机器来达到目的,必须建立政权机构。中国特色社会主义制度和国家治理体系,就是中国共产党团结带领中国人民在推翻帝国主义、封建主义和官僚资本主义的反动统治之后,创造性地运用马克思主义国家学说,深刻总结国内外正反两方面经验,在不断探索实践、不断改革创新中建立起来的全新国家制度和国家治理体系。

中国特色社会主义制度和国家治理体系是在借鉴我们党领导新民主主义革命时期在根据地执政的宝贵经验基础上，经历了新中国 70 年三个大的历史阶段形成和发展起来的。从新中国成立到党的十一届三中全会前，我们党确立了人民当家作主的国家制度，建立起社会主义基本制度，探索适合国情的社会主义建设道路，为当代中国一切发展进步奠定了根本政治前提和制度基础。建立什么样的国家制度，是近代以来中国面临的一个历史性课题。中国共产党自成立以来就致力于建立人民当家作主的新国家、新社会，不但提出了关于未来国家制度的主张，而且带领人民为之奋斗了 20 多年，积累了在局部地区执政的宝贵经验。

从党的十一届三中全会到党的十八大前，我们党鲜明提出走自己的路、建设有中国特色的社会主义，积极推进经济体制及其他体制改革，形成中国特色社会主义制度，不断完善国家治理，为改革开放和现代化建设提供了坚实制度保障。党的十一届三中全会开启了改革开放历史新时期，也开启了中国特色社会主义制度自我完善和发展的历史新征程。从那以后的 40 多年来，党带领人民积极推进党的领导体制和经济体制、政治体制、文化体制、社会体制、生态文明体制、军事体制等方面的改革，不断完善和发展中国特色社会主义制度、国家治理体系、基本经济制度、中国特色社会主义法治体系。

党的十八大以来，通过统筹推进"五位一体"总体布局、协调推进"四个全面"战略布局，推动中国特色社会主义制度更加完善、国家治理体系和治理能力现代化水平明显提高，为党和国家事业发生历史性变革提供了有力保障。以习近平同志为核心的党中央在党的十八届三中全会通过的《中共中央关于全面深化改革若干重大问题的决定》中，明确提出全面深化改革的总目标是完善和发展中国特色社会主义制度、推进国家治理体系和治理能力现代化，并且在此后展开的全面深化改革实践中坚持问题导向和目标导向相结合，积极推进党和国家制度建设及国家治理体系现代化，取得历史性成就。

纵观社会主义从诞生到现在的整个历史过程，在中国这样的东方大国夺取全国政权、建立社会主义制度，进而建设社会主义现代化强国，是马克思主义发展史上的崭新课题。

国家制度和国家治理体系是党和国家事业兴旺发达的根本保障。新中国成立70余年来,中国共产党领导人民书写了社会主义革命和建设的中国故事、改革开放新时期的中国故事、党的十八大以来发生历史性变革的中国故事,书写了创造世所罕见的经济快速发展奇迹和社会长期稳定奇迹的中国故事,书写了中华民族迎来从站起来、富起来到强起来伟大飞跃的中国故事。实践证明,中国特色社会主义制度和国家治理体系是以马克思主义为指导、植根中国大地、具有深厚中华文化根基、深得人民拥护的制度和治理体系,是具有强大生命力和巨大优越性的制度和治理体系,是能够持续推动拥有十四亿人口的大国进步和发展、确保拥有五千多年文明史的中华民族实现"两个一百年"奋斗目标进而实现伟大复兴的制度和治理体系。

21世纪是国家治理能力竞赛的世纪,对世界各国尤其是发展中国家而言,国家治理能力建设十分迫切。党的十九届四中全会系统地总结了我国国家制度和国家治理体系具有的显著优势,其中一个重要方面就体现在"坚持公有制为主体、多种所有制经济共同发展和按劳分配为主体、多种分配方式并存,把社会主义制度和市场经济有机结合起来,不断解放和发展社会生产力的显著优势"。解放和发展社会生产力,是社会主义的本质要求。公有制为主体、多种所有制经济共同发展,按劳分配为主体、多种分配方式并存,社会主义市场经济体制等社会主义基本经济制度,既体现了社会主义制度的优越性,又同我国社会主义初级阶段社会生产力发展水平相适应,是党和人民的伟大创造。公有制经济是长期以来在国家发展历程中形成的,为国家建设、国防安全、人民生活改善做出了突出贡献。民营经济是社会主义市场经济发展的重要成果,是推动社会主义市场经济发展的重要力量。按劳分配为主体、多种分配方式并存,让社会发展成果更多更好地惠及普通劳动者。社会主义市场经济体制把社会主义制度和市场经济有机结合起来,既充分发挥市场在资源配置中的决定性作用,又更好发挥政府作用,使得市场更具有开放性和包容性。因此,我国的基本经济制度是中国特色社会主义制度的重要支柱,为巩固新发展理念,实现经济高质量发展奠定了制度基础。

二、新发展理念的理论渊源

新发展理念基于中国经济社会发展新阶段新形势下的新任务新挑战背景而生。作为中国特色社会主义政治经济学的最新理论成果,新发展理念起源于马克思主义哲学,又辩证地发展了马克思主义哲学。从辩证唯物主义来看,新发展理念的五个方面内部存在理论的辩证性,又同时结合了中国实际的实践性。通过对中国经济发展及其复杂环境的分析,并且随着对现实的不断认识和总结,该理论的整体水平和实用性不断提高,最终起到接力推进社会主义现代化建设的作用。从历史唯物主义看,新发展理念具有历史发展观的品质,也就是蕴含着发展过程中人与人、人与社会之间的抽象逻辑。马克思历史发展观的品质基石就在于马克思对人和人类社会的关注,他认为人类社会的发展与不同阶级之间的斗争密不可分。新发展理念中的历史发展观就体现在如何更好地实现人的解放,并据此提出了人民应共享历史成果。

(一)创新理念的理论渊源

创新发展是新发展理念的核心,抓住了创新就抓住了牵动经济社会发展全局的牛鼻子。一个国家和民族的创新能力决定了它的前途和命运。马克思主义哲学中提到创新是社会发展过程中新事物的产生和旧事物的灭亡,新事物的产生都是创新的产物,创新推动社会的发展。创新是马克思主义哲学的本质之一,马克思主义哲学本身与创新是内在统一的。随着实践的发展而不断自我更新是马克思主义哲学的本性及生命之所在,创新发展理念就是在此基础上提出的。

(二)协调理念的理论渊源

马克思主义哲学中提到矛盾的两种基本属性是同一性和斗争性。同一性是指矛盾双方相互依存、相互贯通,即矛盾双方互为存在的条件,共处于一个共同体中,存在着相互渗透以及相互转化的趋势,深刻地体现了对立面之间的内在统一性。协调发展理念是为了解决发展不平衡问题,着力增强发展的整体性。为了达到这一目的,就要紧扣解决发展中不平衡、不协调、不可持续问题,切实调整比例、补齐短板、优化结构,使具有斗争性的"矛盾"双方的同一性得到充分体现,让双方共同协调发展。例如,在过去人们通过过度开采自然资源发展经济,这样的行为使人们认为环境保护与经济发展之间存在着对立关系。但我们现在应该倡导的是在保护环境的同时,推动经济的发展。所以说协调发展理念的哲学基点就是马克思主义哲学的矛盾观。

(三)绿色理念的理论渊源

习近平总书记强调在进行社会经济建设的过程中必须不断地改善生产力关系和加强环境保护力度,以实现尊重自然、爱护自然的绿色发展理念。除此之外,还应更重视生态文明建设与经济建设之间的协调发展和相互转化。绿水青山不仅造福子孙后人,更对当前经济发展具有巨大的推动作用。它的哲学根据就是马克思主义哲学中的尊重客观规律的理论和马克思主义自然观以及马克思主义生态思想中关于"人与自然辩证统一关系""两大和解"的理论。马克思恩格斯早在19世纪中期就全面深刻地分析了人与自然对立统一的辩证关系,极具前瞻性地为实现人与自然的和解、和谐指明了方向。他们认为人类源于自然又依赖自然生存和发展;实践是人与自然关系的中介,是自在自然向人化自然转化的实现方式;资本主义社会人与自然的矛盾是由社会性质、资本家的贪婪以及科学技术的滥用所致;实现人与自然的和解要尊重自然规律、合理利用科学技术、从根本上变革不合理的社会制度。马克思恩格斯的人与自然关系思想为当前我们建设美丽中国、实现绿色发展具有重要的启示意义。

(四)开放理念的理论

关于开放的理论,最早可以追溯到马克思恩格斯在《共产党宣言》中关于资产阶级在人类社会历史上曾经起到的推动作用的一系列论述。马克思恩格斯早在《共产党宣言》中预言:资产阶级由于开拓了世界市场,使一切国家的生产和消费都成为世界市场,使一切国家的生产和消费都成为世界性的了……这些工业所加工的,已经不是本地原料,而是来自极其遥远的地区的原料;它们的产品不仅供本国消费,而且同时供世界各地消费……过去那种地方的和民族的自给自足和闭关自守的状态,被各民族的各方面的互相往来和各方面的依赖所代替了①。同时对于资产阶级所做所为,马克思恩格斯不置可否地在《共产党宣言》中提道"资产阶级在历史上曾经起过非常革命的作用"②,这包括——使生产工具,从而使生产关系,从而使社会关系不断地革命化,使国家的一切生产和消费都成为世界性的,使乡村从属于城市,使未开化的和半开化的国家从属于文明国家。

关于开放的理论,还可以追溯到马恩之后的列宁。列宁在《帝国主义是资本主义的最高阶段》中提到垄断组合、资本输出问题,并认为垄断、资本输出是帝国主义的特征,垄断和资本输出是在资本主义社会诞生并成长的,促进了资本主义社会阶段性的繁荣和发展③。

本着客观的态度,一方面承认资本主义对历史的推动性,一方面结合中国国情建立一个对外开放的态度。一国对外开放的程度对其经济发展、国际地位以及国际竞争力都有着深远的影响。开放理念注重解决的是发展的国内外联动问题,完善互利多赢、多元平衡、安全高效的开放型经济体系。以"一带一路"建设为重点,坚持引进来和走出去并重,遵循共商共建共享原则,加强创新能力开放合作,形成陆海内外联动、东西双向互济的开放格局。积极开展中外文化交流,在学习互鉴中共同发展。开放理念的哲学基点在于马克思主义哲学中的事物发展是普遍联系和发展的理论。该理论指出普遍联系和发展是客观事物存在的形式,世界上并不存在完全孤立的事物,所以就要求人们应用联系、发展的观点去看问题。

(五)共享理念的理论渊源

共享理念实质就是坚持以人民为中心的发展思想,指出应由人民共同享有经济发展成果,体现的是逐步实现共同富裕的要求。这同时也是马克思主义的一个基本目标。迄今为止,我国提出的所有正确的理论或理念的历史主体都是人民,同时基于马克思主义哲学中人民群众是历史的创造者的历史观,便诞生了共享发展理念。马克思主义认为,人民群众是历史的

---

① 马克思、恩格斯:《共产党宣言》,人民出版社2015年版。
② 马克思、恩格斯:《共产党宣言》,人民出版社2015年版。
③ 列宁:《帝国主义是资本主义的最高阶段》,人民出版社2020年版。

创造者、社会物质财富和精神财富的创造者以及社会变革的决定性力量。中国共产党历来尊重人民群众的主体地位,将实现人民群众的主体地位作为一以贯之的执政理念和执着追求,并把人民群众创造历史的观点运用于革命、建设和改革的实践中,形成了党的群众观点。新的时代,我们党要团结带领人民建设社会主义现代化强国、实现中华民族伟大复兴的中国梦,依然需要不断接受马克思主义哲学智慧的滋养,始终做到"从群众中来,到群众中去",使人民共享经济发展的成果。

总之,无论是从新发展理念整体还是单独从五个发展理念来看,其理论渊源都主要是马克思主义的辩证唯物主义哲学观和历史唯物主义哲学观。

第二节 新发展理念的现实逻辑

马克思说"任何真正的哲学都是自己时代精神的精华"。[①] 新发展理念是时代的精华,是深刻总结国内外发展经验教训、深刻分析国内外发展大势、针对我国发展中的突出矛盾和问题而做出的重大发展理论创新,是我国发展思路、发展方向、发展着力点的集中体现,是关系我国发展全局的一场深刻变革,深刻揭示了实现更高质量、更有效率、更加公平、更可持续发展的必由之路。

习近平总书记强调,改革是由问题倒逼而产生,又在不断解决问题中深化,要始终树立强烈的问题意识,哪里矛盾和问题最突出,就重点抓哪项改革。新发展理念是针对我国发展中的突出矛盾和问题提出来的[②]。新发展理念体现了强烈的问题意识,具有强大的现实逻辑。

---

① 中共中央马克思恩格斯列宁斯大林著作编译局:《马克思恩格斯选集》(第1卷),人民出版社2012年版,第121页。
② 习近平:《以新的发展理念引领发展》,《习近平谈治国理政》(第二卷),外文出版社2017年版,第197页。

一、新发展理念:"旧常态"转向"新常态"现实逻辑下的产物

"逻辑"是英文"logic"一词的音译。在现代汉语中,"逻辑"一词在不同的语境下具有不同的含义,一般是指客观事物发展的规律,也指某种理论、观点和研究问题的方法,思维的规律、规则或是指作为一门科学的逻辑学①。现实逻辑是指以现实问题为导向,从现实实际出发,解决实际发展中的问题,回应时代之问。"新发展理念的现实逻辑主要体现在解决什么问题和怎样解决问题的总体思路上。"②

从总体上看,新发展理念是我国为解决"旧常态"的诸多矛盾和问题,转向"新常态"发展阶段而提出的发展思路、发展方向、发展着力点,是破解新发展难题的指导思想和行动纲领。认识新常态、适应新常态、引领新常态,是当前和今后一个时期我国经济发展的大逻辑。

"旧常态"是指过去我国经济增速高、经济增长方式粗放、经济结构增量扩能、经济发展动力以要素驱动为特征的经济发展状态和发展阶段。在旧常态发展阶段,我们实现了改革开放以来的经济高速增长,经济增长率保持在9%以上,一些年份的经济增速甚至在两位数以上,位居世界经济增长前列。1979年至2012年,我国经济快速增长,年平均增长率达到9.9%,比同期世界经济平均增长率快7个百分点。自2006年以来,中国对世界经济增长的贡献率稳居世界第一位,是世界经济增长的第一引擎。我国成了世界经济第二大国、货物贸易第一大国、外汇储备第一大国、服务贸易第二大国、使用外资第二大国、对外投资第二大国。在看到经济增长伟大成就的同时,我们也看到支撑我国经济高速增长的"旧常态"背后的诸多矛盾和问题:我国的经济增长方式粗放,还是一种规模速度型外延式增长;经济结构强调增加产量、扩充产能,出现产能过剩;经济发展动力,以资本和低成本劳动力等要素驱动已难以为继。

2014年5月,习近平总书记在河南考察时首次提出"新常态"。2014

---

① 赵绍成:《逻辑学》,西南交通大学出版社2015年版,第1~2页。
② 肖春花、蒋锦洪:《当代中国新发展观的认识逻辑》,《中共福建省委党校学报》2017年第2期。

年12月中央经济工作会议提出我国经济正在向形态更高级、分工更复杂、结构更合理的"新常态"阶段演化:从经济增速看,正从高速增长转向中高速增长;从经济发展方式看,正从规模速度型粗放增长转向质量效率型集约增长;从经济结构看,经济结构不断优化升级,正从增量扩能为主转向调整存量、做优增量并存的深度调整;从经济发展动力看,正从传统增长点转向新的增长点,即从要素驱动、投资驱动转向创新驱动。新常态代表着我国新的经济发展阶段、新的特征、新的趋势。认识新常态,适应新常态,引领新常态,是当前和今后一个时期我国经济发展的大逻辑。

旧常态不可持续,旧常态必然转入新常态。旧常态下我国发展中的突出矛盾和问题必须解决,解决这些矛盾和问题必须要有新的发展指南,那就是新发展理念。新发展理念是我国从"旧常态"向"新常态"转换的现实逻辑下的产物。

具体地说,新发展理念着眼于解决我国发展当中突出的五大现实问题——发展动力问题、发展平衡问题、人与自然和谐问题、发展内外联动问题、社会公平正义问题。"着重解决发展的革命性问题、系统性问题、永续性问题、联动性问题、公平性问题,是具有内在联系的集合体,是马克思主义关于发展理论中国化的最新成果,彰显我们党对共产党执政规律、社会主义建设规律、人类社会发展规律认识的拓展深化。"[①]

二、创新理念的现实逻辑:解决发展动力问题

"创新驱动发展不是纯思辨的产物,而是当今时代的现实问题倒逼产生的认识结果和解决问题途径。"[②]过去我们的发展动力来自低成本劳动力和资本等要素的驱动,这种发展动力已力量有限。

(一)过去的要素驱动已难以为继

1.劳动力要素分析

首先,我国人口老龄化使我国劳动力供给规模下降,劳动年龄人口结

---

① 张乾元、谢文娟:《论新发展理念的内在逻辑》,《中州学刊》2017年第1期。
② 王常青:《习近平创新驱动发展思想述要》,《岭南学刊》2017年第4期。

构越加偏向老化。

我国老龄人口数量不断上升。从规模上看,2015年我国老年人口数量(60岁及以上)为2.22亿,预计2025年超过3亿,2033年跨过4亿,2050年达到4.8亿,2053年达到峰值4.87亿(见图1-1),比届时的发达国家老年人口总和还多15%~20%,此规模属世界之最;从增速来看,我国老龄化水平从2016年的16.1%迅速增加到21世纪中叶34%~35%,这个超快速度属世界最快国家之一;从水平来看,我国将跻身于全球高度老龄化国家行列,80岁及以上的高龄老人数量从2016年的2 400万增至21世纪中叶的1亿以上,占世界高龄老人总量的1/4;从稳定性上看,21世纪中叶以后的老年人口数量保持在3亿~4亿,人口老龄化水平将始终徘徊在30%~33%,属于超级稳定状态。①

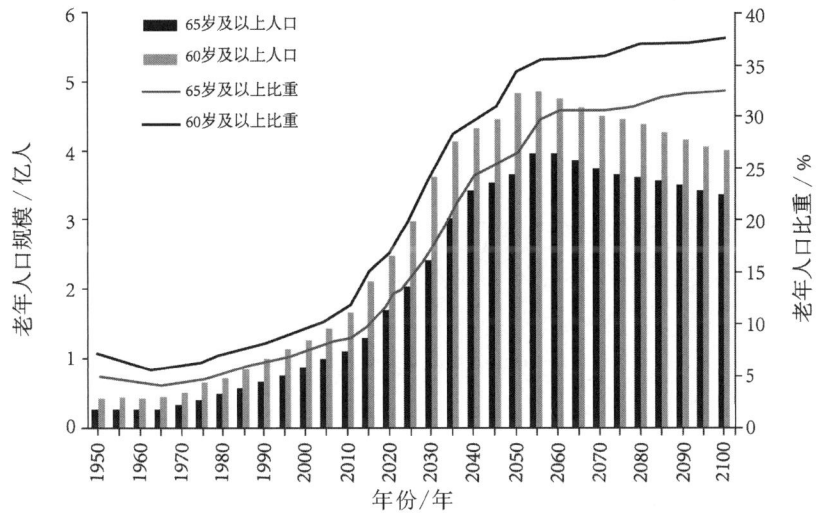

图1-1　1950—2100年中国老年人口规模及其比重变化②

人口老龄化意味着老年人口数量相对增加,劳动年龄人口数量相对减少,劳动力要素供给必然受到影响。事实上,人口老龄化使得我国劳动年

---

① 原新:《人口老龄化是我国不可逆转人口新常态》,https://www.cpaw.org.cn/article/? id=20,下载日期:2020年1月2日。
② 刘厚莲:《世界人口展望2019:中国人口老龄化的趋势与应对》,https://mp.weixin.qq.com/s/nmc9gkkqbq5mczf4_rmyya,下载日期:2020年6月20日。

龄人口的绝对数量呈现下降趋势。北京大学一项基于我国1987—2017年省级面板数据的人口老龄化下劳动供给效应的实证研究表明,人口老龄化显著降低了劳动供给规模,人口老龄化程度每加深1%,潜在劳动供给(劳动年龄人口)和真实劳动供给(经济活动人口和就业人员)分别下降约2%。同时,经济活动人口的劳动参与率显著下降1.2%[①]。

再从劳动年龄人口内部结构占比的未来变化趋势看,从2015—2050年,生育政策的逐步调整使得未来15~19岁年龄段的劳动人口占比有轻微的上升趋势,20~29岁年龄段的劳动人口占比趋于下降,30~39岁年龄段的劳动人口占比则会经历一个先上升后下降的过程。50岁及以上年龄段的劳动年龄人口占比则会持续上升。这意味着我国人口老龄化使得我国劳动人口年龄结构越加偏向老化,高龄劳动人口的占比趋于增加[②]。

其次,我国已然迎来"刘易斯拐点",劳动力供给从无限供给格局已趋终结。

"刘易斯拐点"是用诺贝尔经济学奖获得者威廉·阿瑟·刘易斯(W. Arthur Lewis)的名字命名的一个概念。刘易斯在其著名的《劳动无限供给条件下的经济发展》一文里提出了发展中国家存在非资本主义部门和资本主义部门同时并存的二元经济结构。非资本主义部门以传统农业部门为代表,资本主义部门以现代工业部门为代表。二元经济结构将历经两个阶段:一是劳动力无限供给阶段,此时劳动力过剩,工资取决于维持生活所需的生活资料的价值;二是劳动力短缺阶段,此时传统农业部门中的剩余劳动力被现代工业部门吸收完毕,工资取决于劳动的边际生产力。由第一阶段转变到第二阶段,劳动力由剩余变为短缺,相应的劳动力供给曲线开始向上倾斜,劳动力工资水平也开始不断提高。经济学把连接第一阶段与第二阶段的交点称为"刘易斯拐点"。

2004年珠三角、长三角开始出现"民工荒",且蔓延到其他地区,劳动力无限供给的特征开始消失,刘易斯拐点初现端倪。2019年中国社会科学院副院长蔡昉在中国人民大学经济学院主办的"首届中国发展理论国际

---

① 呼倩:《中国人口老龄化的劳动供给效应——基于省级面板数据的分析》,《广东财经大学学报》2019年第4期。

② 刘玉飞:《人口老龄化背景下城市化对劳动力供给的影响效应分析》,《统计与决策》2019年第18期。

年会"上表示,我国的"刘易斯拐点"已经到来。

一方面,我国劳动年龄人口数量持续下降。国家统计局 2013 年统计公报显示,2012 年我国劳动力供给首次出现绝对下降,比上一年减少 345 万,成为我国劳动力无限供给时代趋于终结的首要信号。2019 年中国社会科学院发布的最新《人口与劳动绿皮书》数据显示,2017 年,劳动年龄人口数量总共减少了 578 万。随着 1950 年代出生高峰队列陆续超出劳动年龄,劳动年龄人口数量还将会加速减少。联合国预测结果也显示,中国的劳动年龄人口数量在未来很长一个时期内持续加速减少,预计到 2050 年将减少 2 亿人。

另一方面,随着我国城镇化进程的加快,我国农村剩余劳动力向城市大量转移。农村过剩劳动力被城市大量吸收以后存量已经很有限。有学界研究显示,2002 年我国农业剩余劳动力存量达到 12 160.42 万人的极大值,此后,农业剩余劳动力存量开始不断下降(见图 1-2),农村青壮年剩余劳动力加速"探底",而存量的转移难度加大也已成事实。

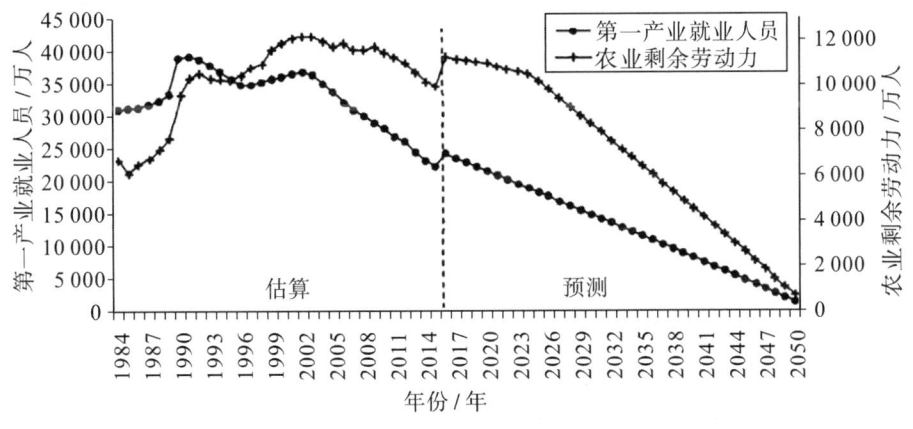

图 1-2　1984—2050 年我国剩余劳动力变动趋势图①

此外,随着我国劳动力供给增量的下降,劳动力市场供求关系发生根本变化,劳动力价格也即劳动力成本随之持续上升。有数据显示,"十二五"期间,我国最低工资标准年均增长 13% 以上。"十三五"期间我国普通

---

① 赵卫军、焦斌龙、韩媛媛:《1984—2050 年中国农业剩余劳动力存量估算和预测》,《人口研究》2018 年第 2 期。

劳动力工资年均增速在14%左右,仍保持了较快上涨速度。原来我国低成本的劳动力使中国成为世界工厂,现在劳动力价格低廉的比较优势已不再具备,基于我国劳动力无限供给的经济高速发展这个重要基础已不复存在。

2.资本要素分析

新中国成立70余年来,投资一直是我国经济发展的重要驱动力量之一。70余年来,全国固定资产投资保持了持续快速增长,年均增长15.6%。1978年全国资本形成率为38.9%,2011年升至48%,达到改革开放以来的峰值。十八大以来,经济增长向消费、投资、出口三大动力协调驱动转变。2018年,全国资本形成率为44.9%,资本形成总额对经济增长的贡献率达32.4%[1]。

投资的快速增长的确在过去拉动了我国经济持续快速增长。但是,从历史上看,我国投资驱动型增长模式肇始于计划经济时期的以重化工业优先发展为重点的"赶超战略"。赶超战略是以资本密集、低就业能力、资源高消耗、环境重污染、自我封闭、自我循环的重工业为导向的发展模式,这不符合中国人均资源稀缺、资本短缺、劳动力资源丰富的基本国情,是不可持续的发展模式。改革开放后,中国改变了比较优势的重化工业优先发展的模式,但以投资为主要驱动力的经济增长模式并未得到根本性改变。近年来,投资在国民经济增长中的地位日渐显著。但无论是从保持中国经济持续稳定增长的需要来看,还是从现在的资源约束条件来看,投资驱动的经济增长模式都已面临困境,难以为继。[2]

多年来,我国投资率一直在高位运行。从1981年到1990年,我国全社会固定资产投资占GDP的比例在30%左右;从20世纪90年代以来,全社会固定资产投资占GDP的比例不断增加,从1990年的24.19%,上升到2011年的65.87%,而2018年达70.23%。这样的高投资率远远高于世界平均投资率,意味着我国GDP的增长对投资过度依赖,投资依赖度非常之

---

[1] 学习强国:《新中国成立70年来固定资产投资年均增长15.6%》,https://www.xuexi.cn/lgpage/detail/index.html?id=4129652986388839718,下载日期:2020年9月4日。

[2] 张惟佳:《我国投资驱动型增长模式战略转型分析》,《现代商贸工业》2009年第19期。

高(见表1-1)。有数据显示,2016年我国投资依赖度已达80%,专家称1.25元GDP需要1元投资拉动。

表1-1　1986—2016年我国投资依赖度①

年份	固定资产投资/万亿元	GDP/万亿元	投资依赖度/%
2016	59.7	74.4	80.2
2015	56.2	68.9	81.6
2014	51.2	64.4	79.5
2013	44.6	59.5	75.0
2012	37.5	54.0	69.4
2006	11.0	21.9	50.2
1996	2.3	7.1	32.4
1986	0.3	1.9	15.8

过高的投资率导致内需不足、投资消费失衡、产能过剩、相关产品的价格下跌、库存上升,形成"投资—债务—信贷"相互加强的风险循环:投资迅速增长,而资金主要来自银行信贷,这导致银行贷款规模急剧扩张,带来银行资本充足率和资产质量下降等一系列问题,同时银行体系的货币创造功能衍生的巨额流动性,也成为滋生房地产资产价格膨胀、通货膨胀和债务膨胀的诱因②。过高的投资率会催生泡沫经济,产生资产泡沫、债务泡沫、房地产泡沫。投资飞速增长因其对能源的大量需求,往往产生对生态环境的破坏和对不可再生资源的过度消费。并且这种长期过度依赖投资拉动的经济增长是非稳态,难以持续。

综上,从劳动力要素来看,我国人口老龄化和"刘易斯拐点"二者叠加。人口老龄化使我国劳动力供给规模下降,中国的劳动年龄人口数量出现负增长,同时,我国劳动人口年龄结构越加偏向老化,人口抚养比例也大幅上升;而"刘易斯拐点"的到来意味着我国劳动力无限供给时代结束,标志着过去依托我国廉价劳动力的旧人口红利也由此逐步衰减。过去长期依靠

---

① 夏妍:《中国投资依赖度已达80%,专家称:1.25元GDP需要1元投资拉动》,《国际金融报》2017年2月21日。

② 张茉楠:《投资依赖是最大元凶》,《中国经济和信息化》2011年第11期。

数量庞大的廉价劳动力获取几十年经济增长优势的发展模式已不可再续，传统的依靠庞大廉价劳动力作为经济增长源的格局已不可维系，过去依托廉价劳动力的粗放、低技术含量、劳动密集型经济发展方式不可持续。从资本要素来看，长期过度依赖投资拉动的经济增长带来内需不足、产能过剩、金融风险等诸多矛盾和问题，非稳态，难以持续。由此必须寻找和厚植新的经济增长源。

(二)创新是引领发展的第一动力

经济学家熊彼特在其《经济发展理论》一书中首开"创新理论"先河，认为经济发展是经济自身发生的一种非连续变化，经济发展的源泉是创新。而创新是建立一种新的生产函数，把一种从来没有过的关于生产要素和生产条件的新组合引入生产体系①。哈佛大学教授 Michael E. Porter 在其著作《国家竞争优势》中提出生产要素驱动阶段、投资驱动阶段、创新驱动阶段、财富驱动阶段这四个国家经济发展阶段(见图 1-3)，而这四个阶段实际上是一个"竞争—创新—再竞争—再创新"的过程。

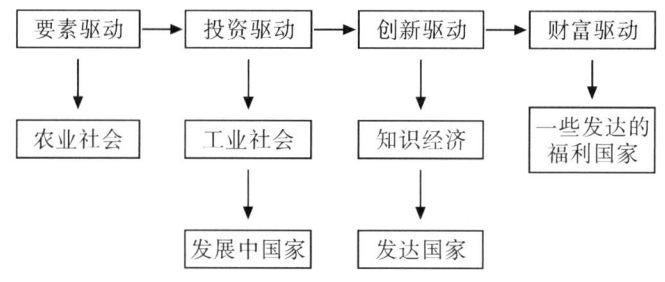

图 1-3　波特经济发展阶段理论②

一般认为，经济发展最重要的两个动力是要素驱动力和创新驱动力，要素驱动力取决于要素数量的多寡，空间有限；创新驱动力取决于对新的生产函数的创造，潜力无穷。解决深层次矛盾问题的根本出路和动力在于创新发展，推动高质量发展的长久之计还是创新驱动发展战略。

习近平总书记指出，我国经济规模很大，但大而不强，我国经济增速很

---

① 熊彼特：《经济发展理论》，商务印书馆 2000 年版，第 73、290 页。
② 胡学勤：《新常态下创新驱动经济的理论思考》，《现代经济探讨》2015 年第 11 期。

快,但依然快而不优。主要依靠资源等要素投入推动经济增长和规模扩张的粗放型发展方式是不可持续的。老路走不通,新路就在于加快从要素驱动、投资规模驱动发展为主向以创新驱动发展为主转变[①]。"实施创新驱动发展战略,就是要推动以科技创新为核心的全面创新,坚持需求导向和产业化方向,坚持企业在创新中的主体地位,发挥市场在资源配置中的决定性作用和社会主义制度优势,增强科技进步对经济增长的贡献度,形成新的增长动力源泉,推动经济持续健康发展。"[②]与传统增长模式相比较,创新驱动型发展就是知识和创意等创新要素代替了自然资源和有形的劳动生产率成为财富创造和经济增长的主要源泉和动力;创新驱动型发展是一种结构性的增长,它消除了经济发展中普遍存在的要素报酬递减、稀缺资源以及负外部性等制约因素,从而为经济持续稳定增长提供了可能;创新型经济体现资源节约和环境友好的要求,是以知识和人才为依托,以创新为主要驱动力,以发展拥有自主知识产权的新技术和新产品为着力点,以创新产业为标志的经济[③]。

我国经济正处于新旧常态转换、新旧动能接续的关键时期,过去依靠资源投入的要素驱动方式已经难以维持经济的持续稳定增长,必须加快从以要素驱动、投资规模驱动发展为主向以创新驱动发展为主的转变。适应新常态、引领新常态需要形成发展新动力,创新就是引领经济社会发展的第一动力,是加快转变经济发展方式、打造发展方式升级版最根本、最关键的力量,必须突出创新驱动,推动全面创新,把创新摆在国家发展全局的核心位置。

三、协调理念的现实逻辑:解决发展不平衡问题

党的十九大报告提出,我国社会主要矛盾已经转化为"人民日益增长

[①] 习近平:《加快从要素驱动、投资规模驱动发展为主向以创新驱动发展为主转变》,《习近平谈治国理政》(第一卷),外文出版社2014年版,第120页。

[②] 黄锐:《习近平:加快实施创新驱动发展战略》,http://www.xinhuanet.com/politics/2014-08/18/c_1112126748.htm,下载日期:2020年8月18日。

[③] 杨多贵、周志田:《创新驱动发展的战略选择、动力支撑与红利挖掘》,《经济研究参考》2014年第64期。

的美好生活需要和不平衡不充分的发展之间的矛盾"。不平衡不充分是新时代主要矛盾所要解决的问题之一。

我国发展不平衡是一个长期存在的问题,导致这一问题的原因主要有二:客观因素方面,我国幅员辽阔,各地自然禀赋、地理环境、历史传统不同,造成发展起点和客观条件不同,客观上存在东、中、西三大地带;主观因素方面,经济特区、梯度发展、增长极等不平衡发展战略的实施在使得一部分地区先发展起来的同时带来不可避免的发展差异。

(一)我国面临发展不平衡的现实矛盾

从我国发展现状来看,不平衡的发展问题集中表现在城乡不平衡、区域不平衡(东中西)、产业不平衡、供需不平衡[①]。

1.城乡不平衡

习总书记指出,城乡发展不平衡不协调,是我国经济社会发展存在的突出矛盾,是全面建成小康社会、加快推进社会主义现代化必须解决的重大问题。改革开放以来,我国农村面貌发生了翻天覆地的变化。但是,城乡二元结构没有根本改变,城乡发展差距不断拉大趋势没有根本扭转。

反映城乡发展水平最直接的指标是城乡居民人均可支配收入。2019年末,我国城镇人口 84 843 万,农村人口 55 162 万。2019 年我国农村居民人均可支配收入同比增速 9.6%,虽然高于城镇居民 7.9% 的人均可支配收入增速,但从绝对值来看,2019 年城镇居民人均可支配收入42 359元,农村居民人均可支配收入 16 021 元,城镇居民比农村居民高出26 338元,城镇居民人均可支配收入是农村居民人均可支配收入的 2.64 倍。城镇居民人均消费支出 28 063 元,农村居民人均消费支出 13 328 元,城镇居民比农村居民高出14 735元,城镇居民人均消费支出是农村居民人均消费支出的 2.11 倍(见表 1-2)。

[①] 佚名:《如何坚持新发展理念?》,www.qstheory.cn/2019-08/23/c_1124913977.htm,下载日期:2019 年 12 月 20 日。

表 1-2　2019 年我国城乡居民人均可支配收入

居民人均可支配收入/元	30 733.0
居民人均可支配收入同比增长/%	8.9
城镇居民人均可支配收入/元	42 359.0
城镇居民人均可支配收入同比增长/%	7.9
农村居民人均可支配收入/元	16 021.0
农村居民人均可支配收入同比增长/%	9.6
居民人均消费支出/元	21 559.0
居民人均消费支出同比增长/%	8.6
城镇居民人均消费支出/元	28 063.0
城镇居民人均消费支出同比增长/%	7.5
农村居民人均消费支出/元	13 328.0
农村居民人均消费支出同比增长/%	9.9

数据来源：《中国统计年鉴 2019》。

王凯、庞震的研究表明，我国城乡收入差距在时间上呈现"先上升后下降"规律，1985 年城乡收入差距较小，到 1995 年开始上升，2000 年和 2008 年达到高点，2017 年明显下降。我国城乡收入差距在空间上呈现"西高东低"的格局，东南沿海地区经济比较发达，城乡收入差距比较小，而西北地区和中部欠发达地区，经济发展比较落后，城乡收入差距反而比较大[①]。

我国城乡发展不平衡还突出表现在城乡公共服务不平衡上，农村基础设施、基本公共服务、住房医疗教育条件等公共服务供给不足，城乡差异较大。以城乡每千人口医疗卫生机构床位数为例，2010 年城市每千人口医疗卫生机构床位数为 5.94 张，而农村的这一数据为 2.60 张。2018 年城市每千人口医疗卫生机构床位数为 8.70 张，而农村的这一数据为 4.56 张。2010—2018 年，城市每千人口医疗卫生机构床位数与农村每千人口医疗卫生机构床位数之比位于 1.90～2.29（见表 1-3）。

---

① 王凯、庞震：《从社会主要矛盾变化看我国城乡收入差距的不平衡》，《当代经济管理》2019 年第 5 期。

表1-3 分城乡每千人口医疗卫生机构床位数

年份	每千人口医疗卫生机构床位数/个	
	城市	农村
2010	5.94	2.60
2011	6.24	2.80
2012	6.88	3.11
2013	7.36	3.35
2014	7.84	3.54
2015	8.27	3.71
2016	8.41	3.91
2017	8.75	4.19
2018	8.70	4.56

数据来源：《中国统计年鉴2019》。

2.区域不平衡

我国的经济区域划分为东部、中部、西部和东北四大地区。四大区域发展不平衡的现象突出。

从经济总量来看，2018年东部地区的GDP达到480 995.8亿元，中部地区的GDP达192 657.9亿元，西部地区为184 302.1亿元，东北地区为56 751.6亿元。东部的GDP总量是中部的2.50倍、西部的2.61倍、东北地区的8.48倍。东部、中部、西部和东北地区的GDP占全国GDP总值的比重分别为52.6%、21.1%、20.1%、6.2%（见表1-4）。

表1-4 东、中、西部及东北地区国民经济和社会发展主要指标（2018年）

指标	全国总计	东部地区		中部地区		西部地区		东北地区	
		绝对数	占比/%	绝对数	占比/%	绝对数	占比/%	绝对数	占比/%
总人口（年末）/万人	139 653.0	53 750.0	38.5	37 111.0	26.6	37 956.0	27.2	10 836.0	7.7
国内（地区）生产总值/亿元	914 707.4	480 995.8	52.6	192 657.9	21.1	184 302.1	20.1	56 751.6	6.2

续表

指标	全国总计	东部地区		中部地区		西部地区		东北地区	
		绝对数	占比/%	绝对数	占比/%	绝对数	占比/%	绝对数	占比/%
第一产业/亿元	64 734.2	22 004.4	34.0	16 176.5	25.0	20 358.3	31.4	6 195.0	9.6
第二产业/亿元	376 320.6	196 449.4	52.2	84 758.8	22.6	74 645.5	19.8	20 466.9	5.4
第三产业/亿元	473 652.6	262 542.0	55.4	91 722.6	19.4	89 298.3	18.9	30 089.7	6.3
居民人均可支配收入/元	28 228.0	36 298.2	—	23 798.3	—	21 935.8	—	25 543.2	—
城镇居民人均可支配收入/元	39 250.9	46 432.6	—	33 803.2	—	33 388.6	—	32 993.7	—
农村居民人均可支配收入/元	14 617.0	18 285.7	—	13 954.1	—	11 831.4	—	14 080.4	—
地方一般公共预算收入/亿元	97 903.4	56 093.3	57.3	17 648.3	18.0	19 022.2	19.4	5 139.6	5.3
地方一般公共预算支出/亿元	188 196.4	79 293.4	42.1	40 479.2	21.5	54 619.7	29.0	13 804.1	7.4
社会消费品零售总额/亿元	380 986.9	195 827.3	51.4	82 674.1	21.7	71 244.5	18.7	31 240.9	8.2
货物进出口总额/亿元	305 008.1	248 568.3	81.5	19 799.8	6.5	24 811.9	8.1	11 828.1	3.9
出口/亿元	164 127.8	134 675.0	82.1	12 597.8	7.7	12 349.6	7.5	4 505.4	2.7
进口/亿元	140 880.3	113 893.3	80.8	7 202.0	5.1	12 462.3	8.9	7 322.7	5.2

数据来源:《中国统计年鉴 2019》。

2013年数据与2018年的比较,东部、中部、西部、东北地区居民人均可支配收入增速分别为53.4%、55.9%、57.6%、42.8%。从居民人均可支配收入绝对数量来看,2018年东部居民人均可支配收入为36 298.2亿元,而中部为23 798.3亿元,西部为21 935.8亿元,东北为25 543.2亿元。东部的居民人均可支配收入是中部的1.53倍、西部的1.65倍、东北的1.42倍(见表1-5)。

表1-5　2013—2018年我国各区域人均居民可支配收入比较

单位:亿元

组别	2013年	2014年	2015年	2016年	2017年	2018年
东部地区	23 658.4	25 954.0	28 223.3	30 654.7	33 414.0	36 298.2
中部地区	15 263.9	16 867.7	18 442.1	20 006.2	21 833.6	23 798.3
西部地区	13 919.0	15 376.1	16 868.1	18 406.8	20 130.3	21 935.8
东北地区	17 893.1	19 604.4	21 008.4	22 351.5	23 900.5	25 543.2

数据来源:《中国统计年鉴2019》。

3.产业不平衡

首先,从我国三次产业在GDP中的占比来看,2018年我国第一、第二、第三产业占国内生产总值的比例分别为7.2%、40.7%、52.1%。相较美、法、英、日等发达国家,我国第三产业在GDP总量中的占比不高,低于这些国家20个百分点左右,而我国第二产业在GDP总量中的占比是美、法、英数值的2倍多(见表1-6)。

表1-6　2018年世界主要国家国内生产总值产业构成

单位:%

国别	第一产业	第二产业	第三产业
中国	7.2	40.7	52.1
美国	0.8	18.6	80.6
日本	1.2	29.1	69.7

数据来源:《中国统计年鉴2019》。

其次,从三次产业按就业人员构成来看,我国第一、第二产业就业人员占比远高于美、法、英、日等国,而第三产业就业人员占比又远远低于美、法、英、日等国(见表1-7)。

表 1-7　2018 年世界主要国家按三次产业分就业人员构成

单位:%

国别	第一产业	第二产业	第三产业
中国	26.8	28.6	44.6
美国	1.4	19.4	79.2
法国	2.6	20.3	77.1
英国	1.1	18.1	80.8
日本	3.4	24.5	72.1

数据来源:《中国统计年鉴 2019》。

再次,我国存在三次产业的空间分布不平衡。从产业空间分布来看,我国第一产业空间分布占比从高到低依次为西、中、东部,一产更多集聚在西部;第二产业空间分布占比从高到低依次为中、东、西部,二产更多集聚在中部;第三产业空间分布占比从高到低依次为东、西、中部(见图 1-4)。

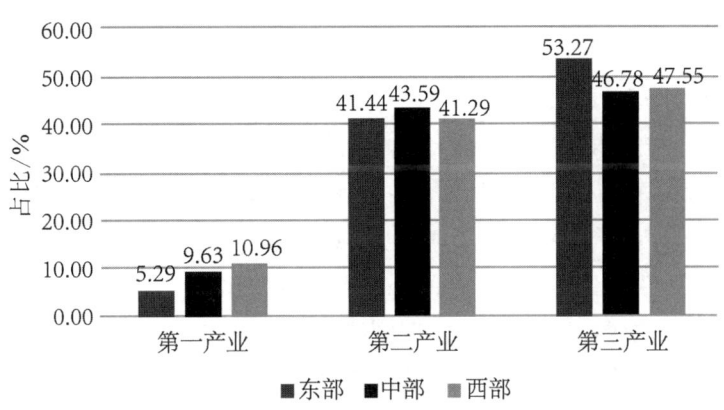

图 1-4　2017 年我国东部、中部、西部三次产业所占比重①

再从我国各省区市三次产业比例的横向对比图来看,这种产业不平衡的空间特征也同样存在(见图 1-5)。

我国的产业不平衡除了上述方面,还表现在传统产业比重大、新兴产

---

① 王凯、庞震:《从社会主要矛盾变化看我国城乡收入差距的不平衡》,《当代经济管理》2019 年第 5 期。

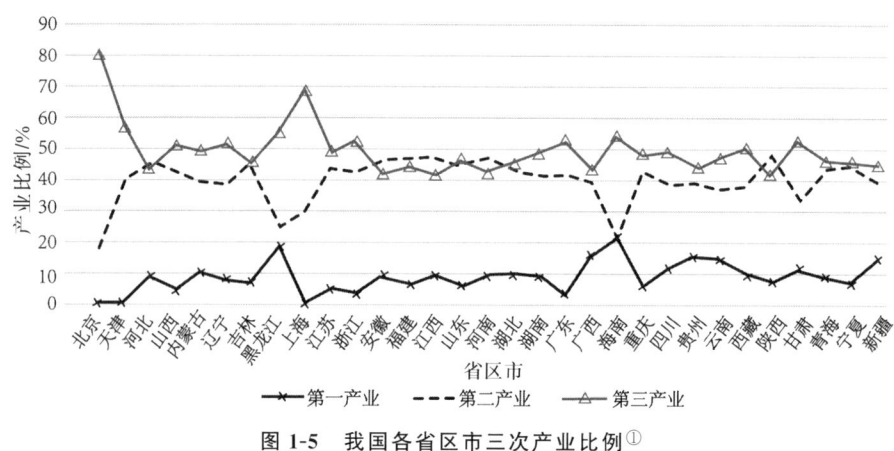

图 1-5 我国各省区市三次产业比例①

业占比小,初级产品、低附加值产品多,高科技、高附加值产品少,产品层次低等方面。

4.供需不平衡

供给和需求是经济的两块基石,是市场经济相互依存、互为条件、相互作用的两个基本方面。

我国不是需求不足,或没有需求,而是需求变了,供给的产品却没有变,质量、服务跟不上。有效供给能力不足带来大量"需求外溢",消费能力严重外流②。当前和今后一个时期,制约我国经济发展的因素,供给和需求两侧都有,但矛盾的主要方面在供给侧③。比如说,产能过剩、库存高企、无效和低端供给并存、有效和中高端供给有限、公共产品和服务供给不足、供给结构对需求结构变化的适应性和灵活性有待提升、供给体系质量和效益亟待加强等。

我国的发展不平衡除了上述四方面的表现,还体现在经济和社会、物质文明和精神文明、经济建设和国防建设、国家硬实力和国家软实力等方面。

---

① 王凯、庞震:《从社会主要矛盾变化看我国城乡收入差距的不平衡》,《当代经济管理》2019 年第 5 期。

② 习近平:《在省部级主要领导干部学习贯彻党的十八届五中全会精神专题研讨班上的讲话》,人民出版社 2016 年版,第 32 页。

③ 习近平:《在重庆调研时的讲话》,《人民日报》2016 年 1 月 7 日。

（二）协调是平衡发展的内在要求

"协调"在《现代汉语词典》里的解释是配合得适当。管理学认为协调就是正确处理组织内外各种关系，对各要素进行统筹安排和全面调度，使要素均衡配置，各环节相互衔接、相互促进，为组织正常运转创造良好的条件和环境，促进组织目标的实现。

协调发展注重并且能够解决发展不平衡问题。协调发展是整体发展，是系统或系统内要素之间在和谐一致、配合得当、良性循环的基础上由低级到高级，由简单到复杂，由无序到有序的总体演化过程；协调发展是多元发展，强调的是整体性、综合性和内在性的发展聚合，是多系统或要素在协调的约束和规定下的综合的、全面的发展[①]；协调发展是长远发展，要素之间的关系在不断变化，要不断最优化要素间的组合，使各部分动态调适，相互促进，形成长远的良性循环。

坚持协调发展，就是要促进城乡、区域、产业、供需协调发展，促进经济社会、物质文明和精神文明、经济建设和国防建设、国家硬实力和国家软实力等方面协调发展，促进新型工业化、信息化、城镇化、农业现代化协调发展，在协调发展中不断拓宽发展空间，补齐发展短板，增强发展后劲，推进发展整体性。

具体地，推动城乡协调发展方面，推进城乡一体化发展，健全农村基础设施，统筹城乡公共产品服务体系，促进城乡公共服务均衡发展，建立城乡统一要素市场，推进城乡要素平等交换，增加农村居民人均可支配收入，大力实施乡村振兴战略，切实构建新型城乡关系，缩小城乡差距，推动农业全面升级、农村全面进步、农民全面发展。

推动区域协调发展方面，发挥不同地区的比较优势，促进要素有序自由流动，促进区域合作互动良性发展，以主体功能区、资源环境承载能力为约束，控制开发强度、完善开发政策，以城市群为主体构建大中小城市和小城镇协调发展的城镇格局，破除省际壁垒，实行跨行政区的空间经济布局，促进"行政区经济""省份经济"走向"区域经济"，继续深入推进"四大板块"

---

① 李忠民：《中国特色社会主义发展经济学》（上卷），经济科学出版社2018年版，第388页。

即西部开发、东北振兴、中部崛起、东部优化的区域总体发展战略,重点抓好京津冀协同发展、长江经济带发展、粤港澳大湾区建设、长三角区域一体化发展等重大战略的规划和实施,带动形成各区域你追我赶、携手共进的新格局。

推动产业协调发展方面,改变第三产业占比偏低、发展相对滞后的局面,大力开拓第三产业,大力发展智力要素密集度高、产出附加值高、资源消耗少、环境污染少的现代服务业,促进生产性服务业专业化、国际化,提高生活性服务业的质量品质,提高产业科技创新能力,发展战略新兴产业,优化产业的城乡布局与区域布局,推动第一、第二、第三产业的全面优化升级,加快建设实体经济、科技创新、现代金融、人力资源协调发展的产业体系。

推动供需协调发展方面,从生产端入手,进行供给侧结构性改革,使需求侧与供给侧相互配合、协调推进。重点推进"三去一降一补"——去产能、去库存、去杠杆、降成本、补短板,提高供给能力、供给质量、供给服务水平,减少无效供给、扩大有效供给、增加优质供给,提高供给结构对需求结构的适应性,改变要素配置扭曲局面,推进要素市场化改革,深化价格、财税、金融、社保等领域基础性改革,为推进供给侧结构性改革创造条件。

推动物质文明和精神文明协调发展方面,坚持"两手抓、两手都要硬",坚持社会主义先进文化前进方向,加强社会主义精神文明建设,用中国梦和社会主义核心价值观凝聚共识、汇聚力量,深化马克思主义理论研究和建设工程,加强思想道德建设和社会诚信建设,增强国家意识、法治意识、社会责任意识,倡导科学精神,弘扬中华传统美德,向社会传导正确价值取向,扶持优秀文化产品创作生产,构建中华优秀传统文化传承体系,实施重大文化工程,完善公共文化服务体系,建设社会主义文化强国。

推动经济建设和国防建设融合发展方面,坚持发展和安全兼顾、富国和强军统一,实施军民融合发展战略,全面推进国防和军队建设,加强全民国防教育和后备力量建设,形成全要素、多领域、高效益的军民深度融合发展格局。

坚持协调发展,必须牢牢把握中国特色社会主义事业总体布局,正确处理发展中的重大关系,重点促进城乡区域协调发展,促进经济社会协调发展,促进新型工业化、信息化、城镇化、农业现代化同步发展,在增强国家硬实力的同时注重提升国家软实力,不断增强发展整体性。增强发展协调性,必须在协调发展中拓宽发展空间,在加强薄弱领域中增强发展后劲。推动区域协调发展,塑造要素有序自由流动、主体功能约束有效、基本公共服务均等、资源环境可承载的区域协调发展新格局。

四、绿色理念的现实逻辑:解决人与自然和谐问题

工业革命以来,以机械化大生产占主导地位的传统工业文明迅猛发展,规模化大生产使商品迅速丰富、物质财富迅速增加,同时,也加速了对地球资源的攫取和消耗,环境污染问题出现并加速,地球生态系统原有的循环和平衡被打破,人与自然关系紧张。

(一)我国面临发展进程中人与自然的不和谐

我国过去一段时间经济增长走的是一条资源高投入、高消耗、高排放的粗放发展的老路,经济增长的同时资源耗减,环境降级,生态破坏。

有数据表明,我国经济发展的能源消耗量高于世界的平均水平。2009年我国单位GDP能耗是世界平均水平的2倍,同时,与美国、德国、英国相比,分别是它们的2.4倍、4.2倍、4.4倍。[①] 2005年我国总的能源消费261 369万吨标准煤,2017年达到448 529万吨标准煤,12年间我国能源消费增长了0.72倍(见表1-8)。2017年我国与美、日、意的能源结构如表1-9所示。

表1-8 我国总的能源消费

单位:万吨标准煤

2005年	2009年	2010年	2011年	2012年	2013年	2014年	2015年	2016年	2017年
261 369	336 126	360 648	387 043	402 138	416 913	425 806	429 905	435 819	448 529

数据来源:《中国能源统计年鉴2018》。

---

① 肖春花、蒋锦洪:《当代中国新发展观的认识逻辑》,《中共福建省委党校学报》2017年第2期。

表 1-9 2017 年能源结构

单位:%

国家	石油	天然气	煤炭	核电	水电	可再生能源	其他
中国	0.2	3.0	67.2	3.8	17.8	7.3	0.7
美国	0.5	32.0	30.7	19.8	6.9	9.8	0.3
日本	5.4	39.2	33.6	2.9	7.8	9.7	1.4
意大利	3.0	49.0	11.1	—	12.3	23.1	1.5

数据来源:《中国能源统计年鉴 2018》。

从主要高耗能产品单位能耗中外比较来看,我国火电厂供电煤耗、钢可比能耗、电解铝交流电耗、水泥综合能耗、乙烯综合能耗、合成氨综合能耗、纸和纸板综合能耗均高于世界其他主要国家(见表 1-10、表 1-11、表 1-12、表 1-13、表 1-14、表 1-15、表 1-16)。

表 1-10 火电厂供电煤耗

单位:克标准煤/千瓦时

国家	年份											
	1990	1995	2000	2005	2010	2011	2012	2013	2014	2015	2016	2017
中国	427	412	392	370	333	329	325	321	319	315	312	309
日本	332	331	316	314	306	306	305	302	298	—	—	—
意大利	326	319	315	288	275	274	—	—	—	—	—	—

数据来源:《中国能源统计年鉴 2018》。

表 1-11 钢可比能耗

单位:千克标准煤/吨

国家	年份												
	1990	1995	2000	2005	2006	2010	2011	2012	2013	2014	2015	2016	2017
中国	997	976	784	732	—	681	675	674	662	654	644	640	634
日本	—	—	602	—	576	—	—	—	—	—	—	—	—
意大利	629	656	646	640	—	612	614	616	608	615	—	—	—

数据来源:《中国能源统计年鉴 2018》。

第一章 新发展理念的形成背景与现实逻辑

表 1-12 电解铝交流电耗

单位:千瓦时/吨

分类	年份											
	1990	1995	2000	2005	2010	2011	2012	2013	2014	2015	2016	2017
中国	17 100	16 620	15 418	14 575	13 979	13 913	13 844	13 740	13 596	13 562	13 599	13 577
国际先进水平	14 400	14 400	14 400	14 100	12 900	12 900	12 900	12 900	12 900	12 900	12 900	12 900

数据来源:《中国能源统计年鉴 2018》。

表 1-13 水泥综合能耗

单位:千克标准煤/吨

国家	年份											
	1990	1995	2000	2005	2010	2011	2012	2013	2014	2015	2016	2017
中国	201	199	172	149	143	142	140	139	138	137	135	135
德国	—	—	—	—	101	—	—	—	97	—	—	—
日本	123	124	126	127	130	116	122	126	111	—	—	—

数据来源:《中国能源统计年鉴 2018》。

表 1-14 乙烯综合能耗

单位:千克标准煤/吨

分类	年份											
	1990	1995	2000	2005	2010	2011	2012	2013	2014	2015	2016	2017
中国	1 580	1 125	1 073	1 073	950	895	893	879	860	854	842	841
国际先进水平	897	714	629	629	629	629	629	629	629	629	629	—

数据来源:《中国能源统计年鉴 2018》。

表 1-15 合成氨综合能耗

单位:千克标准煤/吨

国家	年份											
	1990	1995	2000	2005	2010	2011	2012	2013	2014	2015	2016	2017
中国	2 035	1 849	1 699	1 650	1 587	1 568	1 552	1 532	1 540	1 495	1 486	1 464
美国	1 000	1 000	1 000	990	990	990	990	990	990	990	990	—

数据来源:《中国能源统计年鉴 2018》。

表 1-16　纸和纸板综合能耗

单位：千克标准煤/吨

国家	年份										
	1990	2000	2005	2010	2011	2012	2013	2014	2015	2016	2017
中国	1 550	1 540	1 380	1 200	1 170	1 128	1 087	1 050	1 045	1 027	1 006
日本	744	678	640	581	531	508	530	506	—	—	—

数据来源：《中国能源统计年鉴2018》。

高能耗也伴随着不可避免的污染问题。以2015年的数据为例。2015年我国工业固体废物产生量达331 055万吨，工业固体废物排放量达55.8万吨，工业废气排放总量达685 190亿立方米，二氧化硫排放总量达1 859.1万吨，废水排放总量达735.3亿吨（见表1-17、表1-18、表1-19）。

表 1-17　全国工业固体废物产生、排放和综合利用情况

年份	工业固体废物产生量/万吨	工业固体废物排放量/万吨	工业固体废物综合利用量/万吨	工业固体废物贮存量/万吨	工业固体废物处置量/万吨	工业固体废物综合利用率/%
2005	134 449	1 654.7	76 993	27 876	31 259	56.1
2006	151 541	1 302.1	92 601	22 399	42 883	60.2
2007	175 632	1 196.7	110 311	24 119	41 350	62.1
2008	190 127	781.8	123 482	21 883	48 291	64.3
2009	203 943	710.5	138 186	20 929	47 488	67.0
2010	240 944	498.2	161 772	23 918	57 264	66.7
2011	326 204	433.3	196 988	61 248	71 382	59.8
2012	332 509	144.2	204 467	60 633	71 443	60.9
2013	330 859	129.3	207 616	43 445	83 671	62.2
2014	329 254	59.4	206 392	45 724	81 317	62.1
2015	331 055	55.8	200 857	59 175	74 208	60.2

数据来源：《中国环境统计年鉴2018》。

表1-18 全国废气排放及处理情况

年份	工业废气排放总量/亿立方米	二氧化硫排放总量/万吨	氮氧化合物排放总量/万吨
2011	674 509	2 217.9	2 404.3
2012	635 519	2 117.6	2 337.8
2013	669 361	2 043.9	2 227.4
2014	694 190	1 974.4	2 078.0
2015	685 190	1 859.1	1 851.0

数据来源:《中国环境统计年鉴2018》。

表1-19 全国废水排放总量

单位:亿吨

年份	废水排放总量	年份	废水排放总量
2000	415.2	2008	571.7
2001	432.9	2009	589.1
2002	439.5	2010	617.3
2003	459.3	2011	659.2
2004	482.4	2012	684.8
2005	524.5	2013	695.4
2006	536.8	2014	716.2
2007	556.8	2015	735.3

数据来源:《中国环境统计年鉴2018》。

环境污染带来民众健康的损失和经济发展的损失。以水污染为例,2012年因水污染造成的人体健康损失达659.42亿元,工业水污染造成的农业经济损失达81.62亿元(见表1-20、表1-21)。有数据表明,20世纪八九十年代,由生态问题造成的经济损失大概是GDP的8%,虽然在2005年之后有所降低,但仍约为4%。如果扣除由于环境污染和生态退化导致的这类经济损失,我国的经济增长率只有5%左右,每年的经济增长需要环境付出的代价将近1万亿元[①]。

---

① 李扬、张晓晶:《新常态:经济发展的逻辑与前景》,《经济研究》2015年第5期。

表 1-20　水污染造成的人体健康损失①

单位:亿元

	项目	2008 年	2009 年	2010 年	2011 年	2012 年
健康损失	癌症过早死亡损失	608.37	667.32	671.68	601.13	624.71
	痢疾、肝炎过早死亡损失	9.12	9.70	8.50	23.47	16.56
	疾病治疗费用	10.76	22.81	23.12	22.45	15.15
	误工经济损失	1.63	3.47	3.66	3.94	3.00
	总计	629.88	703.30	706.96	650.99	659.42

表 1-21　工业水污染造成的农业经济损失成本②

单位:亿元

项目	2008 年	2009 年	2010 年	2011 年	2012 年
稻谷	9.69	9.52	10.86	11.46	12.39
小麦	2.27	2.41	2.46	2.37	2.61
玉米	2.72	2.82	3.32	3.69	4.07
蔬菜	46.90	50.37	57.90	81.25	62.55
总计	61.58	65.12	74.54	98.77	81.62

恩格斯指出:"我们不要过分陶醉于我们人类对自然界的胜利。对于每一次这样的胜利,自然界都对我们进行报复。每一次胜利,起初确实取得了我们预期的结果,但是往后和再往后却发生完全不同的、出乎预料的影响,常常把最初的结果又消除了。"③人类依存于自然,人类对自然界的破坏必然会受到自然界对人类的报复。习近平总书记在 2019 年中国北京世界园艺博览会开幕式上的讲话《共谋绿色生活,共建美丽家园》中指出:"纵观人类文明发展史,生态兴则文明兴,生态衰则文明衰。工业化进程创造了前所未有的物质财富,也产生了难以弥补的生态创伤。杀鸡取卵、竭泽

---

① 袁广达、朱雅雯、徐巍娜:《我国工业环境成本核算内容与方法研究——基于 2008—2012 年数据分析》,《会计之友》2015 年第 2 期。
② 袁广达、朱雅雯、徐巍娜:《我国工业环境成本核算内容与方法研究——基于 2008—2012 年数据分析》,《会计之友》2015 年第 2 期。
③ 中共中央马克思恩格斯列宁斯大林著作编译局:《马克思恩格斯选集》(第四卷),人民出版社 1995 年版,第 383~384 页。

而渔的发展方式走到了尽头,顺应自然、保护生态的绿色发展昭示着未来。"

(二)绿色是人与自然和谐共生的根本之策

习近平总书记指出"我们应该追求人与自然和谐","人类可以利用自然、改造自然,但归根结底是自然的一部分,必须呵护自然,不能凌驾于自然之上"。2015年9月28日,习主席在纽约联合国总部出席第70届联合国大会一般性辩论并发表题为《携手构建合作共赢新伙伴 同心打造人类命运共同体》的重要讲话,指出"要像保护眼睛一样保护生态环境,像对待生命一样对待生态环境,把不损害生态环境作为发展的底线。"[①]"我们应该遵循天人合一、道法自然的理念,寻求永续发展之路。"人类要实现与自然和谐相处、共生共荣,就必须尊重自然、保护自然,维持生态整体平衡,正确处理好经济发展同生态环境保护的关系,坚定不移走生态优先、绿色发展之路。

绿色发展理念的雏形起于2005年8月15日时任浙江省委书记习近平在浙江湖州市安吉县余村考察时首次提出的"绿水青山就是金山银山"。2013年9月,在哈萨克斯坦纳扎尔巴耶夫大学回答学生提问时,习近平总书记就"绿水青山就是金山银山"进一步做出阐述:"我们既要绿水青山,也要金山银山。宁要绿水青山,不要金山银山,而且绿水青山就是金山银山。"绿水青山和金山银山二者并非矛盾对立,相反二者辩证统一,相辅相成,统一于一体。绿水青山是自然财富也是经济财富,保护"绿水青山"就是创造"金山银山",就是实现生态效益、经济效益、社会效益并重,就是发展生产力,就是走生产发展、生活富裕、生态良好的可持续发展之路。

绿色发展理念注重的是解决人与自然的和谐共生问题。绿色发展建立在人类和自然界相互依存、相互影响的基础之上,以合理消费、低消耗、低排放、生态资本不断增加为主要特征,以绿色创新为基本途径,以积累绿色财富和增加人类绿色福利为根本目标,以实现人与自然的和谐为根本宗旨。绿色发展理念从以往经济中心主义和单纯经济利益导向发展转变为对于生态社会经济的全面衡量和对于社会、人类、自然的全面尊重,是经济、社

[①] 中共中央宣传部:《习近平总书记系列重要讲话读本(2016年版)》,学习出版社2016年版,第233页。

会、生态"三位一体"的新型发展理念,是对传统发展理念的根本变革[①]。

坚持绿色发展理念必须坚持绿色生产观。按照有利于生态环境保护的原则来组织生产,从生产的组织全过程到物料转化全过程节能、降耗、减污,即从产品开发、规划、设计、建设到运营管理的全过程,从原材料加工到产品生产、产品使用甚至报废处置的各个环节推进资源全面节约和循环利用,降低能耗、物耗,壮大节能环保产业、清洁生产产业、清洁能源产业,使污染物的产生量最少化,开发和创造出更多绿色产品,建立健全绿色低碳循环发展的生产体系,减少整个生产活动对人类和环境的危害。

坚持绿色发展理念必须坚持绿色消费观。绿色消费是以节约资源和保护环境为特征的消费行为,主要表现为崇尚勤俭节约,减少损失浪费,选择高效、环保的产品和服务,降低消费过程中的资源消耗和污染排放。我国已进入消费需求持续增长、消费拉动经济作用明显增强的重要阶段,过度消费、奢侈浪费等现象依然存在。在此背景下,绿色的生活方式和消费模式还未形成,加剧了资源环境瓶颈约束。促进绿色消费,取之有度,用之有节,倡导简约适度、绿色低碳的生活方式和消费模式,反对奢侈浪费和不合理消费,开展创建节约型机关、绿色家庭、绿色学校、绿色社区和绿色出行等行动,加快建立绿色消费的法律制度和政策导向,形成文明健康的生活风尚。

坚持绿色发展理念必须坚持绿色发展观。"绿色发展要求在大力发展生产力的同时,确立资源与环境在经济发展中不可替代的地位,转变GDP的考核机制,不以单一的经济增长、经济绩效为主导,解决高科技、高消费时代经济发展与资源环境的两难问题,加快形成人与自然发展现代化建设新格局,从根本上解决人与自然之间的深层性问题。"[②]绿色发展观倡导尊重自然、爱护自然的绿色价值观念,按照山水林田湖草是一个生命共同体的理念,加强综合治理、系统治理、源头治理,优化国土空间开发格局,调整区域产业布局,发展清洁生产,改善环境质量,引导结构优化调整,推动高质量发展,统筹好生产、生活、生态三大空间布局,生态环保思想成为社会

[①] 李忠民:《中国特色社会主义发展经济学》(上卷),经济科学出版社2018年版,第412~413页。

[②] 肖春花、蒋锦洪:《当代中国新发展观的认识逻辑》,《中共福建省委党校学报》2017年第2期。

生活中的主流文化,努力打造青山常在、绿水长流、空气常新的美丽中国,促进人与自然全面协同发展。

在绿色发展理念的指引下,我国环境污染治理投资不断加大(见表1-22),全国蓝天、碧水、净土三大保卫战扎实推进,生态环境改善明显:土地荒漠化防治取得积极成效,沙化荒漠化土地面积连续减少,率先实现联合国制定的到2030年荒漠化土地零增长目标;森林资源连续增长,森林蓄积量比2005年增加45.6亿立方米;节能减排持续推进,能源消费结构不断优化;2018年,中国单位GDP二氧化碳排放比2005年下降45.8%,超额完成当年目标,相当于减少二氧化碳排放约52.6亿吨。

表1-22 全国环境污染治理投资情况(2006—2017年)

单位:亿元

年份	环境污染治理投资总额	城镇环境基础设施建设投资
2006	2 779.5	1 528.4
2007	3 668.8	1 749.0
2008	4 937.0	2 247.7
2009	5 258.4	3 245.1
2010	7 612.2	5 182.2
2011	7 114.0	4 557.2
2012	8 253.5	5 062.7
2013	9 037.2	5 223.0
2014	9 575.5	5 463.9
2015	8 806.4	4 946.8
2016	9 219.8	5 412.0
2017	9 539.0	6 085.7

数据来源:《中国环境统计年鉴2018》。

绿色发展理念把绿色嵌入发展大格局,实现生态保护和经济发展相互促进、相得益彰,体现的正是"在发展中保护、在保护中发展"的理念,这一理念为高质量发展提供绿色动能,符合人类社会发展规律,是永续发展的必要条件,体现了人民对美好生活的追求。习近平总书记指出,我们应该追求绿色发展繁荣。绿色是大自然的底色,绿水青山就是金山银山,改善生态环境就是发展生产力。良好生态本身蕴含着无穷的经济价值,能够源源不断创造综合效益,实现经济社会可持续发展①。我们必须坚持节约资源和保护环境的基本国策,坚持可持续发展,坚定走生产发展、生活富裕、生态良好的文明发展道路,加快建设资源节约型、环境友好型社会,形成人与自然和谐发展现代化建设新格局,推进美丽中国建设,为全球生态安全作出新贡献。

五、开放理念的现实逻辑:解决发展内外联动问题

1978年12月党的十一届三中全会做出了实行改革开放的重大决策,我国对外开放的蓝图循序渐进,不断绘就。1979年7月15日,中央正式批准广东、福建两省在对外经济活动中实行特殊政策、灵活措施,广东、福建成为全国最早实行对外开放的省份,并决定在深圳、珠海、厦门、汕头试办经济特区,深圳等经济特区的成功创建,为进一步扩大开放积累了经验,有力推动了中国对外开放的进程。1984年4月,党中央和国务院决定进一步开放大连、秦皇岛、天津、烟台、青岛、连云港、南通、上海、宁波、温州、福州、广州、湛江、北海这14个港口城市。从1985年起,又相继在长江三角洲、珠江三角洲、闽东南地区和环渤海地区开辟经济开放区。1988年增辟了海南经济特区,实行比中国其他经济特区更加开放、灵活的体制和政策,授权海南政府更大的自主权。1992年1—2月邓小平南方谈话把中国改革开放推进到新阶段。1990年4月,党中央和国务院做出了进一步实行对外开放的重大部署——开发与开放上海浦东新区,随后党的十四大宣布新时期最鲜明特点是深化改革。1993年国务院批准了杭州等11个经济开发区,1994年批准了北京和乌鲁木齐经济开发区,至此,中国经济开发区总量达32个。2001年中国加入WTO,积极参与国际分工与合作,翻开对外开放全新一页。党的十八大提出要加快实施自由贸易区战略。建设"一带一路",推进周边国家的互联互通,促进中国经济和沿线国家经济的共同繁荣。2012年12月,习近平总书记做出"我国改革已经进入攻坚期和深水区"的判断,强调"改革不停顿、开放不止步"。2013年9月和10

---

① 习近平:《共谋绿色生活,共建美丽家园——在2019年中国北京世界园艺博览会开幕式上的讲话》,https://www.xuexi.cn/lgpage/detail/index.html?id=7124620269568411403,下载日期:2020年4月28日。

月由习近平分别提出建设"新丝绸之路经济带"和"21世纪海上丝绸之路"的合作倡议,"一带一路"倡议成为中国今后相当长时期对外开放和对外经济合作的总纲领。纵观以上我国开放发展的轨迹可见,我国的对外开放由点到线,从沿海开放到内地开放,从单边开放到多边开放,从单向开放到双向开放,从贸易开放到金融开放,从市场开放到规则开放,我国对外开放的范围不断扩大,对外开放的领域不断拓展,对外开放的层次不断提高。

40余年来我国对外开放取得了巨大成就。1978—2016年我国经济平均年增长率为9.7%,远超同一时期其他主要经济大国,保持了近40年的经济高速增长,成为世界第二大经济体和最大的货物贸易国。40余年来我国货物进出口总额增长198倍,服务贸易进出口总额增长超过147倍,累计吸引外资超过2万亿美元。2018年,世界500强企业中中国上榜企业已经达到120家,仅次于美国的126家。正如习近平总书记指出,"开放已经成为当代中国的鲜明标识。中国不断扩大对外开放,不仅发展了自己,也造福了世界"。2010—2016年,我国对世界经济增长的平均贡献率达到27.6%,超过了美国、欧元区和日本的贡献率总和,居世界第一位,中国作为世界经济的发动机和稳定器,为世界经济做出了积极贡献。

在看到成就的同时,我们还应看到我国在开放发展的过程中目前是外贸大国但不是贸易强国,我国的开放发展的质量和水平还有待提高,用好国内国际两个市场、两种资源的能力还不够强,存在有待破解的短板,由点到线的开放发展必须向由线到面转变,面临在更大范围、更宽领域、更深层次上提高开放型经济水平,构建全方位开放战略新格局的重大现实课题。

(一)我国对外开放水平总体上还不够高

1.在国际分工中的地位有待提高

由于自身要素禀赋所限,我国在很长一个时期主要是依托初级要素参与国际分工。在国际市场中,提供的缺乏技术含量的初级产品多,高技术密集程度、高附加值的制成品少,产品品质集中在中低端,缺乏高端出口产品,主要依托价格而非品质参与国际市场竞争。这种低端要素驱动、简单重复劳动生产常常面临"被整合",我国在国际分工中的地位亟待提高。

2.整合全球生产要素的能力还不强

"从本质以及微观角度看,当前以全球要素分工为主导的国际分工,实质就是跨国公司在全球范围内整合和利用全球优势要素和资源。"我国本土企业由于缺乏参与国际竞争的企业家精神、缺乏国际经营的历练、自主创新能力不够、对外技术依存度高等原因,"走出去"整合全球生产要素包括创新要素的能力比较弱,具备"走出去"整合全球生产要素和创新要素能力的本土跨国公司数量极为有限[①]。

3.开放发展模式亟待转型升级

过去我们传统开放发展模式以劳动密集型出口产业为主,依靠廉价劳动力、低成本优势获得了一定的短期收益,可是也使我国出口产业长期处于国际竞争劣势。随着劳动密集型出口产业的低成本优势的丧失,我国面临出口产业向技术密集型产业、战略性新兴产业的转型升级。"在服务业全球化快速发展背景下,通过融入全球服务业生产体系推动和实现服务业尤其是生产性服务业的发展,将会成为实现中国开放增长模式转型升级的主要途径,也是推动中国开放发展的新动力引擎。应该说,开发条件下服务业发展水平的高低将是衡量中国开放发展模式转型是否成功的重要标志,也是决定中国未来开放发展是否具有竞争力的重要因素。"[②]2018年,我国货物贸易全球第一,但是服务贸易全球第三。从2009年开始,我国服务贸易逆差的局面从未改变,2018年我国服务贸易逆差达2 582亿美元(见表1-23),因此必须在继续做大做强制造业的同时大力发展服务贸易,提升中国服务贸易的国际竞争力。

表1-23 我国服务业进出口总额

单位:亿美元

指标	2014年	2015年	2016年	2017年	2018年
服务进出口总额	6 520.2	6 541.6	6 616.3	6 956.8	7 918.8
出口总额	2 191.4	2 186.2	2 095.3	2 280.9	2 668.4
进口总额	4 328.8	4 355.4	4 521.0	4 675.9	5 250.4
进出口总额	-2 137.4	-2 169.2	-2 425.7	-2 395.0	-2 582.0

数据来源:《中国统计年鉴2019》。

---

① 李忠民:《中国特色社会主义发展经济学》(上卷),经济科学出版社2018年版,第460页。

② 李忠民:《中国特色社会主义发展经济学》(上卷),经济科学出版社2018年版,第463页。

4. 过去简单的单向开放必须改变

过去我们的开放发展中,非常注重"引进来"(见表 1-24)。这种"引进来"很多是简单的、低端的引入外资,不注重利用外资的质量和层次,这种局面需要改变为高水平的"引进来"。所谓向高水平"引进来"或者说高端利用外资,其实就是要确立全要素理念,因为利用外资绝不仅仅是一个资金流动问题,而是涉及技术、知识、信息、管理、人力资本等一揽子生产要素流动问题。因此高水平"引进来",不仅仅是指将高端产业或高技术产品生产过程中的某些生产环节和阶段等向我国转移,更为重要的是依托资金流动而带动其他一系列高端生产要素的流动,尤其是"外智"等创新生产要素向国内集聚,充分发挥外资嵌入式的创新驱动开放发展[①]。过去简单引资必须转变为引资、引技、引智三者并重。

表 1-24 我国利用外资情况

年份	项目/个	实际使用外资金额/亿美元
2008	27 514	952.53
2009	23 435	918.04
2010	27 406	1 088.21
2011	27 712	1 176.98
2012	24 925	1 132.94
2013	22 773	1 187.21
2014	23 778	1 197.05
2015	26 575	1 262.67
2016	27 900	1 260.01
2017	35 652	1 310.35
2018	60 533	1 349.66

数据来源:《中国统计年鉴 2019》。

过去我们的开放发展除了存在简单的"引进来",还存在"走出去"不够的问题,即缺乏通过对外直接投资整合国外优势资源和要素为我所用。我

---

① 李忠民:《中国特色社会主义发展经济学》(上卷),经济科学出版社 2018 年版,第 463 页。

国是利用外资第一大国和对外投资第二大国,对外开放"引进来"和"走出去"未达均衡。习近平总书记指出,"我国对外开放从早期引进来为主转为大进大出新格局,但与之相应的法律、咨询、金融、人才、风险管控、安全保障等都难以满足现实需求,支撑高水平开放和大规模走出去的体制和力量仍显薄弱。"①未来,我们必须在高水平"引进来"的同时注重高水平"走出去",实现高水平的双向开放。

5.对外开放体制机制不能适应对外开放新形势

全球金融危机爆发后,我国内外部发展环境发生了重大变化。新形势下坚持进一步对外开放的重要动因,是中国。世界经济持续复苏乏力,全球价值链深度整合,国际经贸规则加速重构,全球经济治理机制面临深刻变革,国际竞争日益加剧,新的全球经贸格局正在形成,全球经济治理主导权的竞争日趋激烈。另外,我国经济深度融入世界经济体系,但经济发展进入新常态,旧有的经济发展模式难以为继,经济体制改革进入深水区和攻坚期,对外开放的比较优势发生新的变化,开放型经济进入全面转型期②。面对新的对外开放形势,我国虽初步建立起符合自身国情和世贸规则的开放型经济体制,但是在贸易便利化、外商投资管理、对外投资管理、服务业对外开放、金融双向开放等方面的体制机制上,仍不能适应对外开放新形势,有利于合作共赢并同国际贸易投资规则相适应的体制机制尚待健全、完善。

6.我国在全球治理中的制度性话语权不够

长期以来西方主要发达国家在全球治理中保持优势地位,拥有压倒性话语权,联合国、国际货币基金组织、世界银行、世界贸易组织等国际组织为霸权主义和强权政治所干扰,发挥效力受到影响。我国是世界最大的发展中国家、全球第二大经济体、最大货物出口国、第二大货物进口国、外汇储备第一大国、服务贸易第二大国、使用外资第二大国、对外投资第二大国、全球最大旅游市场、世界经济增长第一引擎,对世界的影响举足轻重,我国正前所未有地走近世界舞台中央,但在全球治理变革中的制度性话语

---

① 习近平:《深入理解新发展理念》,《习近平谈治国理政》(第二卷),外文出版社2017年版,第213页。

② 盛斌、马斌:《中国经济学如何研究开放发展》,《改革》2016年第7期。

权与我国在世界经济和全球治理中的分量不相称,应对国际经贸摩擦、争取国际经济话语权的能力还比较弱,运用国际经贸规则的本领还不够强,我国经济实力转化为轨迹制度性权力依然任重道远。

制度性话语权不仅是与制度相关的话语权,其重点在于探讨全球治理中权力运作的方式和影响,例如制度建立、规范设定、标准提出、议题设置、概念生产;此外,还关乎观念、意义、价值和共识等更为抽象层面的国际社会互动和良性关系的构建。因此制度性话语权的构建,是全球治理语境中在制度和关系两个层面的召唤,其内容包含但不局限于:在对制度、规范、概念、观念、意义、共识、真理、价值等符号体系的生产和分配基础上,形塑对国际实践的阐释,确立国际社会主体的身份认同和关系模式。其不仅仅关乎规范制度的设立——以纲领性观点为国际问题的界定、诊断和解决提供政策指导和路径借鉴,为国际争议提供合法的政治观念和政治理念引导,为国际社会提供政策参考体系、价值标准选择,亦是作为比具体政策、标准、方法和概念更为基础的价值、理念、共识、意义的存在[1]。

全球治理格局中,我们要从过去全球治理的"参与者"转变为全球治理的"引领者""建设者""贡献者"。在国际规则制定中发出更多中国声音、注入更多中国元素、贡献更多中国智慧、提出更多中国方案,进一步增强制度性话语权,维护和拓展我国发展利益,提高我国国际地位和国际影响力,同时作为负责任的世界大国勇于"为世界谋大同",在全球治理体系改革和建设中引领世界格局演变方向,引领人类文明进步走向,为完善全球治理承担责任、做出应有贡献。

(二)开放是国内国外联动发展的关键枢纽

习近平总书记指出:"我国已经进入了实现中华民族伟大复兴的关键阶段。中国与世界的关系在发生深刻变化,我国同国际社会的互联互动也已变得空前紧密,我国对世界的依靠、对国际事务的参与在不断加深,世界对我国的依靠、对我国的影响也在不断加深。我们观察和规划改革发展,必须统筹考虑和综合运用国际国内两个市场、国际国内两种资源、国际国

---

[1] 刘娟、赵永华:《全球治理视角下中国制度性话语权构建的路径选择》,《国际传播》2018年第11期。

内两类规则。"习总书记强调的就是要以开放发展统筹国际国内两个大局,解决好国内国外联动发展的问题,全面提升开放层次和水平,推动我国更高层次的开放型经济的发展。

过去我国没有统筹国际国内两个大局时,出口背离内需的贸易模式割裂了"国内需求—本土供给—出口结构"的内在关联,使得中国本土企业缺乏整体能力,偏离了外贸发展"增长引擎"的本质作用。而"内外经济联动发展的贸易模式,不仅是大国外贸发展的一般性经验,也是大国有效破解外贸转型困境的优势途径。具体体现在,依托国内需求发展对外贸易,能够实现出口升级、产品结构多元化,极大提升本土企业的出口竞争力。但中国国内供需背离使得增长新动力失去内需支撑,并因此陷入发展方式难以转换的困境。脱离国内需求的出口结构,也会使得外贸新优势成为'无源之水'。而中国不断成长的国内需求所支撑的规模经济、技术创新、消费反馈效应和虹吸效应,为中国本土企业培育外贸新优势提供了特殊优势途径。因此,中国应该建立以国内需求为依托的国内生产体系和出口生产体系,实现国内产业部门与外贸产业部门的联动发展。"[1]

党的十九届四中全会《中共中央关于坚持和完善中国特色社会主义制度、推进国家治理体系和治理能力现代化若干重大问题的决定》提出要建设更高水平开放型经济新体制,实施更大范围、更宽领域、更深层次的全面开放,推动制造业、服务业、农业扩大开放,保护外资合法权益,促进内外资企业公平竞争,拓展对外贸易多元化,稳步推进人民币国际化。健全外商投资准入前国民待遇加负面清单管理制度,推动规则、规制、管理、标准等制度型开放。健全促进对外投资政策和服务体系。加快自由贸易试验区、自由贸易港等对外开放高地建设。推动建立国际宏观经济政策协调机制。健全外商投资国家安全审查、反垄断审查、国家技术安全清单管理、不可靠实体清单等制度。完善涉外经贸法律和规则体系。这众多论述都体现了统筹国际国内两个市场、国际国内两种资源、国际国内两类规则的思想和要求,是国际国内联动发展的具体安排和进阶方向。

国际国内两个市场、两种资源、两类规则相互关联,内在统一。国际国

---

[1] 谷克鉴:《内外经济联动发展的大国贸易模式——兼评〈国家规模、制度环境和外贸发展方式〉》,《唯实》2020年第3期。

内联动发展是在国际因素和国内因素的相互影响中思考问题,在内部力量和外部力量的互动转换中推动发展,以宽广的国际视野和世界眼光推进党和国家事业,努力把世界的机遇转变为中国机遇的同时,把中国的机遇转变为世界的机遇;努力在以内在强大力量妥善应对和及时化解外部风险挑战的同时,以外部的纵横捭阖营造促进攻克内部难关、实现高质量发展的有利环境①。这既是顺应大势拓展我国自身发展空间的需要,也是主动作为彰显我国大国担当、为全球经济治理做出贡献的需要。

六、共享理念的现实逻辑:解决社会公平正义问题

十八届五中全会提出坚持共享发展,必须坚持发展为了人民、发展依靠人民、发展成果由人民共享,做出更有效的制度安排,使全体人民在共建共享发展中有更多获得感,增强发展动力,增进人民团结,朝着共同富裕方向稳步前进。

习近平总书记指出,共享的内涵主要有四个方面。一是全民共享。这是就共享的覆盖面而言的。共享发展是人人享有、各得其所,不是少数人共享、一部分人共享。二是全面共享。这是就共享的内容而言的。共享发展就要共享国家经济、政治、文化、社会、生态各方面建设成果,全面保障人民在各方面的合法权益。三是共建共享。这是就共享的实现途径而言的。共建才能共享,共建的过程也是共享的过程。要充分发挥民主,广泛汇聚民智,最大激发民力,形成人人参与、人人尽力、人人都有成就感的生动局面。四是渐进共享。这是就共享发展的推进进程而言的。一口吃不成胖子,共享发展必将有一个从低级到高级、从不均衡到均衡的过程,即使达到很高的水平也会有差别。我们要立足国情、立足经济社会发展水平来思考设计共享政策,既不裹足不前、铢施两较、该花的钱也不花,也不好高骛远、寅吃卯粮、口惠而实不至。这四个方面是互相贯通的,要整体理解和把握②。

---

① 《党的十九届四中全会〈决定〉学习辅导百问》编写组:《党的十九届四中全会〈决定〉学习辅导百问》,党建读物出版社2019年版,第178页。

② 习近平:《深入理解新发展理念》,《习近平谈治国理政》(第二卷),外文出版社2017年版,第215~216页。

共享发展理念是针对我国社会主要矛盾转化、社会治理面临新挑战新任务的问题提出来的。

(一)我国面临社会主要矛盾转化、社会治理的新挑战新任务

1981年党的第十一届六中全会指出:在社会主义初级阶段,我国社会的主要矛盾是人民日益增长的物质文化需要同落后的社会生产之间的矛盾。那时我们的根本任务是集中力量发展社会生产力。随着我国经济的飞速发展、综合国力的显著提高,我国的社会主要矛盾已经转化。2017年十九大报告强调,中国特色社会主义进入新时代,我国社会主要矛盾已经转化为人民日益增长的美好生活需要和不平衡不充分的发展之间的矛盾。人民对美好生活的需要更加广泛,不仅对物质文化生活提出更高要求,而且在民主、法治、公平、正义、安全、环境等方面的要求也日益增长,更加重视知情权、参与权、表达权、监督权,参与社会治理意愿强烈,对社会治理提出了新任务新挑战[1]。

随着经济社会快速发展,社会结构日趋多样、价值取向日趋多元、利益诉求日趋多变,社会矛盾风险累积叠加,社会治理的形式和环境更加复杂。习近平总书记指出,"当前和今后一个时期,可能是我国发展面临的各方面风险不断积累甚至集中显露的时期。我国面临的重大风险,既包括国内的经济、政治、意识形态、社会风险以及来自自然界的风险,也包括国际经济、政治、军事风险等。"[2]现代社会是高风险社会,风险的跨界性增强、传导性加快,容易形成风险综合体。这迫切需要我们通过坚持和完善共建共治共享的社会治理制度,整合优化各类社会资源,从事前、事中、事后的整体视角进行防范,从源头、传导、转化等关键环节进行化解,形成互信、互助、互担的整体防控链,提高风险防范化解的前瞻性、系统性、协调性[3]。

"改革愈是深化,愈要重视平衡社会利益;发展愈是向前,愈要体现到

---

[1] 《党的十九届四中全会〈决定〉学习辅导百问》编写组:《党的十九届四中全会〈决定〉学习辅导百问》,党建读物出版社2019年版,第126页。

[2] 中共中央宣传部:《习近平总书记系列重要讲话读本(2016年版)》,学习出版社2016年版,第65页。

[3] 《党的十九届四中全会〈决定〉学习辅导百问》编写组:《党的十九届四中全会〈决定〉学习辅导百问》,党建读物出版社2019年版,第126页。

人民生活改善上。"①坚持和完善共享理念是适应社会主要矛盾转化和建设人人有责、人人尽责、人人享有的社会治理共同体的必然要求,是防范化解风险、保持社会稳定、维护国家安全、建设高水平的平安中国的迫切需要。通过坚持和完善共享理念,聚焦人民期待的增长点,找准各方利益的结合点,更好满足人民群众多层次、差异化、个性化的需求,不断增强人民群众获得感、幸福感、安全感,让更多的社会主体和市场主体参与社会治理,以更加多元的方式实现社会治理,并且更加公平地享受社会治理成果②。

(二)共享是以人民为中心的必然选择

习近平总书记指出,我们党推进全面深化改革的根本目的,就是促进社会公平正义,让改革发展成果更多更公平惠及全体人民③。

习近平总书记指出,"共享理念实质就是坚持以人民为中心的发展思想,体现的是逐步实现共同富裕的要求"。④ 人民是推动发展的根本力量,要坚持人民主体地位,紧紧依靠人民,一切为了人民,发展成果由人民共享。"我们的发展是以人民为中心的发展。如果发展不能回应人民的期待,不能让群众得到实际利益,这样的发展就失去意义,也不可能持续。要在推动经济持续健康发展的基础上,通过各种制度安排保障人民群众各方面权益,保障劳动者参与发展、分享发展成果,促进社会公平正义。"⑤

共享是社会主义的本质要求。"让广大人民群众共享改革发展成果,是社会主义的本质要求,是社会主义制度优越性的集中体现,是我们党坚持全心全意为人民服务根本宗旨的重要体现。这方面问题解决好了,全体

---

① 中共中央宣传部:《习近平总书记系列重要讲话读本(2016年版)》,学习出版社2016年版,第214页。
② 《党的十九届四中全会〈决定〉学习辅导百问》编写组:《党的十九届四中全会〈决定〉学习辅导百问》,党建读物出版社2019年版,第124~126页。
③ 中共中央宣传部:《习近平总书记系列重要讲话读本(2016年版)》,学习出版社2016年版,第76页。
④ 习近平:《深入理解新发展理念》,《习近平谈治国理政》(第二卷),外文出版社2017年版,第215~216页。
⑤ 中共中央宣传部:《习近平总书记系列重要讲话读本(2016年版)》,学习出版社2016年版,第214页。

人民推动发展的积极性、主动性就能充分调动起来,国家发展也才能具有最深厚的伟力。"①

共享发展理念注重的是解决社会公平正义问题。"我国经济发展的'蛋糕'不断做大,但分配不公问题比较突出,收入差距、城乡区域公共服务水平差距较大。在共享改革发展成果上,无论是实际情况还是制度设计,都还有不完善的地方。为此,我们必须坚持发展为了人民、发展依靠人民、发展成果由人民共享,做出更有效的制度安排,使全体人民朝着共同富裕方向稳步前进,绝不能出现'富者累巨万,而贫者食糟糠'的现象。"②

落实共享发展理念,要处理好做大"蛋糕"和分好"蛋糕"的关系。"一是充分调动人民群众的积极性、主动性、创造性,举全国之力推进中国特色社会主义事业,不断把'蛋糕'做大。二是把不断做大的'蛋糕'分好,让社会主义制度的优越性得到更充分体现,让人民群众有更多获得感。"③

综上所述,新发展理念针对我国发展中的突出矛盾和问题而提出,具有强烈的问题意识,着力解决实际发展中的重大问题:"创新"解决发展动力问题,"协调"解决发展不平衡问题,"绿色"解决人与自然和谐问题,"开放"解决发展内外联动问题,"共享"解决社会公平正义问题。新发展理念回答现实之问、时代之问,体现了强大的现实逻辑,体现了对新的发展阶段基本特征的深刻洞悉,是对社会主义本质要求和发展方向的科学把握,标志着我们党对经济社会发展规律的认识达到了新的高度,是我国经济社会发展必须长期坚持的重要遵循④。

---

① 习近平:《以新的发展理念引领发展》,《习近平谈治国理政》(第二卷),外文出版社2017年版,第215~216页。
② 习近平:《以新的发展理念引领发展》,《习近平谈治国理政》(第二卷),外文出版社2017年版,第215~216页。
③ 习近平:《深入理解新发展理念》,《习近平谈治国理政》(第二卷),外文出版社2017年版,第216页。
④ 中共中央宣传部:《习近平总书记系列重要讲话读本(2016年版)》,学习出版社2016年版,第132页。

第二章　贵州创新发展实践与经验

党的十九大报告指出,创新是引领发展的第一动力,是建设现代化经济体系的战略支撑①,充分体现以习近平同志为核心的党中央对创新的认识和重视达到了新的高度,表明创新已经成为全社会的基本共识。习近平总书记在许多场合都论述和强调创新,创新思想在习近平新时代中国特色社会主义思想中占据着重要地位,对其他各方面思想的形成和发展具有重要价值和作用。

贵州省委书记孙志刚同志也有过相关论述,认为贵州要克服困难、破解难题,要弯道取直、后发赶超,必须把创新摆在首位,牢固树立抓创新就是抓发展、谋创新就是谋未来的理念,各行各业都要创新、时时处处都要创新,牢牢把握住创新引领发展的主动权。要以创新的理念激发市场活力、全力推动大众创业万众创新,用心用情用力厚植创业创新沃土,充分释放全社会创业创新潜能,以创新的理念、创新的举措推动新兴市场主体不断涌现和创业企业发展壮大,加快汇聚形成经济发展的新动力。要以创新的理念促进以大数据为主导的新一代信息技术与各行各业深度融合,强力推进大数据战略行动,运用大数据、"互联网＋"的思维和技术,全力推动高端企业、先进技术与贵州省产业企业有机嫁接,促进信息化与工业化、农业现代化深度融合,加快传统产业和服务业信息化改造,推进生产技术、经营模式创新和产品升级换代,推动传统产业脱胎换骨、凤凰涅槃,促进新兴产业发展壮大、多做贡献,加快实现新旧动能转换。要以创新的理念找准问题

---

① 习近平:《决胜全面建成小康社会夺取新时代中国特色社会主义伟大胜利——在中国共产党第十九次全国代表大会上的报告》,人民出版社2017年版,第31页。

症结、精准破解难题,大力开展研究问题、破解难题竞赛,大兴调查研究之风,各行各业都要创新、都要精准,不断增强决战脱贫攻坚、决胜同步小康各项举措的精准性和有效性。

综上可以看出,创新发展理念已经深入人心,成为我国从上到下的共识。因此,我们必须对贵州省创新发展有一个深刻的认识,只有认识到位,才能行动到位,从而推动贵州经济社会又好又快发展。

第一节 贵州创新发展的理论与现实依据

一、贵州创新发展的理论依据

(一)新时代中国特色社会主义创新发展理论

1.新时代中国特色社会主义创新发展理论溯源

中国特色社会主义创新发展理念,其根本的理论基础来自马克思主义政治经济学。虽然马克思并没有直接给创新下过精确的定义,但在马克思的诸多论著中,曾使用过"创造""创立""发明""革命"等与创新含义接近的概念。约翰·伊特韦尔等学者指出,马克思(1848年)恐怕领先于其他任何一位经济学家把技术创新看作为经济发展与竞争的推动力……然而到了20世纪上半叶,著名经济学家中差不多只有熊彼特自己一个人还在继承和发扬这一古典传统[①]。徐则荣在其专著《创新理论大师熊彼特经济思想研究》中论述了马克思与熊彼特创新思想在创新的作用、企业家的创新动机、影响创新的因素等方面的异同[②]。熊彼特自己也说过,从这种看来无足轻重的源泉,产生了——正如我们将要看到的——经济过程的一个新

---

① 约翰·伊特韦尔、陈岱孙:《新帕尔格雷夫经济学大辞典》(第2卷),经济科学出版社1996年版,第925页。

② 徐则荣:《创新理论大师熊彼特经济思想研究》,首都经济贸易大学出版社2006年。

概念(即"创新"概念),它会克服一系列的根本困难,并从而证明我们在正文中对这一问题的陈述是正确的。这个问题的新陈述同马克思的陈述更加接近。因为根据马克思,有一种内部的经济发展,而不只是经济生活要与变化着的情况相适应。但是我的结构只包括他的研究领域的一小部分①。由此可见,熊彼特也认为自己的创新理论源于马克思。

20世纪70年代以后,伴随着新技术革命的兴起,在世界范围内形成了创新浪潮。创新代表了时代精神的精华,创新问题受到世界的广泛重视。面对世界的创新潮流,结合国内、国外的实际,党的第二代领导集体着眼未来发展的需要,进一步扩展了创新的思路和领域,把创新思想作为一种普遍的认识论和方法论贯穿到了各个方面。

进入20世纪90年代以后,党的第三代领导集体将创新思想和理论提高到了一个新阶段,并创造性地将创新思想进一步系统化、科学化。认为整个人类的历史从其本质上讲就是一个不断创新、不断进步的过程。没有创新,就没有人类的进步,就没有人类的未来;提出"中华民族是勤劳智慧的民族,也是富于创新精神的民族。现在我们更要十分重视创新。要树立全民族的创新意识,建立国家创新体系,增强企业的创新能力,把科技进步和创新放到更加重要的战略位置,使经济建设真正转到依靠科技进步和提高劳动者素质的轨道上来"。② 并且首次明确指出:"创新,包括理论创新、体制创新、科技创新及其他创新。"由此,在理论层面首次明确提出创新包括三个创新,即理论创新、体制创新、科技创新及其他创新,第一次对创新类型进行了科学的分类。

党的十八大以来,习近平总书记高度重视创新发展,在多次讲话和论述中反复强调创新,指出我们必须把创新摆在国家发展全局的核心位置,不断推进理论创新、制度创新、科技创新、文化创新等各方面创新。2014年10月15日,习近平在文艺工作座谈会上的讲话中指出,希望大家勇于创新创造,用精湛的艺术推动文化创新发展。优秀作品反映着一个国家、一个民族文化创新创造的能力和水平。广大文艺工作者要把创作生产优

---

① 约瑟夫·熊彼特:《经济发展理论:对利润、资本、信贷、利息和经济周期的考察》,何畏、易家祥等译,商务印书馆1990年版,第68页。

② 江泽民:《论科学技术》,中央文献出版社2001年版,第101页。

秀作品作为中心环节,不断推进文艺创新、提高文艺创作质量,努力为人民创造文化杰作、为人类贡献不朽作品。2016年4月26日,习近平在安徽合肥主持召开知识分子、劳动模范、青年代表座谈会时指出:创新发展、新旧动能转换,是我们能否过坎的关键。要坚持把发展基点放在创新上,发挥我国社会主义制度能够集中力量办大事的制度优势,大力培育创新优势企业,塑造更多依靠创新驱动、更多发挥先发优势的引领型发展。2016年7月1日,习近平在庆祝中国共产党成立95周年大会的讲话中指出:实践创新和理论创新永无止境。毛泽东思想、邓小平理论、"三个代表"重要思想、科学发展观都是在实践基础上的理论创新。我们要继续与时俱进,推进马克思主义不断发展。2017年10月18日,习近平在中国共产党第十九次全国代表大会的报告中指出,我们要把完善和发展中国特色社会主义制度、推进国家治理体系和治理能力现代化作为全面深化改革的总目标,勇于推进理论创新、实践创新、制度创新以及其他各方面创新。同时重视人才创新,指出:"人才是创新的根基,是创新的核心要素。创新驱动实质上是人才驱动。为了加快形成一支规模宏大、富有创新精神、敢于承担风险的创新型人才队伍,要重点在用好、吸引、培养上下功夫。"2018年5月2日,习近平在北京大学考察时强调:中国要强盛、要复兴,就一定要大力发展科学技术,努力成为世界主要科学中心和创新高地。2018年6月14日,习近平在济南考察浪潮集团高端容错计算机生产基地时指出:发展是第一要务,人才是第一资源,创新是第一动力。中国如果不走创新驱动道路,新旧动能不能顺利转换,是不可能真正强大起来的,只能是大而不强。

党的十八届五中全会提出,坚持创新发展,必须把创新摆在国家发展全局的核心位置,不断推进理论创新、制度创新、科技创新、文化创新等各方面创新,让创新贯穿党和国家一切工作,让创新在全社会蔚然成风。

由此可知,创新发展理念的提出,既有我国多年发展实践的经验基础,也是以马克思主义为指导、博采中外关于国家经济发展理论精华的结果。我国的创新发展理论和在创新发展理论指导下的创新发展战略、创新发展政策系统化地构成了中国特色社会主义政治经济学的重要篇章。

2.新时代中国特色社会主义创新发展理论

2016年5月,中共中央、国务院印发了《国家创新驱动发展战略纲要》,并发出通知,要求各地区各部门结合实际认真贯彻执行。《纲要》提出我国创新驱动发展战略的目标为：第一步，到 2020 年进入创新型国家行列，基本建成中国特色国家创新体系，有力支撑全面建成小康社会目标的实现。第二步，到 2030 年跻身创新型国家前列，发展驱动力实现根本转换，经济社会发展水平和国际竞争力大幅提升，为建成经济强国和共同富裕社会奠定坚实基础。第三步，到 2050 年建成世界科技创新强国，成为世界主要科学中心和创新高地，为我国建成富强民主文明和谐的社会主义现代化国家、实现中华民族伟大复兴的中国梦提供强大支撑。想要达成这一目标，我们必须进行理论创新，形成具有新时代中国特色社会主义创新发展理论，这样才能更好地指导实践，从而实现中华民族的伟大复兴。

(1) 创新发展的主体和目的

社会主义与西方资本主义的不同点就在于西方以资本为中心，而社会主义以人民为中心，这是二者的根本区别。以人民为中心的社会主义创新发展理论，是社会主义本质的具体体现[①]。

社会主义创新发展突出体现了以人民为中心的发展思想，强调创新发展的主体是人民，体现出人民本位论的核心理念。一方面实施创新的主体是人民，也就是创新依靠人民；另一方面强调创新发展的目的是增加人民福祉，也就是创新为了人民，这构成了中国特色社会主义的创新发展理念的人民本位观内涵[②]。

从创新发展的主体看，以习近平同志为核心的党中央一直强调要建设和完善创新创业载体，发展创客经济，形成大众创业、万众创新的生动局面。要充分尊重群众的首创精神，着眼于解放和发展生产力，放手支持群众大胆实践、大胆探索、大胆创新，及时发现、总结和推广群众创造的成功经验，把群众的积极性和创业精神引导好、保护好，充分发挥人民群众在改革开放和现代化建设中的主体作用，为改革发展创造一个宽松的环境。要全面调动人的积极性、主动性、创造性，为各行业各方面的劳动者、企业家、创新人才、各级干部创造发挥作用的舞台和环境。

从创新发展的目的看，创新发展的目标是共同富裕。创新发展的成

---

① 蒋佳、陈昌兵：《中国特色社会主义创新发展理论》，《现代经济探讨》2019 年第 5 期。

② 黄群慧：《论中国特色社会主义的创新发展理念》，《光明日报（理论版）》2017 年 9 月 5 日。

果,理应由人民共享,让广大人民获得创新发展的成就感,创新发展成果应真正普惠人民。创新发展搞得成功不成功,最终的判断标准是人民是否享受到了发展的成果。同时,共享能更好地创新发展,因为共享的生产方式较少依赖对生产条件的占有,共同利用将会更有效率,更好地发挥人力资本技术创新。

(2)创新发展的基础:创新型人才培养

在新时代社会主义创新理论中,创新型人才培养是创新发展的基础,主要体现在创新型人才培养是不断提升我国自主创新能力的基础。提升自主创新能力是我国建设创新型国家的核心内容,自主创新包括原始创新、集成创新和引进技术再创新。自主创新一般体现为新的科学发现以及拥有自主知识产权的技术、产品、品牌等。随着科技创新逐步成为经济和社会发展的决定性因素,自主创新能力已成为国家和企业竞争力的核心。具有较强的自主创新能力就能把握未来发展的主动权,尤其在关系国民经济命脉和国家安全的关键领域,真正的核心技术、关键技术是买不来的,必须依靠自主创新。提高自主创新能力就必须坚持人才资源是第一资源的战略思想,并持之以恒地培养创新型人才。目前,我国自主创新能力同世界先进水平相比差距较大,专利数量虽已居世界前列,然而其中发明专利的比重不高,关键技术对外依存度高,高新技术产业所占比例较低,创新型人才特别是优秀拔尖人才比较少,企业还没有真正成为科技创新的主体。因此,应坚持在创新实践中发现和培育人才,积极推进创新团队建设,努力培养一批德才兼备、国际一流的科技尖子人才、国际级科学大师和科技领军人物,特别是要抓紧培养、造就一批中青年高级专家,为全面提升我国自主创新能力,建设创新型国家做好人才储备。

(3)社会持续发展的动力:科技创新与制度创新

在马克思创新思想中,科技创新和制度创新是社会持续发展的根本动力,这不仅在于作为生产力范畴的科技创新是不断提高生产效率的手段,作为生产关系范畴的制度创新为生产力发展提供制度保障,而且在于科技创新与制度创新互为条件,相互促进共同创造数量更多、品种更丰富的物质财富,推动人的全面自由发展。目前,我国正在建设创新型国家,实现第一个一百年目标的关键期,不仅要不断解放生产力和发展生产力,更要转变经济增长方式、优化经济结构,最终实现经济、社会和环境的全面协调可持续发展,而持续的科技创新和制度创新是其根本动力。

(4)民族进步的灵魂:理论创新与文化创新

在新时代社会主义创新思想中,理论创新来源于实践,是对新情况、新问题做出新的理论阐释,又指导实践,对实践的未来发展趋势做出新的揭示和预见,对人类历史经验做出新的总结概括和理论升华,理论创新是其他创新形式的方向指南。文化创新是对传统的价值体系、思想观念、意识形态、道德伦理、生活方式以及文化教育、科学技术等精神领域的各个方面进行革命性扬弃的过程,是在先进文化指导下,解放思想、实事求是,研究新情况、解决新问题、形成新认识,指导新实践,求得新发展的过程。理论创新和文化创新思想既是对马克思主义创新思想的继承和发展,又兼收并蓄了以往人类所有优秀的思想成果,是科学的世界观和价值观。当代中国,为实现中华民族的伟大复兴,不仅要加快经济建设提高综合国力,而且要注重精神建设,不断推进理论创新和文化创新进程,突出理论和文化的思想指导功能。原因在于,理论创新和文化创新不仅是构建社会主义核心价值体系和建设社会主义和谐社会的主要动力,而且更是中华民族自强不息的灵魂。

(二)创新成为经济增长的第一驱动要素

1776年,亚当·斯密的《国富论》出版,标志着经济学作为一门独立的学科出现,书中关于国民财富增长的研究被认为是各经济学流派对增长问题关注的开始。斯密认为:一国的经济发展水平可由人均国民收入来度量,因为分工可以提高劳动生产率,对经济增长有着积极的推动作用。同时斯密还强调了资本对促进国民财富增长的贡献,因为资本积累可以增加生产性工人的数量,有助于提高产出水平。他的后继者大卫·李嘉图则将研究视角集中于收入分配对于经济增长的作用,他认为合理的收入分配制度是促进经济增长的关键。

20世纪40年代,哈罗德-多马模型把投资作为促进经济增长的主要路径,为经济增长理论做出了突出贡献,使得人们重新关注经济增长问题,开创了经济增长理论。

新古典经济增长理论的代表罗伯特·索洛不仅注意资本积累对经济增长的作用,而且注意劳动增长和技术进步等要素对于经济增长的综合效应。他区分了经济增长中的"增长效应"和"水平效应",即在不增加要素投入的情况下,技术进步可以通过改变生产函数来提高增长曲线的位置,从而实现长期增长。因此,索罗将外生技术进步视为推动经济增长的主要动力。

20世纪80年代中期以来,以罗默和卢卡斯为代表的内生增长理论开始成为新的发展方向。内生增长理论将技术视为经济系统的内生变量,突破了新古典增长理论的研究框架,强调了技术这个长期以来一直为主流经济学所忽视的影响经济增长的重要因素,应该说这一研究框架是比较合理的。近十几年来,内生经济增长理论的兴起更使得创新成为经济学家的关注焦点。Grossman和Helpman(1991)区分了知识两方面的用途:其一,研究产生新的产品设计,创新者对其设计拥有垄断权;其二,新设计增加了社会一般知识水平,便利了以后的发明和创新,创新者无法占有这部分知识外溢效应。在上述假定下,技术进步(表现为消费品种类的不断增加)将呈现平衡增长路径。Aghion和Howht(1992)引入熊彼特所谓的"创造性毁灭"思想,建立纵向创新模型,分析了产品质量不断提高型创新同技术进步以及经济增长的关系。Krugman(1979)、Grossman和Helpman(1991)等建立的模仿-创新模型则显示,国际贸易会产生技术外溢效应,促进发展中国家的技术进步和经济增长。在他们的模型中,发达国家与发展中国家之间存在技术缺口,由于模仿成本大大低于创新成本,发展中国家可以通过与国际贸易伴随的技术模仿,促进技术水平的"蛙跳"式进步,进而提高经济增长率。

从上可知,创新已经成为推动经济增长的重要因素,并且是第一驱动要素。

(三)创新发展理论的提出是发展理念演进的结果

自从进入工业革命以来的很长一段时间,经济增长成为各国追求的主要目标,并且认为一切社会问题都可以在经济增长中得到解决。逐步演化为了"经济增长至上论":社会进入工业化后便可实现福利最大化,缩小极端不平等,并给予个人最大的幸福,经济增长是推动社会前进的主要推动力量。然而近几十年的实践证明,只关注经济增长,带来了自然资源危机、能源危机、环境危机和社会不平等程度的扩大等问题。人们开始反思,积极寻找新的"可持续"发展方式和道路,从而相继提出了三种可持续发展理念。第一,经济与社会协调发展的理念。随着社会矛盾的突出,人们开始关注社会发展,并逐步与经济发展相提并论,如世界银行1994年世界发展报告将基础设施明确区分为经济基础设施和社会基础设施。第二,经济-社会-环境协调发展理念。随着环境污染越来越严重,人类对人与自然的关系以及人自身的社会经济行为的认识出现了飞跃,提出了"人与自然和谐发展","金山银山不如绿水青山"就是其中的主要代表。这使得发展理念进入了"经济-社会-环境协调发展"阶段。第三,全面发展理念。随着全球化时代来临,人们的许多观念、方法、技术从局部看是"理性的"选择,但在整体上则出现了"无序和混乱",必须在提高发展水平的同时提高系统治理能力和人的素质,使人类社会得到全面发展和全面进步。人文关怀将同经济增长、社会进步、环境改善目标进行融合,共同支撑全面发展[1]。

全面可持续发展理念的出现使得传统的经济增长理论无法适应这一要求,必须积极寻找新的能够适应新发展理念的理论,创新发展理论应运而生,必将推动整个社会的全面发展。

二、贵州创新发展的现实依据

创新在不同经济体不同发展阶段具有不同的意义。现有的经济体可分成如下三类:第一类是发达国家或地区,它们处在技术创新前沿,唯一的增长模式就是依靠创新才能保持可持续增长;第二类是贫困国家或地区,它们远离技术创新前沿,增长模式主要依靠技术引进和模仿,依靠资源动员获取规模收益从而维持可持续增长;第三类是中等收入国家或地区,它们处在中间状态:与发达国家或地区相比,资源动员还有空间;与贫困国家或地区相比,创新显得尤其重要[2]。因此,对于处于刚刚跨越中等收入的贵州省而言,自主创新是未来贵州可持续增长的根本。

贵州2010—2019年经济增长速度一直居于全国领先,保持了年均

---

[1] 陈宝明、吴家喜主编:《全面创新:创新驱动的战略路径》,科学技术文献出版社2016年版,第30页。

[2] 蒋佳、陈昌兵:《中国特色社会主义创新发展理论》,《现代经济探讨》2009年第5期。

9%的经济增长率;2010年地区生产总值为4 602亿元,在全国31个省(除了台湾、香港和澳门)中排名26位;到了2019年地区生产总值为16 769亿元,在全国31个省中排名22位,排位出现了快速提升,上升了四名。与此同时,人均GDP出现了较大幅度增长,2010年贵州省人均GDP为13 221元,约合1 953美元[①],2019年人均GDP为46 433元。这一成绩得益于贵州践行创新发展理念,大力推进符合贵州省情的创新发展规划,推动了贵州经济社会快速健康发展。

(一)贵州特殊地理自然条件的要求

1.贵州地理条件

贵州地貌属于中国西部高原山地,境内地势西高东低,自中部向北、东、南三面倾斜,平均海拔在1 100米左右。贵州高原山地居多,素有"八山一水一分田"之说。全省地貌可概括分为高原山地、丘陵和盆地三种基本类型,其中92.5%的面积为山地和丘陵。境内山脉众多,重峦叠峰,绵延纵横,山高谷深。可见山地地貌类型是贵州地貌第一大特征。适宜农业耕种的平地面积较少,耕地多为坡耕地,就是俗话说的"地无三尺平"。贵州也是中国唯一一个没有平原的省份。因为多山,贵州的耕地总体而言面积少、质量差,耕地资源紧缺。在贵州的崇山峻岭之间,有种俗称"坝子"的山间小平原,分布于山间盆地、河谷沿岸和山麓地带。贵州的各种大小坝子上万个,分布在全省各地,坝子面积占全省土地面积的4.52%,单个坝子的平均面积为0.5平方公里。

贵州的这一自然地理特征使得贵州农业不可能像其他具有广阔平原省份的发展方式,必须结合自身的特点发展。我们不可能投入大型农机,从而提高农业劳动生产率,进行规模化生产。我们只能结合本省特定的地理位置和复杂的地形地貌,使贵州的气候和生态条件复杂多样,发展立体农业,创造性地提出发展"一乡一品""一村一品"的小规模农业生产经营方式,创建自己的农业品牌,提升农业比较效益,发展特色农业;贵州省坚持

---

① 按世界银行公布的数据,2018年的最新收入分组标准为:人均国民总收入低于995美元为低收入国家,在996至3 895美元之间为中等偏下收入国家,在3 896至12 055元之间为中等偏上收入国家,高于12 055美元为高收入国家。

利用优势产业推进农村产业革命,在全省选择了水果、茶叶、食用菌、蔬菜、生态畜牧、石斛、竹子、中药材、刺梨、生态渔业、油茶、辣椒12个重点产业作为主导产业。各地根据实际,在聚焦12个重点产业的基础上,实施"一县一业",统筹做好产业规划、品种布局,加强品种品质品牌建设,取得了良好的成效。

2.整合旅游资源,发展全域旅游

贵州旅游资源丰富,自然及人文环境独特。在这里,随处可见直入云端的山峰、千奇百怪的熔岩、飞珠溅玉的山泉、银河千落的飞瀑、妖冶鬼魅的溶洞峡谷,这些奇观异景无不展现着云贵高原无与伦比的韵味与魅力。同时,气候对旅游有极大的影响,直接关系到旅游过程的体验质量,因此好的气候条件将会对旅游者产生极大的吸引。贵州地处云贵高原东斜坡,地形西高东低,自西部和中部向北、东、南三面倾斜,气候类型属于亚热带温湿气候,温度适中,降雨充沛。贵州四季气候宜人,冬无严寒、夏无酷暑,春夏秋冬皆可进行户外活动。因此贵州旅游业不会因为季节和气候问题而导致淡旺季相差很大,一年每季的游客量均可保持在较为平均适度的水平。

然而,如此优越的条件,贵州省旅游资源却没有得到很好的开发,也没有很好地宣传,以至于外省人只知道有黄果树瀑布和遵义会议。近年来,贵州省把旅游业作为国民经济支柱产业,加大开发力度。截至2020年,全省拥有"中国南方喀斯特"——贵州荔波、施秉、"赤水丹霞"和梵净山世界自然遗产4处;侗族大歌世界非物质文化遗产1项,生态博物馆5所;国家A级旅游景区359个(其中5A级景区6个),国家级风景名胜区18个,国家级自然保护区9个,国家森林公园21个,国家地质公园9个,中国优秀旅游城市7个,民族文化旅游村寨1.8万个。神奇的自然景观,浓郁的民族风情,深厚的历史文化,宜人的气候条件,构成了贵州旅游发展的比较优势,奠定了贵州建设旅游强省的资源基础。同时,创新性地发展全域旅游,现已形成度假旅游、乡村旅游、温泉旅游、文化旅游、红色旅游、生态旅游及专项旅游相结合的多元化产品体系,打造出以贵阳为中心向东南西北延伸的6条精品旅游线路和特色鲜明的四季旅游项目,逐步成为集旅游观光、避暑养生、会展商务及文化体验于一体的休闲度假旅游胜地。2010年以前,贵州省的旅游总收入只能排在全国第14位。到了2018年,全省旅游总人数达9.69亿人次,比上年增长30.2%;实现旅游总收入9 471.03亿元,增长 33.1%,带动 30.3 万贫困人口受益增收。

(二)大数据引领,推动工业发展弯道超车

贵州省工业基础差、规模小、起点低等因素严重制约了工业经济的发展,导致贵州省工业水平与全国差距大。根据统计部门统计得出,贵州省工业现代化水平和城镇化水平落后,远低于全国平均水平,且省内各州市工业现代化水平发展也不均衡,与其他省份相比,贵州省工业发展仍存在很多不足。贵州为了推动工业的发展,创造性地提出了发展大数据产业,推动工业"后发赶超"。

人类现代化的历史表明,新科技革命和产业变革对全球而言既是重大机遇,也是重大挑战。能否成功首先看能否找准方向,然后是聚集全部力量,排除万难并持续奋斗。尽管后发地区的基础较弱,但在全球化时代,科技创新资源的流动性大为增强,地理位置、产业基础、创新资源和能力等对地区核心竞争力的支配作用均呈现不同程度的下降,而唯一不变的则是持之以恒的精神。大数据具有自由地空间传播的特征,作为生产要素的地域性限制大为降低。更何况数据的可重复利用性决定了其价值具有极大的提升可能和空间。这样的特性决定了后发地区发展大数据产业不仅不存在资源约束,甚至可以在很大程度上实现区域间的相互促进,从而降低了区域之间大数据产业竞争的激烈程度。因此,贵州这样的后发地区如果在大力推进数据开放进程方面走在全国前列的话,就能够在国内发展大数据产业所需的资源方面占据先发优势。当然,在大数据产业发展的起步阶段,仅具备基本的数据资源和决心还不够,还必须有一些发展大数据产业的客观优势,以便促进大数据产业上下游的企业集聚和发展壮大,迅速构筑其具有区域特色的竞争优势。贵州省既大力宣传其气候凉爽宜人、空气质量优良、地质结构稳定、地处内陆腹地、山川地貌、能源丰富、大片可供开发土地等自然优势,还通过设立贵安新区、中关村贵阳科技园、贵阳综合保税区并制定大数据产业发展专项政策,挖掘航空、航天、电子三大军工基地的电子信息产业优势,吸引了三大电信运营商、腾讯、百度等龙头企业入驻,使贵州省发展大数据产业的综合优势得到业界的广泛认可,大数据产业蓬勃兴起。

与此同时,运用大数据、智能化引领产业转型升级,推动互联网、大数据、人工智能同实体经济深度融合,加快发展数字经济,推动制造业加速向

数字化、网络化、智能化发展。这将成为未来我国工业发展的方向,贵州省抓住了这一时机,大力推进大数据与传统工业企业的融合发展,从而又促进了工业的飞速发展。

第二节 贵州创新发展实践

本节在上节梳理创新理论的基础上分两大部分阐述贵州省创新发展的实践及成效。第一部分对贵州的创新进程及改革开放以来尤其是近十年来经济发展情况进行介绍,第二部分将贵州创新发展的实践和成效进行分类呈现,介绍贵州在创新发展理念指导下,立足贵州特色,抢抓机遇,排难前进,加快贵州经济社会发展的精彩奋斗历程,为下一节总结提升贵州创新发展的经验打好基础。

一、贵州创新发展进程

(一)贵州创新发展进程

创新的内涵极其丰富,既包括技术层面的创新,也包括非技术层面的创新。从一定意义上来说,人类社会的发展实际上就是一部创新的历史,具体到某一个区域也是这样。贵州作为一个内陆省份,其创新历程是伴随着祖国的发展一起前行的。我们可以将贵州的创新进程从1949年中华人民共和国成立开始分为三个阶段:1949年至1978年社会主义制度建立和计划经济体制阶段;1978年至2012年改革开放和中国特色社会主义市场经济体制改革阶段;2012年至今的全面深化改革和中国特色社会主义新时代阶段。在前两个阶段中,贵州与全国基本上同步推进,但在中国特色社会主义新时代,贵州积极实施"后发赶超"战略,充分发挥后发优势,近十年来保持了GDP增速全国前三名。

1949年新中国成立后,祖国神州大地生机盎然、朝气蓬勃,思想意识形态领域发生了改天换日的变革和创新。马克思主义逐渐成为中国意识形态领域的主宰,中国共产党克服教条主义,不断推进马克思主义中国化进程,马克思主义基本原理指导思想和工作,马克思主义成了全党和全国人民思想和行为的指导方针。政治方面的创新成果是建立了中国共产党领导下的多党合作政治协商制度等基本政治制度,经济方面的创新成果体现为中国社会主义改造、管理方式改进和生产技术进步。在社会主义改造完成后,中国开始了计划经济体制下的社会主义建设,在此体制下政府发挥着资源配置主体的作用,以强大的行政力量对社会发展和经济建设进行指令性管理,国家实行计划经济体制,严格按计划配置资源。这期间我国充分发挥了社会主义优势,集中力量办大事,提出"向科学进军"的口号,广大科技工作者的无私奉献,焕发出极大创新激情,科技创新硕果累累,发射"两弹一星"、研制杂交水稻、推翻"中国贫油"观点等就是这一阶段的突出表现。贵州在此期间抓住国家进行"三线建设"等机遇,结合贵州实际建立了本地的工业体系,为其后的快速发展奠定了良好基础。

1978年后,邓小平引领中国共产党人解放思想、实事求是,强调科技进步和创新,积极发展生产力,中国的创新发展进入新阶段。党的十一届三中全会是这一转折的关键,做出了把国家的工作重点转移到经济建设上、实行改革开放的重大决策,创新性地激发了全国人民的创造力和积极性。在农村用统分集合双层经营体制取代人民公社制度,推行家庭联产承包责任制。党的十二届三中全会进一步开展以城市为重点的经济体制改革,主要改革重点是理顺政府和企业之间的关系,全国的改革从农村逐渐转移到城市,创造性地建立经济特区,开放沿海港口城市,全方位开放格局基本形成。微观经济层面的变化主要体现为乡镇企业异军突起、私营经济作为社会主义公有制经济的补充等方面。中国经济加速飞跃式发展,综合国力日渐强盛,国民生产总值大幅增加。在经历过20世纪90年代末国际风云突变和国内政治风波的洗礼后,1992年起中国又开始了一轮新的有中国特色的社会主义创新发展。党的十四大提出建立社会主义市场经济体制是我国经济体制改革的目标,把社会主义基本制度和市场机制结合在一起,是中国共产党结合中国实际的伟大创新。这一轮波澜壮阔的创新既包括以国有企业改革为重点的现代企业制度建立,也包括个体私营经济地位的改变及其对国民经济贡献的提升,更包括将自主创新上升为国家战略而带来的生产力巨大进步,新技术支撑下的新经济快速发展。贵州作为一个欠发达内陆省份,此期间实施一系列"后发赶超"措施,逐渐跟上了全国发展步伐,从2018年起,贵州追赶步伐加快,2011年至2019年GDP增速均处于全国前三,其中多年位居增速榜第一。

2012年起,中国进入全面深化改革阶段并随之进入中国特色社会主义新时代。这期间一系列文件出台,《关于深化科技体制改革加快国家创新体系建设的意见》(中发〔2012〕6号)为党的十八大提出创新驱动发展战略做了充分准备,《关于发展众创空间推进大众创新创业的指导意见》(国办发〔2015〕9号)、《关于加快众创空间发展服务实体经济转型升级的指导意见》(国办发〔2016〕7号)进一步强调创新发展这一国家战略的重大意义,对党的十八大提出的创新驱动发展战略进行具体部署和实施。在此期间,"互联网+""互联网+传统产业"等模式为大众创新、万众创业新浪潮的掀起推波助澜,改变了人们的生产生活方式,也对人们的生活方式产生了深刻影响。2015年我国制定了《中国制造2025》,提出九大战略任务,明确重点,激励了企业创新,扶持了一大批战略支柱产业的发展。中国创新能力稳步提高,在全球的创新地位与日俱增。世界知识产权组织基于80项指标发布的2019年全球创新指数(GII)对全球129个经济体进行排名,瑞士居于全世界创新性国家的首位,瑞典、美国、荷兰和英国分列第二至五位。中国的排名因创新力度不断增大、创新成果不断增多而继续攀升,上升3个位次排名第十四,连续4年上升。随着国家创新发展步伐加快,贵州在较薄的底子上奋起直追,区域创新能力2019年提升至第十六位、国家高新区创新能力全国增速第二。

(二)2008—2018年贵州经济发展情况

贵州作为祖国西南部一个内陆省份,"欠发达"似乎是贴在身上的一块标签,但从中国改革开放后,尤其是国家实施西部大开发战略以来,勤劳智慧的贵州各族人民在省委、省政府带领下,坚决执行党中央、国务院有关经济社会发展的各项部署,积极实施"后发赶超"战略,近十年来经济取得较快增长,社会取得极大进步。

1.贵州经济持续较快增长,总量和增速都十分可喜

2008年以来,贵州全省各地州市认真执行省委、省政府各项决策部署,从自身实际情况出发,制定发展规划,认真组织实施,一心一意谋发展。

经过十年孜孜不倦的追求,贵州经济跃上了一个新台阶。

从贵州历年 GDP 总量增长柱形图(见图 2-1)上可以看出,2008 年以来贵州 GDP 总量保持稳定增长,从绝对量不易看出贵州十年来发展的速度,但我们可以从相对增长速度来进行统计比较。

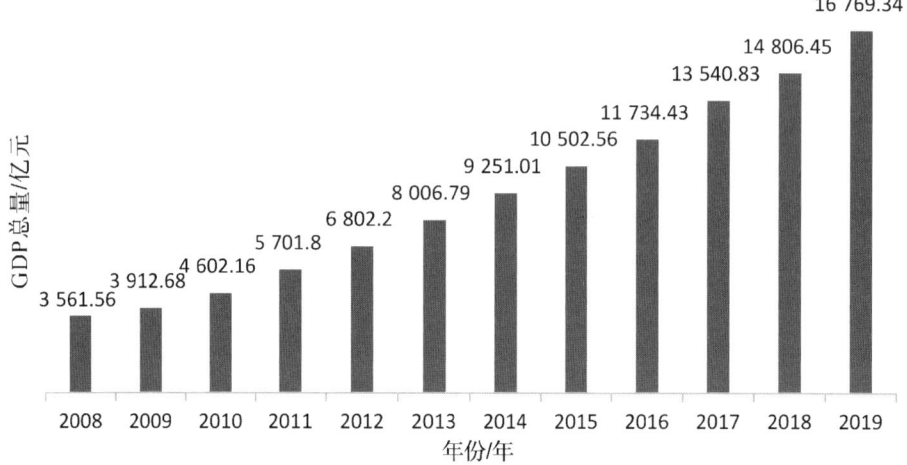

图 2-1　2008—2019 年贵州省 GDP 总量

资料来源:根据贵州省统计局资料制作。

从表 2-1 可以清晰地看出,从 2011 年起,贵州 GDP 增长速度一直居于全国前三位,2013、2017、2018 和 2019 年居全国第一。

从图 2-2 可以看出,从 2008 年开始,贵州均以高于全国水平的速度保持增长,在 2011 年更是达到了创纪录的 15.0%,而当年全国的 GDP 增长速度只有 9.2%,贵州高出全国水平近 50%。

与其他省市比较,贵州实施"后发赶超"战略取得了较好的效果。贵州之所以能够保持全国领先的增长速度,基点在于经济体量小。值得注意的是,在贵州经济增长中起重要作用的是煤、电、烟、酒四大产业,几乎贡献了工业增加值的近 60%。除这四大行业的巨额贡献之外,贵州经济高增长也依赖于长期固定资产投资的持续加码,自 2008 年全国刺激经济的 4 万亿投资开始连续十年其投资增速保持在 20% 以上。另外,近年来贵州经济发展也呈现了很多可喜之处。其中旅游业的发展十分惹人注目,2017 年旅游总人口达七亿五千万人次,年增速达 40%,成为西部地区最受游客喜爱的省份,旅游总收入达到七千余亿元,在2015年基础上实现翻番,撑起了整个贵州的第三产业。

表 2-1　历年全国 GDP 增速前三名

年份	第一	增速/%	第二	增速/%	第三	增速/%
2008	内蒙古	17.8	天津	16.5	陕西	16.4
2009	内蒙古	16.9	天津	16.5	重庆	14.9
2010	天津	17.4	重庆	17.1	海南	16.0
2011	天津/重庆	16.4	—	—	四川/贵州	15.0
2012	天津	13.8	重庆	13.7	贵州	13.6
2013	天津/贵州	12.5	—	—	重庆	12.3
2014	重庆	10.9	贵州/西藏	10.8	—	—
2015	重庆/西藏	11.0	—	—	贵州	10.7
2016	重庆	10.7	贵州	10.5	西藏	10.1
2017	贵州	10.2	西藏	10.0	重庆	9.3
2018	贵州/西藏	9.1	—	—	云南	8.9
2019	贵州	8.3	云南/西藏	8.1	—	—

数据来源:综合取自各地地方政府公报、统计局公布及多方媒体汇总信息。

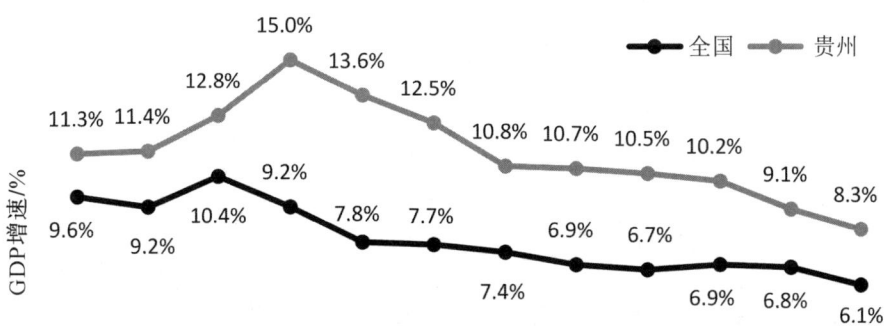

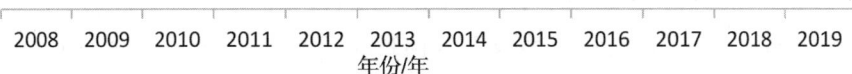

图 2-2　2008—2019 年贵州省与全国 GDP 增速对比

数据来源:综合取自各地地方政府公报、统计局公布及多方媒体汇总信息。

2.经济增长的隐忧在于缺乏龙头引领

贵州经济高速增长使得贵州人民增强了"后发赶超"的信心,但也应该看到存在的隐患,那就是经济增长缺少稳定性。从长远来看,无论是传统煤、电、烟、酒四大产业的鼎力支撑,还是基础建设的投资刺激,增长空间都会在不远的未来触及上限,甚至会导致产能过剩抑或是地方债务居高不下,都会为贵州经济的持续高质量发展带来隐忧。在近年大力发展的大数据产业方面,贵州提出将贵阳打造成为"大数据之都"或是"中国数谷",并未见得会为贵州的发展带来根本性变化,实际上更多的还是因电价等资源廉价而扮演着全国机房角色,未能根本上从大数据产业高附加值集中的长三角、珠三角地区分一杯羹。

另外,贵州实现真正崛起,需要进行产业升级和结构调整,充分重视区域龙头作用。贵阳作为省会城市虽说在贵州各地州市中确实居于领先地位,近期省委、省政府也提出了加快贵安新区和贵阳创新型中心城市示范区协调发展的意见,这都说明省级高层对贵阳区域龙头作用的企盼和支持。但贵阳在全国经济竞争中所处的位置却十分尴尬,难以发挥带动能力。

二、贵州创新发展成效

贵州在前述的创新发展进程中,采取了多种措施,既有生产力方面的科技创新,也有组织制度、意识观念方面的创新,而很多创新是科技和意识等多方面创新的融合。为便于叙述,下面通过对贵州创新发展成效进行一个大致归类阐述,以期进一步全面认识贵州创新发展实践。

(一)创新促进全面深化改革,新旧动能转换释放改革新动力

1.创新驱动全面深化改革

中国经济社会发展的近四十年,是不断改革的四十年。新时代提出全面深化改革,要点在深化,主要着力在制度体制上,因为规制是一个社会发展进步的规则平台,是一个社会持续发展和人民追求美好生活的根本保障。制度体制改革居于优先地位,制约改革领域和具体改革事项,反过来,具体改革事项又支撑制度体制改革,在其中充分发挥各级政府和全体人民

的创新精神和主观能动性至关重要。

(1)省级层面的创新驱动全面深化改革

省一级是中国体制中最关键一环,既体现在承上启下,更体现在主政一方。贵州省委、省政府在深入贯彻中央历次新时代深化改革会议精神不走样,根据贵州省情制定贵州新时代全面深化改革主体思路和各项决策部署。坚持中国特色社会主义基本制度不动摇,完善有益社会发展、经济增长和人民幸福的各项体制机制,推进治理体系和治理能力现代化进程,突出制度建设主线,确保打赢脱贫攻坚战,致力发展先进科技生产力以及营造与建设美好和谐生态环境,将新时代全面深化改革与贵州"大扶贫、大数据、大生态"三大战略紧密结合。

为承接中央全面深化改革项目的落地和落实省级全面深化改革的决策部署,必须根据贵州省情制定省级重大改革事项。省级重大改革事项涉及行政体制和机构改革、经济体制和环境(社会营商环境、国资国企现代企业制度环境、财税金融和要素市场环境等)改革、乡村振兴农村改革、社会主义民主法治领域改革、文化体制改革、教育医疗体制和社会治理体系改革、公检法和司法行政改革、党的建设制度和纪检监察体制改革等多个方面。这些省级重大改革事项的制定,既能确保落实中央全面深化改革的方针政策,也能对全省各市(州)全面深化改革工作起到引领方向的作用。科学的决策部署靠扎实的工作来落实,省级部门和各市(州)按照省委、省政府的统一部署,从自身优势出发,抓住工作要点,履行主体责任,细化工作方案,建立任务台账,精准实施,做到每项改革任务都按考核指标认真完成,每项改革任务完成都有时间要求,按时、保质、保量完成全面深化改革重任。

(2)市(州)、县级层面的创新驱动全面深化改革

市(州)、县层面的全面深化改革重点在于对标和对接中央、省的改革方针和工作部署,重中之重在于抓好贯彻落实。贵州地处欠发达的西南部云贵高原,农业自然资源条件恶劣,广大农村地区经济十分落后,市县层面各项工作面临的矛盾冲突比较直接。贫困人口压力较大和归属市县一级的企业层次较低等多方面因素使得市县一级在开展全面深化改革时要较多地考虑扶贫攻坚重任和生态环境保护重担。作为城乡融合发展的第一线,市县在保民生、促发展中面临重大挑战,在实现推进经济增长和保护社会稳定二者之间常常面临两难选择。

同时,市县一级在面临各种社会矛盾冲突中推进全面深化改革工作,又需要积极挖掘阻碍改革推进的根本原因,发扬创新精神和发挥主观能动性,积极倒逼中央、省的顶层设计逐步完善,多次重复博弈和互动,促进我国全面深化改革向纵深发展。

2.创新驱动新旧动能转换

经济社会发展的动能主要体现为技术、产业、业态或模式等,发展动能转换则意味着一轮科技革命和产业变革使技术、产业、业态或模式由较低级的传统产业和传统经济模式,特别是高能耗、高污染制造业,向绿色、协同发展的新技术、新产业、新业态、新模式转变。发展的新旧动能转换,既有对经济结构层面的转型升级,也伴随着发展理念转变,最终促进社会结构转型升级。

(1)贵州近十年经济发展速度位列全国前三,若要继续保持必须加快发展动能的新旧转换。省委、省政府对此高度重视,拟定了"高端化、绿色化、集约化"发展目标,推动贵州传统煤、电、烟、酒产业转型,实施"千企引进""千企改造"。以供给侧结构改革为主线,促进结构转型,加速经济高质量发展。一是大力进行产业革命提升传统产业适应新的竞争形势,淘汰落后产能释放资源,深化省属国有企业内部改革和技术创新,提升市场竞争力,排难前进。二是积极发展新兴产业,发挥大数据优势,推动其与实体经济融合发展,让数字经济为实体经济赋能。加快未来有着广泛前景的生物医药、数字电子信息、健康养老等产业发展,推动生产性服务业向专业化发展,向价值链高端延伸,推动生活性服务业向差异化和高品质升级,实现农业、旅游、文化和商业结合,培育智慧旅游新业态。发挥贵州大数据发展领先优势,深化"万企融合""上云用云",在大数据运用的广度、深度和精度方面不断精进,推进大数据与各行各业各领域深度融合,完善各产业互联网平台,催生经济发展强大动力。

(2)立足创新驱动,促进新旧动能转换。新旧动能转换是中国经济社会发展到当前阶段必须要解决的问题,对后续发展意义重大,对贵州也不例外。基于我国经济社会发展实际情况推动的新旧动能转换有利于实现阶段性跨越。但从世界发展历程尤其是我国自20世纪70年代末开始的改革开放成功实践来看,经济发展新旧动能的转换必须立足于创新驱动。一方面,创新是经济发展新旧动能转化的基础。新旧动能转换是一个涉及方方面面的系统工程,大致上可以分为"新""旧"两个方面,"新"的方面主要指培育新动能,要根据经济发展规律和现实社会的要求,利用新技术,发展新产业,培育新业态;"旧"的方面主要指改造旧动能,曾经在经济发展中起到促进作用的驱动力量,有的完全不适应新经济发展的需要,必须抛弃,有的虽然不适应新经济发展的需要,但还有可以利用的成分,应该扬弃,保留有用成分并加以改造。另一方面,创新引领着经济发展新旧动能转换。党的十九大报告指出,创新是建设现代化经济体系的战略支撑,是引领发展的第一动力。创新来源于强大的科学研究。对此我国要加快创新型国家建设,在科技前沿的研究中突出前瞻性和基础性,在原创科技成果方面不断领先,创新关键性技术、前沿性技术,强力推动产业升级和发展方式转变,为新旧动能持续转换提供不懈动力。

(二)大扶贫与农村"三变"改革相结合,激发微观主体新活力

1.走创新与大扶贫战略行动相结合之路

在中国历史上,贵州作为西南边陲之地因资源匮乏、文化落后造成经济欠发达,一直被打上贫困落后的印记。自2014年第一个扶贫日开始,中国加快了减少贫困人口、全国人民共同奔小康的步伐。贵州省委、省政府正视贵州扶贫攻坚的困难局面,充分发挥政府、企事业单位和基层人民群众以及社会各界的共同作用,发扬自力更生、艰苦奋斗的精神,上下齐心协力,与贫困展开了史无前例的大决战。改革开放40余年来,尤其是党的十八大以来,贫困人口大幅减少,曾经的"贫困大山"变成了绿水青山、"金山银山"。在贵州的脱贫攻坚工作中,既有愚公移山"挖山不止"的韧劲,更有不畏艰险、勇于创新的精神;既有党和国家的好政策,也有缘于基层群众对美好生活向往而激发的内生动力。

在贵州的扶贫攻坚工作中,科学规划起到了引领作用,2016年全面实施《贵州省大扶贫条例》对全省扶贫工作做出了科学的顶层设计;在扶贫攻坚中加强干部队伍建设,激发基层群众内生动力,有力地保障了各项政策和工作部署的落实。但论及扶贫攻坚最值得总结的经验,就是在扶贫攻坚工作的始终,都嵌入了创新因子。

(1)将扶贫事业纳入农村产业革命创新之中

农业和农村经济是整体经济结构中的重要组成部分,适逢中国调整产

业结构促进经济高质量增长之际,农村产业结构调整也必须迎头赶上。同时考虑到贵州还有280万贫困人口急需脱贫,2 000万脱贫人口需要可持续发展以防返贫,只有农村经济的发展,才能根本上解决贫困问题。而农村经济发展,必然基于农业产业发展。正是出于这些考虑,贵州省委、省政府提出在全省必须开展一场深刻的农村产业革命。这场农村产业革命从推行"三个转变"开始(转变思想观念、转变发展方式、转变工作作风),践行"八要素"的基本做法(产业选择、培训农民、技术服务、资金筹措、产销对接、组织方式、利益联结、基层党建),在全省范围内稳步推进农村产业革命。

(2)将大数据等新技术加持在扶贫攻坚之中

新时期的扶贫攻坚是"啃硬骨头"的最后冲刺,必须精准施行,此所谓"精准扶贫"的基本要求。为达到这样精确的工作要求,数据支撑必不可少。贵州得益于大数据产业的先发优势,在扶贫攻坚中创新性地运用了大数据技术,建立了贵州扶贫云系统。实现了贵州扶贫业务数据在全国扶贫开发系统上的每日更新,通过"数据自动比对端口"等方式共享数据,极大地减少了人力物力,减少了跨系统、跨部门多次重复填报问题。在入户核查和计划脱贫标识方面,贵州"扶贫云"发挥了摸清家底的重要作用,在帮扶措施覆盖分析中"扶贫云"也起到了查缺补漏的关键作用,该系统具备多项特色功能可进行数据分析和措施比对,有力支持了全省扶贫攻坚任务高质量完成。

(3)创新扶贫干部培训新模式

"正确路线确定之后,干部就是决定的因素。"贵州省委、省政府深刻认识到这句话的重大意义,在扶贫攻坚这场关系到全省人民幸福生活的大战役中,狠抓干部队伍建设,创新性地建立起扶贫干部培训新模式,培训中本着"全员、精准、实战"原则,分岗、分类、分级实施。具体做法:一是内外结合、全员轮训。对内按照"省级示范、市县轮训"的要求,采用"冬季充电"大讲习等活动,提高扶贫队伍培训频度和力度,做到扶贫队伍培训全覆盖;对外利用东西部扶贫协作、东西部对口帮扶等机遇,组织干部走出去吸取先进经验。二是利用网络交流和视频直播等形式,开展"新时代学习大讲堂",发动全省干部广泛学习,共同进步,促进基层干部增强本领,提高扶贫攻坚技能。三是大力推动优质培训资源向基层深入,按产业分类聘请扶技术专家和按省市县三级组建专家组,并建立相应的专家库,提供扶贫产业技术供给,对接贫困群众和贫困地区的技术需求。通过这些创新型干部队伍培训模式,大幅提升了全省干部队伍,尤其是基层干部队伍素质,保障扶贫攻坚任务胜利完成。

(4)因地制宜地创新扶贫模式

贵州地处云贵高原,地貌变化大,自然资源条件差异明显,在一些极贫地区自然生态十分恶劣,社会文化环境也不利于脱贫。省委、省政府不搞"一刀切",因时因地制宜,采取不同扶贫模式帮助贫困农民走上脱贫之路。一是对自然条件恶劣地区,重点开展易地扶贫搬迁,探索易地扶贫"六个坚持"原则(坚持省级统贷统还、坚持城镇化集中安置、坚持自然村寨整体搬迁为主、坚持以县为单位集中建设、坚持以产定搬和以岗定搬、坚持不让贫困户因搬迁而负债)和脱贫后续发展的"五个三"等经验做法,大力探索符合贵州实际情况的扶贫攻坚新路子,为全国其他类似地区提供了先行经验。二是坚持扶贫攻坚必须抓好落实的"四看"法(一看房,二看粮,三看劳动力强不强,四看家中有没有读书郎)和"六个到村到户"(产业扶持到村到户、结对帮扶干部到村到户、教育培训到村到户、扶贫生态移民到村到户、农村危房改造到村到户、基础设施到村到户),强调扶贫工作无小事,重中之重在抓好落实。工作中获得了很好效果,为精准扶贫树立了贵州样板。

(5)创新教育医疗"组团式"帮扶

教育、医疗工作既关系到扶贫攻坚后续发展的可持续性,也关系到脱贫人口的生活幸福。贵州省委、省政府高度重视,充分利用中央部委和东西部扶贫协作、对口帮扶的机遇,改变以往选派单人、个人作用有限的劣势,积极推动教育医疗"组团式"帮扶,在人才支援上组团配套,在帮扶资金上整合配套,在制度建设上成龙配套,最大化了帮扶作用。

(6)创新金融扶贫新模式

扶贫金融不管是面向企业还是贫困农户个体,由于其自身经济实力十分有限,最大的困难无外乎资金来源和风险防控两方面,只有解决了资金来源和风险防控方面的问题,才能建立起扶贫攻坚的绿色金融体系,扶贫攻坚才能获得可持续的金融支持。贵州省委、省政府在设法扩大银行系统金融供给的同时,积极探索创立新型绿色产业扶贫投资基金,充分发挥市场在组织金融资源中的作用,建立基金带动银行贷款,支持在扶贫攻坚中发挥重要作用的实体企业。同时积极创新农户小额信贷风险防控机制,既解决农户"贷不到"的困难,也解决金融机构"不愿贷"的尴尬,支持贫困农户壮大自身经济实力,真正依靠自己走上致富路。

此外,为争取全社会力量帮助贵州脱贫、减贫,省委、省政府积极利用网络力量,在全国范围内征集网络扶贫贵州十大创新案例。创新活动面向全社会,诚邀互联网各方力量助力贵州脱贫攻坚。在展示贵州大数据等高科技成果和实力的同时,激发省内各级自我发展、自我创新的内在动力,全力决战贵州脱贫攻坚。

2.走农村"三变"改革创新发展之路

(1)农村"三变"改革的地位

农村"三变"改革发端于贵州省六盘水市盘州市普古彝族苗族乡舍烹村,是广大农民和基层干部多年极力发展农村经济、促进农村社会发展的智慧结晶。"三变"是股份有限公司理论在贵州大地上的有益尝试,具体指资源变资产、资金变股金、农民变股东,核心是将股份制引入农村经济发展。资源变资产的目的是扩大农村存量资产,尽可能多地增加农村可盈利资产,主要标的是属于集体的自然资源如土地、林地、水域等;资金变股金的目的在于增加农村发展资金积累,提高存量资金的流动性和盈利性,主要标的是农村基础设施建设资金、农业生产发展资金、扶贫开发资金、农业资源和生态保护补助资金、支持村集体发展资金等各级财政投入资金,前提是保证政策资金使用性质及用途不变,将量化为村集体股金,入股各类风险可控的经营主体,村集体和农民按股分红;农民变股东是农村居民身份的市场化转变,使农民更多地参与到市场经济中来,操作中将农民个人财产或技术入股各类经营性企业,作为股东按股分红。从2012年开始尝试的农村"三变"改革,经过多年的不断探索完善,其经验已成为贵州省发展农村经济和推动农村社会发展重要举措,在扶贫攻坚中发挥了重要作用。贵州农村"三变"改革的有益做法和成功经验,得到习近平总书记的多次肯定,分别于2017年、2018年两次写入中央文件,作为农村改革和发展经济的有益经验在全国推广。农村"三变"改革是贵州省推动农、林、文、旅、康综合发展的重要抓手,对于城乡统筹发展具有重要意义。

(2)农村"三变"改革的具体做法

农村"三变"改革不是凭空产生的,是在基层农民和干部破解制约经济发展的现实问题中提出来的。一方面,改革开放进入攻关期,贵州农村普遍存在农村生产要素分散,缺乏生产要素市场评估其价值而使其丧失流动性,农业产业资本投入过小,发展能力过弱等问题。对农村资源和生产要素适当加大"统"的力度,有利于盘活其要素本质,也能够激活农村的发展动力。同时通过"三变"培育和引入农村经营企业,促进产业融合,发展农村经济,解决农村资本和产业过小、过弱、过散的问题。另一方面,在破解上述问题的同时,考虑到农业经营主体和农民"两张皮"的问题,通过农民变股民的做法,创新性地设立土地股、林权股、自然风光股、资金股、房屋股、水利股、设备股、基础设施股、劳务股、技术(技艺)股、管理股、知识产权股等形式,以股份为纽带实现二者联股联产、风险共担、利益共享。同时发挥现存农民专业合作社、供销合作社和农村信用社"三社"联合,破除以往各自为战的弊端,构建农业保险体系和服务体系,并置于广大群众的监督之下。具体实施中,保持土地村级集体所有制和农村基本经营制度不改变,保住耕地红线和农民利益红线,采用多种模式实现"三变"改革目标("三变"＋特色农业模式、"三变"＋乡村旅游模式、"三变"＋特色城镇模式等共12种模式)。

(3)贵州农村"三变"改革的成效

经过贵州全省广大基层干部和人民群众的不懈努力,基本实现了省委、省政府要求在全省范围内推广"三变"改革的目标。截至2018年末,全省所有88个县级行政区中的968个乡镇、2 523个行政村开展了"三变"改革,涉及708.2万农村人口。初步统计的结果显示,共有村集体资源入股5.64万公顷,约折价26.68亿元,同时整合财政投入资金35.28亿元投入"三变"改革,带动社会资金98.9亿元投入农业产业,农民以承包土地经营权等资源入股15.15万公顷,以资金入股12.48亿元,农民变股东232.83万人,创建"三变"改革经营性企业1 125个,成立农民专业合作社2 383个。已经初步形成农村土地所有权、承包权和经营权分置,经营权有序流转的农村产权新格局;完善了农村统分结合的双层经营体制,村级集体经济不断壮大,农民集体经济组织权利有所保障。并在工作中探索形成了相应的改革成果,可在进一步深化农村改革中提供支撑。

(4)农村"三变"改革的意义

"三变"改革通过将股份有限公司的理念移植到农村,创新经济组织方式,使农村更多地融入市场化进程之中,农村经营集约化水平和组织化程度得到有效提高,探索出一条提高农民市场化、组织化程度的有效途径,一定程度上解决了农村经济发展中的规模和效率问题,进一步改革和完善了农村家庭联产承包责任制,农村经营体制进一步丰富和完善;"三变"改革中对农村生产要素以股份制方式进行使用,促进了种植能手、养殖能手、加工能手的分工合作,推动农村一、二、三产业融合发展,推动了农村经济发展方式更加高效;"三变"改革有力地增强了脱贫稳定性。通过有效联结企业与农户之间利益关系并形成良性机制,"三变"改革把企业和农民、资源和资产、要素和股本连接起来,让农民成为农业和农村经济活动的参与者和受益人,改善了贫困群众的生产空间、生存空间和发展空间。"三变"改革通过人、财、物的有机组合,成了激活农业、农村要素资源的有效措施。"三变"改革的关键在于通过市场机制和资本运作,把原来大量不能盈利的农村资源进行集中开发或入股到经营性主体,引入现代公司制度,按股份分配收益,盘活了沉默资源,增加农村资产活性,实现农民更多的财产性收益,同时为解决村集体因人、财、物短缺而缺乏领导力和凝聚力等难题提供更好条件。

(三)数字经济助力产业结构升级,构建经济发展新模式

技术禀赋和资源禀赋决定了一个经济社会的产业结构。我国经过改革开放40余年的高速发展,社会生产技术不断进步,自然资源结构、劳动力资源结构、社会资本结构都发生了前所未有的变化,原来的产业结构带来的经济高速增长不复存在,新时代高质量经济发展所需的产业结构必须重新建立,产业结构升级势在必行。贵州在实施"后发赶超"战略加速追赶发达地区之际促进产业结构升级更显紧迫。

1.产业结构升级的困境与应对策略

(1)产业结构升级会导致经济增长方式转变,也会导致社会发展模式转轨。但是不管社会主体促进产业结构升级的意愿多么强烈,产业结构升级都不会一蹴而就,必然经历一个由量变到质变的过程。从企业主体来看,产业结构升级要求其技术、产品、管理的逐步改进从而提高生产效率,在所处产业链中的地位改变从而实现企业整体结构升级。从产业层面来看,产业升级要求产业中的主要企业实现企业结构升级,这些主要企业的

技术水平、产品质量、产品附加值和管理模式升级到一个新的层次,在产业链中的地位提高到一个新的水平,从而实现整个产业结构升级。从经济社会层面来看,产业结构升级与经济增长方式转变密切相连。在资源依赖上从以劳动力为主转向以资本、知识为主,在企业运营上从主要靠资源运营向更高级的产品运营、资本运营、知识运营转变,整个经济社会经济增长的驱动力更多来源于投资和创新,从而实现整个经济社会产业结构升级和经济增长方式转变,社会发展向更高一级演进。

(2)产业结构升级的核心来源于技术进步带来的企业产品附加值提高,同时也与技术进步带来的生产率提高密切相连。整个经济社会不断的自主创新促进了技术进步,自主创新居于技术进步与产业结构升级的核心和关键环节,我国推行的增强创新能力作为国家战略正是题中之意。贵州在实施"后发赶超"战略、促进产业结构升级时面临的主要困境除了地处欠发达地区资金缺乏、人才缺乏之外,更重要的是企业拥有核心技术较少、缺乏自主知识产权。贵州省委、省政府认真审视贵州结构升级面临的困难,积极跟上国家产业结构升级步伐,充分利用区域产业政策的引导作用,合理引导财税、土地、信贷各类投资的正确方向,积极实施培养本土人才和引进关键人才的有力措施,解决产业结构调整中的人才、资金困难。更为重要的是,省委、省政府发挥贵州大数据技术优势,促进数字经济与实体经济多方面融合,积极将区块链技术赋能于实体经济,探索出一条具有贵州特色、符合贵州发展实际的产业结构升级之路。

2.发展"四型"数字经济,大数据配合区块链为传统产业赋能

作为全国首个国家级大数据综合试验区,经过创新和探索,近年来贵州省经济增长中数字经济的贡献与日俱增,数字经济获得长足发展。在2017年发布了《贵州省数字经济发展规划(2017—2020)》,同年省委、省政府出台了《关于推动数字经济加快发展的意见》,加大对数字经济发展的指导和规范,为贵州大数据产业发展和数字经济增长提供了卓越的政策环境。

(1)"四型"数字经济深入挖掘了以大数据为基础的信息产业潜力,开阔了数字经济发展空间。贵州在数字信息技术先发优势基础上,顺应社会发展潮流,依赖技术进步,首先提出以"四型"数字经济促进整体经济高质量发展的主张。"四型"数字经济包括主体产业和融合产业两个部分。在

主体产业中,资源型数字经济主要对应于大数据核心业态,涵盖领域包括数据采集、数据存储、数据挖掘、数据交换等;主体产业中的技术型数字经济涵盖了软件开发、人工智能、智能终端、虚拟现实、网络通信服务、信息系统集成等领域。在融合产业中,主要包括融合型数字经济和服务型数字经济。融合型数字经济是指大数据等数字技术与传统第一产业和第二产业等的融合,促进传统产业结构升级,从而实现实体经济的数字化和智能化转型。服务型数字经济是指大数据等数字技术与第三产业的融合,比如旅游、医疗、养老、餐饮、娱乐、家政、文化等领域实现线上线下协同整合。"四型"数字经济的发展,近年来主要依托于信息基础设施提升、数据资源汇聚融通、企业数字化转型升级、民生服务数字化应用、新型数字消费推广等十大工程,同时深入实施"万企融合"行动,推进数字产业化,促进产业数字化,全面加快传统产业的数字化、智能化升级换代进程。当前,贵州数字经济与实体经济融合正全方位进行,处于由初级向中级加速迈进的发展阶段。

(2)近年来,社会各界广泛关注区块链技术的发展及其与经济增长的关系,我国高层从国家和民族自强的角度号召广大科技工作者刻苦攻关,加快推动区块链技术创新,促进产业创新发展。区块链技术被形象地比拟为一个由多借点共同维护的分布式账本,实质上不是一个单纯技术,而是由若干技术构架而成的技术系统。从经济学层面看,由于区块链会构建多个中心体系而起到了"弱中心化"的效果,以联盟链、私有链为主,从而提高多"中心"运行效率,降低成本,提高经济效益。从技术层面看,区块链将由多方维护,将数据存储在区块结构之中,使用密码和算法进行安全的数据传输和数据访问,实现数据无法篡改和数据存储一致性。从区块链经济效益和技术特性出发,区块链技术已被逐步应用于物联网、数字金融、数字资产交易、智能制造、供应链管理等多个领域。贵州省委、省政府看到了区块链这一被誉为"以价值为中心的下一代互联网"的广阔应用前景,在提倡"四型"数字经济与实体经济融合发展的同时,积极促进区块链技术为实体经济赋能,发挥贵州大数据优势,积极探索区块链在新零售、供应链、物联网、智慧城市、智能家居、传统金融、征信系统、医疗、公益慈善、游戏娱乐、文旅产业、基层治理方面的应用,使贵州在区块链这一新兴领域走在最前沿、占领制高点,加快其在多领域的应用,促进经济社会高质量、可持续发展。

(四)中心城市带动与基层民主管理相结合,探索城乡发展新格局

1.创新型中心城市带动经济社会创新发展

2015年底,贵州省省会贵阳市在省委、省政府的领导和支持下,在市委九届五次全会上提出通过建设成为大数据综合创新试验区、全国生态文明城市,使人民早日迈入更高水平的全面小康社会,过上幸福生活,实现创新型中心城市目标,紧紧抓住"创新"和"中心"基本内涵要求,完善创新创业体系,使大数据应用示范支撑贵阳建成"中心"城市,发挥贵阳独特的区位优势,吸引全球目光,扩大为竞争优势、开放优势和发展优势,加快推进以"好山、好水、好生态"为特色的旅游名城建设步伐。

贵阳提出"打造创新型中小城市"的目标,既是对贵州省"大数据、大扶贫、大生态"三大战略的具体践行,也是贵阳作为贵州省会城市应有的重大责任。贵阳作为贵州省会和唯一的大城市,担当着引领贵州发展、实施"后发赶超"战略的重要支撑作用。贵阳近年来的发展显现出创新的特色和亮点,未来一段时间也将以创新型中小城市建设为统揽。一是重点构建有利于创新创业的创新生态链,将创新领域作为发展方向,加强创新政策供给,不拘一格聚集创新人才,创新资源配置,为创新创业开创新局面。二是坚持走新型工业化道路促进创新型中心城市建设。融合大数据与大健康开创智能康养新模式,突显山地旅游和都市现代农业协同发展,现代制造业和现代服务业共同支撑的升级版产业发展体系。三是进一步开放高新区、经开区、综保区和空港经济区,"四个轮子"驱动贵阳建成内陆开放新高地。四是以建设"千园之城"为重点,疏老城、建新城相结合,统筹规划布局,强化基础设施,优化功能配置,构建具有生态文明优势的公园城市体系。五是将基层建设和文化建设相结合,推进民生持续改善,提升基层治理能力,同时融合阳明文化、民族文化和生态文化,打造为新型贵阳文化名片,增加贵阳文化内涵。通过以上举措创建创新型中心城市,带动全省经济社会发展。

2.民主管理创新带动基层创新发展

习近平总书记在全国各地考察时,十分关心基层群众生活,常常走进

农村和城市基层,了解群众身边的"小事"能不能得到有效解决。总书记强调:"要推动社会治理重心向基层下移,把更多资源、服务、管理放到社区,更好为社区居民提供精准化、精细化服务。"党的十九大提出要把社会治理重心向基层下移,尽可能把有利于基层群众的资源、服务、管理都沉到基层去,保证基层的事情解决在基层。对此,贵州省委、省政府进行认真部署,各县市政府充分发挥基层组织积极性,在贵州广大城乡基层开展了民主管理创新活动,促进贵州城乡协同发展。

(1)全面提高农村基层组织建设水平,强化基层治理能力,推进基层治理体系规范化。各地在建立村级议事、办事、监督机制的基础上,纷纷根据本地情况创新推出新招。例如黔南州三都县普安镇根据乡脚宽、群众居住分散等特点,积极建立片区党小组扩大服务半径,让更多群众能够直接接触到党小组,同时建立小组管委会加大管理服务力度,建立小组监委会保证服务水平,对村民实行小网格化管理,提高村民自我管理、自我服务、自我发展能力。再例如黔南州福泉市在建立"三小组"(党小组、监督小组、村民自治小组)的基础上,以村民组为单位,设立"红黑榜",对小组内好的典型和坏的典型都予以张榜曝光,同时通过晒家训等活动从道德文化方面加强农村基层建设。另外,福泉市总结出"五改、五化、五引导、五教育"("五改"指改厕、改圈、改灶、改水、改电。"五化"指院坝硬化、屋檐沟硬化、村寨通道硬化、联户路硬化、村寨亮化。"五引导"指引导良好生产习惯,实施产业调整,家家户户增收。引导良好生活习惯,改变环境卫生,村村寨寨美丽。引导良好饮食习惯,控制烟酒荤素,男男女女健康。引导良好风俗习惯,倡导厚养薄葬,亲亲戚戚和谐。引导良好家教习惯,传承孝老爱亲,老老少少幸福。"五教育"指强化道德教育,明礼仪知廉耻,传统美德要做到。强化法制教育,讲法律守规矩,遵纪守法要做到。强化文明教育,除陋习树新风,移风易俗要做到。强化感恩教育,重忠信感孝悌,知恩图报要做到。强化励志教育,勤致富不等靠,自信自立要做到)。全面加强了农村基层环境和文明建设。为丰富村民文娱生活,还组织农村运动会、农民歌舞会等活动,开展"十佳最美家庭""十佳骄傲人物"和"十佳致富能手"等系列评比活动引导村民积极上进。贵州各地这样的例子层出不穷,使得经济暂时落后的贵州在农村协调社会建设上健步前行。

(2)城市基层把管理和服务力量下沉,加强街道、社区治理能力,使街道、社区居民获得更多幸福感。近年来,贵州省委、省政府着力狠抓社区治理体系建设、促进社区各项功能全面发挥、全方位提高社区综合治理水平。全省范围内街道社区服务中心实现全覆盖,社区服务站覆盖率达99%以上。基层各项民主进程有序推进,民主选举、民主决策、民主管理、民主监督各项事务狠抓不懈,稳步推进基层自治,扩大基层民主。伴随全面创新发展步伐,贵州还依托大数据技术,在贵阳、遵义等地推行"智慧社区"试点,使医疗、教育等社会公共服务设施与居民家庭实现无缝对接,广大居民充分享受服务资源,"智慧社区"模式得以建立,高智能便民服务体系逐步形成。另外,在贵州实施大扶贫战略中通过易地扶贫搬迁的社区治理,兴义市探索出建立"五大体系"模式,确保搬迁居民更好融入当地生活。为了使大扶贫战略见成效,易地扶贫搬迁"后半篇文章"显得尤其重要,为使异地居民能够"搬得出、稳得住、快融入、能致富",基本公共服务体系、培训和就业服务体系、文化服务体系、社区治理体系、基层党建体系这"五大体系"的建设起到了至关重要的作用。而思南县的"多元共治"模式是在社区居民身份多样、需求多样、价值取向多样的背景下创新出的现代社区治理有效模式。"多元共治"是在传统社区管理基础上创新的社区网格化管理模式,将社区内的学校、医院、市场、个体营业店纳入基础网络,建立"人、地、物、情、事、组织"要素资源信息库,服务精细化,做到"社区有网、网中有格、格中有人、人尽其责"。

(五)创新金融机构和金融工具,绿色金融助力实体经济实现可持续飞跃

绿色金融大致上包括两方面的含义,一是怎样利用合理的金融工具实现金融资源的配置来促进环境保护和经济社会可持续发展,二是金融行业自身怎样获得可持续发展。从全社会层面来说第一层含义比较得到重视。

绿色金融发端于21世纪之初,2007年首单绿色债券由欧洲投资银行(EIB)发行,之后的几年总融资额每年都不超过10亿美元,发展较为缓慢。世界范围内大规模的绿色金融发展是在2013年之后,企业和政府逐步进入绿色金融市场。美国推行住房清洁能源政策,发行绿色债券筹集资金,推动居民住房绿色改造,瑞典于2013年发行市政绿色债券,募集资金投资于绿色项目,改善公共交通、水资源管理、能源和废物管理等。就这样,绿色金融尤其是绿色债券才出现爆发式增长。在2015年后中国政府开始重视并推动绿色金融对实体经济的支持,使其在2016年至2017年得到很大发展,发行银行间的绿色金融债、企业债以及交易所市场的绿色公司债等产品,利用资产证券化手段,多方位供给绿色金融产品,增强绿色金融产品流通交易。地处我国欠发达地区的贵州,近年来逐步跟上了绿色金融支持实体经济可持续发展的步伐。

1.绿色金融促进经济高质量、可持续增长

发展绿色金融对经济社会的发展无疑具有战略性好处,但现实中却存在一些障碍,其中最主要的矛盾在于金融市场参与各方的逐利目的。如果有好处才做的是理性,那么没坏处就做的是情怀,"无情怀,不绿债"则是绿色金融发展不可避免的艰难选择。我们现实中的绿色金融发展,不但需要政府和监管部门的大力推动,也需要各参与方的绿色情怀,前途也许光明,道理实在曲折。首先是绿色金融工具的供给方在推介绿色融资产品中面临时间成本问题,很多事例证明推介绿色融资产品的效率远远低于推介普通融资产品的效率。其次作为资金提供方的投资机构,积极性也不大。一是源于绿色债券收益低于普通债券品种,投资机构考核机制存在约束;二是源于潜在风险过高,诸如光伏类、节能改造的煤矿类项目实际上呈现较高风险特性。贵州在正视这些困难的同时,更加深刻地认识到绿色金融是贵州经济社会发展必由之路、可持续之路,必须迎难而上。

2.贵州绿色金融创新具体实践

2017年6月,贵州省贵安新区作为5个国家级绿色金融改革创新试验区之一,是西南地区唯一的绿色金融改革创新试验参与者,这是贵州多年来在推动绿色金融方面取得成果和获得良好声誉的必然结果。贵州省委、省政府立足经济社会发展需要,高度重视绿色金融改革创新试验区建设工作,要求贵安新区要"立足贵安、辐射全省",积极探索绿色金融有关体制机制成功经验,推动贵州经济社会高质量、可持续发展。

贵安新区经过不断探索与实践,建立了多层次的绿色金融创新发展组织机构,制定了有关的绿色金融发展政策,并从省级层面加强顶层设计,制定了具体的改革方案,同时根据绿色金融需要金融、环保等多部门协同工作的特征,建立部门之间的协同工作机制,强化工作合力。最重要的是,贵安绿色金融创新试验区与相关金融机构密切配合,解决金融供给方(银行等金融机构)和金融需求方(绿色企业或项目)之间的信息不对称问题,打通其链接通道,同时建立绿色金融标准认证体系、多元绿色金融工具和服务体系,建立绿色项目(企业)库,创新抵押(质押)模式和担保方式、管理机制,创设绿色金融产品和绿色金融服务,全方位推动绿色金融试验区健康有序发展。至2019年上半年,160余亿元绿色贷款对试验区投放,成立总规模达350亿元的绿色产业投资基金20余只,地方金融机构(贵阳银行、贵州银行等)成功发行绿色金融债券100余亿元,实现绿色保费收入近4 000万元。随着这些工作的开展,贵安绿色金融创新试验区设施体系基本建成,绿色经济转型不断推进。

(六)创新体制机制,创新驱动发展永不停息

习近平总书记指出,"创新始终是推动一个国家、一个民族向前发展的重要力量。"要实现国家经济社会发展过程中具有永不衰竭的创新动力,必须创新体制机制。创新体制机制,本质上是要求在现有体制机制基础上进行创新,在全社会包括高校、科研机构、企业、行政事业等机构和团体中营造创新氛围,事事时时求创新、讲创新,将创新融入一切经济社会生活之中,融入一切工作之中。

贵州的"大数据、大扶贫、大生态"三大战略的制定和实施,处处显现创新做法,这在前文中已有叙述,这里再将贵州在各方面工作中进行体制机制的创新进行集中呈现。

贵州扶贫攻坚中贫困人口多、贫困面大、脱贫解困基础差,任务十分繁重,不采取超常规措施,不可能实现2020年全面脱贫的目标。近年来,贵州从实际出发,积极探索脱贫攻坚新途径和新模式,建立脱贫攻坚新机制,提高扶贫攻坚效率,加快脱贫攻坚步伐。在扶贫工作考核机制、扶贫资金分配方式和利益联结机制等方面创新扶贫机制之外,还积极将贵州大数据优势融入脱贫攻坚工作中,建好用好"扶贫云",通过精准统计扶贫信息,实现脱贫攻坚工作精准管理,提高扶贫工作效率。

贵州近年来在大数据方面的发展非常迅速,走在全国前列,贵阳市举办的"数博会"具有很大影响力,崛起了诸多知名企业。贵州在大数据产业方面取得巨大发展,与贵州省委、省政府的正确决策分不开,与贵州始终坚持在大数据发展中的服务模式创新、政策制度创新、体制机制创新分不开。

在省级层面建立了"领导小组—办—局—中心—企业—智库"的管理机制,同时在市(州)层面也建立了专门大数据主管机构,齐心协力推进大数据产业发展。贵州在发展大数据产业时注意对地方法规、制度的建立,先后颁布了《贵阳市政府数据共享开放条例》《贵州省大数据发展应用促进条例》和《贵阳市大数据安全管理条例》等地方法规,填补了有关大数据立法实践的空白。另外,贵州还率先建立了大数据交易所。这些平台和体制机制的建立,促进了大数据产业快速发展。

在生态建设方面,贵州在具有得天独厚的优势。贵州在推进实施大生态战略行动中,勇于创新生态文明建设体制机制,力争实现生态保护和经济社会发展"双赢"局面。一是创新国土开发体制机制,严守已划定的生态保护红线,探索向荒山要耕地的体制机制,强化严格土地保护与科学利用的制度建设;二是创新资源高效利用体制机制,节约资源利用。通过推进自然资源资产领导干部责任制,建立了贵州自然资源资产离任审计评价体系,强化资源利用和保护的领导责任;通过创新资源交易制度,开展碳排放权、污染权、水权等交易,加大市场力量来配置资源力度。三是创新环境保护体制机制,实施严格的大气、水质量监测,探索环境污染第三方治理制度,实现制治分离、治管分离。贵州生态这张名片,需要贵州不懈努力来发扬和保持。

除了在实施和推进三大战略中锐意创新外,贵州还在省委、省政府带领下,深化管理体制改革,发挥政府在推动创新中的资源配置效率,致力优化创新环境。创新离不开金融支持,贵州对此着力推进创新链条与资本链条的有机链接,引导银行、证券、保险等金融机构改进服务模式,创新融资产品,为各类企业创新提供服务。另外,由于贵州深处云贵高原,属典型内陆山区,必须实行开放战略。省委、省政府致力于构筑开放型经济新高地,创新外商投资管理体制机制,优化外商投资管理。同时完善外贸体制,大力培育外经贸市场主体,建立新型大通关协作机制,加强跨区域口岸协作,全面推行直通放行、绿色通道等通关便利。通过这些体制机制创新,贵州"后发赶超"战略的实施具有了可靠的制度基础。

第三节 贵州创新发展经验

本节在第二节对贵州创新发展进程及成效介绍的基础上,从理论上对贵州创新发展的经验进行总结和提升,为今后贵州以及相似禀赋省份的创新发展实践提供理论支持。本节分五个方面对贵州创新发展经验进行总结和提炼。

贵州创新发展总的经验是结合贵州实际,将创新融入"大扶贫、大数据、大生态"三大战略之中。创新并非凭空而来,必须在区域资源禀赋基础之上发挥人的主观能动性,并与社会经济发展的实践相结合才能创新出符合需要的产品、技术和体制机制。贵州的创新实践,正是融入了推进"大扶贫、大数据、大生态"三大战略的过程之中,才取得了卓越成效。

一、大扶贫引领基层治理创新、农村经营体制创新、行政体制创新

贵州以大扶贫为主线引领创新行动,主要聚焦于为脱贫攻坚创造良好的制度环境、经营环境和行政环境,这极大地提高了大扶贫战略行动的效率。

扶贫攻坚的主要对象位于社会基层,基层群众的组织和管理是关系到扶贫攻坚战的成败。因此,贵州省、省政府在扶贫攻坚战中密切关注城市和农村基层治理水平的提升。全省各地农村在建立村级议事、办事、监督机制的基础上,纷纷根据本地情况创新招,提高村民自我管理、自我服务、自我发展能力;在城市基层致力于管理和服务下沉,加强街道、社区治理能力。依托大数据技术,创新"智慧社区"建设,各地"多元共治"模式、基层"五大体系"(公共服务体系、培训和就业服务体系、文化服务体系、社区治理体系、基层党建体系)的建立等,切切实实使街道、社区居民获得了更多幸福感。

扶贫攻坚必须增强脱贫人口的致富能力才能防止返贫。贵州省委、省

政府将扶贫事业纳入农村产业革命创新之中,贵州的农村产业革命从推行"三个转变"开始(转变思想观念、转变发展方式、转变工作作风),践行"八要素"基本做法(产业选择、培训农民、技术服务、产销对接、资金筹措、组织方式、利益联结、基层党建),从宏观上创新农村生产经营方式和环境,有利于农村可持续发展和农民稳定致富。另外,在扩大农业产业资本、增加农民经营资金方面,贵州创新型地进行农村"三变"改革,破解制约经济发展的现实问题。通过改革,已经初步分置了农村土地所有权、承包权和经营权,实现了经营权有序流转,统分结合的双层经营体制得以充实和完善,村级集体经济实力得到壮大,农民集体经济组织成员权利有所保障。并在工作中探索形成相应的改革成果,可进一步指导深化农村改革。

扶贫攻坚工作的有序开展必须建立在高效的行政体制之下。贵州省委、省政府贯彻党的十九大精神,改革基层行政体制,将资源、服务、管理置于基层,让基层办事有人、有权、有物,绝不将基层能办之事矛盾上交。俗话说"上面千条线,下面一根针",说明了基层办事涉及的部门多、层级多,对此,贵州坚决对基层赋权,让下面的"一根针"引着上面的"千条线"工作,提高了效率,使人民更加满意。

二、大数据引领科技创新,促进产业结构升级,创新经济发展模式

近年来,贵州在大数据领域取得了长足发展。省委、省政府抓住这个机遇,遵循科技创新规律,以大数据技术的领先优势促进科技领域的全面创新,"无人工厂""无人矿井""无人汽车"等"智能+"项目有序推进,在先进科学技术的加持下,实现产业升级。利用国家级大数据综合试验区建设的优势,积极以数字经济促进传统产业结构升级,创新性地提出"四型"数字经济,全面融入经济社会发展的方方面面,推进了信息基础设施提升、数据资源汇聚融通、企业数字化转型升级、新型数字消费推广、民生服务数字化应用等十大工程,同时深入实施"万企融合"行动,推进数字产业化和产业数字化,全面加快传统产业数字化、智能化进程。另外,贵州瞄准最新科技发展前沿,前瞻性地认识到区块链技术可能对社会经济发展产生重大影响,把区块链作为核心技术自主创新的重要突破口,加快推动区块链技术

和产业创新发展。积极促进区块链技术为实体经济赋能,发挥贵州大数据优势,积极探索区块链在新零售、供应链、物联网、智慧城市、智能家居、传统金融、征信系统、医疗、公益慈善、游戏娱乐、文旅产业、基层治理方面的应用,使贵州在区块链这一新兴领域走在最前沿、占领制高点。

贵州近十年经济发展速度位列全国前三,经济社会发展的新旧动能转换功不可没。在新旧动能转化中"高端化、绿色化、集约化"思路透射出科技创新的力量,而在发展新兴产业方面,推动大数据与实体经济融合发展,让数字经济为实体经济赋能。加快未来有着广泛前景的生物医药、数字电子信息、健康养老等产业发展,推动生产性服务业向专业化发展,向价值链高端延伸,推动生活性服务业向差异化和高品质升级,实现农业、旅游、文化和商业结合,培育智慧旅游新业态。发挥贵州大数据发展领先优势,深化"万企融合""上云用云",不断提升大数据运用的广度、深度和精度,推进大数据与各行各业各领域深度融合,完善各产业互联网平台,催生经济发展强大动力。

三、大生态引领绿色金融创新和生态文明进程

贵州的大生态战略契合了当今世界绿色发展的主题。在实施绿色发展战略的过程中,采取以点带面、全面铺开的做法,以贵安新区绿色金融改革创新试验区的建设为契机,积极探索绿色金融有关体制机制的成功经验,助力贵州经济社会高质量加速发展。在贵安新区的建设中采取了多层次推进绿色金融创新发展的具体做法,从省级层面加强顶层设计,组织金融、环保等多部门协同工作,加强工作合力。一方面,与相关金融机构密切配合,解决金融供给方(银行等金融机构)和金融需求方(绿色企业或项目)之间的信息不对称问题,打通其连接通道。另一方面,建立绿色金融标准认证体系、多元绿色金融工具和服务体系,建立绿色项目(企业)库,创新抵押(质押)模式、担保方式和管理机制以及金融产品和金融服务方式,全方位推动绿色金融试验区健康有序发展。通过贵安新区建设经验的探索和积累,在全省逐步实施,加快国家生态文明综合试验区建设,始终把"绿色+"融入贵州经济社会发展的方方面面,创新更多优质生态产品,满足社会需求,使生态文明与物质文明、精神文明协同发展,实现贵州经济社会绿色

发展。

四、创新与新区(开发区)建设相结合

贵州的创新发展与高新产业开发区建设紧密结合。截至2019年,贵州设立的高新技术产业开发区共10个,除遵义市有遵义高新区和娄山关高新区外,其余8个市(州)各有1个,至此,9个市(州)都已拥有了引领科技创新和经济增长的集中区域,这使得贵州以高新技术产业开发区建设拉动经济社会发展的步伐更加平衡。在高新区建设中将创新摆在首位,根据各地资源禀赋差异和产业基础不同,培育具有竞争力的主导产业,延伸产业链条,推进产业升级。同时积极搭建平台支持科技研发、科技孵化,加强科技合作,不断壮大和完善科技创新体系,加强科技创新平台梯次培育,提升创新驱动能力。高新区建设实施各项优惠政策,改革软硬环境,加强与具备较强科技创新能力的高校和科研机构合作,密切产、学、研之间的联系,以企业为平台将科技成果转化为现实生产力。

贵安新区是国家级新区,其设立为贵州创新发展提供了又一个新的机遇。贵州省委、省政府从大数据优势出发,计划在10年左右的时间内,通过创新发展,努力把贵安新区建设成为内陆开放型经济高地,集高端服务、休闲度假为一体。目前,贵安新区已建成全国大数据中心、智能终端制造基地、集成电路产业基地和大数据引用创新示范基地,多家世界知名企业入驻,高端制造产业、生物医药产业、大健康产业以及电子商务产业分区域有序发展。

2016—2019年,贵州充分发挥自身优势,积极争取国家支持,不断进行创新实验,先后被国务院和国家有关部委同意设立为国家生态文明试验区、内陆开放型经济试验区和国家级大数据综合试验区。贵州省利用首批建设国家级生态文明试验区的机遇,在国土利用和规划、环境治理和生态保护等方面进行制度探索和创新。在内陆开放型经济实验区建设中,以体制机制创新为出发点,探索内陆地区在新形势下开放经济、脱贫攻坚、生态保护与经济增产融合发展的新路子。在大数据综合试验区建设中,创新打破数据资源壁垒、汇聚数据资源的经验,探索市场在大数据交易中的配置机制,促进相关立法。

五、贵州创新实践必须自觉纳入国家创新战略之中

贵州在创新发展的实践中,以国家战略为导向,与党中央保持高度一致,在落实顶层改革设计中根据地方禀赋特点,发挥主观能动性,创造性地推进贵州经济社会不断深化改革,积极稳妥发展。贵州积极开展"大众创业、万众创新"行动,认真组织大学生参加创新创业大赛,参赛项目涉及新材料、新能源及节能环保、生物医药、电子信息、先进制造、互联网及移动互联网等行业,在全社会营造创新创业良好风尚。截至 2019 年下半年,全省批准建设省级"双创"示范基地 48 个,获批国家级"双创"示范基地 3 个。示范基地建设成效明显,促进了创新创业资源集聚,为全省培育发展新动能、加快发展新经济、打造发展新引擎和推动高质量发展注入了新动力。

贵州的创新实践立足于贵州的资源禀赋特点,充分发挥贵州人民的聪明才智,调动广大干部、职工,尤其是科技工作者和全体基层干部的主观能动性,找到比较优势,走差异化科技创新路子,力争做到全民创新,夯实创新的主观基础。贵州省在经济社会发展中坚持创新理念引领,在实际工作中取得了令人瞩目的成就,近十年发展速度一直处于中国各省份的前列。在经济工作取得巨大成就的同时,贵州省委、省政府号召广大理论工作者,不断总结创新发展经验,不断将经验上升到理论高度,以期对今后全省工作提供强大的理论支持,同时也为发展经济理论的创新和发展做出贡献。广大理论工作者在贵州构建全面开放新格局、打造内陆开放新高地、生态文明区域协作、化解和防范金融债务风险、民营经济转型等方面,进行了不懈努力,理论成果层出不穷。

第三章　贵州协调发展实践与经验

协调发展是习近平总书记新发展理念的重要部分,主要是针对我国经济社会发展不平衡问题提出的。是解决我国经济发展不平衡、不充分的现实和社会主义主要矛盾的科学思想和方法论。协调发展的核心是正确处理发展的重大关系,重点促进城乡区域协调发展,促进经济社会协调发展,促进新型工业化、信息化、城镇化、农业现代化同步发展,不断增强发展的整体性。

第一节　贵州协调发展的理论与现实依据

一、贵州协调发展的理论依据

(一)协调发展的内涵

协调内涵没有共识性的定义,从其语义上讲,协和调的词义是相同的。都是指统筹、和谐、均衡、相得益彰等具有理想性色彩的含义。协调即"事物的组成部分之间不是对立的,而是和谐、统一、配合得当的"。因此,协调就是正确处理组织内外各种关系,为组织正常运转创造良好的条件和环境,促进组织目标的实现。

协调发展是针对我国经济、社会、文化、生态等发展不平衡、不协调问题提出的,就是要协调经济与社会发展、协调速度与效益发展、协调区域之间发展、协调城乡之间发展、协调人与自然发展、协调公有与私有发展、协调先富与后富发展、协调物质与精神发展、协调技术与制度发展、协调对内与对外发展。推进生产力和生产关系、经济基础和上层建筑相协调,推进经济、政治、文化建设的各个环节、各个方面相协调。

(二)协调发展内容

协调经济社会发展,就是大力推进经济发展的同时,更加注重社会发展,加快科技、教育、文化、卫生、体育等社会事业的发展,不断满足人民群众在精神、文化、健康、安全等方面的需求,把加快经济发展与促进社会进步结合起来。

协调速度与质量发展,就是要在保持经济增长速度在合理区间运行的同时,更加注重经济发展的高质量,既要保持经济发展高增速的同时,又不能忽视发展质量。要以高质量为发展目标,全面推进供给侧结构性改革,提高产业发展、产品及服务质量。

协调区域之间发展,就是要继续深入积极推进西部大开发,振兴东北地区等老工业基地,促进中部地区崛起,鼓励东部地区率先发展,继续发挥各个地区的优势和积极性,通过健全市场机制、合作机制、互助机制、扶持机制,逐步扭转区域发展差距拉大的趋势,形成东、中、西部优势互补,共同发展的新格局。

协调城乡之间发展,就是在保持城市又好又快发展的同时,实施统筹城乡发展就是要更加注重农村的发展,解决好"三农"问题,坚决贯彻工业反哺农业、城市支持农村的方针,逐步改变城乡二元经济结构,逐步缩小城乡发展差距,实现农村经济社会全面发展,实行以城带乡,以工促农,城乡互动,协调发展。

统筹人与自然和谐发展,就是要高度重视资源和生态环境问题,处理好经济建设、人口增长与资源利用、生态环境保护的关系,增强可持续发展的能力,推动整个社会走向生产发展、生活富裕、生态良好的文明发展道路。

统筹国内发展和对外开放,就是要处理好国内发展和国际经济环境的关系,既利用好外部的有利条件,又发挥好我们的自身优势,利用好国际、国内两个市场,两种资源。

习近平总书记形象地把协调发展比作"制胜要诀",充分说明了协调在我国经济社会发展全局中的地位。协调是持续健康发展的内在要求,其根本目的是要增强我国发展的整体性、协调性。不仅是中国特色社会主义建设总体目标的要求,而且是我国全面建成小康社会的目标要求。

协调发展之所以是"制胜要诀",在于它反映了事物发展的客观规律。事物是普遍联系的,人类社会是包括经济、政治、文化、社会、生态等各种活动的统一有机体,形成了一系列重大关系。这些重大关系如果处理不好,就会出现不平衡不协调的状态,影响整个社会健康发展。

(三)协调发展机制

1.区域统筹发展机制

目前我国重大区域发展战略体系可分为三个层次,每个层次都包含多个不同的重大区域战略。第一层次旨在全国整体空间,包含基于四大板块的区域战略即西部大开发、东北振兴、中部崛起和东部率先发展;第二层次定位于"带状"或"块状"区域,以"一带一路"建设、京津冀协同发展、长江经济带发展、粤港澳大湾区建设等重大战略为引领;第三层次主要包括"点状"或者"多点状"区域,如雄安新区战略、上海大都市圈战略、疏解北京非首都功能战略、成渝城市群战略等。可见,目前我国重大区域战略数量较多,构建重大区域战略统筹机制有助于发挥战略合力,降低战略间的阻力,加速区域协调发展。

在现实经济地理活动中,存在单个区域同时参与多个不同重大区域战略的情况,如北京分别与京津冀协同发展战略、疏解北京非首都功能战略、雄安新区战略密切相关;上海分别与"一带一路"建设、长江经济带发展战略、上海大都市圈战略密切相关;广东分别与"一带一路"建设、粤港澳大湾区战略密切相关。在此情况下,如果不同区域战略对同一个地区的发展定位存在差异甚至冲突,可能会直接影响区域战略的实施效果,构建重大区域战略统筹机制则能够有效避免这一现象出现。

自党的十八大以来,坚持创新、协调、绿色、开放、共享的新发展理念已经成为经济发展的共识,区域战略已经不再是单纯追逐经济发展利益而是有了更多、更高、更合理目标的工具。如长江经济带发展战略坚持的"共抓大保护、不搞大开发"生态优先原则;粤港澳大湾区战略坚持"共享发展,改善民生"的以人民为中心的发展原则。可见,上述区域战略不仅需要经济职能部门参与,同样需要生态环保部门、国土部门、收入分配等多个其他部门的参与,这就要求对重大区域战略进行统筹,保障区域战略发展方向符合中央和人民的意图。

2.基本公共服务均等化机制

基本公共服务均等化是指全体公民都能公平可及地获得大致均等的基本公共服务,其核心是促进机会均等,重点是保障人民群众得到基本公共服务的机会,而不是简单地平均化。

基本公共服务均等化就是要保障城乡居民、城市居民内部、乡镇之间在基本公平服务方面相差不大或者差异较小。基本公共服务的对象是公民,提供主体是政府,政府要让全体公民在教育、医疗、养老、安全等方面接受相近的民生服务,这不仅需要政府统筹安排、合理布局,更需要政府有一定的财力作为保障。基本公共服务是民生的协调发展,和老百姓切身利益息息相关。其核心是资源的配置、管理和布局问题。资源配置即基本公共服务在区域间的分配问题,管理则是指对现有的基本公共资源发挥效用的问题,布局是把有限的公共服务资源提高分配效益和发挥其最大效用问题。

3.区域政策调控机制

加强区域政策与财政、货币、投资等政策的协调配合,优化政策工具组合,推动宏观调控政策精准落地。财政、货币、投资政策要服务于国家重大区域战略,围绕区域规划及区域政策导向,采取完善财政政策、金融依法合规支持、协同制定引导性和约束性产业政策等措施,加大对跨区域交通、水利、生态环境保护、民生等重大工程项目的支持力度。对因客观原因造成的经济增速放缓地区给予更有针对性的关心、指导和支持,在风险可控的前提下加大政策支持力度,保持区域经济运行在合理区间。加强对杠杆率较高地区的动态监测预警,强化地方金融监管合作和风险联防联控,更加有效防范和化解系统性区域性金融风险。

根据地区间财力差异状况,调整完善中央对地方一般性转移支付办法,加大均衡性转移支付力度,在充分考虑地区间支出成本因素、切实增强中西部地区自我发展能力的基础上,将常住人口人均财政支出差异控制在合理区间。严守生态保护红线,完善主体功能区配套政策,中央财政加大对重点生态功能区转移支付力度,提供更多优质生态产品。省级政府通过调整收入划分、加大转移支付力度,增强省以下政府区域协调发展经费保障能力。

(四)协调发展路径

1.经济差距缩小路径

经济差距缩小不仅指经济总量、经济增长速度和人均GDP要缩小,更是指经济发展的过程也要缩短。首先,经济差距缩小一定是先富帮助后富。这就需要先富地区要在资源、人才、技术等方面支持和帮助落后地区,而且后富地区不能等、不能靠,要充分发挥主观能动性,敢为人先,艰苦奋斗。其次,经济差距缩小要找到正确的路径和方式,其核心是产业选择和发展。要重点选择好主导产业、关联产业和支柱产业,走产业的相互促进之路。最后,经济差距要缩小,制定科学、合理的政策是关键。政策是经济发展路径的重要向导,也是经济差异缩小的路线图。因此,要制定有效的政策推动对经济发展提供保障。

2.生态环境底线路径

自第一次工业革命以来形成了以物质财富的增长为目标,强调能源和初级产品的高消耗,GDP崇拜、增长至上的发展观,这一过于功利的发展观导致生态系统承载力逼近甚至是超越了底线。构建绿色发展理念其本质内涵是可持续发展,以经济系统、社会系统与自然系统三者之间的共生性为基础,以合理消费、生态资本增长、低投入、高产出等为主要特点,以绿色财富的增加和永续发展为主要目标,以绿色创新作为目标实现的基本途径。习近平总书记提出的"两山论",揭示了绿色发展理念的精髓,成为新时代经济高质量发展的必然要求。

3.产业承接路径

中西部地区在承接产业转移时,政府作为宏观经济管理的主体,应为相关产业转移提供便利条件。中西部地区的政府部门应当为产业的转移营造良好的经济发展生态环境。通过建立完善的市场交易安全、信息公开、知识产权保护等制度,为产业的顺利承接提供保障。中西部各地区的地方政府在承接产业转移时应注重生态文明建设,紧紧围绕适合本地产业技术发展、产业承接、转化能力和环境保护等方面进行综合考量,挑选本区域内最合适的相关产业和技术进行承接，促进转移的产业与技术本土化。中西部地方政府应制定有关产业转移与承接的优惠政策，积极引导转移过来的相关产业与本土产业充分发挥各自特色，资源共享、优势互补。这也是中西部地区减少承接产业转移同质化现象的重要手段，推动"杠杆增长战略"的实施，提高区域产业竞争的优势。

4.开放发展路径

市场经济是开放性的经济，发展社会主义市场经济必须走开放发展道路，这不仅是经济全球化的要求，也是我国提高开放性经济发展水平，在全球实现资源配置的必由之路。协调发展必须走开放发展之路，主要是为了发展的内外联动，欠发达地区经济发展更需要借助全球资源，因此，走开放发展之路是必然选择。首先，要解放思想、实事求是、求真务实，先从思想上解放，才能走开放发展之路。这是我国的发展经验，更是后进地区后发赶超的捷径。其次，要以行动见成效，真正在实践中践行"引进来、走出去"的发展理念。真正在对外合作与交往中学习，在合作与交流中思考。最后，要建立行之有效的政策保障体系，不断提高开放发展的质量。让外资企业放心，更规范他们的投资行为，建立健康有序的市场秩序。

二、贵州协调发展的现实依据

贵州在发展中面临诸多不协调的现象，这是贵州协调发展最现实的问题。不协调突出表现在城乡发展不协调、省内发展不平衡、经济与社会发展不协调、产业结构不协调。

(一)城乡发展不协调

贵州城乡发展不协调表现在城市发展快于农村地区、城市基础设施和公共服务与农村有较大差距、城市居民可支配收入增长快于农村居民纯收入。首先，贵州城市发展明显快于农村地区。这表现在一是城市吸纳资源的能力快于农村地区。从投资来看，贵州省投资总额的三分之二集中在城市，尤其是产业投资、民生投资、社会治理的投资增长幅度大，农村地区的投资虽增长较快，但总体水平和比重仍然小于城市。从消费来看，城市居民人均消费是农村居民的1~1.3倍。2019年贵州城镇居民人均可支配收入为34 404元,城镇居民人均消费支出为21 402元;2019年贵州农村居民人均可支配收入为10 756元,农村居民人均消费支出为10 222元。二是城市推拉力明显强于农村地区。贵州城市推力主要来自城市人口和产业的推动,随着城市化率超过50%①,农民变市民已经成为一种常态,三大产业均围绕城市展开,由此带动的财富、就业和国民经济增长又迅速提高了城市的拉力。这种拉力使得城市的吸引力越来越强。其次,农村基础设施和公共服务与城市有较大差距。具体表现在道路建设、教育、医疗及其他基本公共服务差异明显。虽然贵州省实现了县县通高速,但是县域、乡域内的道路状况千差万别,某些村寨道路还未实现完全硬化。脱贫攻坚的实施,改变了贵州贫困地区的出行情况,然而其道路质量与城市地区仍有较大差距。教育、医疗资源及其他基本公共服务城乡差异更是明显,优势教育、医疗资源都是围绕城市铺开,城市仍然是其他公共服务布局的中心和主要区域。贵州城乡医疗资源比值3.25,是全国医疗资源差异较大的地区之一,属于全国三个排在末端的医疗资源匮乏的地区(江西、安徽、贵州)。

(二)省内发展不平衡

贵州省内发展不平衡已经严重制约了区域的协调发展。首先,贵阳凭借其省会的政治、经济、文化、社会发展优势,聚合贵州省优势资源和全国的资源,在政策、人才及其他要素的支持上占据空前优势。贵阳拥有省内最完备的基础设施、公共服务和人才保障资源,在发展上享有独特的发展优势。其次,遵义、安顺是贵州发展第二梯队,两个都具有天然的区位优势和发展基础。遵义以工业和红色旅游为主,安顺以航空工业、特色农业和旅游业为主导,一个靠近重庆、一个靠近贵阳,在发展上能利用重庆和贵阳的发展资料和带动效应。再次,黔西南、黔南、黔东南、铜仁市、毕节市属于第三梯队,这是贵州省发展最缓慢的地区。农业发展基础薄弱,工业发展能力不强,服务业发展滞后,长期缺乏稳固的产业支撑,基础设施和公共服务缺乏,教育、医疗及其他社会服务资源短缺,造成发展较为缓慢。毕节、黔西南、黔南等部分县乡镇属于老少边穷地区、深度贫困地区,与其他地区差距明显。

---

① 谌贻琴:《贵州省2019年政府工作报告》,2020年。

(三) 经济与社会发展不协调

贵州经济在全国表现良好,经济增长率连续4年保持在两位数,平均增长速度在10%～12%[①],排在全国前列。然而,经济发展与社会发展不协调的矛盾不断显现。看病难、看病贵、择校难、养老难、养老贵等问题仍然突出。首先,群众看病难问题仍然存在城乡、人群、地区差异。优质医疗资源大多集中在贵阳、遵义,乡村医疗资源短缺。城市居民享有的医疗保障资源要多于农村居民,部分疑难杂症在贵阳都无法治疗,只能远赴重庆、成都、上海等地。其次,看病贵,过度医疗等问题仍然存在。针对这一问题,贵州省正在扎实推进医保新信息系统建设。择校难问题正在不断凸显,尤其是幼儿园、小学教育资源在城市内部、城乡之间分配不均衡,导致学区房、摇号房等市场混乱,引发了社会不公平现象。最后,贵州省养老事业和养老产业发展缓慢,尤其是养老事业质量不高,养老产业发展参差不齐的现象突出,部分养老机构高价的养老供给,致使有需求又无力承担养老费用的家庭和老人养老难问题凸显。

第二节 贵州协调发展实践

一、贵州协调发展进程

(一) 贵州城乡协调发展进程

贵州全力总攻"绝对贫困",同步小康创建扎实推进,实现了由解决温饱为主向全面建成小康社会的历史性转变,正在撕下贫困的标签。党的十八大提出了"两个一百年"的奋斗目标,到2020年全面建成小康社会,是中华民族伟大复兴中国梦的第一个百年奋斗目标。贵州是全国贫困人口最

---

① 谌贻琴:《贵州省政府2019年政府工作报告》,2020年。

多、贫困程度最深的省份,贵州不能如期摆脱贫困,全国就不能如期全面建成小康社会,因此,贵州是全国脱贫攻坚的主战场,全面建成小康社会的任务重。五年来,贵州坚持把脱贫攻坚作为头等大事和第一民生工程,贫困人口由2011年的1 149万人减少到2018年的155万人[①],平均每年减少贫困人口约150万人。累计投入产业化项目财政专项扶贫资金100亿元,实现总产值813亿元,实施到村项目4万多个,以优质菜、果、茶、药、薯和牛、羊为重点的特色生态产业得到大力发展,贵州省形成了"东油西薯、南药北茶、中部蔬菜、面上干果牛羊"的扶贫产业格局,实现了由"输血式"扶贫向"造血式"扶贫的历史性转变,贫困人口增收有了可持续性。"十三五"时期,共建设668个安置点,累计搬迁62万人;2018年,1 000余个安置点已全部开工建设,建成安置房8.92万套,搬迁45万人,已搬迁入住户户均实现1.6人就业[②]。"四在农家·美丽乡村"小康六项行动扎实推进,推动建成了19 360多个创建点,覆盖10 890多个村,占贵州省行政村总数的60.5%,受益群众达1 800多万人。贵州正走在同步全面小康的康庄大道上。

(二)产业协调发展进程

贵州奋力冲出"经济洼地",有的地方走到了"平地",一些领域攀上了"高地",综合实力显著提升,发展支撑坚实有力。长期以来,经济总量小、人均水平低、在全国排名靠后是贵州的基本省情和面临的主要矛盾。五年来,贵州坚持"稳中求进"总基调,坚持"加速发展、加快转型、推动跨越"主基调,大力实施大扶贫、大数据、大健康重点战略任务,花大力气、下真功夫解决"慢"这个主要问题,经济增速连续五年位居全国前三、年均增长11.6%;地区生产总值、规模以上工业总产值、固定资产投资、金融机构存贷款余额、市场主体注册资本先后突破万亿元大关。2016年,贵州省固定资产投资、社会消费品零售总额增速均位居全国第二,增速分别为21.1%

---

① 陈传耀:《逐梦小康走新路——贵州创新机制激发脱贫攻坚活力》,《贵州日报》2019年1月21日。
② 程焕:《贵州全面完成"十三五"异地扶贫搬迁任务》,《人民日报》2019年12月24日。

和13%①,分别高于全国13和2.6个百分点;地区生产总值2015年超过新疆,在全国的位次由26位提升至25位,人均地区生产总值2015年超过云南、甘肃,在全国的位次由31位提升至29位。贵州茅台、老干妈等一批"老字号"品牌在同行业的领先优势进一步巩固;大数据、大健康医药养生产业、现代山地高效农业、文化旅游业、新型建筑建材产业等新兴产业正在蓬勃兴起。率先开启了大数据时代,加快经济发展数字化转型、培育数字经济增长点,找到了一条符合自身特征的弯道取直之路,大数据产业已经成为贵州新的"产业"名片,2018年大数据核心业态、关联业态、衍生业态三大业态快速发展,大数据全产业链加快构建,业态规模总量达到1 600亿元②,同比增长46%。经济增速领先,体现贵州赶超的势头突飞猛进;经济结构优化,体现贵州发展的支撑坚实有力。

1.传统产业加速"蜕变",旧动能焕发新生机

十八大以来,贵州加大传统产业技术改造投入,加快落后产能淘汰。通过转型升级、深化改革、增强活力,传统产业在"蜕变"中实现突围。能源行业"量减质升"。五年来,贵州先后出台了稳工业23条、扩投资23条等一揽子扶持政策文件,给能源行业下了"及时雨",吃了"定心丸"。煤炭行业以兼并重组为重点,创新提出"政府引导、市场运作、主体实施"的工作思路,通过印发煤炭行业兼并重组奖励资金管理办法、执行加快煤矿采掘机械化实施方案、开展煤矿兼并重组主体企业分级管理等一系列措施,破解"多、小、散、乱、差"等结构性问题,迈出稳健步伐。自2011年贵州省启动新一轮煤矿企业兼并重组工作以来,截至"十二五"末,贵州省正常生产、建设煤矿数量控制到800处以内,建成机械化示范矿井105处,煤炭行业集约化、信息化、机械化、安全生产水平明显提升。电力行业认真贯彻落实国家电力体制改革总体部署,在全国先行先试成立电力交易中心,通过减少繁杂的中间交易流程,电力供给质量明显提升。在经济形势较为艰难的2015年,贵州电力交易中心组织贵州省498家电力用户和16家发电企业开展电力直接交易,减少用电企业电费支出10.17亿元,减缓了电解铝、铁合金、黄磷等行业的用电下滑趋势,给企业打了"强心针",为经济送去"雪

---

① 贵州省人民政府发展研究中心宏观经济部:《贵州省经济运行状况分析》,2019。
② 贵州省人民政府发展研究中心宏观经济部:《贵州省经济运行状况分析》,2019。

中炭"。化工行业"稳步延链"。五年来,化工行业以精细化为主攻方向加快发展,周密绘制产业链图,以简洁明了的图表标识出行业发展现状、发展方向以及耦合路径,转型升级走向"快车道"。2018年,贵州省化工行业完成工业总产值1 528亿元,工业增加值337.8亿元,同比增长12%,已成长为规模总量突破千亿级的产业。白酒行业"优势巩固"。贵州紧抓白酒行业发展痛点,通过优化土地、税收、金融等要素配置,推动白酒产业向规模化、生态化、集群化方向发展。在全国白酒行业遭遇"寒冬"的大环境下,贵州白酒逆势上扬,显现强大的生命力。"十三五"期间,贵州白酒以全国3.3%的产量,实现了全国32.5%的利润总额、19%的税金总额、9.4%的销售收入,分别排全国第一、第二、第三位①。烟草行业"量质齐升"。五年来,烟草行业以市场需求为导向,狠抓品种布局、营养调控、土壤保育、绿色防控、成熟采烤五项综合技术,行业规模迅速扩大,高端品牌取得重大突破。"十三五"期间,实现销售收入1 593.55亿元,较"十二五"增长99.28%;实现税利1 203.44亿元,较"十二五"增长131.85%。"贵烟"品牌发展取得历史性突破,"十三五"期间,"贵烟"实现销量78万箱,较"十二五"末增长6.39倍;商业批发收入308.1亿元,较"十二五"末增长7.72倍,"贵烟"品牌已覆盖全国340个地级市场②。

2.新兴产业迅速成长,新动能迸发新活力

十八大以来,贵州抢抓国家深入实施新一轮西部大开发战略和世界新兴科技革命带来的发展机遇,以大数据为引领的电子信息制造业、大健康医药、高端装备制造、新材料、新能源汽车、节能环保、新能源等七大新兴产业加快发展,一些重点领域发展走在全国前列,做出了贵州亮点,新动能正在迸发前所未有的发展活力。"大数据"领航产业发展。五年来,贵州牢牢抓住自身气候优势,通过大力吸引中国电信、联通、移动三大电信运营商数据中心在贵州开工建设、成立中关村贵阳科技园等,助推贵州迈上"云端",大数据发展无论在硬件还是软件上都"棋快一招"。在硬实力方面,贵州建成全国第一个"块数据"公共平台、全国第一个政府数据开发示范城市、全

---

① 金艾:《贵州白酒实现全国32.5%的利润总额》,《贵州日报》2019年9月8日。
② 贵州省人民政府发展研究中心宏观经济部:《贵州省品牌产业及产品发展报告》,2020年。

国第一个大数据产业发展集聚区、全国第一个全域公共免费WIFI城市、全国第一个大数据战略重点实验室、全国第一个国家旅游数据(灾备)中心。在软实力方面,《贵州省信息基础设施条例》成为全国第一部信息基础设施法规;"云上贵州"以政府数据开发为切入点实施"7+N"云工程,实现省级政府、企业和事业单位数据互通共享。"大健康"产业稳步提升。五年来,贵州瞄准人口红利逆转时代来临的契机,抢滩时代大潮大力发展大健康产业,以"医、养、健、管"为核心的产业体系初步形成。2015年以来,贵州省大健康医药产业增加值增速持续保持在20%以上。益佰、百灵、健兴等企业跻身全国医药500强[1],国家苗药工程技术研究中心填补了国家民族药产业发展工程技术研究平台的空白。"贵州制造"提档升级。五年来,贵州紧紧抓住世界科技革命和产业变革带来的历史机遇,乘着"中国制造2025"的东风,高端装备制造、新材料、新能源汽车、节能环保等产业均保持较快增长势头。高端装备制造业自2011年以来,增加值增速始终保持在20%以上,2015年总产值突破1 000亿元,跻身装备制造业千亿元行列。2018年,新材料行业实现增加值50.89亿元,同比增长15.28%;新能源汽车行业实现增加值14.84亿元,同比增长43.57%;节能环保行业实现增加值19.14亿元,同比增长34.74%[2]。

3.特色产业快速发展,增添经济发展新势能

十八大以来,贵州立足资源禀赋、充分发挥自身优势,因地制宜发展特色产业,"大生态""大旅游"等领域亮点频现,现代山地高效农业声名远播,"五张名片"唱响贵州特色,为经济发展输送源源不断的新动力。"大生态"产业优势凸显。五年来,贵州大力践行绿色发展理念,谋定"大生态"战略,生态优势转化为产业优势,很多地方都充分利用自身气候优势发展出别具特色的产业,绿水青山逐渐变成金山银山。2018年,贵州省绿色经济产值占地区生产总值比重达33%。"大旅游"产业实现"井喷"。五年来,贵州以100个旅游景区建设为重点,以"旅游+农业""旅游+工业""旅游+大扶贫"等形式推动多产业融合发展,山地特色旅游产品供给体系逐步完善。

---

[1] 贵州省人民政府发展研究中心宏观经济部:《贵州特色支柱产业发展状况分析》,2018年。

[2] 贵州省人民政府发展研究中心宏观经济部:《贵州省战略新兴产业发展态势良好》,2019年。

2018年,贵州省旅游总收入9 400亿元,旅游总人数达9.69亿人次,分别是2011年的3.5倍和3.1倍①,实现了山地特色旅游业持续"井喷式"增长。现代山地高效农业产品"泉涌"。五年来,贵州紧扣产业扶贫,以扩规模、上品质、创品牌为核心,配套出台了辣椒、食用菌、火龙果等产品推进方案,集中力量发展特色优势产品;结合资源禀赋、产业基础和市场需求,集中力量提升了畜禽产品、茶叶、特色食粮、精品水果、蔬菜等"五类十大绿色农产品"。2018年,贵州辣椒种植面积全国排名第一,马铃薯种植面积居全国第二位,中药材人工种植及野生保护抚育基地总面积居全国第三位,薏仁米面积产量占全国八成,芸豆出口居全国第三位。"五张名片"彰显"贵州味"。五年来,贵州坚持绿色发展理念,因地制宜大力发展酒、烟、茶、药、特色食品等特色产业,形成了具有贵州特色的"五张名片"。"五张名片"增加值突破千亿元大关,茅台、贵烟、都匀毛尖、益佰、老干妈等一批带有"贵州味"的特色知名品牌正在唱响全国,走向世界。

4.现代服务业加快成长,提升壮大经济新"引擎"

十八大以来,贵州出台支持现代服务业发展的意见,深入实施现代服务业"十百千"工程,现代服务业规模不断壮大、水平不断提升,成为经济新"引擎"提升壮大的"压舱石"。金融业稳步提升。五年来,金融系统积极推进供给侧结构性改革,着力提高金融服务效率,金融业运行呈现"行业效益良好、信贷合理增长、增速位居前列"的良好发展态势。2018年,金融业增加值689.07亿元,同比增长13.5%;存款余额增速位列全国各省市区第一,各项贷款余额增速居全国各省市区前7位②。现代物流业体系不断完善。五年来,贵州围绕"加快现代物流体系构建,有效降低物流成本"的目标,着力加强物流基础设施建设,物流网络结构体系不断健全。2018年,交通运输、仓储和邮政业增加值987.47亿元,同比增长10.1%;邮政快递业务量2 193.84万件、快递收入21.79亿元,分别同比增长60.1%、64.6%。电子商务发展势头迅猛。五年来,深入推进实施"互联网+"行动计划,把"三农"领域作为发展电子商务的主战场,电子商务发展成效明显。2018

---

① 陈清:《2018年贵州省接待游客9.69亿人次,实现旅游总收入9 400多亿元》,《贵州日报》2019年3月20日。

② 贵州省人民政府发展研究中心宏观经济部:《贵州省经济运行形势分析》,2019年。

年,贵州省电子商务交易额增长30%,限额以上企业通过公共网络实现商品零售额514.51亿元,增长6%;电子商务发展指数上升12位,其中成长指数提升23位,位居全国第一[①]。会展服务业蓬勃发展。贵州围绕"以重大展会提升知名度,打造有影响力品牌"的发展思路,举办了贵阳国际大数据产业博览会、生态文明贵阳国际论坛、中国(贵州)国际酒类博览会等一系列会展、会议,直接或间接拉动了住宿餐饮业、交通运输邮政业的发展。2018年,贵州省会展中心——贵阳市,共举办各类会展活动约745个(场),参会参展人数约383.7万人次,展会活动实现直接经济效益20亿元,综合经济效益150亿元。消费升级实现"两个转变"。在现代服务业大发展的有力支撑下,贵州省居民消费正从追求基本的生存资料向温饱、发展、享受"多线并进"的多层次消费结构升级。城镇家庭恩格尔系数从2011年的40.22%下降到2016年的33.24%,农村家庭恩格尔系数从2011年的47.65%下降到2018年的33.7%[②]。从平均水平来看,无论是城镇家庭还是农村家庭均正在实现从小康型消费向富裕型消费转变。

(三)交通协调发展进程

地理位置决定一个区域的命运,要改变命运,就必须改变这个区域的相对位置,不改变相对位置,就有可能面临"边缘化"的危险。贵州以交通为重点的基础设施建设取得重大突破,建成了现代交通运输体系,进入了高速时代,初步构建了现代城镇体系,城乡面貌日新月异,贵州从发展的边缘迈向了前沿。贵州欠发达、欠开发的省情,必须积极、有效地借助外力,必须用工程的办法,与经济发达地区建立快速通道,从时空上彻底改变区域位置。党的十八大以来的五年,贵州交通建设发展之快、规模之大、标准之高前所未有,长期制约贵州发展的瓶颈得以有效突破。率先在西部省区实现了贵州省县县通高速,建成高速公路5 582公里;高速铁路通车里程达982公里,6个市州、23个县(市)通了高铁;贵阳龙洞堡国际机场二期扩建工程完成,贵州省9个市州全部实现支线机场通航,2019年贵州省有龙

---

① 贵州省人民政府发展研究中心宏观经济部:《贵州省电子商务发展状况分析》,2019年。

② 贵州省统计局:《贵州省2018年国民经济与社会发展主要指标统计公报》,2019年。

洞堡国际机场等10个机场正常运营,是全国机场较为密集的省份之一;内河航道里程3 661公里。交通改变了区位,贵州的区位优势,已具备了深度融入"一带一路""渝新欧"建设、长江经济带、珠江-西江经济带、高铁经济带、成渝经济区等国家战略的条件。截至2018年12月,贵州省新开工建设骨干水源工程156座,水利工程年供水能力提高到110亿立方米,解决了1 301万农村居民和199万农村学校师生饮水安全问题,新增有效灌溉面积466万亩,新增农村水电装机112万千瓦。城镇化率提高近10个百分点,提高幅度排全国第一位,城市建成区面积超过1 315平方公里。贵阳·贵安国家级互联网骨干直联点建成开通,跻身中国13大[1]互联网顶层节点。贵州发展条件大幅改善,发展承载能力显著增强。

(四)基本公共服务协调发展进程

贵州在基本公共服务均等化上迈出了新步伐,实现了经济社会发展由不够均衡向协调发展的重大转变,发展成果普惠于民,人民福祉不断增进。发展为了人民,发展依靠人民,发展成果惠及人民,贵州坚持把改善民生福祉作为一切工作的出发点和落脚点。五年来,城镇新增就业315万人。连年压缩行政经费用于发展教育,大力实施农村学前教育儿童、农村义务教育学生营养改善计划,对农村建档立卡贫困家庭学生上高中、上大学免除学杂费,顺利完成教育"9+3"计划、中职学校"百校大战",基本建成花溪大学城、清镇职教城。2018年,贵州省学前三年毛入园率从2011年的55%提高到80%,高于全国平均水平5个百分点[2];高中阶段毛入学率从58.9%提升到86.1%;高等教育毛入学率从23.2%提升到31.2%;人均受教育年限从7.59年提升到8.03年。大力实施基层医疗卫生服务能力三年提升计划,深入推进医疗卫生"百院大战",基层医疗卫生实现"五个全覆盖",每千人拥有床位从2.77张提高到5.57张,贵州省有三甲医院23家、二甲医院

---

[1] 贵州省发展与改革委员会:《贵州省重大新型基础设施建设取得新突破》,《贵州日报》2019年10月8日。

[2] 贵州省教育厅:《贵州省基础教育质量逐渐提高,追赶态势已经形成》,《贵州日报》2019年12月3日。

达到274家①。实施城镇保障性安居工程174万套,改造农村危房180万户。社会保障体系日臻完善,体育事业快速发展,社会治理更加有效,公共安全保障更加有力。人民群众的幸福感和满意度大幅提升。

二、贵州协调发展成效

(一)大数据产业成为贵州经济发展的新引擎

深入推进大数据战略行动,加快建设国家大数据综合试验区,大数据主体产业加速发展,大数据与实体经济加速融合,大数据创新应用价值加速释放,大数据发展环境加速改善,大数据发展从量变上升到质变,取得了新成效,跃上了新台阶,进入了发展新阶段。

1.大数据主体产业加速发展,成为经济发展新增长点

大数据产业生态圈逐步形成。坚持引进和培育相结合,大力实施产业培育工程、项目裂变工程,积极开展"寻苗行动",加速培育和引进大数据骨干企业,大力扶持本土企业,逐步形成了大数据产业生态圈。苹果中国云服务数据中心、华为数据中心、腾讯数据中心、华芯通服务器处理器芯片项目等一批引领性、应用性、支撑性大数据项目快速发展,苹果、高通、微软、戴尔、惠普、英特尔、甲骨文等世界知名企业及阿里巴巴、华为、腾讯、百度、京东、浪潮、猪八戒网、科大讯飞等全国大数据、互联网领军企业扎根贵州发展,全球前十的互联网企业有8家在中国发展,其中7家落户贵州。货车帮、白山云、朗玛信息、东方世纪、易鲸捷、华芯通、数联铭品等一大批本地优强企业快速成长。货车帮连续两年入选科技部火炬中心发布的"独角兽"企业榜单,成功实现战略重组,发展为行业巨头满帮集团,成为全国最大的公路大数据物流平台,市场估值超过60亿美元;白山云入选全球顶级CDN(内容分发网络)服务商,云业务服务中国70%互联网用户,纳税超过6 000万元。2017年,贵州大数据企业从2013年的不足1 000家增长至

---

① 贵州省卫生健康委员会:《贵州基层医疗服务质量逐年提高,发展态势良好》,《贵州日报》2019年6月10日。

8 900多家[①]。

大数据已成为贵州经济发展的新增长点。电子信息制造业、软件和信息技术服务业、通信服务业等大数据三大主体产业实现加速发展,已成为贵州经济发展新增长点。2017年,电子信息制造业实现增加值118.6亿元,同比增长86.3%,高于全省工业增速76.8个百分点,对工业增长贡献率达到15.3%,拉动工业增长1.5个百分点,仅次于白酒和电力,成为全省工业第三大增长点;软件和信息服务业收入264.3亿元,同比增长34.8%;电信业务收入270.8亿元,同比增长14.3%、增速居全国第一位;电信业务总量825.3亿元、同比增长146.2%,增速居全国第一位,对全省GDP的贡献率达到14%[②],成为支撑贵州GDP增长的重要因素之一。2013—2017年,贵州电子信息制造业增加值年均增长57.7%,高出全国同期增速47.5个百分点;软件业务收入年均增长35.9%,高出全国同期增速18.5个百分点;电信业务总量年均增长49.1%,高出全国同期增速13个百分点(见图3-1、图3-2)。

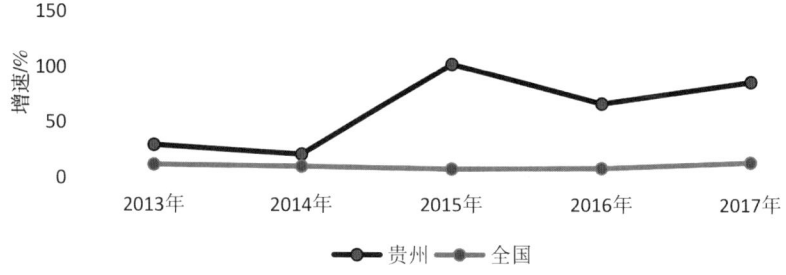

图3-1　2013—2017年贵州与全国电子信息制造业增加值增速

数据来源:由工信局、贵州省工信局官网公布的相关数据整理所得。

2.大数据与实体经济加速融合,成为经济转型升级新动力

大力实施融合升级工程,开展"大数据+产业深度融合行动计划",重点实施100个典型示范项目,分领域、分行业、分企业打造试点示范;引进

---

① 贵州省大数据发展管理局:《贵州大数据产业发展态势良好,地域性特征显现》,2018年。
② 贵州省通信管理局:《大数据产业已成为贵州经济发展的新引擎》,《贵州都市报》2018年10月9日。

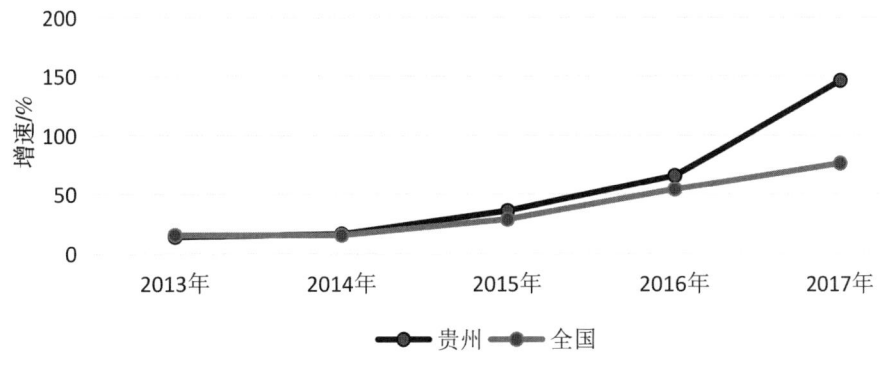

图 3-2　2013—2017 年贵州与全国电信业务总量增速

数据来源：由工信局、贵州省工信局官网公布的相关数据整理所得。

111 家融合方案服务商①，提供 318 个典型解决方案，推动了一批传统产业数字化、智能化转型，大数据已经成为转型升级新动力。

推动工业向智能化生产、个性化定制、网络化协同、服务化延伸转型。一是推动智能化生产。利用大数据推动企业全流程和全产业链智能化改造。如贵航电器建设精密电子元器件智能制造样板车间，销售收入增长 20.44%，运营成本相对降低 20% 以上。中德西格姆通过 ASTS 刀具智能云端管理系统，对生产过程中的相关数据进行分析，每个车间的生产产值从 1.5 亿增长到 5 亿元。二是推动网络化协同。利用大数据推动生产制造、质量控制和运营管理全面互联。如贵阳海信通过建立订单、研发、供应链、原材料、产品物流、企业资源等关键环节闭环大数据链，运营成本降低 26.78%，研发周期缩短 20%，产品不良率降低 27.56%，生产效率提高 108.28%②。三是推动个性化定制。运用大数据挖掘和动态体验感知等手段，充分整合市场信息和客户个性化需求，挖掘细分市场，开展个性化定制服务。如贵州思特公司运用大数据分析欧美马桶盖市场需求，运用贵州省丰富的竹材等环保材料，设计制造出符合欧美顾客个性需求的马桶盖产品，通过亚马逊等全球电商巨头每年销往欧美 200 多万套。四是推动传统

---

① 贵州省工业与信息化局：《大数据与实体经济融合发展态势良好》，《贵州都市报》2019 年 4 月 12 日。

② 贵州省工业与信息化局：《大数据引领发展成效显现》，2019 年。

行业服务化转型升级。鼓励传统企业运用大数据、互联网等开展产品全生命周期的管理增值服务,拓宽发展空间和产品渠道,形成"制造+服务"跨界融合的新市场主体。如瓮福集团利用大数据建设"福农宝"大数据平台,可为3 500公里之外的黑龙江通河县农户提供土壤营养元素数据分析服务,并提供整套生产方案,实现由化肥生产商向农业综合服务商转型。2018年,贵州两化融合发展水平44.5,较上年提高了1.2;关键工序数控化率、数字化研发设计工具普及率达到33.6%、48.7%,分别比上年提高5.4、9.1个百分点;共12家获得工信部两化融合贯标试点,较去年新增5家[①]。"贵州工业云"作为全国制造业与互联网融合典型进行推广,贵阳海信、贵航电器等5家获批国家级智能制造试点企业,贵阳"航天电器柔性智能制造车间"入选中德智能制造合作示范项目,"振华新云数字化车间""同济堂中药制剂全流程应用"入选工信部智能制造新模式应用项目。

推动服务业向平台型、智慧型、共享型融合升级。一是推动服务业向平台型融合升级。加快旅游、物流、信息咨询、商品交易等领域平台经济发展,将数据资源整合转化为新型融合服务产品,提升管理、服务、营销水平。如智慧旅游应用在旅游服务中的占比达90%以上,全省60%的涉旅企业、84家4A级及以上旅游景区接入"一站式平台"提供服务,助推旅游业实现"井喷式"增长。茅台电商大力拓展第三方平台官方旗舰店自营业务,实现营业收入达28.35亿元,订单数90万笔,同时开通2 600家茅台云商线下服务网点,实现交易额120亿元,完成3万多笔订单,发展200万会员。传化公路港通过大数据平台实现货车配货时间减少24小时左右,空载率降低30%。二是推动服务业向智慧型融合升级。利用大数据推动服务业迈向高端化、智能化、网络化的智慧发展新形态。如五龙汽车通过建设新能源互联网支付平台,实现了"车—桩—网"一体化发展。贵安国际数字文化产业园开展"文化+科技+电商"产业融合发展模式,助推文化产业发展。三是推动服务业向共享型融合升级。利用大数据推进资源网络整合重组,网络约车、共享单车、共享汽车、共享雨伞、共享充电宝等新业态不断涌现。快兔共享单车、永安行等四家共享单车陆续进入贵阳市场,共享单车数量

---

① 曾帅:《贵州2018大数据与实体经济深度融合及两化融合发展水平双提升》,《贵州日报》2019年2月14日。

突破10万辆。

推动农业向生产管理精准化、质量追溯全程化、市场销售网络化融合升级。一是推动农业生产管理精准化。积极利用大数据、云计算、互联网、物联网等技术构建现代农业发展模式,推动农业生产实时监控、精准管理、远程控制和科学决策。如修文猕猴桃大数据平台建设了前端的数据采集体系、数据采集分析系统、环境灾害预警系统、食品安全可追溯系统、修文猕猴桃门户网站及B2B2C商务系统,通过实时的、全过程的数据采集、监测和分析,实现了生产管理精准化、质量追溯全程化,强化了产品质量保障,覆盖全县5.1万亩果园,每亩产量提高20%、增收510元。二是推动质量追溯全程化。运用大数据实现农产品质量安全可追溯,形成打通农产品生产、加工、流通整个流程的农业质量追溯闭环。如贵州农产品质量安全可追溯平台,建立了以茶叶、蔬菜、水果、禽蛋等农业企业、农民专业合作社为重点的可追溯体系,已有572个农产品生产企业入驻,其中茶业企业123个[1]、蔬菜水果企业382个、禽蛋企业62个、养猪企业5个。三是市场销售网络化。积极培育农村电商主体,破解"小农户与大市场"的对接难题,推动农贷进城、网货下乡、黔货出山、电商扶贫。2018年,全省农村电商网络零售额66.33亿元,同比增长84.8%。如"贵农网"构建集电商、金融、物流等服务于一体的农村电子商务生态,实现对所有乡镇和95%[2]以上行政村全覆盖,农村电商平台覆盖420万农民。农产品价格和成本监测平台打通部门涉农产品价格数据,覆盖105种农产品660多万条数据,及时反映主要农产品价格变化和市场需求。

3.大数据创新应用价值加速释放,成为提升政府治理能力现代化水平的新途径

围绕提升政府治理能力现代化水平,深入实施政府数据"聚通用"攻坚会战,实行省、市、县三级"云长制",优化完善云上贵州系统平台,新建成共享交换平台、监控调度平台,四大基础库提供服务,打通各朵云,实现互联互通,基本形成了"上联国家、下通市州、横接厅局"的数据共享交换体系;

---

[1] 贵州省农业农村厅:《贵州新型农业生产经营主体作用显著增强》,《贵州日报》2019年4月28日。

[2] 贵州省工业与信息化局:《农村电商在贵州全面铺开》,《贵州日报》2019年12月13日。

开展政府大数据应用专项行动,推动政府部门之间跨部门、跨区域、跨层级、跨系统的数据开放共享、流程协同、智慧应用。截至2018年底,省级政府部门非涉密单位全部上云,各市州、贵安新区平台接入云上贵州,"云上贵州"平台汇聚省、市、县三级政府部门736个应用系统,集聚数据量增加到526TB。《省级政府网上政务服务能力调查评估报告(2018)》显示,2018年,贵州省全国省级政府网上政务服务能力总体得分93.76分[①],仅次于浙江和江苏,排名全国第三,荣获全国"国家互联网+政务"服务试点示范省。同时,贵州成为国家电子政务云数据中心体系南方节点,被国家授予"全国健康医疗大数据区域中心建设及互联互通试点省""国家政务信息系统整合共享应用试点省""国家公共信息资源开放试点省""国家社会信用体系与大数据融合发展试点省"。

  运用大数据实现精准管理、精准服务、精准决策。通过对跨部门、跨领域数据进行分析,政府各部门之间数据融通,共享数据信息,消除部门利益保护和数据壁垒,在优化流程、规制权力、辅助决策等方面开展应用,有效提升政府管理、服务、决策能力。如税务信用云将纳税信用和银行信用有效融合,实现以信用换信贷,解决了中小企业"缺信息、缺信用、缺抵押"难题,使中小企业长期"沉睡"的纳税信用资源变成了融资的"宝贵资产",中小企业无须担保抵押,可获得最高为纳税额9倍的贷款,已为46.52万户纳税人评定了授信额度,4 765户中小企业凭借税务信用获批贷款197.46亿元[②]。贵州省公安机关"数据铁笼"执法监督实行执法全过程监测、关键要素全量抽取、异常问题自动预警、执法状况智能分析,群众对民警的投诉举报由原来的月均10起降至1.2起[③]。贵阳"社会和云"的"一图一库四应用",建立了针对人、地、事、物、情、组织等多维度相互关联的块数据库,为政府提供更加真实可靠的决策支持数据,实现精准服务和管理。智慧法院云与全国3 519个法院和9 279个法庭的法院专网互联互通,对海量案件

---

  ① 贵州省人民政府发展研究中心宏观经济部:《贵州省2018年政务服务质量研究报告》,2019年。

  ② 国家税务总局贵州省税务局:《贵州中小企业的税收支持政策效应显现》,2019年。

  ③ 贵州省公安厅:《大数据运用社会治安治理作用明显》,《贵州日报》2019年3月11日。

数据进行采集分析,精确推送典型案例、文书模板、裁判结果参考,实现案件质量和效率的双提升。

运用大数据提升群众获得感。"让数据多跑路、百姓少跑腿",利用大数据技术,创新优化公共服务方式,洞察民生需求,改善民生服务,使公共服务更加便捷、高效,增强人民群众的大数据获得感。如"精准扶贫云"打通扶贫、公安、教育、医疗、交通等17个部门和单位数据,实现实时共享交换,精准识别扶贫对象的车子、房子、医疗、社保、子女教育等情况,自动生成数据,自动办理教育扶贫资助、贫困学生教育扶贫资金减免,跑腿次数从至少两次变为零次,时间从4～6个月变为即时办理。"健康医疗云"建成"一张网一平台一枢纽"全省远程医疗服务架构,联通199个县级以上公立医院和1 543个乡镇卫生院全部联通远程医疗网络系统,成为国内首家以省为单位统一预约挂号平台,实现预约挂号、电子病历、居民健康档案等互联互通。2018年,全省通过远程医疗开展疑难病症会诊1.8万余例,面向乡镇卫生院开展远程诊断11.4万人次,全国县级公立医院次均门诊费用上升3.8%(6.5元)的情况下,贵州省同比下降2.4%(4.1元)。省网上办事大厅50余万项政务服务"一张网"办理,行政审批事项承诺办理时限由22.6个工作日压缩为10.9个工作日[①]。云上贵州APP整合省市3 856项政务民生服务,181项政务民生服务可在手机上直接办结。如:农机购置补贴资金的发放,通过将省网上办事大厅、国税部门、公安部门人口库数据打通共享,校验核对信息,农民在家即可在线办结,资金自动到账。贵安新区"搜床网"Xbed拥有全国44个城市客房资源15 000多个,为商旅客户提供"一键入住"。

4.大数据发展环境加速改善,支撑保障能力实现新突破

信息网络基础设施水平大幅提升,大数据发展驶入"信息高速公路"。大力实施信息基础设施建设三年攻坚会战,不断加大投资力度,网络承载能力得到进一步提升,"高速、移动、安全、泛在"的新一代信息基础设施逐步建成;建成贵阳·贵安国家级互联网骨干直联点,跻身全国13大互联网顶层节点,初步形成全国信息存储交换重要枢纽,彻底改变之前互联网流

---

① 贵州省人民政府发展研究中心宏观经济部:《贵州省2018年政务服务质量研究报告》,2019年。

量经北上广及贵州绕转的格局;深入开展网络提速降费,进一步有效消除了城乡数字鸿沟,切实提升群众获得感、参与感,释放市场新潜能。2018年,贵州信息基础设施投资达到204.4亿元,是2014年的2.22倍,2015—2017年三年累计投资514亿元;互联网出省带宽能力达6 730Gbps,是2014年的3.20倍;光缆线路长度达到90万公里,是2014年的1.95倍[①](见图3-3);固定家庭宽带下载速率达到18.14Mbps,比2016年提高了

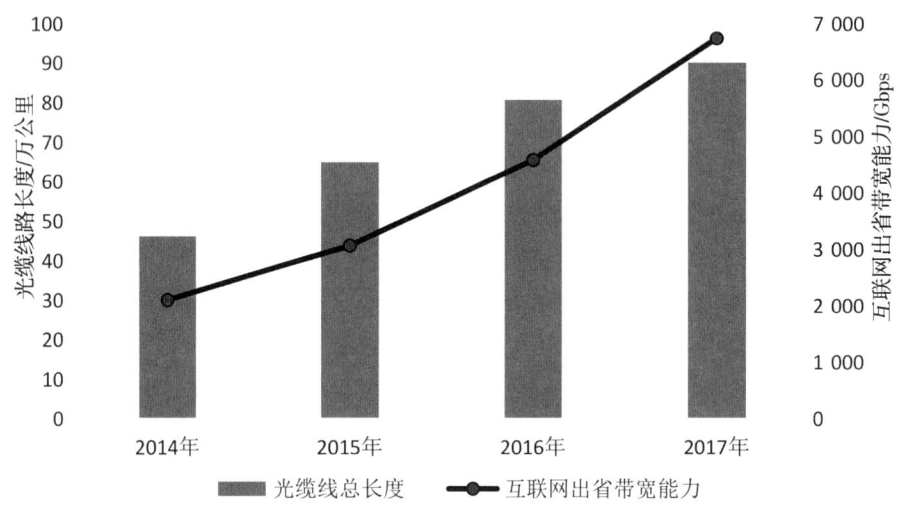

图3-3 2014—2017年贵州省光缆线路长度与互联网出省带宽能力

数据来源:《贵州统计年鉴2018》。

6.65Mbps;行政村100%通4G网络、98%通光纤,广电云实现"村村通";移动流量资费水平降至16.2元/GB,资费水平居全国第五位、西部第二位;移动互联网流量消费增长303.1%,增速全国第一,月户均流量消费接近4G,在全国和西部均排名第四位,超过全国平均水平50个百分点;固定家庭宽带价格下调至50.4元/月/户,综合资费水平相比2016年底下降超过8%;6家数据中心进入国家绿色数据中心名单(第一批),数量居全国第二位,贵安新区绿色数据中心PUE值低至1.05,成为全国唯一获得美国LEED最高等级认证的绿色数据中心建筑。

---

① 贵州省通信管理局:《贵州信息基础设施建设成效显著,信息服务能力有效提升》,2019年。

5.创业创新环境持续优化,开启了"大众创业、万众创新"新格局

大力实施安全铁壁、万千人才、首选实验田工程,积极营造大众创业万众创新环境。一是强化大数据发展安全保障。提出大数据安全保护"1+1+N"总体思路和"八大体系建设架构",率先建设贵阳国家级大数据安全靶场,推进贵阳经开区大数据安全产业园建设,发起设立大数据信息安全产业创业投资基金1.01亿元,设立量子通信与大数据应用研究院,贵阳市获批全国首个大数据安全试点城市。奇虎360、腾讯、阿里巴巴、知道创宇、安恒等53家国内知名的大数据及网络安全企业落地贵州,业务涵盖软硬件、安全服务、安全应用研究、新兴技术等领域,初步形成了全产品研发、生产、应用的大数据安全产业链。普林科技国内首款大数据资源地图、观数科技国内首款获公安部认证的大数据应用防火墙、爱立示无钥签名区块链技术等一批大数据安全核心关键技术成果完成孵化,加速产业化。易鲸捷国产数据库产品 EsgynDB 实现了对 Oracle 数据的无缝迁移,具备国产化替代能力,保障国家信息安全,已在贵阳市公安局、国土局等8家单位进行自主可控国家数据为替代试点,且都通过试点验收;白山云研发的新一代安全产品 ATD,为企业提供安全解决方案,针对安全事件追根溯源,获2017可信云"安全类技术创新奖";推广量子保密通信技术,大力提升政务外网安全能力。二是增强大数据发展人才支撑。制定出台《贵州省支撑大数据人才创新创业若干措施》,对全世界大数据人才发出"邀请函"。打好大数据人才引进和培养"组合拳",在印度设立"云上贵州(班加罗尔)大数据协同创新中心",在俄罗斯设立"贵阳高新(莫斯科)创新中心",在美国设立"贵州大数据(伯克利)创新研究中心",打造"智力收割机"模式,收割全球技术和人才;开展招商引智活动,贵阳市引进高层次和紧缺大数据人才834人。采取校地、校企合作及全国招生贵州实践等模式,吸引美国的苹果、惠普、微软等到贵州合作培养人才,与国家统计局共建贵州财经大学大数据统计学院,与清华大学合作办学、联合培养大数据硕士研究生,贵州理工大学阿里巴巴学院实现招生,贵州师范大学惠普大数据学院、华为贵州大数据学院、贵州伯克利数据学科学院创建有序推进;省内5所高校获批开设"数据科学与大数据技术"专业,新增服务大数据产业本科专业8个[①]。三是打造大数据创新创业平台。搭建"数博会"高端平台,2018年数博会上升为国家级大数据博览会,成为全球大数据领域影响最大的国际性盛会,签约项目119个,签约金额167亿元;对接企业1 479家,达成签约意向项目244个,意向金额322.2亿元。开展大数据商业模式大赛、中国痛客大赛、中国国际信息创客大赛、中国国际数据挖掘大赛等,组建中科院软件所贵阳分所、大数据战略重点实验室、贵阳-微软块数据实验室、戴尔-高新翼云IT联合实验室等大数据科研平台,成立贵阳大数据创新产业(技术)发展中心、思爱普贵阳大数据应用创新中心、贵州伯克利大数据创新研究中心等大数据创新中心,成立创业孵化和投资机构23家,建成科技企业孵化器36家,在孵企业1 899家。随着贵州大数据发展环境的不断优化,形成了"孔雀西南飞"的"贵漂"现象,每年到贵州生活工作的"贵漂"族以上万人次增长,贵州大数据人才聚集效应正在形成。2016年阿里巴巴发布的中国大学毕业生流入地排行,贵州排全国第七;腾讯每年发布全国城市年轻指数显示,贵阳在2016年排全国第七,2017年居全国第二,2018年则跃居第一,成为全国"最年轻城市"。

(二)城镇化加速发展、质量不断提升

1.贵州省城镇化"两率"提升快

近年来,贵州省城镇常住人口增量和城镇化率增幅是新中国成立以来最快的时期。2018年,城镇常住人口达到1 710.72万人,比2012年末增加441.72万人,年均增加73.62万人;常住人口城镇化率达47.52%,比2012年提高11.1个百分点,年均提高1.85个百分点(见表3-1)。分阶段来看,十八大以来贵州省城镇常住人口增量和城镇化率增幅是新中国成立以来最为快速的时期(见表3-2)。

[①] 贵州省教育厅高教处:《贵州省主要高校设立大数据专业学院,大数据研究专业化程度提高》,2019年。

表 3-1 贵州省主要年份城镇常住人口规模及城镇化率

年份	年末常住总人口/万人	城镇常住人口/万人	城镇常住人口比重/%
1949	1 416.40	106.30	7.50
1978	2 686.40	324.00	12.06
1982	2 875.21	542.00	18.85
2000	3 755.70	896.50	23.87
2002	3 837.00	932.00	24.29
2007	3 632.00	1 026.00	28.25
2010	3 479.00	1 176.25	33.81
2012	3 484.00	1 269.00	36.42
2017	3 580.00	1 648.00	46.03
2018	3 600.00	1 710.72	47.52

数据来源：历年贵州统计年鉴。

注：以省级政府任期为划分期间依据；1984—1999 年城镇人口和城镇化率统计数据异常，未采用。

表 3-2 贵州省主要时段城镇常住人口规模及城镇化率增长情况比较

期间划分	新增城镇人口/万人	年均新增城镇人口/万人	新增城镇化率/%	年均新增城镇化率/%
1950—1978 年	217.70	7.5	4.6	0.16
1979—1982 年	218.16	54.5	6.8	1.70
1983—2000 年	354.36	19.7	5.0	0.28
2003—2007 年	93.57	18.7	3.9	0.78
2008—2012 年	150.57	30.1	8.2	1.64
2013—2018 年	441.72	73.6	11.1	1.85

数据来源：历年贵州统计年鉴。

注：以省级政府任期为期间划分依据。

十八大以来贵州省城镇户籍人口规模净增和户籍人口城镇化率增幅是新中国成立以来最高的时期。2013—2018 年，非农业人口由 2012 年的 692.34 万人增加到 2018 年的 1 784 万人，户籍城镇化率（非农业人口比重）由 2012 年的 16.3% 提高到 2018 年的 39.2%，六年累计提高约 23 个百分点。分阶段来看，十八大以来是贵州省城镇户籍人口新增规模和城镇化率提高最快的时期（见表 3-3、表 3-4）。

表 3-3 贵州省主要年份城镇户籍人口规模及户籍人口城镇化率

年份	年末户籍总人口/万人	城镇户籍人口/万人	城镇户籍人口城镇化率/%
1949	1 416.40	106.30	7.5
1978	2 686.40	305.88	11.4
1982	2 875.21	331.11	11.5
1987	3 051.39	372.79	12.2
1992	3 300.97	413.02	12.5
1997	3 495.50	490.74	14.0
2000	3 676.63	531.65	14.5
2002	3 747.68	572.51	15.3
2007	3 985.04	638.95	16.0
2012	4 249.48	692.34	16.3
2017	4 474.90	1 662.61	37.2
2018	4 528.00	1 784.00	39.4

数据来源:历年贵州统计年鉴和省公安厅年报。

注:1949 年、1978 年、1982 年户籍人口与常住人口相同,常住人口城镇化率与户籍人口城镇化率相同;以省级政府任期为期间划分依据;2015 年以前,以农业和非农业作为户籍人口划分标准;2015 年以后,以居住属性等为户籍人口划分标准。

表 3-4 贵州省主要期间城镇户籍人口规模及户籍人口城镇化率增长情况比较

期间划分	新增城镇户籍人口/万人	年均新增城镇户籍人口/万人	新增户籍人口城镇化率/%	年均新增户籍人口城镇化率/%
1950—1978 年	217.70	7.5	4.6	0.16
1979—1982 年	25.23	6.3	0.1	0.03
1983—2000 年	200.54	11.1	3.0	0.17
2003—2007 年	66.44	13.3	0.7	0.14
2008—2012 年	53.39	10.7	0.3	0.06
2013—2017 年	970.27	194.1	20.9	4.18

数据来源:历年贵州统计年鉴和省公安厅年报。

注:以省级政府任期为期间划分依据;2015 年以前,以农业和非农业作为户籍人口划分标准;2015 年以后,以居住属性等为户籍人口划分标准。

2013—2018 年,贵州省常住人口城镇化率六年增幅位居全国第一,与全国发展差距不断缩小,六年新增城镇化率达到 11.1 个百分点,增幅位居全国各省(自治区、直辖市)首位。贵州省常住人口城镇化率提升幅度均超过全国平均水平,各年分别高于全国 0.27、1.14、0.67、0.89、0.69、0.44 个百分点,与全国差距由 2012 年的 16.14 个百分点缩小到 2018 年的 12.06 个百分点,差距减少 4.08 个百分点[①]。

2018 年,贵州省城镇化率在全国排名第 31 位、西部省份中排名第 11 位,位次虽与 2012 年相同,但与排在贵州省前两位的甘肃、云南相比,差距不断缩小。2012 年,贵州省城镇化率分别低于甘肃和云南 2.34 和 2.9 个百分点,2018 年与云南、甘肃的差距缩小到 0.29、0.17 个百分点(见表 3-5)。

表 3-5 贵州与全国常住人口城镇化率比较

指标	年份						
	2012	2013	2014	2015	2016	2017	2018
贵州常住人口城镇化率/%	36.42	37.83	40.01	42.01	44.15	46.02	47.52
贵州增长幅度/%	—	1.43	2.18	2.00	2.14	1.87	1.50
全国增长幅度/%	—	1.16	1.04	1.33	1.25	1.16	1.06
贵州比全国平均水平高/%	—	0.27	1.14	0.67	0.89	0.69	0.44

数据来源:WIND 数据库。

2.贵州省城镇结构体系日趋完善

贵州省各等级城市(城镇)不断扩容。一是市辖区增加 2 个,即遵义县改为播州区,平坝县改为平坝区,市辖区数量由 2012 年的 13 个增加到 2018 年的 15 个,安顺市和遵义市中心城区面积不断扩展、城市人口数量不断增多,遵义市中心城区增加城镇人口 36.51 万,安顺市中心城区增加城镇人口 13.45 万。二是中等城市增加 1 个,即毕节市由小城市发展为中等城市,中等城市数量由 2012 年的 2 个增加到 3 个,中等城市通过城市能级提升(即由小城市提升为中等城市)增加城市人口 64.38 万。三是小城市增加 2 个,即增加盘州市、兴仁市,小城市数量由 2012 年的 7 个增加到 2018 年的 9 个[②]。市辖区和县级市数量占县级区划数的比重由 2012 年的

---

① 贵州省发展与改革委员会:《贵州省新型城镇化与全国差距逐步缩小》,《贵州都市报》2019 年 5 月 13 日。

② 贵州省发展与改革委员会:《贵州省新型城镇化与全国差距逐步缩小》,《贵州都市报》2019 年 5 月 13 日。

25%提高到2018年的38.10%,增加13.10个百分点。四是小城镇(街道办事处)数量增加较多。小城镇(街道办事处)从2012年的808个增加到2018年的1 064个,占乡镇行政区划数的比重由53.20%提高到77.05%,增加23.85个百分点。五是城市社区居民委员会版图不断扩大。贵州省城市社区数量从2012年的1 818个增加到2018年的4 177个,增加2 359个,占村居社区总数的比重由9.10%提高到23.90%,增加14.80个百分点(见表3-6)。

表3-6 贵州省城镇体系结构变化情况

指　标	2012年	2018年
城市合计/个	13	15
大城市/个	2(贵阳、遵义)	2(贵阳、遵义)
中等城市/个	2(六盘水、安顺)	3(六盘水、安顺、毕节)
小城市/个	9(毕节、铜仁、都匀、凯里、兴义、清镇、仁怀、赤水、福泉)	10(铜仁、都匀、凯里、兴义、清镇、仁怀、赤水、福泉、盘州、兴仁)
市辖区/个	13(云岩、南明、观山湖、白云、花溪、乌当、红花岗、汇川、西秀、钟山、七星关、碧江、万山)	15(云岩、南明、观山湖、白云、花溪、乌当、红花岗、汇川、播州、西秀、平坝、钟山、七星关、碧江、万山)
镇(街道办事处)合计/个	808	1 064
镇/个	729	837
街道办事处/个	79	227
镇(街道办事处)占乡镇比重/%	53.20	77.05
城市社区居民委员会/个	1 818	4 177
城市社区占村居社区比重/%	9.10	23.90

数据来源:2012—2018年历年贵州统计年鉴。

黔中城市群成为促进贵州省大中小城市协调发展的重要引擎。世界城市化进程表明,城市群已成为引领地区经济发展和现代化的重要引擎。2018年,黔中城市群规划获批并启动实施。2018年,黔中城市群城镇人口达到1 080.45万、占比60.3%,比2013年增加204.82万人、8.4个百分点[①]。

---

① 贵州省人民政府发展研究中心宏观经济部:《贵州省新型城镇化发展研究报告》,2019年。

3.山地特色新型城镇化带动城市功能增强和品质提升

城镇化作为人类文明进步的产物,既能提高生产效率,又能富裕农民、造福人民,全面提升生活质量。随着城镇经济的繁荣、城镇功能的完善、公共服务水平和生态环境质量的提升,市政基础设施大为改观,城镇居民生活水平显著提升。2018年,全体居民人均住房建筑面积37.52平方米,年末每百户城镇居民家庭拥有家用汽车35辆,比上年末增长4.3%;拥有空调器34.5台,移动电话256.7部[1]。城镇居民恩格尔系数为30.8%,比1978年降低30.5个百分点。城市污水处理率90.8%,新增废水治理能力8.25万吨/日。贵州省各市州中心城市集中式饮用水源水质达标率稳定在100%,空气质量优良天数比例达到96.5%,单位生产总值能耗下降7%[2]。营造林面积1 000万亩,森林覆盖率提高到55.3%。城乡功能设施显著增强。2018年底,高速公路通车里程达5 835公里,基本形成内连外通的高速公路网络。贵阳至广州、贵阳至长沙快速铁路建成通车、贵开铁路建成,高速铁路通车里程843公里,高等级航道突破700公里[3],贵州省9个市(州)民用机场全部通航。"缅气入黔"工程建成,贵州迈入管道天然气时代。贵州省城市地下综合管廊在建项目总长60.65公里。贵安新区海绵城市建设已完工面积2.19平方公里,在建面积7.94平方公里。城市供水普及率、污水处理率、生活垃圾无害化处理率分别达82.82%、90.54%、88.73%,市政基础设施建设力度不断加大,城镇综合承载能力进一步提升。

4.新型城镇化对贵州省经济社会发展的促进作用大

十八大以来,贵州省经济社会结构发生了深刻变化,而城镇化成为当前推动经济增长的主要动力。城镇化是农村人口向城镇转移、要素资源向城镇集聚、乡村社会向城市社会转型的过程,无论从扩大投资还是促进消费角度,城镇化对经济发展都有举足轻重的影响。在城镇化进程中,大量农村人口转为城镇人口,将对食品、住房、家电、汽车等吃穿用住行产生巨大需求效应,从而直接或间接形成巨大的投资和消费需求。

从投资角度看,城镇化快速发展,将极大地刺激城镇投资需求,必然带

---

[1] 贵州省统计局:《贵州省民生事业发展状况公报》,2019年。
[2] 贵州省统计局:《贵州省民生事业发展状况公报》,2019年。
[3] 贵州省交通运输厅:《贵州交通基础设施飞速发展,交通面貌大改观》,《贵州日报》2019年3月21日。

来城镇投资的增加。由图 3-4 可以看出,2002—2017 年贵州省城镇固定资产投资完成额呈逐年上升趋势。

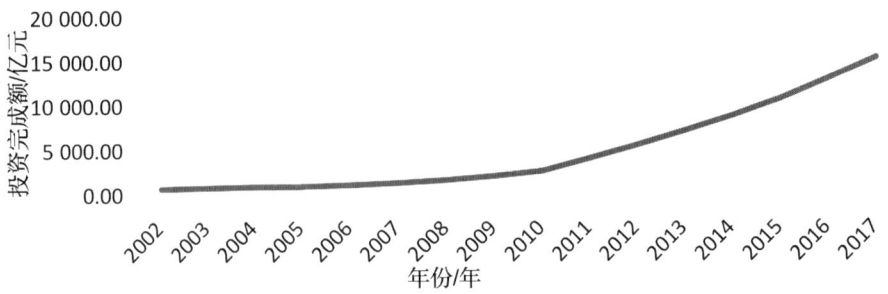

图 3-4　2002—2017 年贵州城镇固定资产投资完成额

数据来源:2012—2017 年《贵州统计年鉴》相关数据整理。

为了测算贵州省城镇化发展对城镇投资增长的影响程度,构建以下模型:$Y1_t = A1 + B1X1_t$。其中,Y1=城镇固定资产投资完成额,X1=城镇化率,A1、B1 为系数,各变量样本区间为 2002—2017 年。计量结果表明,每提高 1% 城镇化率,能够拉动城镇固定资产投资完成额 647.941 亿元。再加上需要增加的其他公共服务投资,投资需求将更大。

从消费角度看,城镇化快速发展,大量农村人口进入城镇并真正转为市民后,他们将改变消费模式,提高消费水平,必然带来城镇消费的增加。由图 3-5 可以看出,2002—2017 年贵州省城镇社会消费品零售总额呈逐年上升趋势。

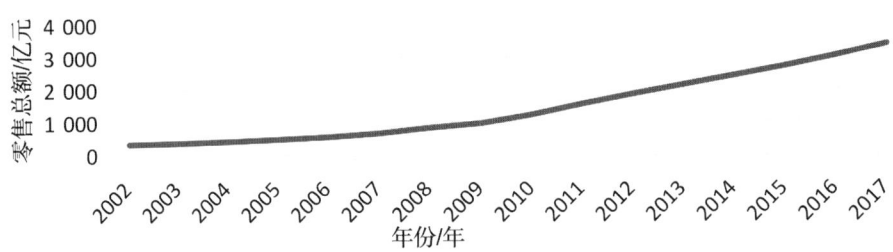

图 3-5　2002—2017 年贵州城镇社会消费品零售总额

数据来源:2002—2017 年《贵州统计年鉴》相关数据整理。

为测算贵州省城镇化发展对城镇消费需求的影响程度,我们构建以下模型:$Y2_t = A2 + B2X1_t$。其中,Y2=城镇社会消费品零售总额,X1=城镇化率,A2、B2为系数,各变量样本区间为2002—2017年。计量结果表明,提高1％城镇化率,能够拉动城镇社会消费品零售总额143.321亿元。固定资产投资、进出口贸易以及国内消费需求是拉动经济增长的"三架马车"。可见,贵州省山地特色新型城镇化进程不断加快,对城镇固定资产投资和城镇社会消费品零售产生了积极的带动作用,成为贵州省经济增长的强大引擎。

(三)山地农业水平不断提升、特色化效应凸显

1.优质农产品声名鹊起

一是国家地理标志产品数量提升。2001年,贵州省茅台酒首次获国家地理标志产品,截至2018年12月贵州省获得国家地理标志产品已达64项。二是无公害农产品认证种类丰富。2018年,全省获农业农村部新认定无公害农产品产地547个,累计2 340个,无公害认证农产品2 281个,生产规模超过64.20万亩[①]。三是绿色产品发展迅速。2018年,全省有效使用绿色食品标志企业20家50个产品,龙里获农业农村部批准创建农业标准化示范县。四是有机农产品渐成气候。截至2019年,贵阳有机食品认证16家企业31个产品,认证产量4 732.69吨;遵义市43个产品获得有机食品标志认证,有机高粱、小麦、茶叶认定面积74.85万亩;毕节市通过有机农产品认证35个,认证规模8.87万亩;六盘水市有机农产品认证产地规模5 000亩[②];黔南州获有机食品认证20个;黔西南州获有机食品认证1个,基地面积20 787亩。

2.特色优势产业崭露头角

一是产业化程度逐步提升。贵州省有机米、富硒米、锌硒米等优质大米,蓝莓、核桃、火龙果等特色水果,太子参、钩藤、金银花等地道中草药,高山茶园,草地畜牧业,大鲵、中华鲟等一批基地兴起,龙头企业涌现,产业化进程加快。二是生产效益有效提高。"十三五"以来,农林渔牧增加值年均增长13.35％,粮食与经济作物面积比达41∶59。农业生产创造的新增价值和固定资产的转移价值不断增加,2018年,农民人均可支配收入年均增

---

① 贵州省农业农村厅:《贵州农业发展状况分析》,2019年。
② 贵州省农业农村厅:《贵州农业发展状况分析》,2019年。

长13%,达到18 430元①。三是农业功能多元化。近几年来,具有观光、示范、生态等功能的农业园区大量涌现,诸如贵定金海雪山休闲观光农业园、黎平县飞龙洞休闲观光园、开阳县南江乡龙广休闲(特色)观光园、花溪农业科技示范园、余庆县的花卉苗木园区、赫章县"百里核桃长廊和省级重点现代高效核桃(扶贫)休闲养生产业园区"等,不仅满足了人们多样化的需求,还催生了多种业态,提供了更多的就业岗位。2018年,全省休闲农业与乡村旅游实现营业收入37亿元,比上年增长10.8%②。

3.新型农业经营主体不断壮大

全省农业龙头企业、农民专业合作社等数量不断增加,辐射带动作用不断增强。2018年,省级以上农业产业化经营重点龙头企业发展到1 200家,资产总额537亿元,实现销售收入570亿元;规模以上农产品加工业(不含烟酒)完成总产值1 460亿元,效益良好;农民专业合作社4.3万户,成员46.9万个③。

4.现代高效农业示范园区建设不断推进

2018年,全省农业示范园区落地招商引资项目1 619个,到位资金463亿元,完成投资1 263亿元。513个省级园区累计入驻企业3 421家,其中省级以上龙头企业561家,注册资金500万元以上企业933家,建立合作社2 771家,累计建成商品化种植基地796万亩,完成"三品一标"产品认证947个。全年农业园区实现总产值1 393亿元、销售收入971亿元。

5.科技支撑能力持续增强

全省现有省级农业科技园区39个、国家级农业科技园区4个。2014年,园区共引进、筛选和推广新品种403个,制定生产技术规程、标准131个,运用新技术86项,园区企业与省内外68家科研院所、大专院校开展了技术合作,开展无公害产品产地认证43个,绿色认证27个,有机认证9个,培育国家级和省级龙头企业89个,共实现产值71.4亿元。以农村科技特派员创新创业、农业物联网、数字化农产品检测、动植物远程医院等为

---

① 贵州省统计局:《贵州省民生事业发展状况公报》,2019年。
② 贵州省农业农村厅:《贵州山地高效农业产业发展态势良好》,《贵州日报》2019年5月13日.
③ 贵州省发展与改革委员会:《贵州省新型农业经营主体发展状况分析》,2019年。

主要内容的涉农信息综合服务平台建设取得实质性进展,打造了全国首个食品安全云平台、食品质量检测与认证技术服务平台、农高网展示交易平台,共展示种业、绿色防控等技术成果300余项①,3 000余个农产品上线展示和交易,淘宝贵州馆实现成交额2.3亿元。

第三节 贵州协调发展经验

一、以改革开放精神推进协调发展

改革开放精神是在改革开放伟大时代中铸就、在改革开放伟大实践中发扬光大,既与中华民族的变革和开放精神一脉相承,更在40年的伟大奋斗中淬炼升华,是党和人民弥足珍贵的精神财富。"解放思想、与时俱进;革故鼎新,勇于创新;群众中心,依靠人民;高举旗帜,党的领导;对外开放,和平共赢"应该是改革开放精神重要的内核。解放思想、与时俱进,是改革开放精神的精髓;革故鼎新,勇于创新,是改革开放精神的核心;群众中心,依靠人民,是改革开放精神的价值;高举旗帜,党的领导,是改革开放精神的灵魂;对外开放,和平共赢,是改革开放精神的气概。改革开放精神是中国共产党人精神的集中展现;改革开放精神昭示中华民族美好未来。

(一)干在实处、走在前列

面对新时代新挑战,面对贵州发展中的"先天不足"和"成长中的烦恼",迫切需要提倡与现代化建设相适应的思想观念、价值取向、心理状态和社会道德标准,呼唤以"求真务实、诚信和谐、开放图强"为内涵的与时俱进的贵州精神,作为文化核心价值观支撑贵州在深化改革创新的实践探索中奋发图强、励精图治,激励全省人民在全面建成小康社会、加快推进社

---

① 贵州省农业农村厅:《贵州省农业科技园布局渐趋合理,农业科技转化率加快》,《贵州日报》2019年8月14日。

主义现代化建设中干在实处、走在前列、勇立潮头。

贵州精神体现了改革开放的普遍要求。贵州文化渗透融合了中华优秀传统文化和共同价值观，特别是以解放思想、开拓创新、开放包容为核心的文化特质，更是成为改革开放精神的内在品质和鲜明标识。

（二）解放思想、实事求是

"解放思想、实事求是"是贵州精神和改革开放精神共同的价值认同。改革开放40多年来，贵州发生历史性巨变的过程，就是不断解放思想、不断开拓创新的过程。历届贵州省委、省政府始终致力于在解放思想中统一认识，把党的路线方针政策与贵州的实际紧密结合起来，不断开创贵州改革开放和现代化建设的新局面。

（三）开拓创新、与时俱进

"开拓创新、与时俱进"是贵州精神和改革开放精神共同的内在要求。改革开放以来，贵州人的创新意识、主体精神在中国特色社会主义伟大实践的浪潮中不断被激发、传播。他们不断解放思想，克服种种传统观念束缚，敢于冲破体制机制约束。

（四）开放包容、海纳百川

"开放包容、海纳百川"是贵州精神和改革开放精神的共同标识。贵州文化博采众长，历史悠久的开放贸易更是培育了贵州人海纳百川、兼容并蓄的开放心态。改革开放以来，贵州始终坚持在开放中求发展，在开放中谋求更大的竞争优势。

贵州精神和改革开放精神都体现了中华优秀传统文化的高度自觉。改革开放精神之所以成为"当代中国人民最鲜明的精神标识"，是因为它不仅彰显了中国人民在改革开放和中国特色社会主义实践进程中的精神风貌，还是对中华优秀传统文化的传承和发展。

贵州精神作为中华地域文化的一种形态，不仅具有中华优秀传统文化的共性，也有贵州地域传统文化的特性。在贵州人民创造自己灿烂文明史的背后，始终跳动着、支撑着、推进着和引领着他们的力量，正是这种自发的贵州精神，它始终激励着贵州人民永不自满、永不停息，不断地超越自我、创业奋进。改革开放特别是 21 世纪以来,贵州省委深刻总结经济社会发展背后的人文优势,把"自发的、不系统的、不定型的社会文化心理"提炼为体系化、系统化、逻辑化的贵州精神,并与时俱进加以丰富和发展,有力推动了经济社会快速发展。

二、以城乡互动融合为抓手推进协调发展

在现代化的进程中,如何处理好城乡关系,一定程度上决定着现代化的成败。城乡发展,过去讲"统筹",现在讲"融合"。从"统筹"到"融合",词语的差别,体现的是政策的重大变化。重塑城乡关系,关键要读懂"融合"深意,抓住"融合"要点,在"融合"上下功夫。城与乡,不是谁依附谁,也不是谁帮助谁,而应是一种工农互促、城乡互补、全面融合的共生关系。所谓"融合",就是更加强调城乡发展的有机联系和共生共存,更加强调把乡村发展与城镇发展作为一个有机整体来看待。

城市资本、人才有序下乡,助推乡村新业态、新产业崛起;智能化远程医疗向乡村延伸,村里人也能享受专家"就近"问诊……近年来,贵州各地树立城乡发展"一盘棋"思路,以产业发展、公共服务、要素配置等为着力点,使农村资源有效"激活",城乡要素有序"聚合",不断补齐城乡发展差距的"短板"。城带乡、以工促农,城市新需求、市民新诉求,也是推动农业产业升级、功能拓展的重要动力。当前,各地以休闲农业、乡村旅游、农村电商等新产业、新业态为引领,助推农业产业全面发展,打牢城乡融合的产业基础。

城乡发展差距,其中之一是公共服务上的差距。推动城乡融合发展,必须推进公共资源城乡均衡配置,强健农村发展"骨骼"。

实现城乡融合发展,是现代化的重要标志,也是拓展发展空间的强大动力。推进城乡融合发展不是将城市发展与乡村发展割裂开来,"互不干涉",而是在城乡互动中推动城乡融合发展。城乡融合发展关系着发展的高质量,需把握"融"与"合"的关系。

融是合的途径。实现城乡融合发展,就要通过融的途径来实现合的目标。如果城乡发展是"各自为政",缺少"融"就难有"合",融合发展就无从谈起。在城乡不能融合发展情况下,即使乡村有所发展,由于其发展缺乏

与城市融合,其发展程度会因缺乏融合而受限,不利于缩小城乡差距。城乡缺乏融合发展,乡村的发展红利会受到城市"虹吸效应"影响而减少,城市的辐射效应也会因此而得不到有效释放。

合是融的目标。在城乡融合发展中,城市与乡村互动,以"融"实现"合"。城乡资源要素非单向流动,而需双向流动。只是乡村资源流向城市,是"涸泽而渔"式的发展,只有城市一味对乡村的"资助",也不是真正的城乡融合发展。城与乡联动发展,才能在"融"中实现"合"的目标。城乡"待遇"平等,城乡双向"交流",扬长补短,相得益彰,是以"融"实现"合"的根本。

现阶段,推动城乡融合发展,是走向均衡发展,实现"共同富裕"的重要一步。城市的高质量发展需要周围现代化的乡村作为"配套",乡村振兴离不开附近城市的引领、辐射。深刻把握城乡融合发展中的"融"与"合"的关系,是释放城市对乡村辐射而非虹吸,形成乡村对城市依靠而不依赖的关键。

(一)全力推进新型城镇化

2014年以来,党中央、国务院陆续出台了关于新型城镇化的系列意见、规划和综合改革方案。贵州省委、省政府贯彻落实中央精神,陆续下发了《贵州省新型城镇化实施意见》《贵州省户籍制度改革实施意见》《贵州省新型城镇化综合改革实施方案》,修编了贵州省城镇体系规划,贵州省新型城镇化推进成效显著,许多经验与做法值得总结。

1.上呼下应,同心共振,不断增强贵州省新型城镇化的系统性、整体性、协同性

2014年以来,省委、省政府积极贯彻落实中央新型城镇化精神,成立贵州省新型城镇化联席会议制度,陆续下发了《贵州省新型城镇化实施意见》《贵州省户籍制度改革实施意见》《贵州省新型城镇化综合改革实施方案》《贵州省人民政府关于进一步推进户籍制度改革的实施意见》《贵州省人民政府办公厅关于实施支持农业转移人口市民化若干财政政策的意见》《关于支持"5个100工程"建设政策措施的意见》(黔府办〔2013〕15号)、中共贵州省委办公厅省人民政府办公厅《关于加快100个示范小城镇改革发展的十条意见》(黔府厅字〔2013〕68号)、《关于加快商贸流通业改

革发展的意见》《贵州省国税局贵州省住房和城乡建设厅关于支持贵州省100个城市综合体建设的实施意见》等文件。

各级各部门纷纷响应,推出具体举措,构建了相互协作、横到边纵到底的工作格局,形成推进贵州省新型城镇化的强大合力。省委、省政府办公厅以及省城镇化联席会议制度组成员单位纷纷出台保障举措,建立了与新型城镇化相适应的教育、就业、社保、低保、医保、住房保障、土地保障、财力保障、农村产权保障等一系列配套政策。

安顺市作为国家新型城镇化综合试点,围绕全面放开落户限制、有序推进农业转移人口落户城镇、建立农业转移人口市民化成本分担机制等试点任务,在贵州省率先研究制定了户籍制度改革相关配套政策,形成了居住证管理办法、住房保障实施办法、农村产权制度改革措施等"1+11"配套政策体系,提出"一分三向"(即在新型城镇化过程中,以城镇型基础设施和公共服务设施是否延伸到位来划分城镇人口和农村人口,通过"城镇村"服务功能完善、产业支撑能力增强、路网通达性提升,逐步引导农业转移人口"向市区、向县城和重点镇、向美丽乡村"三级载体集中)的举措,不断推进户籍人口城镇化。

瓮安县实施宅基地复垦奖补、转移扶贫补助、计生奖补"三策"驱动,确保"进得来";将农业转移人口全部纳入城镇住房保障体系、利用生态移民项目建设集中安居房、整合农村危改房相关资源资金"三房"融合,确保"住得下";发展产业、推进创业、促进就业"三业"协同,确保"能致富";城乡养老保险保障衔接、城乡医疗保险衔接、城乡最低生活保障衔接"三保"衔接,确保"稳得住";享受教育医疗等优质公共服务的权利、享受农村生产资料补贴收益的权利、享受选择梯度转移的权利"三权"同步,确保"能共享";坚持易地扶贫搬迁、重点项目拆迁安置、行政区划调整、教育保障、农村产权保障与户籍制度改革有效联动、同步推进,畅通户籍制度改革通道,有效推进户籍人口城镇化。

2.召开现场观摩大会,以会促建

贵州省新型城镇化发展大会、100个小城镇和100个城市综合体健康发展现场观摩大会是省委、省政府推进新型城镇化工作的重要平台,2013年以来,贵州省已经在黔东南州、安顺市、遵义市和黔西南州召开了5次两个100工程健康发展现场观摩大会[①]。观摩大会主要包括对标杆项目进行现场观摩、传达学习省委省政府有关精神、总结和布置工作、省领导讲话等内容。观摩大会对推进两个100工程健康发展起到了十分重要的作用。一是观摩大会的规格高。观摩大会由省政府主办,是省政府组织的同类会议中规格最高的之一。每次观摩大会,省领导均出席并做讲话,省有关部门负责人、观摩市州的主要领导、贵州省各地市州县分管领导均作为代表参加。二是观摩大会规模大、影响面广。除党政领导之外,出席的代表还包括地州县住建和规划部门负责人、城市综合体业主。每次观摩大会的规模都在400人以上,基本囊括了贵州省两个100工程建设的相关负责人和责任人。三是观摩大会效果好。与会代表普遍反映,通过观摩学习、相互交流,对贵州省两个100工程健康发展提高了认识、开拓了思路、增强了信心、提升了工作能力。同时,观摩会在各地举办,当地政府积极加强本地的两个100工程项目的建设工作,力求将最好的形象展示给贵州省代表观摩,这也极大促进了各地两个100工程建设水平的提升。

3.聚焦城镇,完善保障,探索易地扶贫搬迁式城镇化新路

2012年以来,贵州省在全国率先开展扶贫生态移民工程,后按照中央政策更名为易地扶贫搬迁。易地扶贫搬迁(扶贫生态移民)工程形成了建房、基础设施、就业培训、土地流转、社会保障等一系列的政策体系,加快工程的顺利实施,取得巨大成就。自该工程开展以来,贵州省累计搬迁42.3万户、182.5万人。由于搬迁人口主要以县城、小城镇和产业园区为主,有效增加了城镇常住人口。自2013年以来,共搬迁人口172.7万人,占五年新增城镇人口的比重达到45%[②],对城镇化率的贡献达到4.83个百分点,占城镇化率净增幅度的50%(见表3-7)。其中,黔东南、铜仁、毕节、遵义搬迁量最大,对城镇化率的贡献突出,实现了拔穷根、挪穷窝、城镇化扶贫效应凸显。

---

① 贵州省人民政府发展研究中心宏观经济部:《贵州省新型城镇化质量不断提高》,2019年。

② 贵州省发展与改革委员会:《贵州省新型城镇化按预期推进,效果显著》,2019年。

表 3-7　2012—2017 年贵州省易地扶贫搬迁(扶贫生态移民)

市州	2012年扶贫生态移民		2013年扶贫生态移民		2014年扶贫生态移民		2015年扶贫生态移民		2016年易地扶贫搬迁		2017年易地扶贫搬迁	
	户数/户	人数/万人	户数/户	人数/万人	户数/户	人数/万人	户数/户	人数/万人	户数/户	人数/万人	户数/户	人数/万人
贵州省	22 349	9.85	35 390	14.93	39 203	17.06	43 970	19.39	104 458	45.03	177 895	76.27
贵阳	456	0.20	1 012	0.41	1 156	0.48	1 131	0.52	—	—	519	0.20
遵义	4 043	1.80	4 229	1.87	4 388	2.06	6 109	2.82	16 800	7.23	24 544	10.21
六盘水	1 391	0.60	1 438	0.60	3 167	1.18	1 336	0.55	6 333	2.53	10 967	4.21
安顺	1 475	0.62	2 668	1.13	3 414	1.51	2 825	1.28	7 239	2.98	7 446	3.35
毕节	2 719	1.20	4 612	2.03	6 265	2.72	5 753	2.54	12 943	5.96	30 242	13.55
铜仁	4 168	1.79	6 386	2.68	6 743	2.86	8 484	3.61	14 758	6.39	26 417	11.60
黔东南	3 792	1.64	7 834	3.06	6 334	2.62	6 378	2.71	16 129	6.71	32 643	13.71
黔西南	1 967	0.90	3 232	1.43	2 769	1.34	5 247	2.35	15 785	7.00	24 227	11.04
黔南州	2 293	1.08	3 979	1.72	4 892	2.25	6 707	3.01	14 471	6.23	20 890	8.40
贵安新区	45	0.02	—	—	75	0.04	—	—	—	—	—	—

数据来源:贵州省水库和生态移民局相关资料整理。

4.夯实城镇化载体,突出山地特色

省委十一届二次全会提出重点打造"5个100工程"发展平台。其中,100个示范小城镇、100个城市综合体两个"100工程"为提高城镇人口比重五年行动计划的实施起到了巨大的促进作用。100个示范小城镇建设完成项目投资 2 222 亿元,占贵州省固定资产投资的 4.3%;示范小城镇新增城镇人口 42.2 万人,约占贵州省新增城镇人口的 12%;带动新增就业人口 37.5 万人,占贵州省新增就业人口的 13.2%。通过示范小城镇的辐射带动,2017 年贵州省小城镇人口比 2012 年增加 160 万人,带动贵州省城镇化水平提升 4 个百分点,提前一年完成"到 2018 年,贵州省新增小城镇人口 120 万人左右[①],带动贵州省城镇化水平提升 3 个百分点左右"的发展

---

① 谌贻琴:《贵州省 2019 年政府工作报告》,2020 年。

目标。一批历史名镇、数字小镇、电商小镇、茶业小镇、药业小镇、酒业小镇、养生小镇、体育小镇、天文小镇、航空小镇等特色产业小镇不断兴起。通过印发《关于打造贵州特色小城镇升级版的实施意见》,全面实施小城镇"十大提升工程"。确定开阳等20个县(市、区)为贵州省第一批整县推进小城镇建设试点县。截至2017年,贵州省100个城市综合体累计完成项目投资1 583亿元,基本建成92个城市综合体,建成主导功能建筑1 839个,投入运营主导功能建筑1 296个,完成施工建筑面积2 805.30万平方米,新增城镇就业31.12万人,有力助推了中小城市完善功能、提质增效。

5.着力创新,试点示范,破解新型城镇化发展瓶颈

截至2018年,贵州省纳入全国新型城镇化试点的县市区有11个,分布在贵州省7个市州和贵安新区,试点实施成效不断彰显。一是促进城乡要素高效配置。湄潭县在普查摸底、确权登记基础上,以《贵州省湄潭县农村集体经营性建设用地入市试点实施方案》为框架,以"同权同价、流转顺畅、收益共享"为目标,探索农村集体经营性建设用地就地入市、调整入市等路径。自2015年8月以来,湄潭已完成四期集体经营性建设用地就地入市,出让地块9宗、21.32亩,成交价款总计392.5万元[①];在调整入市方面,首期可调出建设用地指标43.94亩,可调入使用的土地共7宗,实际使用指标36.88亩,结余部分纳入指标台账于后期入市。二是"村民"变"股民"。湄潭县湄江镇金华村通过村内统一组织,以合作社为平台,成立生态旅游公司,将村内茶园、土地、房屋等打包入股,全体"村民"变"股民"。将村庄改建为"七彩部落",引入旅游服务产业,挖掘农业新价值,丰富当地文化,在吸引大量外来游客的同时,还吸引了一些外来村民到此居住,促进了当地农民增收致富。全村人均纯收入达1.64万元,超过同期贵州省平均水平(0.74万元)两倍以上。三是建立多元化融资平台。都匀市积极推进市级融资平台转型,使其成为基金业务投资平台、多渠道资金筹集平台、城市资产运营平台。发行多种债券推进新型城镇化建设,包括都匀棚户区改造项目债、都匀小微企业增信集合债券、棚户区城投债等。利用"商票通"融资10亿元以上,缓解地方政府投融资平台资金短缺困难。设立规模为20亿元的新型城镇化发展投资基金。成功引入上海股权交易中心,挂牌

---

① 贵州省农业农村厅:《贵州农村改革稳步推进,集体建设用地改革成效明显》,2019年。

都匀市孵化基地。四是积极推进城市综合执法改革试点。兴义市全面开展城市管理体制改革,推行跨部门、跨领域执法,并加强综合行政执法的相对集中处罚权和强制权梳理和核对,将梳理清单分发各部门进一步核实后反馈实施。在政府机构限额内组建市综合行政执法局,按照人随事走、编随人走的原则,确定试点工作所涉及部门的编制划转。

6.功能修补,生态修复,城镇发展质量不断提高

十八大以来,城镇基础设施建设投资力度不断加大,贵州省共获中央和省级补助资金约51亿元,累计完成城建投资8 152.65亿元。编制印发贵州省"十三五"城镇供水、污水、垃圾、城市地下综合管廊、海绵城市建设发展等5个专项规划;制定垃圾收运系统技术指南、海绵城市建设技术导则、城市地下综合管廊建设技术导则等相关规范性文件和技术规范。推动桐梓县、习水县污水PPP项目、西秀区垃圾收运系统PPP项目及花溪区环卫保洁市场化等一批项目建成投运。贵州省城市人均拥有道路面积12.28平方米,城市供水普及率达92.82%,县城以上城市污水处理率达90.54%,县城以上城市生活垃圾无害化处理率达88.73%,城市燃气普及率为72.12%[①]。贵州省新增城市地下综合管廊长度53.6公里,新增海绵型城市开工建设项目150个、新增社会公共停车泊位数7.15万个。加强绿线管理,推动城镇公园绿地、附属绿地、防护绿地、生产绿地等绿地建设,鼓励垂直绿化建设。积极开展生态园林城市、园林城市、园林县城人居环境奖创建活动。"树根上的村庄——盘州古银杏风景名胜区妥乐景区保护与治理项目"获批中国人居环境范例奖,安顺市、铜仁市、凯里市获批省级园林城市。

7.以产业科学布局和聚集为关键推动协调发展

通过工业布局园区化和集聚化发展,大力培育主导产业,优化改造传统产业,强化区域的聚集化和园区化效应。

(二)以"三变"改革大力推进乡村振兴

2014年以来,在坚持土地公有制性质不改变、耕地红线不突破、农民利益不受损的前提下,贵州开展"资源变资产、资金变股金、农民变股东"的

---

① 谌贻琴:《贵州省2019年政府工作报告》,2020年。

农村"三变"改革探索,通过集体资源调动政府资源、政府资源撬动社会资源的"双轮驱动",有效活化了要素资源,实现"产业连体""股权连心",促进了农业增效、农民增收、农村增绿。2017年在全省全面推开"三变"改革。2018年在全省21个县140个乡镇1 015个行政村试点推广"三变"[①]改革经验,取得了安顺市"三权"促"三变"、松桃县"三社"融合促"三变"、湄潭县"四确五定"促"三变"、凤冈县"三资"转换促"三变"等一系列经验。

贵州省农村"三变"改革经验成效显著,得到习近平总书记多次肯定和时任副总理汪洋同志多次批示,分别于2017年、2018年写入《中共中央国务院关于深入推进农业供给侧结构性改革加快培育农业农村发展新动能的若干意见》(中发〔2017〕1号)文件、《中共中央国务院关于实施乡村振兴战略的意见》(中发〔2018〕1号)文件和《中共中央国务院关于打赢脱贫攻坚战三年行动的指导意见》(中发〔2018〕16号)文件。至此,农村"三变"改革四次写入中央文件,且在同一年度三次写入中央文件。

(三)实现乡村振兴和城镇化协同发展

1.乡村振兴离不开农村产业融合发展

产业是乡村振兴的核心载体,各地的资源禀赋不同,产业融合的路径也不一样。江苏省在乡村振兴过程中因地制宜,打造"一村一品",形成了各具特色的融合发展模式。实现农村产业融合发展,关键是根据当地的资源禀赋,开发具有竞争力的特色产品,发展具有区域特色的主导产业。其次要重视产业链和价值链的拓展,实现三次产业的深度融合,提升乡村产品的附加值,增强乡村产业的抗风险能力。农村产业发展需要依托资源,但不能依赖资源。在调研中我们也看到,这些成功的乡村,并非都具有得天独厚的资源,反而是把一些常见的自然资源和文化资源,进行特色改造和深度开发,就可以成为致富的宝藏。

2.乡村振兴离不开人力资源支撑

人才是振兴乡村的关键,但乡村需要什么样的人才,只能根据每个村庄的情况量体裁衣。贵州安顺西秀区大坝村成功走出了创新发展的致富

---

① 贵州省发展与改革委员会:《"三变"改革稳步推进,贵州经验推广迅速》,《贵州日报》2019年6月14日。

之路；破解乡村发展人力资源瓶颈，关键是要改变人才由农村向城市单向流动的局面。从城乡融合发展的背景来看，乡村发展的空间相较有限，更多的人、财、物向城市集聚是大趋势，因而乡村人力资本开发应立足乡村振兴需求，明确目标人群，以新型职业农民、农业科技领军人才、创新型管理人才为重点，实施精准的人才培养和引进政策，为有意愿在乡村发展的各类人才能够大施所能创设良好发展环境。另外，应把整体乡村人口作为战略资源，促进全员素质稳步提升，让人的全面发展成为乡村振兴的基石。

3.乡村振兴离不开体制机制创新

制度创新是乡村振兴的根本保障，乡村发展向前迈出的每一步，都伴随着体制机制的改革和完善。贵州省在乡村振兴过程中，聚焦乡村振兴的关键要素，积极探索人才政策、土地政策、金融政策改革创新。破除阻碍乡村振兴的体制机制弊端，关键是发挥市场在资源配置中的决定性作用，更好发挥政府作用，推动城乡要素自由流动、平等交换。加快农村承包地和宅基地"三权分置"改革，进一步盘活农村闲置资源。改进耕地占补平衡管理办法，建立高标准农田建设等新增耕地指标和城乡建设用地增减挂钩节余指标跨省域调剂机制。健全农村金融体系，把更多金融资源配置到农村经济社会发展的重点领域和薄弱环节，满足乡村振兴多样化金融需求。

三、充分发挥市场机制推动协调发展

(一)科学处理省内与省外两个市场和两种资源的协调关系

在经济全球化和世界经济一体化高度发展的21世纪，对国际、国内两个市场和两种资源的占有和把握将决定一个国家或地区的经济发展高度和水平。对两种市场、两种资源的占有和把握从来就不仅仅是国家层面的事情，各省份或直辖市，尤其是地处内陆的西部省份更应重视。只有主动依靠国内外两种市场，积极掌握国内外资源，才可能在未来的国际竞争和省际竞争中脱颖而出。对两种市场和两种资源的偏向利用，可能会导致省份或直辖市对外依存度过高，也可能导致省份或直辖市过于保守，丧失在国际化大潮获得应有收益的机会。

贵州推进协调的实践，较好地诠释了新时代协调发展中应该如何协调利用国际国内两种市场和国内外两种资源的问题。归结起来主要包括以下几点:第一,贵州省政府必须加强与其他地区政府的协作,通过友好城市结对建设、人才扶持等方式,搭建起充分利用两个市场和两种资源的官方渠道。第二,创新与其他地区产业或企业合作的方式,通过开放型平台的打造、产业的互联互通机制建设、博览会等形式,为省内产业或企业参与国内外竞争、占有两个市场和两种资源提供优质的政府服务。

(二)必须注意赶超开发与局部地区率先发展的协调关系

两个大局意识是中国特色社会主义现代化建设事业发展的根本指针,两个大局意识要求在东部地区快速发展的时间阶段,其他地区必须顾全大局,支援东部地区率先快速发展;两个大局意识同时也要求在经济社会发展到达一定的水平和境界后,其他地区也必须迎头赶上。两个大局意识对西部地区省份提出了更高的要求,相对而言,从目前发展的现状和态势来看,西部地区要远远落后于东部地区和中部地区省份。两个大局意识要求西部地区省份不能躺在支援东部率先快速发展的功劳簿上等待其他地区援助,必须在新时代协调发展中着重处理利用优先发展地区援助与自身造血赶超发展的关系。

贵州推进协调发展的实践较好地处理了省内赶超发展与国内局部地区优先发展两个大局协调的问题。归结起来,主要包括以下几点:第一,贵州紧跟国家战略需要,毫无保留地将资源、劳动力输送给东部地区,支援东部地区率先快速发展,这是对两个大局意识毫无折扣的执行。第二,西部大开发后,贵州趁着西部大开发的春风,加强对东部地区产业转移的引进,强化与国家部委、国有大型企业等的合作,走出了一条独具特色的赶超发展之路,这也是贵州认真执行两个大局意识的表现。第三,贵州通过泛珠合作、"贵州+周边""贵州+沿海、沿边"等协调方式,较好地处理了局部地区率先快速发展与省内赶超发展之间的关系。

(三)必须注意核心地区与边缘地区发展的协调关系

核心地区与边缘区的协调是新时代区域经济协调发展的关键要点。在较长的一段时间以来,中国区域经济发展都是在增长极理论、点轴理论等指导下进行的。由此,在广袤的区域空间中,人为地形成了核心地区和边缘地区。核心地区由于获取更多的资金、资源和要素,并通过累积循环因果效应获得了快速的积累和发展;而边缘地区则由于资金、资源和发展要素的净流出,发展相对滞后。协调核心地区和边缘地区发展进程和成果享有关系,是新时代协调发展的关键导向,这要求新时代地方政府在转变政府职能及提升经济管理和社会管理能力时,必须将合理协调核心地区与边缘地区发展关系摆到十分重要的战略位置上。

贵州推进协调的实践,较好地协调了省内核心地区发展与边缘地区发展的关系。归结起来,主要包括以下几点:第一,贵州通过科学地演绎区域空间优化战略,并辅助以互联互通的交通基础设施建设和多规合一发展战略的制定和执行,大大缩短了核心地区和边缘地区的通勤时间,提高了核心地区和边缘地区的融合程度。第二,贵州十分重视产业集群发展与城市发展的协调,通过一心多极网络化的城市发展格局与新型工业化产业示范基地建设等,形成了核心地区、边缘地区城镇化、工业化、信息化与农业现代化同步协调发展的良好格局。

四、发挥政府作用,突破落后地区发展瓶颈

面对区域发展不平衡,政府可以采取改善基础设施投资、打造新的经济增长极等手段加强对落后地区的开发,推动落后地区经济发展,实现区域协调发展。

(一)加强落后地区公共品的建设,补齐落后地区发展的短板

十八大以来,贵州省加大了落后地区基础设施的建设,交通制约贵州发展的短板正在补齐。加大对教育、医疗等公共资源的投入。想方设法强化教育投入保障。全年共争取中央资金182.47亿元、省级资金65.73亿元,压缩省级党政机关行政经费6 215.88万元用于教育精准扶贫。争取"国培计划"中央资金1.2亿元,对全省8.7万余名农村中小学教师进行培训。招聘"特岗计划"教师7 809人,争取中央补助资金8.16亿元[1]。建立

---

[1] 贵州省教育厅:《贵州省基础教育支持力度不断加大》,《贵州都市报》2019年9月5日。

义务教育教师与当地公务员平均工资收入水平比较机制、随当地公务员待遇调整的联动机制和监督检查工作机制,全省72.4%的县落实到位。加强师德师风建设,加大教师表彰奖励力度。陈立群荣获"时代楷模"、顾昌华荣获"全国教书育人楷模"、吕传汉荣获国家级教学成果奖"一等奖"、温小军获"全国教育系统先进工作者"。

一贯之坚持教育改革开放。着力推进教育体制机制改革多点突破,制定出台了《关于进一步加强省市(州)共建本科高校建设的意见》。成功举办2019中国-东盟教育交流周,出台《贵州省加强外语非通用语种人才培养和学科专业建设、服务"一带一路"建设实施方案》。积极开展教育国际交流合作。鼓励和支持高校引进国(境)外优质教育资源,开展中外合作办学。贵州大学与美国西卡罗来纳大学合作办学项目获教育部批准。贵州省政府与华东师范大学、东南大学签署战略合作协议。

多措并举推动教育高质量发展。建立农村幼儿园集团化管理资源中心,有序推进城镇小区配套幼儿园专项治理及幼儿园"小学化"专项治理工作,新建改扩建公办幼儿园711所,学前教育普及水平达到新高度。聚焦基本优质均衡,城乡一体化发展,规范中小学招生入学,规范初中毕业生学业考试,实施"STEAM教育课程教学改革"项目试点,义务教育基本均衡发展水平巩固提高。启动新一轮示范性普通高中、特色示范高中评估工作,以示范性高中、"特色学校"建设支持计划为抓手,促进全省高中内涵发展,高中阶段教育普及迈出新步伐。实施"中职强基工程"和"高职特优工程",打通"中职-高职-本科"升学渠道,职教兴黔富民行动收获新成效。支持贵州大学建立"学科特区",纵深推进一流大学、一流本科建设,在文化传承类省部共建协同创新中心、教育部野外科学观测研究站等重大科研平台上实现了"零"的突破,高等教育内涵式发展得到新提升。开展利用财政资金和国有资产举办民办学校清理规范工作,引导民办幼儿园坚持公益性和普惠性,保障适龄儿童接受基本的、有质量的学前教育,民办教育规范发展取得新进展。

(二)扶持落后地区发展特色产业,形成产业扶贫的长效机制

许多落后地区虽然地处偏远,经济发展条件薄弱,但是有其特殊的自然环境、民族文化、中药材种植等特点。贵州省政府立足这些优势,通过提

供财政补贴、税收优惠、启动资金扶持等方面扶助企业,突破发展的瓶颈,形成特色产业可持续发展机制,提高落后地区的竞争实力。农村产业革命,一头挑着脱贫攻坚,一头挑着乡村振兴,是农业高质量发展的总抓手,是农业供给侧结构性改革的突破口,更是推进乡村振兴的动力源。2018年,通过蔬菜、茶叶、生态家禽、食用菌、中药材5大扶贫产业带动160.84万贫困人口,完成目标任务数的160.84%。截至2019年5月底①,全省建立面向东部省市的绿色农产品供应基地290个,参与市场主体的省外企业964家,销往东部省市农产品9.32万吨,销售额15.56亿元,带动农民就业66.1万人,涉及贫困人口18.55万人。抢抓东部省市和中央单位对口帮扶机遇,不断优化营商环境,有针对性地引进一批适合贵州省农业发展特点的龙头企业。大力推广"龙头企业+合作社+农户"模式,引导各产业龙头企业按品类成立行业协会,组建联盟、统一标准、加强自律、抱团发展,贯通产业上下游,形成合力。因地制宜完善脱贫攻坚利益联结模式,确保贫困户受益。

(三)实施易地搬迁安置

针对贵州部分贫困地区"一方水土养不起一方人"情况。加大对生存和发展环境恶劣地区的农村贫困人口实施易地搬迁安置力度。坚持精准识别精准搬迁、坚持群众自愿应搬尽搬、坚持保障基本完善配套、坚持整合资源稳定脱贫等重要原则,明确以城镇为重点安置方式,着力抓好"建房、搬迁、就业、配套、保障、退出"关键环节,以盘活承包地、山林地和宅基地"三块地",统筹就业、就学和就医"三个问题",衔接低保、医保和养老保险"三大保障",建好集体经营性公司、小型农场、公共服务站"三个场所",健全集体经营、社区管理服务、群众动员组织"三种机制"为重点,优化整合各项惠农政策,到2020年,完成39万余户162.5万农村贫困人口的搬迁安置,搬迁对象住房安全得到有效保障,安全饮水、出行、用电、通信等基本生活需求得到基本满足,享有便利可及的教育、医疗等基本公共服务,迁出区生态环境明显改善,安置区特色产业加快发展,迁出对象有稳定的收入渠道,生活水平明显改善,全部实现稳定脱贫,与全国人民一道迈入全面小康

---

① 贵州省农业农村厅:《贵州省绿色产业发展向纵深推进》,2019年。

社会。截至2020年4月,贵州省96个挂牌督战的易地扶贫搬迁集中安置点配套学校建设项目中,已完工21个、主体完工68个、主体施工7个[①]。

"十三五"时期,贵州省实施易地扶贫搬迁188万人,其中建档立卡贫困人口150万人,占全国搬迁计划的15%;整体搬迁贫困自然村寨10 090个,同步搬迁人口38万人,分三年实施[②],其中2016年搬迁44.8万人,2017年搬迁76.2万人,2018年搬迁67万人。贵州省易地扶贫搬迁规模,居全国首位,省委、省政府在实践中不断探索创新,形成了"六个坚持""五个体系"的基本思路和政策框架,以及"五步工作法"的抓落实机制。

五、保护生态环境,增强协调发展能力

生态环境的优劣是影响区域经济发展的重要因素之一。良好的生态环境能够为经济发展带来强有力的支持,反之,就会严重阻碍经济的发展。贵州省高度重视生态环境保护,不断提升协调发展能力。

(一)实现生态文明创建与资源利用更好结合

善于用好人才资源。省政府要加强人才选用中的制度公开、公平、公正、公信建设,着力解决一些单位人浮于事、效率低下、资源浪费、观念滞后以及调研难、服务难、为民难、改革难等突出问题,充分发挥人才在生态文明创建中的重要作用。善于用好信息资源。贵州省开展区域性生态文明创建活动,需要国土资源、森林资源、水利资源、交通运输、城镇建设、乡村旅游、人口分布、各项普查、常规统计、环境保护等信息,因地制宜科学规划与实施,着力改变了一些地方与民生有关信息公开难的运行方式,提高政府网站的信息量和可读性。善于用好空气资源。进一步加强环境保护,把培育新产业与大气污染治理结合起来,利用空气质量优势加快发展人口老龄化、乡村旅游业、体育与文化产业、培训与会展产业,服务业年均增长在13%以上。

---

① 贵州省扶贫开发办公室:《贵州脱贫攻坚成效显著,质量稳步提高》,2020年。
② 贵州省扶贫开发办公室:《贵州脱贫攻坚成效显著,质量稳步提高》,2020年。

(二)实现生态文明创建与精准扶贫更好结合

大力发展乡村快递产业。加快发展贫困地区快递产业,促进资源开发利用、产品销售和农民增收,区域性乡村社会消费增长12%以上。加快发展乡村电商产业。以行政村或村民小组建"农村淘宝"为抓手,加快发展贵州农村电商产业,提高贵州优质茶叶、猪肉、牛肉、山羊肉等生态产品网上销售率,新增就业人数增长3.5%以上,网上零售额增长25%以上,贵州的生态蔬菜、生态腊肉、优质中药材等特色生态产品走向全球。建立了党政机关精准扶贫负面清单制度。为把新发展理念和"四个全面"战略布局落到实处,贵州省政府要求县以上党政机关在精准扶贫中,建立有针对性的精准扶贫负面清单管理制度,加强党政机关精准扶贫工作规划、年度计划、年度报告、实施方案、帮扶目标、主体责任、帮扶措施、任务分解、定期通报、奖惩办法、责任追究、科技投入、资金投入、文化投入等信息不公开的问责,切实提高精准扶贫的经济社会效益和群众满意率。

(三)实现生态文明创建与产业培育更好结合

牢固树立"绿水青山就是金山银山"的发展理念,使贵州青山常在碧水长流,实现百姓富生态美的有机统一。着力发展大健康产业、老龄休闲养生产业、观光旅游产业、教育文化培训产业、现代服务业、高端制造业,全省非农从业人员占60%以上,第三产业增加值占GDP的65%以上。另一方面,要充分发挥空气优良、气候宜人的资源优势,加快发展现代农业园区、工业园区和新型城镇化,以中药材基地和产业园区、茶叶基地和产业园区、方竹基地和产业园区、金银花基地和产业园区、魔芋基地和产业园区、优质蔬菜水果基地、林下经济产业等为抓手,加快产业结构调整和经济转型升级,园区与基地从业人员占乡村从业人员的50%以上。

(四)实现生态文明创建与先进文化更好结合

省政府高度重视加强生态文明宣传引导。以创新的观念和群众喜闻乐见的艺术形式,引导广大人民群众树立"生态兴则文明兴,生态衰则文明衰"、"保护生态环境就是保护生产力、改善生态环境就是发展生产力"的理念,认识建设生态文明是一种生产关系的变革,必定带来生产与生活方式、思维方式和价值观念的深刻调整,充分认识环境就是民生,青山就是美丽,蓝天也是幸福,高度重视人民群众对干净水质、绿色食品、清新空气、优美环境等生态建设的迫切要求。以先进文化引导公众。把体育赛事与旅游产业、资源推介、民族文化、人口素质提升结合起来,加强乡镇和村级文化与健身广场、图书室、电影院等文化设施建设,由驻村第一书记牵头挖掘整理本村人文历史、家谱文化、勤劳致富、特色产业、优秀人才、旅游景区、名胜古迹、村容村貌等优秀文化素材,以先进文化引导村民,增强中国特色社会主义道路自信、理论自信、制度自信、文化自信,坚持走新型城镇化道路,实现生存空间绿色化;坚持走新型工业化道路,实现发展方式绿色化;坚持生态建设和环境保护,实现生态环境绿色化;坚持凝聚生态共识和行动,实现生活方式绿色化。丰富乡村旅游文化内涵,为不断增强贵州旅游产业的竞争力,开发乡村旅游新产品,提供优质的文化底蕴和可持续发展的文化支撑。

第四章 贵州绿色发展实践与经验

第一节 贵州绿色发展的理论与现实依据

一、贵州绿色发展的理论依据

(一)绿色发展理论的发展背景

在工业革命与电气革命的推动下,工业化和城市化相继展开,人类的物质财富获得了极大的提升。但传统的工业化和城市化模式的负面问题也日益凸显,诸如大气污染、水污染等,生态环境遭到难以逆转的破坏。

面对日益严重的环境生态污染,人们也开始对自身生产、生活方式进行质疑和反思。1962年美国学者卡森在《寂静的春天》中指出了农药对生态的危害以后,才陆续有这方面的研究和报道,并逐渐引起了人们的注意。1987年,联合国世界环境与发展委员会的报告《我们共同的未来》中正式提出了可持续发展的概念,1992年,联合国环境与发展大会通过的《21世纪议程》进一步深化了对可持续发展的认识。人们逐渐意识到,面对全球性的生态环境问题,需要开创一个新的文明形态来延续人类文明,这就是生态文明。生态文明是绿色文明,凝结了绿色发展的深刻内涵。与农业文明强调顺应自然、工业文明热衷于征服自然不同,生态文明更加强调人与自然的和谐发展。

当今中国,多年经济高速增长铸就了世界第二大经济体的"中国奇迹",也积累了一系列深层次矛盾和问题。其中,一个突出矛盾和问题是:资源环境承载力逼近极限,高投入、高消耗、高污染的传统发展方式已不可持续。习近平同志强调,单纯依靠刺激政策和政府大规模直接干预的经济增长,只治标、不治本,而建立在大量资源消耗、环境污染基础上的增长则更难以持久。粗放型发展方式不但使我国能源、资源不堪重负,而且造成大范围雾霾、水体污染、土壤重金属超标等突出的环境问题。种种情况表明:全面建成小康社会,最大瓶颈制约是资源环境,最大"心头之患"也是资源环境。

党的十八大以来,习近平同志立足推进我国社会主义现代化建设的时代使命,洞悉从工业文明到生态文明跃迁的发展大势和客观规律,就促进人与自然和谐发展提出一系列新思想、新观点、新论断,凝聚形成绿色发展理念,推动了马克思主义生态文明理论在当代中国的创新发展。强调"生态兴则文明兴,生态衰则文明衰",科学揭示生态兴衰决定文明兴衰的发展规律,实现了马克思主义生态观的与时俱进;强调"保护生态环境就是保护生产力,改善生态环境就是发展生产力",为马克思主义自然生产力理论注入新的时代内涵;强调把生态文明建设放在现代化建设全局的突出地位,融入经济建设、政治建设、文化建设、社会建设各方面和全过程,并从树立生态观念、完善生态制度、维护生态安全、优化生态环境,形成节约资源和保护环境的空间格局、产业结构、生产方式、生活方式等方面,对推进生态文明建设做出系统论述、提出明确要求。

在这些规律性认识的基础上,党的十八届五中全会《建议》提出"五大发展理念",成为关系我国发展全局的理念集合体。其中,绿色发展理念与其他四大发展理念相互贯通、相互促进,是我们党关于生态文明建设、社会主义现代化建设规律性认识的最新成果,具有重大意义。

(二)绿色发展的理论依据

1.中国古代朴素的自然观是绿色发展理念提出的思想渊源

我国古代很早就提出了天人合一的思想。如老子提出的"人法地,地法天,天法道,道法自然。"庄子提出的"天地与我并生,而万物与我为一。"

这些论述都闪耀着朴素的自然观思想,它把人与天地万物看成是一个相互联系的有机整体,认为它们都是由同一宇宙本源所创生的,都是有生命的存在物,相互之间处在一种血肉相依的生态联系中。

2.马克思主义生态思想是绿色发展理念提出的基本遵循

马克思和恩格斯在生态环境方面做了许多论述,其主要思想一是人和自然之间的物质变换是人类生活得以实现永恒的必然,劳动创造了人类,劳动推动人类的发展;二是人与自然在互动中可持续发展思想,人与自然不断走向统一。当前,我们党提出的绿色发展理念与马克思主义的生态思想是一脉相承的,也就是把自然看作一个有机的整体,人和社会是自然的一部分,人类的一切活动最终都必须服从整体的自然规律。只有充分认识自然、尊重和保护自然,与自然和谐相处,人类才能做到可持续发展。

3.西方生态马克思主义思想是绿色发展理念提出的重要参考

20世纪70年代西方资本主义世界兴起一场绿色运动,产生了生态马克思主义社会思潮,认为人与自然是不可分离的同时又是互相渗透、互相作用的。它提出了一整套以维护生态平衡为基础,以满足新兴需要为目标,人与自然和谐发展的未来社会理论,并试图寻找一条通向生态社会主义现代化的现实道路。

4.绿色发展理念的现实必然性

绿色发展理念的提出是对当今全球环境现状和我国现实国情的深刻把握,实施绿色发展战略是经济社会可持续发展现实的必然要求。在农业文明时代,人类面临的生态环境问题是局部的,到了现代工业时代,人类面临世界性生态环境问题的时代全面开启。数十年来,国际社会共同努力改善生态环境问题,签署了不少国际公约,但我们仍面临诸多世界性生态环境问题。从我国现实国情来看,改革开放40多年来,我国经济社会建设取得了举世瞩目的巨大成就,已经成为世界第二大经济体。但与此同时,经济建设与生态环境之间的矛盾也日益突出,资源紧缺、环境污染、生态失衡等问题已经严重阻碍了经济社会持续稳定健康发展。

5.深入贯彻习近平总书记关于绿色发展的重要论述

(1)牢固树立绿水青山就是金山银山的意识

习近平同志关于"绿水青山"与"金山银山"关系三个言简意赅的重要论断,对此做了生动阐释和系统说明。"绿水青山就是金山银山",强调优美的生态环境就是生产力、就是社会财富,凸显了生态环境在经济社会发展中的重要价值。"既要金山银山,又要绿水青山",强调生态环境和经济社会发展相辅相成、不可偏废,要把生态优美和经济增长"双赢"作为科学发展的重要价值标准。"宁要绿水青山,不要金山银山",强调绿水青山是比金山银山更基础、更宝贵的财富;当生态环境保护与经济社会发展产生冲突时,必须把保护生态环境作为优先选择。坚持绿色发展,需要我们形成绿色价值取向,正确处理经济发展同生态环境保护的关系,牢固树立保护生态环境就是保护生产力、改善生态环境就是发展生产力的理念,更加自觉地推动绿色发展、低碳发展、循环发展,绝不以牺牲生态环境为代价换取一时的经济增长。

(2)坚持节约资源和保护环境的基本国策

习近平同志强调,节约资源是保护生态环境的根本之策。要大力节约、集约利用资源,推动资源利用方式根本转变。大力发展循环经济,促进生产、流通、消费过程的减量化、再利用、资源化。只有在经济建设和社会发展的各个方面充分考虑自然资源和生态环境承载能力,推动城乡建设和生产、流通、消费各环节的绿色化、循环化、低碳化,才能有效促进生态文明建设。

(3)明确走向生态文明新时代、建设美丽中国的奋斗方向

习近平同志指出:"走向生态文明新时代,建设美丽中国,是实现中华民族伟大复兴的中国梦的重要内容。"这是实施绿色发展战略的目标方向。从人类社会的演进历程来看,当前正处在向生态文明过渡的关键时期。生态文明建设是一场"绿色革命",是对传统工业文明的超越,它的核心是尊重自然、顺应自然和保护自然。生态文明新时代,就是实现人与自然协调发展、和谐共生的时代。

二、贵州绿色发展的现实依据

(一)全面加强党对生态环境保护的领导,坚决打好污染防治攻坚战

加强生态环境保护、坚决打好污染防治攻坚战是党和国家的重大决策

部署,各级党委和政府要强化对生态文明建设和生态环境保护的总体设计和组织领导,统筹协调处理重大问题,指导、推动、督促各地区各部门落实党中央、国务院重大政策措施。

1.落实党政主体责任

落实领导干部生态文明建设责任制,严格实行党政同责、一岗双责。地方各级党委和政府必须坚决扛起生态文明建设和生态环境保护的政治责任,对本行政区域的生态环境保护工作及生态环境质量负总责,主要负责人是本行政区域生态环境保护第一责任人,至少每季度研究一次生态环境保护工作,其他有关领导成员在职责范围内承担相应责任。各地要制定责任清单,把任务分解落实到有关部门。抓紧出台中央和国家机关相关部门生态环境保护责任清单。各相关部门要履行好生态环境保护职责,制定生态环境保护年度工作计划和措施。各地区各部门落实情况每年向党中央、国务院报告。

健全环境保护督察机制。完善中央和省级环境保护督察体系,制定环境保护督察工作规定,以解决突出生态环境问题、改善生态环境质量、推动高质量发展为重点,夯实生态文明建设和生态环境保护政治责任,推动环境保护督察向纵深发展。完善督查、交办、巡查、约谈、专项督察机制,开展重点区域、重点领域、重点行业专项督察。

2.强化考核问责

制定对省(自治区、直辖市)党委、人大、政府以及中央和国家机关有关部门污染防治攻坚战成效考核办法,对生态环境保护立法执法情况、年度工作目标任务完成情况、生态环境质量状况、资金投入使用情况、公众满意程度等相关方面开展考核。各地参照制定考核实施细则。开展领导干部自然资源资产离任审计。考核结果作为领导班子和领导干部综合考核评价、奖惩任免的重要依据。

严格责任追究。对省(自治区、直辖市)党委和政府以及负有生态环境保护责任的中央和国家机关有关部门贯彻落实党中央、国务院决策部署不坚决不彻底、生态文明建设和生态环境保护责任制执行不到位、污染防治攻坚任务完成严重滞后、区域生态环境问题突出的,约谈主要负责人,同时责成其向党中央、国务院做出深刻检查。

(二)牢固树立生态价值观念,内化于心、外化于行

1.生态兴则文明兴、生态衰则文明衰的深邃历史观

生态文明建设是中华民族永续发展的根本大计。无论从世界还是从中华民族的文明历史看,生态环境的变化直接影响文明的兴衰演替。曾经璀璨的古埃及文化和灿烂的古巴比伦文明,由于生态环境的衰退尤其是严重的土地荒漠化直接导致了两大王国的衰落。我国古代一度辉煌的楼兰文明现已被埋藏在万顷流沙之下;河西走廊、黄土高原的经济衰落,以及唐代中叶以来我国经济中心逐步向东、向南转移,很大程度上都与西部地区生态环境变迁有关。必须坚持节约资源和保护环境的基本国策,坚定走生产发展、生活富裕、生态良好的文明发展道路,为中华民族永续发展留下根基,为子孙后代留下天蓝、地绿、水净的美好家园。

2.人与自然和谐共生的科学自然观

人与自然是生命共同体,人类必须尊重自然、顺应自然、保护自然。人类只有遵循自然规律才能有效防止在开发利用自然上走弯路,人类对大自然的伤害最终会伤及人类自身,这是无法抗拒的规律。要像保护眼睛一样保护生态环境,像对待生命一样对待生态环境。必须把生态文明建设摆在全局中更加突出位置,坚持节约优先、保护优先、自然恢复为主的方针,构建人与自然和谐发展的现代化建设新格局,让自然生态美景永驻人间,还自然以宁静、和谐、美丽。

(三)大力推进绿色发展,努力实现绿色富民、绿色惠民

1.促进经济绿色低碳循环发展

优化空间布局。加快确定生态保护红线、环境质量底线、资源利用上线、生态环境准入清单"三线一单",在地方立法、政策制定、规划编制、执法监管中不得变通突破、降低标准,不符合、不衔接、不适应的于2020年底前完成调整。

2.推进资源全面节约和循环利用

加强资源能源节约。强化能源和水资源消耗、建设用地等总量和强度双控行动,实行最严格的耕地保护、节约用地和水资源管理制度。完善水价形成机制,推进节水型社会和节水型城市建设。健全节能、节水、节地、

节材、节矿标准体系,大幅降低重点行业和企业能耗、物耗,推行生产者责任延伸制度,实现生产系统和生活系统循环链接。大力发展节能和环保服务业,推行合同能源管理、合同节水管理,积极探索区域环境托管等新模式。

3.推动生活方式绿色化转变

积极倡导绿色生活。将培育绿色生活方式纳入党政领导干部培训内容,按照国家有关规定,积极开展生态文明示范区、环境保护模范城市、美丽乡村和文明单位(社区)创建,鼓励开展创建绿色家庭、绿色学校、绿色社区、绿色商场、绿色餐馆等行动。提倡绿色居住,节约用水用电,合理控制夏季空调和冬季取暖室内温度。

大力推行绿色消费。倡导简约适度、绿色低碳的消费方式,反对奢侈浪费和不合理消费。打造健康支持性环境,推行绿色消费,落实快递业、共享经济等新业态环保行为规范,推广环境标志产品、有机产品等绿色产品。

(四)着力解决突出环境问题

1.打赢蓝天保卫战

大气污染防治行动计划实施以来,我国大气污染治理工作力度和措施强度前所未有,大气环境质量总体向好,但某些特征污染物和部分时段、部分地区恶化,对人民群众生产生活造成较大影响。大气污染表现在天上,根子在地上。究其主要原因,是产业结构、能源结构、交通结构和生活方式等方面出了问题。要持续实施大气污染防治行动,推进供给侧结构性改革,严格执行环保等标准,推动"散乱污"企业整治、重点行业污染源治理,加快不达标产能依法关停退出;抓好北方地区清洁供暖,推动煤炭等化石能源清洁高效利用,减少重点区域煤炭消费;加强机动车尾气治理,提高铁路货运量,降低公路货运量。深化重点区域大气污染联防联控,有效应对重污染天气,让群众享有更多蓝天白云。

贵州省贯彻落实打赢蓝天保卫战三年行动计划,调整优化产业结构、能源结构,改善大气环境质量。

2.加快水污染防治

当前,我国大江大河干流水质稳步改善,但部分重点流域的支流污染严重,重点湖库和部分海域富营养化问题突出,城市黑臭水体大量存在,饮用水安全保障有待加强。要系统推进水环境治理、水生态修复、水资源管理和水灾害防治,抓好重点流域、近岸海域污染防治,大力整治不达标水体、黑臭水体和纳污坑塘,严格保护良好水体和饮用水水源,加强地下水污染综合防治。

贵州省深入推进水污染防治计划,扎实推进河长制,加快工业、农业和水生态系统整治。

3.强化土壤污染管控和修复

以农用地和重点行业企业用地为重点,开展土壤污染状况详查。加强固体废弃物和垃圾处置,建立生活垃圾分类处理系统,提高危险废物处置水平,夯实化学品风险防控基础,防止污染土壤和地下水。实施农用地土壤环境分类管理和建设用地准入管理,开展土壤污染治理与修复,保障农产品质量和人居环境安全。

贵州省全面实施土壤污染防治行动计划,突出重点区域、行业和污染物,有效管控农用和城市建设用地土壤环境风险。

4.开展农村人居环境整治行动

我国农村地区环境基础设施建设严重滞后,化肥、农药等不合理使用造成的农业面源污染量大面广。要加强农业面源污染治理,推进农业清洁生产,深入开展化肥、农药零增长行动,加大畜禽养殖废弃物和农作物秸秆综合利用力度。加快农村环境综合整治,实施生活污水处理、生活垃圾处理、饮用水源地保护专项工程。推进美丽乡村建设,加强村域规划管理,开展农房及院落风貌整治和村庄绿化美化。推进农村地区分散布局的工业企业向工业园区集中。

5.构建环境治理体系

解决突出环境问题涉及经济社会发展的方方面面,需要构建政府为主导、企业为主体、社会组织和公众共同参与的环境治理体系,汇聚各种力量,形成最大合力。要建立健全职责明晰、分工合理的环境保护责任体系,持续开展环境保护督察,探索编制自然资源资产负债表,实行领导干部自然资源资产离任审计,严格执行生态环境损害责任终身追究制,落实环境保护"党政同责""一岗双责"。建立覆盖所有固定污染源的控制污染物排放许可制,健全生态环境损害赔偿制度,加快环境治理市场主体培育,落实企业环境治理主体责任。引导环境保护领域社会组织健康有序发展,倡导文明、节约、绿色的消费方式和生活习惯,把公民环境意识转化为保护环境的行动,让人人成为保护环境的参与者、建设者、监督者。

第二节 贵州绿色发展实践

一、贵州绿色发展进程

作为天生丽质、生态资源大省,良好的生态环境是贵州最突出的优势、最宝贵的财富、最重要的品牌,保护好贵州的绿水青山,是实现贵州新一轮全面振兴发展的必然要求,是决胜全面小康、建设幸福美好贵州的现实需要。多年来,贵州践行"绿水青山也是金山银山"的理念,走出了一条绿色发展的新路子。

2007年,贵阳市在全国率先成立了环保"两庭",即贵阳市中院环境保护审判庭和清镇市法院环境审判法庭。

2009年7月,首届生态文明论坛贵阳会议召开,在中国首次提出了"绿色经济"的概念,并以生态文明为焦点,立足中国、面向世界。

2010年3月1日,全国第一部促进生态文明建设的地方性法规——《贵阳市促进生态文明建设条例》正式施行。

2013年,贵州省在全国率先从省级层面实行河长制。

2014年6月,贵州省入选全国第一批生态文明先行示范区建设名单。

2014年7月,正式实施全国首部省级生态文明建设地方性法规——《贵州省生态文明建设促进条例》。

2015年4月,贵州省生态文明建设领导小组批准同意建立生态保护民事、行政案件统一集中管辖机制,这是全国首创的生态保护案件集中管辖机制。

2016年8月,贵州省入选首批国家生态文明试验区,成为我国西部首个国家生态文明试验区。

2016年9月,贵州省委、省政府印发《贵州省各级党委、政府及相关职能部门生态环境保护责任划分规定(试行)》,这是我国首个地方党委、政府及相关职能部门生态环境保护责任清单。

2016年11月,在全国率先启动生态环境损害赔偿制度改革试点,提出设立贵州省生态环境损害赔偿基金。

2017年3月,贵州河长制实施方案出炉。根据安排,省级设"总河长",由省长担任;分管水利和环保的副省长任省级"河长"。流经贵州省全流域面积50平方公里以上的1 059条河流中的14条省管河流以及草海,由省级"河长"负责。

2017年4月16日,省第十二次党代会将"大生态"列入全省战略行动,强调要"牢牢守住发展和生态两条底线,全力实施大扶贫、大数据、大生态三大战略行动",奋力开创百姓富、生态美的多彩贵州新未来。

2017年6月14日,国务院决定在贵州贵安新区建设绿色金融改革创新试验区。

2017年10月,中共中央办公厅、国务院办公厅印发《国家生态文明试验区(贵州)实施方案》,提出要以建设"多彩贵州公园省"为总体目标,建成长江珠江上游绿色屏障建设示范区、西部地区绿色发展示范区、生态脱贫攻坚示范区、生态文明法治建设示范区、生态文明国际交流合作示范区。

2017年11月,国务院印发《关于完善主体功能区战略和制度的若干意见》中,明确将贵州省列为国家生态产品价值实现机制首批试点地区。

2018年1月,省政府印发《贵州省生态扶贫实施方案(2017—2020年)》,启动实施退耕还林、森林生态效益补偿、生态护林员等十大生态扶贫工程。

2018年7月,贵州多部门联合发布《贵州省自然资源资产负债表编制制度(试行)》,用于指导各市州开展编表工作。贵州也成为全国首个将编制自然资源资产负债表覆盖到所有市州的省份。

2019年11月20日,国家发改委印发《生态综合补偿试点方案》,提出在福建、江西、贵州等三个国家生态文明试验区、西藏及安徽省,选择50个县(市、区)开展生态综合补偿试点。2020年2月,贵州省赤水市、江口县、荔波县、威宁县、雷山县5个县市入选全国首批生态综合补偿试点县名单。

二、贵州绿色发展成效

(一)绿色环境发展

贵州被誉为"山地公园省",多彩贵州良好的生态环境是最为宝贵的财富,世界自然遗产地数量居全国首位。同时,贵州是我国岩溶地貌发育最为明显的省份,全省88个县份中,有76个县的喀斯特面积在30%以上,占到全省总县数的近90%,其中喀斯特面积比例在50%以上的有68个,占79%。贵州喀斯特山区地貌类型复杂,地表土层瘠薄,人为活动造成生态环境更加脆弱,土地石漠化问题突出。贵州是长江上游地区唯一的国家生态文明示范区,贵州土地面积中有65.7%属于长江流域,88个县市区中有69个属于长江防护林保护区范围,肩负着筑牢长江上游生态屏障的责任和使命。多年来,贵州全力推进生态文明建设,践行"绿水青山也是金山银山"的理念,大力开展石漠化综合治理,筑牢绿色屏障、提升多彩贵州的颜值和气质,走出了一条绿色发展的新路子。

1.世界自然遗产地数量居全国首位

2018年7月2日,梵净山被第42届世界遗产大会批准成为我国第53处世界遗产、第13处世界自然遗产,成为贵州省第4个世界自然遗产。至此,贵州拥有的世界自然遗产数量跃升为全国第一。

在梵净山之前,贵州的荔波喀斯特、赤水丹霞、施秉喀斯特相继被列入世界自然遗产名录,多彩贵州的生态价值与保护管理,得到世界充分认可。

荔波喀斯特被誉为地球腰带上的"绿宝石",赤水丹霞是全国面积最大、发育最美丽壮观的丹霞地貌,施秉云台山喀斯特被誉为地球最美的盆景,而梵净山则被认定为世界上同纬度保护最完好的原始森林。

2007年,"中国南方喀斯特"——荔波列入《世界自然遗产名录》,这是贵州第一个世界自然遗产地。

2010年,赤水丹霞在激烈的竞争中,通过捆绑进"中国丹霞"项目,最终申遗成功。

2014年,由贵州省牵头,与广西、重庆共同开展"中国南方喀斯特"二期申遗工作,最终贵州施秉、重庆金佛山、广西桂林及江西环江均成功列入

《世界遗产名录》。

2018年,梵净山作为贵州首个独立申报的世界自然遗产项目成功列入《世界遗产名录》。

如今,世界自然遗产数量冠居全国,是贵州落实习近平总书记关于守好发展和生态两条底线的重大成果,也是贵州建设国家生态文明试验区的重大成就。绿色就是财富。贵州始终正确把握发展和保护二者关系,在保护好世界自然遗产地生态环境的前提下,努力实现经济效益、生态效益、社会效益共赢。

坚持生态优先、绿色发展,坚持生态产业化、产业生态化,世界自然遗产地生态越来越好,同时也带动着文化旅游、休闲养生及生态种植养殖业快速发展,成为脱贫攻坚的强劲动力。

贵州还加强世界自然遗产的保护和管理,严格按照世界遗产委员会决议、《保护世界文化和自然遗产公约》的要求,完善保护管理规则,加快做好遗产地基础设施建设,确保世界自然遗产资源彰显魅力,永续传承。

此外,在加强世界自然遗产地保护管理工作的同时,贵州立足新起点,正在启动新的世界自然遗产申遗工作。目前贵州正在开展三叠纪化石群申报世界自然遗产前期工作,计划把关岭、兴义、盘州3个化石群进行捆绑申报,并同时开展黄果树屯堡文化申报世界文化景观遗产前期工作。

2.生态环境持续改善

2018年,贵州省紧紧围绕全国、全省生态环境保护大会的安排部署,坚持生态优先、绿色发展,以改善生态环境质量为核心,以强力推进中央生态环境保护督察问题整改、实施"双十工程"为抓手,全面启动推进全省污染防治攻坚战,打好"蓝天保卫""碧水保卫""净土保卫""固废治理"和"乡村环境整治"五大污染防治攻坚标志战役和14个攻坚专项行动,全面加强生态环境保护,着力解决突出环境问题,确保了全省生态环境质量保持良好稳定并持续改善。

根据《2019年贵州省生态环境状况公报》数据显示,贵州省在环境空气质量方面总体优良,9个主要城市AQI优良天数比例平均为97.8%,同比上升1.3个百分点,9个主要城市环境空气质量首次全部达到《环境空气质量标准》二级标准。全省88个县(市、区)AQI优良天数比例平均为97.7%,同比上升0.7个百分点。85个县(市、区)环境空气质量达到二级标准,占比96.6%,同比上升2.3个百分点。

2018年,贵州省地表水水质总体优良。主要河流监测断面中97.4%达到Ⅲ类及以上水质类别,同比上升2.7个百分点。主要湖(库)监测垂线中92%达到Ⅲ类及以上水质类别,同比上升8.0个百分点;14个出境断面全部达到Ⅲ类及以上水质类别,同比持平。2018年贵州省乌江干流水质首次实现总体达标。乌江干流的四个考核断面大乌江镇、沿江渡、乌杨树、万木四个断面的水质年度均值达到Ⅲ类,近十年来长期为劣Ⅴ类水质的清水江重安江大桥断面平均值首次达到地表水Ⅲ类水质。

同时,贵州省集中式饮用水水源地水质优良,9个主要城市集中式饮用水水源地水质达标率保持100%,76个县城138个集中式饮用水水源地全年个数达标率和水量达标率均为99.7%。

2018年,贵州省9个主要城市声环境质量总体保持稳定;全省辐射环境质量总体良好,国家及省级重点辐射污染源在环境风险可控范围内运行。

贵州省25个县被列为国家重点生态功能区,30%的县(区、市)完成县域乡村建设规划编制。山水城市、绿色小镇、和谐社区、美丽乡村加快建设。蓝天白云,繁星闪烁;清水绿岸,鱼翔浅底。全力打造多彩贵州公园省,人与自然和谐共生的生态美景正在贵州生动书写。

3.石漠化治理成效显著

贵州省地处我国西南地区,位于云贵高原之上,长江、珠江流域中上游区域,为珠江、长江水源的重要补给区,占据重要的生态区位。贵州省是我国喀斯特地貌发育最典型地区之一,其岩溶出露面积占全省总面积的61.92%,是我国石漠化面积最大、类型最多、程度最深、危害最重的省份,同时也是贫困人数最多、贫困程度最深、脱贫难度最大的地区,特殊的自然环境条件以及人类不合理的社会经济活动导致贵州省石漠化问题严重。国家从"十五"期间提出"推进滇黔桂喀斯特地区石漠化综合治理",突显国家对石漠化防治的重要认识,"十一五"规划纲要再次指出要"加大石漠化的治理",将桂、黔、滇等岩溶石漠化防治区划分为限制开发区,与此同时,石漠化地区综合治理列入国家11个生态保护重点项目中。"十二五"规划纲要对逐步扩大石漠化综合治理试点县规模,探索有效治理模式,巩固和扩大退耕还林还草、退牧还草等成果,推进荒漠化、石漠化和水土流失综合治理。根据2016年出台的《岩溶地区石漠化综合治理工程"十三五"建设规划》，到2020年，治理岩溶土地面积不少于5万平方公里，治理石漠化面积不少于2万平方公里，林草植被建设与保护面积195万公顷，林草植被覆盖度提高2个百分点以上，区域水土流失量持续减少，基本遏制石漠化土地扩展态势，岩溶生态系统逐步趋于稳定，土地利用结构和农业生产结构不断优化，工程区农民人均纯收入增速高于全国平均水平，生态经济发展环境稳步好转，农村经济逐渐步入稳定协调可持续的良性发展轨道。

2019年2月22日，贵州省政府新闻办召开"贵州省岩溶地区第三次石漠化监测结果"新闻发布会。监测成果显示，截至2016年底，贵州省石漠化面积持续减少，缩减速度加快。经比对，第二次监测周期内全省石漠化土地面积减少438.45万亩，减少率为8.82%；第三次监测周期内全省石漠化土地面积减少830.55万亩，减少率为18.31%，减少面积量和减少幅度均高于第二次监测周期。本次监测成果经国家林草局石漠化监测中心进行国家级核查，综合评定为"优"[①]。

石漠化面积的持续减少和程度的持续减轻，说明了近年来贵州省坚持生态优先、绿色发展的方向是正确的，牢牢守好发展和生态两条底线的措施是有力的，全省生态环境呈现持续向好的发展趋势。石漠化程度持续减轻，重度和极重度石漠化减少明显。综合分析全省三次石漠化监测的结果，全省石漠化程度呈现持续减轻的趋势。重度和极重度石漠化土地面积持续下降，由2005年的52.45万公顷（786.75万亩）下降到2011年的42.47万公顷（637.05万亩），再下降到2016年的28.18万公顷（422.70万亩）。林草植被恢复是石漠化得到有效治理的主要原因，其贡献率高达67.75%；劳动力转移、生态移民、农村产业及能源结构调整促进植被自然修复、农业技术采取措施也对有效治理石漠化发挥作用。贵州省将更加注重林草植被保护与建设、生态扶贫与民生问题，多部门协调配合，加快构建石漠化区域人与自然和谐发展的新局面。

2019年2月26日，《联合国防治荒漠化公约》第十三次缔约方大会第二次主席团会议在贵阳举行。联合国防治荒漠化公约执行秘书易卜拉欣·蒂奥对贵州经济发展和石漠化治理取得的成就表示赞赏："贵州在石

---

① 三都县林业局：《贵州省岩溶地区第三次石漠化监测成果公报》，2019年。

漠化治理上积累了很多好的经验和做法,非常值得学习借鉴。"①

(二)绿色经济发展

贵州牢固树立和自觉践行新发展理念,坚决守住发展和生态两条底线,坚持生态产业化、产业生态化,深入实施工业强省战略、大生态战略以及大数据战略行动。推动工业经济实现高质量发展,全力打造高效、清洁、低碳、循环的贵州绿色制造体系,为建设国家生态文明试验区(贵州)提供基础保障。近年来,贵州深入推进农业供给侧结构性改革,立足大生态、利用大数据、服务大扶贫,发展现代山地特色高效农业,推广应用"三变"改革经验大力发展现代山地特色高效农业,充分发挥贵州省资源丰富和生态良好优势,推动绿色农产品"泉涌"发展,助推脱贫攻坚。

1.绿色制造

为深入贯彻落实党的十九大精神和贵州省第十二次党代会精神,加快建设国家生态文明试验区(贵州),积极推进绿色制造体系建设,促进工业绿色发展和转型升级,省经济和信息化委制定的《贵州省绿色制造三年行动计划(2018—2020年)》(以下简称《计划》)。根据《计划》,到2018年底,粉煤灰综合利用率超过90%,工业固体废物综合利用率超过60%,规模以上单位工业增加值能耗在2015年基础上下降12%,建成工业绿色示范园区10个以上,全省工业能源利用率显著提升,工业绿色化改造取得积极进展。到2019年底,煤炭、电力、化工、冶金、有色、水泥等主要产品单位能耗水平均大幅下降,单位工业增加值二氧化碳排放量比2015年下降18%,主要污染物排放总量和强度明显下降,工业节能环保产业与绿色制造市场化机制协同推进。到2020年底,全面实现磷石膏销大于产,且消纳磷石膏量按10%的年增速递增,赤泥、电解锰渣等综合利用关键技术取得重大突破,绿色产品、绿色工厂、绿色园区、绿色供应链等标准体系更趋完善,基本建成符合贵州发展实际的绿色制造体系。为实现既定的目标,《计划》明确了深入开展产业绿色化改造、扎实推进工业绿色化转型、不断提高生产绿色化水平、加快促进园区绿色化发展、大力推动能效绿色化提升、巩固深化

---

① 刘鹏:《联合国防治荒漠化公约缔约方大会为贵州石漠化治理成就点赞》,http://www.chinanews.com.cn/gn/2019/02-26/8765696.shtml,下载日期:2020年2月26日。

资源绿色化利用、重点强化科技绿色化创新、深度实施环境绿色化整治八项重点任务。

2018年,贵州省政府出台磷化工企业"以渣定产"的政策,按照"谁排渣谁治理,谁利用谁受益"原则,将磷石膏产生企业消纳磷石膏情况与磷酸等产品生产挂钩,倒逼企业加快磷石膏资源综合利用。"以渣定产"在中国乃至世界都是首创。去年,贵州瓮福与开磷两大磷肥巨头,战略性重组成立了贵州磷化集团,把"高端化、精细化、绿色化、国际化"作为发展方向。2019年,磷化集团磷石膏利用总量达到656.17万吨。目前已形成了充填材料类产品、建筑材料类产品、装饰家居材料类产品3大类10多个产品[①]。

2018年,贵州全面推行矿产资源绿色开发利用方案(三合一)制度,严格实施矿产资源新"三率"标准,出台全面推进绿色矿山建设的实施意见及考核办法,全面启动绿色矿山建设,全省累计投入资金13亿余元,治理矿山地质环境33.2平方公里。贵州将大力推进绿色矿山建设,确保到2020年建成800个以上绿色矿山,创建6~8个省级绿色产业发展示范区,力争矿山"三率"水平达到85%以上。

2.绿色农产品

为深入推进农业供给侧结构性改革,大力发展现代山地特色高效农业,充分发挥贵州省资源丰富和生态良好优势,推动绿色农产品"泉涌"发展。《贵州省绿色农产品"泉涌"工程工作方案(2017—2020年)》明确,通过加大农村"三变"改革力度,重点发展"十大类绿色农产品",大力实施"八项发展"任务,促进农产品生产规模化、质量标准化、营销网络化、利益股份化,确保到2020年实现建成无公害绿色有机农产品大省的总体目标,实现农业生产增效、农民生活增收、农村生态增绿,为决胜脱贫攻坚、同步全面小康,开创百姓富、生态美的多彩贵州新未来做出新贡献。

方案提出,贵州省将重点推出生态畜牧业、茶、蔬菜、中药材、精品果业、马铃薯、核桃、油料、特色食粮、水产业十大类具有市场竞争优势的特色产业;着力打造南方草地生态畜牧业大省,加快建成企业集聚、产业集群的中国高品质绿茶原料中心和加工中心,建成全国重要的夏秋蔬菜基地、名

---

① 于桂琴:《"以渣定产"推动磷化工绿色发展》,https://www.sohu.com/a/367977841_114731,下载日期:2020年12月20日。

特优蔬菜基地、辣椒产销中心和优质特色食用菌基地,建设成为中药材大省和民族医药强省,建成南方最大的种薯和商品薯基地,建成全国最大的薏苡原料基地、加工和流通中心。

方案强调,推动绿色农产品"泉涌"发展,改革创新是"八项发展任务"的关键。即:通过产业发展方式改革创新,促进绿色农产品"上规模";通过质量安全监管改革创新,促进绿色农产品"提品质";通过农技示范推广改革创新,促进绿色农产品"达标准";通过农业经营制度改革创新,促进绿色农产品"深加工";通过市场流通体制改革创新,促进绿色农产品"闯市场";通过品牌营销推介改革创新,促进绿色农产品"塑形象";通过农村产权制度改革创新,促进绿色农产品"增红利";通过组织管理机制改革创新,促进绿色农产品"强保障"。

贵州正立足大生态、利用大数据、服务大扶贫,深入推进农业供给侧结构性改革,发展现代山地特色高效农业,推广应用"三变"改革经验,提升绿色农产品品种、品质、品牌,推进农产品生产规模化、质量标准化、营销网络化发展,推动绿色农产品"泉涌"发展。

各地区在绿色化发展过程中,总结了很多宝贵技术经验,如凤冈县实施的"合作社+农民"统管统联有机发展方式、多元融合有机管理方式、畜—沼—茶(果、蔬、稻、鱼)生态循环有机种养方式、"有机田园+农旅"一体化有机产业链方式、"大数据+农业"有机可追溯方式等,在"双有机"示范(即全域有机和全产业链有机)工作开展中起到重要作用[①]。

2020年,贵州全省无公害农产品产地约占全省耕地面积的一半。①全省无公害产地超过600个。其中遵义居首位,主要分布于凤冈、湄潭、播州、务川和汇川等10余个区(县)。从集中度来看,除遵义各区(县)外,安顺西秀区和平坝区、贵阳开阳县和修文县、黔南州瓮安县以及铜仁石阡县域内无公害产地分布数量较多。②无公害产品接近3 000件。其中,遵义居首位,主要分布于湄潭、务川、播州、凤冈和赤水等区(县),另外,安顺平坝区以及贵阳开阳县等地区也较集中。主要产品涉及贵州特色茶、辣椒,

---

① 贵州省农业农村厅:《"凤冈模式"入选全国农业绿色发展十大典型案例》,http://nynct.guizhou.gov.cn/zwgk/xxgkml/ghjh/202006/t20200609_61011391.html,下载日期:2020年12月9日。

畜牧业产品以猪为主。③贵州省绿色食品逾百件。其中,遵义居首位,主要分布于仁怀、播州和余庆等市(区、县);种类主要有茶叶、猕猴桃、葡萄、大米等。

3.大数据产业

作为全国首个国家级大数据综合试验区,贵州加快推动大数据与实体经济、社会治理、民生服务、乡村振兴的深度融合,给当地民众生产、生活方式带来显著改变。数据显示,贵州大数据企业已达 9 500 多家,集聚了一大批世界知名企业[①]。中国信息通信研究院公布的《中国数字经济发展和就业白皮书(2019 年)》指出,贵州数字经济增速超过 20%,数字经济吸纳劳动力增速达 18.1%,两项指标均名列全国第一。大数据正助力贵州乘"云"而上。

2019 年,贵州大数据战略行动再跃新台阶,呈现产业发展增速稳定、融合应用日益深化、数字治理不断提升、数字红利加速释放、基础保障持续巩固的良好局面,数字经济增速继续保持强劲势头。国家工业信息安全发展研究中心发布《2019 中国大数据产业发展报告》,贵州大数据产业发展指数位列全国第三,仅次于北京和广东,稳居全国第一梯队。5 年历程,贵州大数据产业实现了从无到有,再到风生水起的完美转变。

平均候车时间从两小时降低为 30 分钟,客运车辆的实载率从 56% 提升到 80% 以上,道路安全交通事故数量下降了一半……在贵州许多农村地区,一款名为"通村村"的应用软件广受欢迎。打开手机,老百姓就可以享受包车、定制班车、查询公交等在线服务。智能化生活"飞入寻常百姓家",这是大数据在贵州落地生根的生动写照。2019 年,贵州涌现一批全国领先的服务民生的应用:省市场监管局推出"企业登记一网通办";省民政厅社会救助主题数据库,通过与公安、扶贫、市场监管等 10 个部门数据共享,实现对救助对象的家庭人员构成、劳动力状况、救助帮扶情况的精准画像[②]。

---

① 欧东衢:《贵州:大数据产业乘"云"而上》,https://www.sohu.com/a/316100320_114911,下载日期:2020 年 5 月 24 日。

② 刘骏娇:《2019 多彩贵州大事记:大数据产业发展蒸蒸日上》,https://baijiahao.baidu.com/s?id=1655680556071205909&wfr=spider&for=pc,下载日期:2020 年 12 月 20 日。

作为首个国家大数据综合试验区,贵州近年来坚定不移推进大数据战略行动,实施"四个强化"和"四个融合",即强化对现有大数据企业的支持力度,强化对大数据企业的招商力度,强化与大数据融合的高科技企业的招商力度,强化对大数据等高科技领域人才的引进力度;加快大数据与实体经济的融合,加快大数据与乡村振兴的融合,加快大数据与服务民生的融合,加快大数据与社会治理的融合,有力壮大了大数据产业的发展实力,有效加快了新旧动能的转换和全社会信息化的进程。

牢记嘱托,抢抓新一轮全球产业和科技变革的时代机遇,贵州正乘"云"而上,大数据战略行动再跃新台阶:数字经济增速连续四年居全国第一位,数字经济吸纳就业增速已连续两年全国第一,"一云一网一平台"获国务院通报表彰。产业发展增速稳定、融合应用日益深化、数字治理不断提升、数字红利加速释放、基础保障持续巩固,贵州大数据产业纵深推进,日新月异。

4.生态扶贫

为深入贯彻落实中央和省委、省政府关于脱贫攻坚的决策部署,大力实施大生态战略行动,坚持生态优先、绿色发展,坚持绿水青山就是金山银山,与建设国家生态文明试验区紧密结合,深入贯彻落实贵州省深度贫困地区脱贫攻坚行动方案,切实发挥生态扶贫的重要作用,助力脱贫攻坚、决胜同步小康,制定了《贵州省生态扶贫实施方案(2017—2020年)》。

通过实施生态扶贫十大工程,进一步加大生态建设保护和修复力度,促进贫困人口在生态建设保护修复中增收脱贫、稳定致富,在摆脱贫困中不断增强保护生态、爱护环境的自觉性和主动性,实现百姓富和生态美的有机统一。到2020年,通过生态扶贫助推全省30万以上贫困户、100万以上建档立卡贫困人口实现增收。

贵州省实施了十大生态扶贫工程,其主要内容包括:退耕还林扶贫,生态补偿扶贫,生态护林员精准扶贫,人工商品林赎买改革试点扶贫,自然保护区生态移民扶贫,以工代赈资产收益试点扶贫,农村小水电建设扶贫,光伏发电项目扶贫,森林资源开发利用扶贫,碳汇交易试点扶贫。总体来看,通过实施生态扶贫十大工程,贵州牢牢把握了打赢脱贫攻坚战的主动权、制胜权,全省各地捷报频传、战果连连。2018年,全省共调减低效玉米种植面积785.19万亩,新增高效经济作物666.67万亩,204万农户户均增收

1.01万元,全省农村居民人均可支配收入增长9.6%,全年农业增加值增长6.9%,居全国前列①。2017年8月到2019年6月,两年建成7.87万公里通组硬化路,实现3.99万个30户以上村民组100%通硬化路②。全面解决农村饮水安全问题,农村居住条件明显改善。2019年末,贵州全省建档立卡贫困人口30.83万人,全年减少贫困人口124.45万人,贫困发生率下降至0.85%,比上年下降3.44个百分点。全年共有24个贫困县摘帽,2 300个贫困村出列。截至2019年11月,贵州易地扶贫搬迁累计搬迁入住188余万人③。

(三)绿色制度发展

多年来,贵州在深化生态文明体制机制改革,健全绿色发展市场规则,完善绿色绩效评价考核机制,强化绿色发展管控机制,优化绿色发展法治环境方面积极探索,勇于实践,在全国率先开展自然资源资产离任审计等改革试点,颁布生态文明建设促进条例,成立生态环保司法机构,生态文明制度体系日趋健全,为全国绿色制度发展提供了贵州经验。

1.生态法庭的贵州探索

用法治推动生态文明建设,中国地方性环境司法专门化道路探索,从贵州红枫湖畔的这个基层法庭开始。红枫湖曾连续暴发蓝藻,水质遭受严重污染。2007年,在红枫湖畔揭牌成立了中国首家生态(环境)保护法庭。成立之初,贵阳市"两湖一库"管理局就对贵州天峰化工公司磷石膏渗漏污染红枫湖一案提起公益诉讼④。生态环保法庭受理的首例案件不足20天就顺利宣判,天峰公司抓紧清运堆积的磷石膏废渣、修建拦截坝阻拦渗滤液、在未清运的废渣上覆膜,最后全面关停生产线,红枫湖的污染源头彻底清除。自贵州环保审判的"第一枪"打响,生态保护法庭逐步形成一系列具有鲜明特点的程序规则及工作模式。

---

① 方春英、赖盈盈:《农村产业革命酿造幸福味道》,《贵州日报》2019年1月17日第7版。
② 罗林:《"组组通"硬化道路近8万公里》,《贵阳晚报》2019年6月20日第A04版。
③ 中共贵州省委宣传部:《贵州全力以赴 决战决胜脱贫攻坚》,《人民日报》2020年5月22日第7版。
④ 佚名:《我省首例环境公益诉讼宣判》,《贵州都市报》2007年12月28日。

"贵阳模式"初步形成于2010年,中华环保联合会与贵阳公众环境教育中心将污染贵阳市母亲河的违法排污企业贵阳市乌当区定扒造纸厂送上法院的被告席——开启我国环保组织民事公益诉讼进入法院审判程序的先河①。

作为先行者,生态环保法庭不仅向环境违法行为频频"亮剑",彰显了贵州省"治污"的决心,同时也为全国开展环境案件审判做出了多方面的探索。

为了及时制止污染环境、破坏生态的违法行为,生态环保法庭还创设"诉前禁令"制度,只要行政机关和公众提出申请,法院可裁定做出"诉前禁令",将传统意义上的财产保全扩大到行为保全,避免"边诉讼边破坏";创设"专家介入"机制,如设立专家咨询委员会、聘任专家陪审员、采信专家证言作为定案证据、聘请其他技术专家提供技术服务等。环境司法的根本目的是要解决环境污染问题,并非"搞垮"企业。环境违法案件,重审判,也需重化解,要让排污企业整改并修复环境。

"绿色判决"要"发展"也要"生态",生态环保法庭创新性地引入了第三方监督机制。贵阳公众环境教育中心有不少专家,在监督过程中也会给企业提供合理化建议并对企业进行必要培训,同时充当了企业与当地居民的"润滑剂"。清镇法院推动清镇市政府与环保组织签订了第三方监督协议,形成一种"非对抗环境社会治理模式"。清镇市人民法院院长舒子贵说,"大生态"也是一场"攻坚战"。引进第三方力量,在一定程度上弥补了生态保护法庭环境案件执行力量以及行政机关执法监管的不足,也使公众的环境监督作用得以有效发挥。

2.贵州赤水河流域生态补偿机制

孕育了茅台酒的赤水河,是长江上游重要支流,发源于云南镇雄,蜿蜒512公里,流经云、贵、川三省,在四川合江汇入长江。赤水河独特优良的水质,浇灌出的有机高粱原料,赤水河谷千百年来形成的独有原料发酵微生物群,还有与周边地势共生而成的得天独厚的气候条件,共同酝酿了茅台酒独特的口感。"赤水河是茅台酒的生命。"所谓道法自然,赤水河体现

---

① 郄建荣:《民间组织起诉造纸厂非法排污 贵州清镇法院受理》,http://www.chinanews.com/fz/2010/11-24/2678507.shtml,下载日期:2020年12月20日。

得淋漓尽致。实际上,如果没有赤水河的优质河水,没有的不仅是茅台,还有郎酒、泸州老窖……大概估算,至少是数千家酒企、几千亿元产值。更重要的是,作为国内唯一一条没有被开发、被污染、被筑坝蓄水的长江支流,赤水河是我国生物多样性的重要保护区,生态价值弥足珍贵。

为推进赤水河流域生态环境保护和流域水环境质量持续改善,2014年贵州生态环境厅按照"保护者收益、利用者补偿、污染者受罚"的原则,研究制定了《贵州赤水河流域水污染生态补偿暂行办法》(以下简称《补偿办法》),并于同年5月经省人民政府同意,在毕节市和遵义市之间组织实施赤水河流域水污染生态补偿。按照《补偿办法》,遵义市和毕节市通过水环境质量实施协议对赌,即跨界水质监测断面达到或优于地表水Ⅱ水质标准,下游遵义市向毕节市缴纳生态补偿资金;反之则由上游毕节市向遵义市缴纳生态补偿资金,并专款用于赤水河流域水污染防治、生态建设和环保能力建设。通过实施生态补偿,极大地调动了上游地区强化生态环境的积极性和主动性。

为进一步巩固治理效果,持续推进流域生态环保改善,2016年,贵州省生态环境厅在总结省内流域生态补偿经验基础上,按照《财政部、环境保护部、发展改革委、水利部关于加快建立流域上下游横向生态保护补偿机制的指导意见》(财建〔2016〕928号)的要求,贵州省研究起草了《云贵川赤水河流域横向生态补偿方案》,先后三次组织云南省、四川省环境保护部门对补偿方案进行研讨,在财政部、生态环境部的大力支持下,三省就赤水河流域横向生态补偿方案的原则、范围、期限、目标以及资金筹集和分配考核等关乎各自利益的核心问题达成了共识,拟定《云南省、贵州省、四川省人民政府关于赤水河流域横向生态补偿协议》(以下简称《补偿协议》),于2018年2月在长江经济带生态保护修复暨推动建立流域横向生态补偿机制工作会议进行现场签署①。

《补偿协议》签署后,为贯彻落实协议约定,细化各省权责,三省共同委托生态环境部规划设计院编制了《赤水河流域横向生态补偿实施方案》,生

---

① 张玥、贾过之:《贵州发起生态补偿三省"大合唱"打造生态建设"金名片"》,http://www.gog.cn/zonghe/system/2019/05/31/017258766.shtml,下载日期:2020年12月20日。

态环境部科技财务司领导分别在贵州仁怀、四川成都先后召开五次生态补偿研讨会,重点对各省约定断面的水质目标、水质监测断面责任资金、权责划分、断面位置设置等关键节点进行讨论。经过长达10个月的讨论协商,最终于2018年12月三省达成共识,共同印发《赤水河流域横向生态补偿实施方案》。目前云贵川三省正按照协议和方案的约定有序推进。

(四)绿色文化发展

绿色文化是对生态文化的形象化表达,是生态文明新时代的重要文化形式。贵州已连续多年成功举办生态文明贵阳国际会议,并通过设立"贵州生态日",广泛开展绿色创建活动,引导全社会增强生态伦理、生态道德和生态价值观念。生态优先、绿色发展正在成为多彩贵州的主旋律。

1.生态文明贵阳国际论坛

党的十七大提出建设生态文明后,贵州省为普及生态文明理念、探索生态文明建设规律,借鉴国内外成果推动生态文明实践,打造对外交流合作平台,2008年开始谋划举办生态文明贵阳会议。2009年8月,第一届生态文明贵阳会议成功举办,这是国内首个以生态文明为主题的论坛。2013年,生态文明贵阳会议正式晋升为国家级、国际性论坛——生态文明贵阳国际论坛,是经中央批准,中国唯一以生态文明为主题的国家级、国际性高端峰会。论坛致力于汇聚政府、商界、学界、科技界、媒体、民间及其他各界领导者开展交流与合作,传播生态文明理念,分享知识与经验,汇集最佳案例,促进政策的落实与完善,抓住绿色发展转型和升级的战略机遇,应对生态安全的挑战,为跨领域、跨行业、跨部门合作提供桥梁,使与会各方增进了解,建立互信,找到利益汇合点,从而形成国际、地区、产业的议程,共商解决方案。

2018年7月7日,生态文明贵阳国际论坛十周年之夜活动举行。本次活动以美丽中国、美好世界为主题,通过分享生态文明贵阳国际论坛十年记忆、传递生态文明中国智慧、倾听贵州生态文明大美故事等环节展现美丽中国生态文明建设成就,共同致敬中国改革开放四十周年。出席领导和嘉宾围绕活动主题致辞和发表演讲,章新胜说:"生态文明贵阳国际论坛不仅是贵州的,也是全国的,更是全球的。论坛已经展示了它的洞察力、号召力、影响力和改变世界从我做起的实力。"李军说:"生态文明关乎人类的命运,建设一个绿色的地球家园是人类的共同梦想。生态文明贵阳国际论坛一定会具有永恒的生命力,越来越有影响力和引领力。"汉斯·道维勒、艾琳娜分别与参会嘉宾分享了全球可持续发展2030目标与中国贡献,全球气候变化和巴黎协定。

本次活动向生态文明贵阳国际论坛10年来一直默默奉献的会务人员、志愿者以及参与生态文明建设的普通人致敬,发布了"四十年、四十词","世界眼中的贵州关键词"。活动现场举行了中国·贵州生态文明研究院筹建启动仪式,研究院将依托生态文明贵阳国际论坛建立生态文明贵阳国际论坛高端智库,研究生态文明重大课题。2018年7月8日,生态文明贵阳国际论坛在贵阳闭幕,并发布《2018贵阳共识》。

2.贵州生态日

2015年6月16—18日,习总书记视察贵州,要求贵州"积极适应经济发展新常态,守住发展和生态两条底线,培植后发优势,奋力后发赶超,走出一条有别于东部、不同于西部其他省份的发展新路"。2016年8月中央将贵州列为首批国家生态文明试验区,对贵州多年来在生态文明建设领域坚持不懈探索、积极主动实践给予了高度肯定,使全省人民深受鼓舞。2016年9月30日,为全面贯彻落实党的十八大和十八届三中、四中、五中、六中全会精神及习近平总书记关于生态文明建设的一系列新思想、新论断、新要求,全力推进大生态战略行动,贵州省人大常委会表决通过《关于设立"贵州生态日"的决定》,决定将每年6月18日设立为"贵州生态日"。

作为"贵州生态日"系列活动之一,2017年"贵州生态日""亲子林""同心林"认养活动举行。当天,100个家庭和100对新婚夫妻在引导员引导下,按照报名先后顺序分别进入"亲子林"和"同心林"园区,进行树木现场认养,悬挂认养牌,注明认养家庭成员及新婚夫妻姓名,并且标注种植时间等信息。此次认养的树木包括榉树、桂花、红枫和冷杉等,树木认养后认养人可对认养树木进行冠名,如"亲子树""同心树""园丁树""天使树""友谊树""爱情树"等。活动紧扣"贵州生态日"系列活动"走向生态文明新时代,共享绿色红利"的主题,倡导社会、家庭全面参与生态文明建设,营造全民爱绿、护绿、植绿的良好社会氛围。通过认养绿化树木、用大手牵小手、家庭协力推动家园绿化美化的行动,促进生态美、百姓富,开创多彩贵州新未来。

2018年生态日活动由贵阳市人大常委会主办,旨在贯彻落实党的十九大精神,全力推进大生态战略贵阳行动。启动仪式上,参会领导为志愿者队伍授旗,志愿者代表、环保组织代表发出倡议并进行宣誓,市相关部门负责人与环保公益组织签订志愿服务活动合作协议。

随后,由志愿者组成的9支队伍在全市范围内开展了"巡河、巡城、巡园"活动,对贵阳市的水源保护、市容市貌、公园环境等进行巡查,同时对垃圾分类的基础知识进行深入宣传,进一步调动广大市民参与生态保护和垃圾分类的热情,营造出"保护绿水青山,人人参与,人人有责"的良好氛围。

2019年6月18日是贵州省第三个生态日,由省生态环境厅与贵阳市生态环境局等单位主办的贵州生态日系列活动在筑城广场举行。本次活动以"践行习近平生态文明思想 奋力打好污染防治攻坚战"为主题,贵州省生态环境厅向市民展示了生态环境保护五场标志性战役取得的阶段性成果,并在现场发放了生态环境知识手册、宣传单和环保宣传制品,向广大市民开展了水、气、土和垃圾分类等环保知识普及和法律咨询活动。

2020年生态日紧扣"践行生态文明、守护绿水青山"主题,举办以"巡河"为主要内容的"1+10"系列活动,通过举办亮点纷呈、内容丰富的系列活动,充分展现贵州生态建设的靓丽底色。

贵州省生态日系列活动的开展,进一步强化了全社会生态文明意识,引导树立绿色发展理念,倡导绿色的生产方式、生活方式和消费模式,动员全社会力量参与、支持生态环境保护,为建设生态文明营造了良好舆论氛围。

第三节 贵州绿色发展经验

一、绿色制度建设经验

制度建设是生态文明的基石,贵州绿色发展成绩的背后,离不开绿色制度的改革创新实践。近年来,贵州践行"绿水青山就是金山银山"的生态文明理念,不断加快体制机制改革,实行最严格的生态环境保护制度,全面建立资源高效利用制度,健全生态保护和修复制度,严明生态环境保护责任制度,坚定走生产发展、生活富裕、生态良好的文明发展道路,生态文明建设取得了丰硕成果[①]。作为首批国家生态文明试验区,贵州深入贯彻习近平生态文明思想,全力实施"大生态"战略行动,试验区改革任务中要求完成的核心制度成果已基本完成,为全国生态文明建设探索了有益经验。

(一)严格实施生态环境保护制度

早在2007年,贵阳市便成立了中国首个环境保护审判庭,并在环保任务最重的清镇市成立环境保护法庭,运用法律武器保护生态环境资源。中共十八大后,贵阳市进一步完善生态文明建设的法制体系,将环境保护"两庭"更名为生态保护"两庭"。2009年,《贵阳市促进生态文明建设条例》出台,这是国内首部促进生态文明建设的地方性法规。2011年10月,《贵州省赤水河流域保护条例》出台,该条例不仅为赤水河的治理提供了法律保障,更为贵州生态文明立法提供了经验。赤水河也因此成为贵州省生态文明建设改革之先"河"[②]。2013年,贵州省政府出台《关于贵州省实行最严格水资源管理制度的意见》,初步建立全省用水总量控制、用水效率控制、水功能区限制纳污"三条红线"和控制指标、实时监控、考核评估"三个体系"框架;到2030年末,全面建立最严格水资源管理制度,为全省经济社会可持续发展、生态文明建设提供水资源保障。2014年7月,《贵州省生态文明建设促进条例》实施。作为贵州省生态文明建设的基本法,条例在诸多方面体现了开创性和地方性,确立了政府、企业、公众在生态文明建设方面的基本权利和义务;突出了加强生态建设、调整产业结构、发展循环经济的思路;强调了生态保护红线、生态补偿、环境信用、环境污染第三方治理等制度。这些内容,国家都没有专门的立法规定,贵州的大胆探索,为国家制定生态文明建设基本法律提供了借鉴。同年6月,国家发展改革委等六部委批复《贵州省生态文明先行示范区建设实施方案》,标志着贵州在生态

---

① 周欢、刘洪:《贵州省山地高效农业发展现状分析及对策建议》,《农场经济管理》2018年第8期。

② 梅松:《生态贵州:天人合一·知行合一》,《大众科学》2016年第8期。

文明建设方面已先行一步①。与此同时,已经连续举办多年的生态文明贵阳会议升格成为生态文明贵阳国际论坛,成为我国唯一以生态文明为主题的国家级国际性论坛。但贵州在生态文明制度建设上的步伐并未停止,每年都会制定出多个与生态文明建设有关的法律法规。

(二)严明生态环境保护责任制度

2015年1月,贵州省率先在全国出台省级生态文明建设促进条例,推动生态文明先行示范区建设,着力构建具有贵州特色的生态文明建设法规体系;4月,贵州率先在全国出台《林业生态红线保护党政领导干部问责暂行办法》,规定了在林业生态红线保护工作中党政领导干部的责任,将问责、惩戒失职渎职的领导干部。当月,贵州省还正式发布并施行《贵州省生态环境损害党政领导干部问责暂行办法》,成了贵州干部任用的重要依据。2016年9月,《贵州省大气污染防治条例》开始施行,又一部"长牙齿"的地方法规开启"护航"贵州生态文明建设之旅;9月,我国首个地方党委、政府及相关职能部门生态环境保护责任清单,即《贵州省各级党委、政府及相关职能部门生态环境保护责任划分规定(试行)》出台。为了发动全民的力量,形成生态文明共享共建的良好氛围。贵州省还设立了"贵州生态日",将"生态日"作为生态文明建设的创新载体,对相关地方加强生态文明宣传教育、提高全民生态文明意识、形成生态文明新风尚起着重要的推动作用。

(三)健全生态保护和修复制度

2017年11月,贵州省原国土资源厅、发改委等五部门联合印发的《贵州省全民所有自然资源资产有偿使用制度改革试点实施方案》中,对加快建立健全全面所有自然资源资产有偿使用制度提出的6大类8项14个改革任务要求,目前已完成了大部分的任务,其余任务正在加紧推进。给自然资源算笔账:贵州自然资源统一确权登记试点内容全国最多。贵州5个国家级试点县和5个省级试点县,共登记除矿产资源以外的6类自然资源面积约1 329.5万亩,约占县域总面积的57%。按照集中连片、相对完整的生态功能等原则,划定自然资源登记单元367个,总面积414.31万亩。

---

① 梅松:《生态贵州:天人合一·知行合一》,《大众科学》2016年第8期。

其中,5个国家级试点县共登记了533个矿产资源登记单元,涉及煤、铁等20种矿产。2018年,贵州省出台湿地保护修复制度实施方案,明确将湿地面积、湿地保护率、湿地生态状况等保护成效指标纳入本地区生态文明建设目标评价考核指标体系,建立奖惩机制、问责机制和终身追责机制,对成绩突出的部门、单位和个人进行表彰,对失职失责的严肃问责。到2020年,要求贵州省湿地面积保有量不低于20.97万公顷。同时,贵州省还出台《生态环境损害赔偿制度改革试点方案》,在全国7个试点省份中率先启动该项试点工作,将探索法制化手段,着力破解生态环境损害中"企业污染、群众受害、政府买单"的难题。此外,贵州省还率先在全国设置环保法庭并成立省级层面上公检法配套的生态环境保护执法司法专门机构;率先在全国开展第一例由检察机关起诉行政执法机关的环境保护行政公益诉讼。在立法有保障,完备制度的有力驱动下,贵州生态文明建设实践取得了丰硕成果,贵州以"公园省""森林之城""避暑之都""爽爽的贵阳"等闻名全国。随着生态文明建设的深入推进,贵州绿色家底逐年厚实,"绿色贵州""生态贵州"新名片越来越亮丽。

二、绿色产业发展经验

"要金山银山也要绿水青山,绿水青山就是金山银山",这就是贵州经济绿色发展的主要理念。2016年10月,为进一步推动绿色经济发展,构建具有贵州特色的绿色产业体系,贵州省出台了《贵州省绿色经济"四型"产业发展引导目录(试行)》,确立了发展生态利用型、循环高效型、低碳清洁型、环境治理型"四型"产业。以此为指导,贵州省绿色经济发展得有声有色,走出了一条具有贵州特色的经济发展道路。贵州省是我国的能源、资源大省,过去的粗放式的经济增长方式,给贵州的生态环境造成了一定的影响。但是,近年来,贵州省坚持绿水青山就是金山银山的理念,全力促进经济与环保同时发展,尤其是在防治污染方面,取得了很大成效。

(一)绿色农业发展经验

近年来,贵州绿色农业发展坚持知行合一,以生态文明先行示范区建设为引领,牢固树立创新、协调、绿色、开放、共享的发展理念,坚持创新发展、协调发展、绿色发展、开放发展、共享发展。按照"守底线、走新路、奔小康"和省委、省政府提出的打造"无公害绿色有机农产品"大省的战略要求,以绿色作为贵州发展的底色描绘。在绿色环境保护、绿色技术防控、绿色食品标准制定、绿色产品质量提升、绿色产业推动、三品一标认证、绿色农业发展政策等方面集中发力,取得了一系列的成绩。一是大力实施绿色农业发展战略。围绕"绿水青山就是金山银山"的发展理念,大力推进农业绿色发展,打好农业面源污染防治攻坚战。实施化肥农药零增长行动,积极推广绿色防控技术,覆盖率达到32%。创建辣椒、猕猴桃、薏仁等特色作物"百、千、万化肥零增长"核心示范区样板428个,面积278.01万亩,化肥利用率达到38.1%。畜禽粪污综合利用率稳步提升,秸秆饲料化利用率、秸秆资源综合利用率分别达到30%和70%以上。农业资源环境承载力得到提升。实施退耕还林还草36.5万亩,耕地轮作休耕制度试点20万亩。加强耕地保护与质量建设。启动果菜茶有机肥替代化肥行动,在石阡县龙塘苔茶9.5万亩茶园开展试点示范,推进种养结合、循环发展。大力推进畜禽养殖污染整改和网箱养殖整治,无证网箱养殖取缔工作全面完成,拆除非法网箱17 844.52亩。新农村建设示范稳步扩大。创建19 360个"四在农家·美丽乡村"示范点,覆盖60.5%的行政村,受益群众1 800万人。绿色成为农业发展的底色,"绿色生金"正在贵州大地熠熠生辉。二是大力推动生态的、无污染的优质农产品生产与加工。绿色食品是发展绿色农业的重要抓手,贵州省具有得天独厚的环境资源优势。近年来,国家对贵州的发展高度重视。国务院出台支持贵州经济社会发展的国发〔2〕号文件,把贵州发展上升为国家战略。国家农业农村部批准贵州作为全国山地特色高效农业试点省份项目启动,与贵州省政府签署了《共同推进贵州现代山地特色高效农业试点省建设合作协议》。省政府出台了《关于支持"5个100工程"建设政策措施的意见》,将现代高效农业示范园区纳入"百万亩"土地整治工程建设规划,明确提出在土地、财政、金融、税收、环保等方面均给予大力支持。在"十三五"规划中,贵州省把"大生态"纳入了省委、省政府三大发展战略框架。2017年省委、省政府针对绿色农业发展出台了《贵州省绿色农产品"泉涌"工程工作方案(2017—2020年)》,政策的不断完善和创新,为贵州省加快推进绿色农业发展做好了顶层设计,为贵州省绿色食品认证后发赶超注入了新动力。2017年,全省上报中国绿色食品发展中心的绿色食品认证企业61家122个产品,经农业农村部专家评审,获证企业20家、29个产品,分别较去年同期增长122%、142%。上报数从全国末位上升至第17位。2017年,全省累计获得绿色食品认证的企业45家,64个产品,认证面积85万亩,认证产量28.69万吨,认证产品年产值309.93亿元。全省绿色食品发展进入快车道。有机农业在贵州的发展主要集中在茶叶和蓝梅产业。从全省的分布看,茶叶主要分散在各茶产业,全省在有效期范围内的有机茶种植面积29.86万亩。蓝梅主要集中在黔东南州麻江县。除此之外,还有蔬菜、水稻、鸡蛋产品。三是因地制宜发展本地特色。贵州省拥有极为丰富的生物资源,包括森林、草地、农作物品种等6大类。其中野生植物资源3 800多种,药用植物3 700多种,野生动物资源1 000多种[1]。在各种生物资源品种中,以猕猴桃、刺梨等为主的高维C果类植物和以竹荪、木耳为主的高蛋白真菌类植物质量好、分布广;中药材资源优势突出,占全国中草药品种的80%,中草药资源蕴藏量约196万吨,其中杜仲、天麻、吴萸、石斛、黄连为贵州"五大名药"享誉中外。贵州省有宜林、宜牧的非耕地资源约7 000万亩,其中大量的灌木林和天然草场,还有山塘、水库、人工湖泊等优质水资源,可以发展淡水养殖[2]。这些优势条件,为贵州发展山地特色高效生态农业产业展示了广阔的前景。以此为基础,贵州省不断调整农业结构,主要表现在以下三个方面:(1)山地生态畜牧业发展迅速,规模效应初显。2003年,贵州省委、省政府颁布了《关于加快畜牧业发展的意见》,对将贵州省建设成"生态畜牧业大省"做了部署和安排,2007年国务院牵头做了《贵州省草地生态畜牧业发展规划》,2014和2015年全省先后出台《关于加快推进山地生态畜牧业发展的意见》和《关于加快推进现代山地特色高效农业发展的意见》等指导性文件[3]。截至2018年,全省建成畜牧类省级农业示范园区51个,占全省省级示范园区总数的12.03%。(2)优势特色种植产业迅速发展壮大。近年来,贵州省结合自身山地特色农业的发展情况,经过多年坚持不懈的努力,茶叶、辣

---

[1] 郭晖:《贵州绿色产业发展的思考》,《贵州农业科学》2004年第3期。
[2] 张贵祥:《从商业模式创新视角探论贵州特色农业开发》,《贵州民族学院学报(哲学社会科学版)》2011年第6期。
[3] 周欢、刘洪:《贵州省山地高效农业发展现状分析及对策建议》,《农场经济管理》2018年第8期。

椒、火龙果、核桃、马铃薯等特色产业得到长足发展,取得显著成效①。截至2018年,全省共建成省级现代农业示范园区424个,茶叶、水果、蔬菜、中药材等优势种植产业省级园区数量达218个,占省级现代农业示范园区总数的51.42%,特色种植产业基础得到夯实,农业产业结构调整的步伐加快。(3)农文旅融合发展势头强劲。贵州省复杂的地形地貌,独特的自然环境造就了独特的山地高效农业发展优势,多山地貌为贵州省现代高效农业提供了发展立体农业的良好基础,农业资源多元化成为贵州省山地高效农业发展的典型特征,资源多样性使得贵州省农业产业多元化发展,成为天然孕育山地休闲农业的土壤,为贵州省农文旅融合发展提供了丰富的资源。

(二)绿色工业发展经验

第二产业仍然是贵州经济发展的主要力量,要想处理好环境与经济发展的关系,关键就是要处理好第二产业发展中的环境保护问题。为此,贵州省主要从两个方面入手:一是对原有的污染环境的企业进行绿色改造。磷资源是贵州省重要的战略资源,磷及磷化工是省委、省政府明确的重点发展产业。但磷石膏的处理和利用,一直以来是磷化工产业世界性的难题,如果处置不好,直接危害土壤和水质安全②。在磷化工重要区域的贵州省福泉市,一个石膏建材项目正在加紧建设。实施磷石膏"以用定产",严控传统磷肥产能规模,将开发以石膏板为代表的系列循环经济产品,使其成为新的利润增长点。贵州磷化工企业创新性地实施"以渣定产"措施,即以当年产生的磷石膏量来决定次年的磷肥生产量,倒逼加速了省内磷化工企业的绿色转型。2018年,贵州磷石膏综合利用率达到67%、提高24个百分点,到2020年实现增量归零、存量减少的目标要求。同时对原有的磷化工企业进行整合,淘汰落后的企业,继续推进"以渣定产",同时运用多种方式来实现磷石膏废渣的资源化利用。对于产生的磷石膏废渣,运用市场的力量将其发展为新的产业,并以此为基础开发绿色新型建材产业等高

---

① 周欢、刘洪:《贵州省山地高效农业发展现状分析及对策建议》,《农场经济管理》2018年第8期。

② 罗亮亮:《绿色化:生态优先绿色制造》,《当代贵州》2019年第28期。

技术产业。再比如被人们视为"生态定时炸弹"的锰渣危害极大,在过去,较好的处理方法是植物修复,但由于修复周期长,有的需要几十年甚至更久。致力于锰矿资源开采利用的传统能源企业如何在高质量发展中开辟新路径,创新生产模式,实现"无污染、零排放",绿色改造项目成为突破口。位于铜仁大龙开发区的贵州能矿锰业集团有限公司,通过绿色改造项目利用一系列崭新工艺每年能回收处理锰渣 200 万吨,同时节省"环保费"1.4 亿元。该技术能够有效消除猛渣里的有害有机物,最终实现回收处理①。此外,强化统筹协调,紧密结合贵州省节能减排形势,认真贯彻落实国务院及工业和信息化部有关文件精神,坚决停止"两高"和产能过剩行业建设项目的审批、核准和备案,明确规定不再批准建设"两高"和产能过剩行业项目②。二是构建新的绿色制造体系。位于安顺市的西秀产业园区就是绿色制造体系的代表。为加快建设国家生态文明试验区,积极推进绿色制造体系建设,促进工业绿色发展和转型升级,贵州省在制定的《贵州省绿色制造三年行动计划(2018—2020 年)》中明确,全力打造高效、清洁、低碳、循环的贵州绿色制造体系。2018 年,西秀产业园区实现规模以上工业总产值 237.68 亿元,完成 500 万元以上固定资产投资 101 亿元;外贸进出口业务持续上升,实现外贸进出口总额 17 670 万美元;税收收入保持高位增长,实现税收收入 35 033.98 万元,同比增长 46.26%。发展中的西秀产业园区,从无到有,由弱到强,从最初入驻企业 3 家到如今落户企业 1 857 家。在保持快速发展的同时,园区积极践行绿色发展理念,以发展促绿色,以绿色谋发展,形成绿色与发展相辅相成的良好发展格局。2018 年 11 月,西秀产业园区入列工信部第三批绿色制造名单,成功跻身绿色制造园区"国家队"。这是园区把绿色作为标尺、严格执行绿色准入的成果。坚持生态优先、工业绿色发展,各类平台、园区、项目载体要做的不仅仅是严格执行绿色准入,更要把绿色作为底色,积极构建绿色制造体系。《计划》明确,加快园区产业转型升级,推动园区实施绿色制造,延伸完善绿色产业链条,推动园区内企业开发绿色产品、主导产业创建绿色工厂、龙头企业建设

---

① 罗亮亮:《绿色化:生态优先绿色制造》,《当代贵州》2019 年第 28 期。
② 王江平:《"资源路径依赖"地区的绿色发展经》,《中国经济和信息化》2012 年第 24 期。

绿色供应链。推进园区及企业排放治理,建立健全环境监管治理长效机制,完善园区环保基础设施建设,推动企业升级改造和园区污染源整治,实现污染源排放全面达标[①]。

(三)绿色服务业发展经验

依托地理优势,以大数据产业为契机,大力发展信息服务业。2013年被称为中国的大数据元年,许多城市都提出发展大数据产业,但更多的处于观望状态。2014年3月,贵州抢抓机遇,在北京召开大数据产业发展推介会,拉开了发展大数据的序幕,成为大数据产业推进速度最快的省份。2016年2月,贵州成为全国首个国家级大数据综合试验区。2018年,贵州的数字经济附加值增长了24.6%,其增速已连续多年位居全国前列。以大数据技术为依托,着力构建"大数据+"产业体系,促进贵州经济绿色健康发展,是贵州绿色经济发展的又一成果。地处西部内陆的贵州,地质稳定、气候凉爽、电价便宜,对建数据中心来说是一个优势,意味着安全、绿色、节能。根据相关数据测算,1万台服务器,放在北方一些城市一年电力运营成本达1亿元,搁在贵州只要4 000万元。2014年6月底,总投资2.2亿元的富士康绿色隧道数据中心完工,数据中心全年采用自然冷却,每年可节约900万度电,被人们称之为"绿色生态"数据中心。大数据关键在运用。贵州围绕政用、商用、民用开发大数据核心业态、关联业态、衍生业态,为政府提供更加科学的决策,用大数据的新思路和新手段解决交通、医疗、教育等行业痛点,助力大众创业、万众创新,充分挖掘大数据在应用方面的价值,大数据带来的显著改变成为"贵州速度"的重要引擎。在引进国内外知名大数据企业的同时,也着力培育和扶持本土企业。如今,贵州初步形成数据存储、清洗加工、数据安全等核心业态,电子信息制造、软件和信息技术服务等关联业态,以及服务外包与呼叫中心、电子商务、精准营销、大数据金融等衍生业态,全产业链条日益完善。截至2018年底,贵州省大数据相关企业达到9 551家。有1 625户实体经济企业与大数据实现深度融合,"上云用云"企业突破万户。同时,电子信息制造业增加值增长11.2%,规模以上软件和信息技术服务业、互联网和相关服务营业收入分别增长

---

① 罗亮亮:《绿色化:生态优先绿色制造》,《当代贵州》2019年第28期。

21.5%和75.8%。以贵州轮胎股份有限公司为例,该公司通过投入大数据分析可视化平台、轮胎芯片等项目,全面提升了智能制造能力。数据显示,2019年上半年,公司实现主营业务收入32.02亿元,较上年同期增长15.20%;实现净利润9 293.03万元,较上年同期增长201.53%。

利用丰富的地理环境优势,大力开发旅游服务业。贵州拥有丰富的自然景观与人文地理等旅游资源,素有"公园省"之美誉,其资源特征总体表现为:自然与生态景观多样性、民族文化资源多元性、历史文化资源特殊性、自然景观与人文景观融合性、气候资源宜人性等[①]。贵州旅游资源开发主要为自然资源与民族文化资源两条主要脉络,形成了典型的地域化开发特征。贵州的旅游产业发展从侧重于资源开发转向为以交通旅游、大健康旅游、大数据旅游、生态旅游为特征的旅游产业发展模式。国家旅游扶贫政策的开展与实施,使得贵州少数民族地区的经济资源匮乏劣势开始转变为文化资源发展优势,极大促进了民族乡村旅游的迅速发展。一是"自然+人文"的资源开发模式。贵州在国家级风景名胜区、国家自然保护区、国家森林公园、工农业旅游示范基地的基础上,逐步开发和提升具有大量地质地理景观的特殊生态区域,使之成为旅游风景区。特别是黄果树风景名胜区、织金洞风景名胜区、舞阳河风景名胜区、红枫湖风景名胜区、龙宫风景名胜区、赤水风景名胜区等开发时间较早的景区,由于在这一时期已经获得了国家认证的多张"名片",其基础建设得到较大程度提升而成为全国具有较高知名度的景区。此外,入选"人与生物圈计划"以及联合国世界遗产名录的梵净山景区,以及荔波的樟江-茂兰景区和赤水景区等发展成为在全国具有影响力的景区。贵州基于全国重点文物保护单位、国家级历史名城、国家级历史民村名镇等开发了大量的人文观光景区,其中以少数民族村寨旅游开发最具有特色。如雷山县的西江苗寨、黎平县的肇兴侗寨、兴义市万峰林的纳灰村、荔波县瑶山瑶族乡拉片村、惠水县好花红乡好花红村以及贞丰县的者相村和纳孔村等[②]。二是旅游与其他产业融合发展模式。贵州通过文旅产业融合、大生态与大健康产业融合等,借助大数

[①] 于潇、李桥兴:《基于资源开发视角的贵州省旅游产业发展路径研究》,《贵州社会科学》2019年第7期。

[②] 于潇、李桥兴:《基于资源开发视角的贵州省旅游产业发展路径研究》,《贵州社会科学》2019年第7期。

据技术的应用,使其旅游产业从单一依赖景区经营转变为多产业联动发展,并衍生出新产品、新业态、新供给,为带动其他产业发展提供了巨大动能,同时也促进了旅游咨询管理服务系统的日益完善。另外,2016—2018年,符合贵州旅游资源特点和市场需求的山地旅游、避暑度假、康体养生、养老养生等新兴旅游业态不断涌现,各类旅游综合体、旅游小镇等建设逐步开展而形成旅游产业聚集区。2017年,从入黔国内游客的旅游目的分析,其休闲度假占25.2%、观光游览占24.9%、探亲访友占15.9%、文体科技占15.5%、健康疗养占3.1%、商务会展培训占2.7%、美食购物占1.4%和其他目的占11.3%。同时,借助于旅发大会以及生态文明贵阳国际论坛、中国(贵州)国际酒类博览会、中国-东盟教育交流周等重大开放活动,贵州省集中造势提高了宣传效应,吸引了更多旅游者到贵州观光旅游。从产品供给结构方面看,通过调整旅游产品结构,在较大程度上改变了以风景名胜区、文物保护场所的观光旅游产品为主的情况,使得度假产品和专题产品获得迅速发展,其旅游产品呈现多元化发展格局,形成了观光旅游产品和度假旅游产品、乡村旅游、文化旅游、红色旅游、生态旅游、专项旅游等相结合的多元化产品体系[1]。数据显示,2012—2018年贵州省旅游业发展迅速。旅游人数从2012年的2.14亿人次增长至2018年的9.69亿人次,增长了7.55亿人次,年均复合增长率为28.6%。旅游收入方面,2018年贵州省旅游收入达9 471.03亿元,同比增长33.1%。数据显示,2012—2018年贵州省旅游收入增速较快,年均复合增长率高达31.2%。"山地公园省,多彩贵州风"已经成为贵州走向世界的一张亮丽名片,旅游产业已经成为贵州省经济发展的支柱性产业。

三、绿色民生发展经验

在习近平新时代生态文明思想中,"百姓"是一个十分重要的关键词,蓝天白云、繁星闪烁,清水绿岸、鱼翔浅底,鸟语花香、田园风光这些统统属于百姓,"良好生态环境是最公平的公共产品,是最普惠的民生福祉。环境

---

[1] 于漪、李桥兴:《基于资源开发视角的贵州省旅游产业发展路径研究》,《贵州社会科学》2019年第7期。

就是民生,青山就是美丽,蓝天也是幸福","提供更多优质生态产品以满足人民日益增长的优美生态环境需要"是生态文明建设的终极目标。要满足人民日益增长的优美生态环境需要,还需从老百姓的日常生活入手,重点解决损害群众健康的突出环境问题,让老百姓实现绿色生活[1]。在以人民为中心的生态文明思想的引领下,贵州把解决突出生态环境问题放在民生优先领域,努力打一场污染防治攻坚的人民战争。

(一)着力实施生态移民工程

从 2001 年起,我国开始实施以保护生态和消除贫困为目的的生态移民和易地搬迁扶贫工作。而贵州早在 20 世纪 80 年代,就开始在生态环境恶劣、贫困问题突出的地区,积极探索和实践易地搬迁扶贫,在生态、经济和社会等方面取得了明显成效。1996—1997 年,贵州在罗甸、长顺、普安、紫云等县启动了易地搬迁扶贫试点。据不完全统计,1994—2000 年,全省实现迁移 1 800 贫困户、86 000 贫困人口。2001—2010 年,全省共投入易地搬迁资金 24.2 亿元,实现 8.78 万贫困户、38.27 万贫困群众易地搬迁。为加快扶贫开发进程,贵州决定实施扶贫生态移民工程,通过了《贵州省扶贫生态移民工程规划(2012—2020 年)》,生态环境恶劣的高寒区、石山区、深山区以及地质灾害频发、不具备生存条件、扶贫开发困难的地区,实施大规模生态移民。2015 年贵州实施大规模易地扶贫搬迁,计划搬迁规模 188 万人、占全国搬迁计划的 15%,是全国搬迁人数最多的省份。贵州实施生态移民和易地搬迁后,贫困人口迁出有效缓解了生态环境压力,改善和提高了留守人口资源占用量,促进了全省自然生态环境保护和生态系统修复,对增加贫困人口收入,改善贫困人口生产生活条件等发挥了积极作用[2]。

(二)加快人居环境改善

为进一步改善人居环境,提高居民生活水平,贵州决定大力建设环保基础设施。贵州以"县城统筹、以城带乡、整体推进"模式,推行环保基础设

---

[1] 汪枭枭:《美丽中国的"贵州实践"》,《当代贵州》2018 年第 26 期。
[2] 王红霞:《贵州生态文明建设的实践与探索》,《新西部》2019 年第 28 期。

施建设运营一体化,截至2017年底,贵州在统筹推进各项减排措施的基础上,积极推进环境保护12件实事、环境污染治理设施建设三年行动计划和环保设施建设攻坚行动方案各项任务的落实,投资近千亿元,4 053个环保基础设施项目建成并投入运营。通过十大污染源治理和十大行业治污减排全面达标排放专项治理的"双十"工程,以及"村收集、镇转运、县处理"实现城乡生活垃圾无害化处理措施的实施,贵州环境质量总体良好并持续改善,过去五年未发生重大以上突发环境安全事件,切实满足了人民群众的生态环境需要,保障了人民群众的生态环境权益。截至2019年5月,贵州省完成近8万公里农村"组组通"硬化路建设,实现了30户以上村民组100%通硬化路目标,惠及近4万个自然村寨、1 200万农村人口,越来越多的乡村走上了脱贫致富的"康庄大道"[①]。以农村生活垃圾治理为例,2018年,全省1.16万个行政村实现农村生活垃圾处理,23个县建立了农村生活垃圾收运处置体系。湄潭县、安顺市西秀区、麻江县等3个"全国农村生活垃圾分类和资源化利用示范县"的行政村垃圾分类覆盖率达80%以上。贵州将大力推进农村"厕所革命",加快解决农村垃圾、污水问题,扎实推进农村人居环境整治行动,打造美丽乡村,以改善居住条件、预防疾病传染、提高宜居水平为目标,大力开展农户用无害化卫生厕所建设和改造,据全国农村人居环境信息系统统计,截至2018年底,全省农村拥有587.71万户户用卫生厕所,1.06万个行政村建有公共厕所,1 177个行政村粪污得到资源化利用。农村生活污水治理稳步推进,乱排乱放得到有效管控。村容村貌明显改观,严格按照农房建设体量和风貌控制,扎实推进农村危房改造,提升农村通村路、通组路等道路硬化,大力实施"贵州省村庄清洁行动",进一步推动农村人居环境整治。好空气可以给贵州带来源源不断的人气、财气。贵州省空气质量总体优良,要保持近年来的优良天数比例却十分不易。贵州省定下目标:千方百计保持贵州省县级及以上城市空气质量优良天数比例为97%以上[②]。

[①] 汪枭枭:《美丽中国的"贵州实践"》,《当代贵州》2018年第26期。
[②] 王红霞:《贵州生态文明建设的实践与探索》,《新西部》2019年第28期。

四、绿色文化发展经验

中国传统文化蕴藏着许多朴素的生态保护思想,儒家的"天人合一",道家的"道法自然",佛教的"众生平等"等生态伦理观等。绿色文化是一种行为准则、一种价值观念,是绿色发展的重要基石。以"天人合一、知行合一"为核心内涵的贵州绿色人文精神,既继承了中华人文精神的优良传统,又体现了鲜明的时代特色,是新形势下推动贵州经济社会绿色发展的重要精神力量。

(一)大力弘扬贵州绿色人文精神

习近平总书记在贵州调研时强调,希望贵州协调推进"四个全面"战略布局,守住发展和生态两条底线,培植后发优势,奋力后发赶超,走出一条有别于东部、不同于西部其他省份的发展新路。而支撑这一新路的文化基础,就是要大力弘扬"天人合一、知行合一"的贵州绿色人文精神。贵州省深入挖掘、正面宣传符合贵州绿色人文精神的案例,涌现了一大批符合生态规律和生态价值要求的贵州经验、贵州故事。位于贵州省黔东南苗族侗族自治州锦屏县河口乡的文斗村就是典型代表。文斗村是一个苗族村寨,村民自古以来就有很强的生态保护意识。在寨门的诸多石碑中,有一块立于乾隆38年(公元1773年)的《六禁碑》,字迹虽已模糊,六条禁令却把村里远古朴素的生态意识说得淋漓尽致。在传统的生态保护意识的基础上,文斗村以人为本、通过村规民约使民众广泛参与保护生态、实现绿色发展可持续发展的实践符合培育绿色文化,树立生态文明新风尚的发展理念。《村民自治合约》中规定,村民必须自觉保护树木、保护环境、保护生态,此外,村民必须养成讲卫生、爱清洁的习惯,各农户房前屋后实行"三包制",包卫生、包清理、包整洁,否则追究监护人责任。文斗村的村规民约实施了生态保护策略,建立了绿色发展的制度和机制,对破坏生态、污染环境的行为实施严格的追责和惩罚。文斗村的实践表明村规民约在环境保护、生态保护方面具有积极的作用。文斗村民通过村规民约广泛参与生态保护,产生了良好的社会效果、生态效果,促进了村庄的绿色发展可持续发展,全体村民也享受到了绿色发展的成果①。此外,贵州依托各级各类学校、科技馆、图书馆、博物馆、文化馆(站)以及各类世界遗产、森林公园、湿地公园、自然保护区、风景名胜区,建设一批内涵贵州人文精神的绿色文化示范教育基地,面向大众开展生态文化普及教育。

(二)倡导绿色生活方式

积极倡导绿色生活方式,就是要深入开展绿色生活行动,大力提倡勤俭节约、绿色低碳、文明健康的生活方式和消费模式,引导群众形成尊重自然、节约资源、保护环境的行为习惯和行为方式,使绿色化真正"化"为群众的具体行动,"化"为衣食住行的点点滴滴,让绿色生活成为自觉行为。2015年,在贵州省政府的倡导下,大力开展植树活动,省、市、县、乡、村五级同时进行。同时,开启"绿色贵州"建设3年行动计划,并取得明显成果,截至2018年底,有"山地公园省"美誉的贵州森林覆盖率提高到57%。2018年官方发布了《生态优先绿色发展森林扩面提质增效三年行动计划(2018—2020年)》,其中明确,创新全民义务植树模式,每年义务植树5 000万株以上,到2020年带动30万建档立卡贫困户、100万贫困人口增收;森林覆盖率达到60%,森林蓄积量达到4.71亿立方米,城市建成区绿化覆盖率达到35%,林业增加值年均增长10%以上,助推生态补偿脱贫78万人,逐步形成空间布局合理、结构持续优化、保护措施有力、综合效益显著、生态环境宜居、服务功能增强的森林生态系统,促进人与自然和谐共生。同时,贵州省还将每年的6月18日定为"贵州生态日"。此外,为进一步鼓励人们养成绿色出行的习惯,满足群众的绿色生活需求,贵州还计划在2025年着力打造6 000公里的森林步道。倡导绿色生活,人人有责,除政府以外,民间公益组织也发挥了重要的作用。贵州遵义绿衣源旧衣物回收平台联合"衣加衣"公益团队以实际行动引领群众走向绿色节约的生活方式。该平台收到衣服后,会在库房根据材质大致分拣。其中九成新或全新的衣物会单独打包,通过公益组织送到有需要的地方去,并且衣服流向会通过"绿衣源"的平台公布物流信息和捐赠信息,以便广大市民进行监督。其余

---

① 高其才、罗昶:《村规民约与生态保护和绿色发展——以贵州省文斗村为考察对象》,《人权》2016年第3期。

的衣物会送到资源再生厂,提取旧衣物的材料制成各种新产品,比如防高温手套、围裙、套袖、拖布等生活用品,其余的边角料就会打碎制成大棚工业用毯等。"绿衣源"旧衣服回收平台负责人丁婉秋说这样会让公益和环保形成一个良性循环①。诸如此类的活动还有很多,但是每一项活动的初衷都是让绿色文化内化于心、外化于行,真正地让绿色文化成为贵州省绿色发展的不竭动力。

党的十八大以来,以习近平同志为核心的党中央把生态文明建设作为统筹推进"五位一体"总体布局和协调推进"四个全面"战略布局的重要内容,贵州省积极响应党中央、国务院的决策部署,以制度建设奠定生态发展基础,天时地利人和造就大数据沃土,打响山地牌点亮多彩贵州,绿色民生助力乡村扶贫,绿色文化成就贵州可持续发展。借助生态文明建设实现"弯道超车",在后发赶超的过程中,走出了一条有区别于东部、不同于西部其他省份的发展新道路,为内陆欠发达省份的发展提供了经验借鉴。

---

① 王小婷:《绿色文化:从每一个细节做起》,《当代贵州》2017年第16期。

第五章　贵州开放发展实践与经验

新时代,贵州的开放,不仅指对国(境)外的开放,也包括对国内其他省(市、区)的开放,而且对国内其他省(市、区)的开放是近 10 年贵州得以快速发展的最为重要的原因之一,远比对国外开放影响力大得多。贵州的开放发展坚持把"走出去"与"引进来"相结合、对内开放和对外开放相协调,积极参与"一带一路"沿线国家工程项目建设、参与大西南地区"一带一路"互联互通建设、参与"一带一路"沿线国家人文交流合作、搭建良好营商平台、出台优惠政策,引进各类优势企业到贵州投资落地运营。建设贵州"面向东盟、面向南亚、面向中亚西欧"三大经济走廊,加大贵州在"基础设施、经贸合作、人文交流"等方面的战略合作。贵州独特的区位交通和资源禀赋优势,促使其积极开展与周边地区的深度合作,充分发挥其在大西南地区的通道和资源优势,不断扩大开放发展的范围,提升开放发展的水平,着力打造内陆开放高地,带动经济大发展。因此,我们非常有必要梳理贵州开放发展的理论与现实依据,对贵州开放发展的实践与经验进行总结。

第一节 贵州开放发展的理论与现实依据

一、贵州开放发展的理论依据

(一)开放发展概念及其发展过程

中国共产党第十八届中央委员会第五次全体会议中所提出的开放发展理念中的开放发展与改革开放时期所提出的开放发展有所不同,前者的开放发展理念不再仅仅指的是对外开放,而当时的开放主要指的是将外国先进的文化、思想、科技等"引进来"式的对外开放。现在的开放发展不仅包括"引进来"式对外开放,还包括"走出去"式对外开放以及内陆地区对沿海地区、不同省份、不同产业间的对外开放[①]。

对于我国要走开放发展道路,从新中国成立以来就是我们党和人民始终所坚信的。虽然"改革开放"是邓小平同志首先提出来的,但早在抗日战争时期开放发展的思想已然开始萌芽。毛泽东同志在革命战争时期就强调,"要向外国学习科学的原理,学会这些原理用来研究中国的东西""我们接受外国的长处,会使我们自己的东西有一个跃进"[②]。毛泽东同志提出这些观点就是为了鼓励当时的中国人积极对外开放,但这种开放主要是指要引进外国的先进文化思想,提倡"洋为中用"。到了新中国成立后,中华人民共和国临时宪法的《共同纲领》第七章外交政策中也对我国与外国和平友好的交流进行了肯定。1956年毛泽东发表的《论十大关系》也提出了要把国内外一切积极因素调动起来,为社会主义事业服务,要始终像其他国家学习,即使是将来我们国家富强了,我们一定还要坚持革命立场,还要

---

① 刘登攀:《新时代中国对外开放研究》,中共中央党校博士学位论文,2019年。
② 佚名:《毛泽东著作选读》(下册),人民出版社1986年版,第748页。

谦虚谨慎,还要向人家学习①。邓小平同志在把握当时的国际形势、国内基本情况的前提下,提出了改革开放的伟大理论,并在党的十一届三中全会做出了决策,实施了将党和国家的工作重心放到经济建设上的伟大实践②。邓小平同志也曾强调说:"坚持改革开放是决定中国命运的一招",改革开放对中国的发展意义重大,到今天我们也看到了改革开放为我国带来的巨大好处。在改革开放中所提到的开放更多意义上指的是"引进来"式的经济开放发展。江泽民在邓小平改革开放要求的基础上对我国的开放发展进一步提出要求,认为对外开放是我国必须长期坚持的一项基本国策,是把我国建设为现代化国家所必须选择的道路。在此理论观点的带领下,我们党和国家积极参与到国际事务中,加入了世贸组织,加大了对外开放力度,进一步完善了我国的对外开放格局。江泽民认为:"在新的条件下坚持走开放发展道路,坚持中国经济、文化走向世界的同时,重视引进外国先进的理论"③,此时我们党和国家已经逐步开始重视利用"走出去"式的开放发展模式培养我国自身竞争优势。胡锦涛创新性地提出了科学发展观,为我国的开放发展提供了新的指导思想。他提出,"改革开放是决定当代中国命运的关键抉择,是发展中国特色社会主义、实现中华民族伟大复兴的必由之路"④,再一次强调了开放发展对我国发展的重要性,同时也将科学发展观的新思想融入我国的开放发展实践中,使我国的发展在更大程度上实现了进一步的开放。

正是我国历代领导人对于开放发展的坚持以及在新的矛盾和实践中对开放发展理念的不断完善,才有了当前国家领导人习近平主席提出的五大发展理念中的开放发展理念。

早在党的十八届三中全会上习近平就曾指出我国"改革开放到了一个

---

① 毛泽东:《论十大关系》,载中共中央文献研究室编:《毛泽东文集》(第七卷),人民出版社1999年版,第23～49页。
② 冯俊:《邓小平改革思想的理论精髓和现实意义》,《光明日报》2014年8月13日。
③ 中共中央文献研究室:《江泽民论有中国特色社会主义》(专题摘编),中央文献出版社2002年版,第197页。
④ 胡锦涛:《高举中国特色社会主义伟大旗帜为夺取全面建设小康社会新胜利而奋斗》,人民出版社2007年版,第10页。

新的重要关头"①的科学论断。在党的十八届五中全会上,党的领导人习近平总书记在对我国前一段时期的发展的总结上,在对当前复杂的国际环境和国内面临的各种问题的科学分析下,提出了包含创新、协调、绿色、开放、共享五部分的五大发展理念,强调了开放发展理念作为指导我国发展全局变革的重要性②。而在这之后,习近平也不断地强调,"实践告诉我们,要发展壮大,必须主动顺应经济全球化潮流,坚持对外开放,充分运用人类社会创造的先进科学技术成果和有益管理经验。"要不断探索实践,提高把握国内国际两个大局的自觉性和能力,提高对外开放质量和水平③。

(二)开放发展理念的内涵

开放发展理念将是引领我国未来发展的重要理论之一,是未来发展的风向标④。在对开放发展理念的提出背景及其在中国的发展过程进行了解的情况下,我们还需要进一步了解其深刻的内涵,以便于我们能够更好地在中国现代化的建设过程中运用其理论。

1.开放发展是五大发展理念中的关键一环

若想真正理解清楚开放发展理念的内涵,我们也必须从五大发展理论的整体高度来把握开放发展理念。开放发展理念与创新、协调、绿色、共享四大发展理念立足于"五位一体"的总体布局与"四个全面"的战略布局之上,为我国进行经济、政治、文化、社会和生态文明方面的建设提供了理论途径,也为实现全面建成小康社会、全面深化改革、全面依法治国和全面从严治党提供了理论支撑。五大发展理念从不同的角度阐明为了实现新时期新的发展目标我国未来发展的方向和重点。五大发展理念是具有全局性、根本性和长远性的理论,创新发展、协调发展、绿色发展、开放发展、共

---

① 习近平:《关于〈中共中央关于全面深化改革若干重大问题的决定〉的说明》,《人民日报》2013年11月16日。
② 习近平:《中共中央关于制定国民经济和社会发展第十三个五年规划的建议》,《人民日报》2015年11月3日。
③ 习近平:《在省部级主要领导干部学习贯彻党的十八届五中全会精神专题研讨班上的讲话》,《人民日报》2016年5月10日。
④ 石建勋:《践行新理念引领新发展》,《经济日报》2017年1月13日。

享发展五个部分相辅相成,不可分割①。

创新发展理念的提出是为了解决我国发展动力不足的问题。一个国家的强大必须依靠经济的强大,而经济的繁荣必须依赖于社会生产力的发展状况,邓小平同志提出的"科学技术是第一生产力"的论断已然成为人们的共识,因此要想成为一个强大的国家我们必须注重发展科学技术。科学技术的发展在于创新,只有不断提高我国的科学技术创新能力、人才创新思维,才能更好地推动国家的发展②。但是在将创新发展落地的工作中,要想提高我国多方面、多思维的创新能力,就必定离不开开放的推动作用。

协调发展理念的提出是为了解决我国当前发展的不平衡不充分的问题。一个社会的均衡、以人为主体的社会关系的长期稳定和生产关系的完善需要靠协调发展来进行维护和推动③。协调发展的目的最终是为了达到社会各个层面的平衡发展,而我国的发展由于自然条件限制、政策制定、社会历史环境的差异等各种原因在很长时间内都是不平衡不协调的。其实从本质上看,这些问题在社会的发展过程中必定都会存在并且会随着社会基本矛盾的改变而发生一定的变化。社会主义国家的协调发展的要求满足马克思主义的自然辩证法中要求的普遍联系的原则,也能够更好地协调经济发展与社会发展之间的关系,减少社会矛盾的产生。而在实现协调发展落地的关键就在于要保证各项政策的开放性,通过不同省份、地区、领域在政策上的合作,打破从前各地信息、资源互相封闭保密的现象,让不同地区的经济、文化、资源等能够相互开放流通,保障各种生产要素可以开放地在全国的市场上进行自由配置。

绿色发展理念的提出是为了更好地解决人与自然友好和谐相处的问题。我国在很长一段时间内,为了发展忽视了对资源的节约、对环境的保护、对生态系统的维护。虽然创造了世界上经济快速发展的人类奇迹,但是却也导致了当前我国资源储备大量减少、资源约束趋紧、环境受到严重破坏、生态系统出现退化等不利现象,同时也促使人们对健康美好环境的

---

① 王胜:《五大发展理念是不可分割的整体》,《解放军报》2016年1月26日。
② 吴俊:《五大发展理念的哲学思考》,南华大学硕士学位论文,2018年。
③ 陈金龙:《五大发展理念的多维审视》,《思想理论教育》2016年第1期。

需求。因此,在综合考虑我国当前现状和马克思主义发展观的前提下,提出绿色发展理念用来指导人与自然的和谐友好发展。它把人与自然的关系作为发展的重要内容,能够很好地实现人类未来可持续发展的要求并为人类提供一个健康良好的生存环境。而进行绿色发展就必须以开放的心态、姿势对待大自然,认真学习和了解自然发展、生态循环的规律。另外,还要将破坏环境的行为、破坏生态环境将会带来的危害和惩罚公开告知。对每个人公开与生态环境健康相关的方方面面,让每个人都能成为爱护环境的倡导者、监督者。

共享发展理念的提出是为了解决社会公平正义的问题。在改革开放初期,邓小平同志提出了"让一部分人先富起来",虽然这部分先富起来的人带动了中国经济的飞速发展,也为其他人富裕起来提供了很多机会,但是同时也拉大了中国的贫富差距,使中国的发展处于极不平衡的状态[①]。出于减小贫富、城乡等方面的差距也出于对社会主义公平社会的要求而提出的共享发展理念,对我国发展收益分配不公平的问题加大了关注力度,对实现人民群众共享改革开放发展成果提出了要求。要想真正实现共享发展,那么开放也是必不可少的一部分。发展的成果必须要向人民群众开放,让每个人都知道自己在发展中的付出收获了回报,也防止有人利用信息的不对称私吞发展成果。

而开放发展理念的提出是为了解决发展内外联动的问题。联动的意思是指在若干个相互关联的事物中,当其中有一个事物发生变化时,其他与之相关联的事物也会随之变化。而所谓内外联动即是指将国内与国外的发展相互联系起来,使得内外发展相互带动,形成更加有效的发展机制。在改革开放以来,我国已经从对外开放中获得了巨大的利益,但面对现在严峻的国际环境我们还需要更进一步去考虑我国对外开放程度、对外开放质量以及对外开放发展的内外联动性[②]。

五大发展理念是一个有机系统,相辅相成,协同推进国家的整体协调快速发展。创新乃是发展的动力,是进步的源泉;协调乃是平衡和谐发展

---

① 费英秋:《对邓小平"一部分人先富起来"思想的几点思考》,《前沿》2002年第1期。

② 任理轩:《坚持开放发展》,《人民日报》2015年12月23日。

的支撑,是减少矛盾的手段工具;绿色乃是人类社会绵延不绝的条件,是我国未来发展的主脉;共享乃是我国发展的终极目标,是我国作为社会主义国家所必须达到的结果。开放发展乃是推动各项发展必须经过的路径,为我国发展保驾护航。每个发展理念的实施都离不开"开放"这个话题,因此我们从五大发展理念的高度来看待开放发展理念更能够明白它的重要性和意义①。

2.开放发展之路是我国走向繁荣复兴的必由之路

无论是回顾历史,还是反思当前,展望未来,我们都能看到"开放"带给我国的好处。改革开放以来,我国经济保持长期飞速发展,人们生活水平不断提高。虽然在开放发展的过程中也受到了损害,资源被过度开发使用、环境遭到了破坏等,但总体上来看,"开放"的利还是大于弊的。在过去全球跨国投资的浪潮中,中国属于后来者。虽然由于大多数的中国企业进行海外投资是从金融危机发生之后开始,没有能够赶上投资的黄金时期,但是作为加入全球化进程的国家之一,国家的开放发展也确实让中国真正地获得了好处。因此,我们从过去的发展经验中得到启示,我国只有实施并坚持开放发展,才能实现国家富强,人们幸福的美好愿望②。首先,对外开放能够让我国充分利用国际国内两种资源、两大市场,落后国家引进资金技术人才,学习先进技术和管理③。开放发展能够促进科技信息技术交流,及时更新我国信息技术。其次,开放发展促进中外文化交流,激发中华优秀传统文化力量。文化需在交流中传承和发扬,在对外开放的进程中,中国在吸收外国先进文化思想的同时,也能够更好地激发中华五千年的优秀传统文化力量,推动中国进一步发展。再者,坚持开放发展统筹国内国外两方面,推动国内各项改革。开放发展能够促进我国全面深化改革的进程,进一步的改革需要通过深化开放实现,而扩大开放本就是改革理应包纳的部分,我国全面深化改革与开放发展相辅相成,不可分割。最后,坚持开放发展,全面推动我国创新发展新模式。坚持开放发展意味着我国要加大与外界各国的联系力度,与不同国家进行交往需注意不同的政策、方式

---

① 王胜:《五大发展理念是不可分割的整体》,《解放军报》2016年1月26日。
② 陈涛涛:《理解并顺应东道国的发展取向》,《国际商报》2018年1月5日。
③ 丁孝智、王海飞:《改革开放以来广东开放型经济新格局构建》,《华南理工大学学报(社会科学版)》2018年第5期。

和态度,我们需要以创新的方式推动对外政策、合作政策和交往方式。这也有利于推动我国全面创新发展。除此之外,开放发展还能给我国发展带来更多其他好处。

(三)开放发展的目标

我国目前的发展目标是以开放式经济系统来推动国家整体经济水平的提升①,实现全民小康,把中国建设成为一个富强、民主、文明、和谐的社会主义现代化国家,从而进一步实现中华民族伟大复兴的中国梦。这是中国目前发展的主要目标,也是最重要的目标,这个目标要通过一步步的努力来实现。

1.我们要夯实和平发展道路的基础。在进行开放发展的过程中,我们要始终将和平发展融于每一次的实践中,和平发展是当前国际发展交流的主题,是人类的共同期望。我们所走的中国特色和平发展道路就是通过对世界和平的维护来让自身拥有和平稳定的发展环境,反过来也利用自身的发展对世界和平进行进一步的维护。这要求我们在利用自身所拥有的各项资源和不断的内部改革创新的同时,也要坚持对外开放,学习和吸收其他国家的长处,顺应全球化发展潮流,在与其他国家的交往合作中实现互利共赢②。习近平同志也曾指出,我们每个国家在谋求自身发展的同时也应当努力促进其他国家的发展,实现各国共同发展,这也是全球长期良好发展的基础。

2.我们要实现从一个经济大国走向一个经济强国。在改革开放的正确政策的指引下,在中国人民辛勤劳动下,中国在短短几十年的时间里从一个贫穷落后的国家发展成为令人瞩目的世界第二大经济体,创造了人类社会上的一个经济发展奇迹。目前,从方方面面来看中国已经是世界公认的经济大国了,但我国经济发展进入了新常态,在经济发展中涌现出许多的问题,一不小心很容易陷入"中等收入国家陷阱",因此我国尚未成为一个经济强国。一个国家成为经济强国应具备的条件包括:拥有强大的创新

---

① 李杰:《习近平开放发展思想研究》,大理大学硕士学位论文,2018年。
② 孙东方:《新变局下的中国和平发展与防范化解重大外部风险》,《国际观察》2019年第4期。

能力、发达的金融体系、规模巨大的制造业、牢靠的海洋权益、雄厚的军事实力等①,这些方面都是需要我们的进一步努力。

3.通过各项努力实现中华民族伟大复兴的中国梦。实现中华民族伟大复兴是近代以来中华民族最伟大的梦想,也是到21世纪中叶我国最重要的目标。因此,当前我国所制定的各项发展方式,不仅仅是开放发展,其他也都是为了实现这一目标的。开放发展既是实现这一目标的方式之一,也是该目标中应有的内容。

(四)开放发展的意义

1.从社会主义看开放发展

开放发展是在中国历史发展实践积累的经验的基础上,结合马克思的科学社会主义理论提出来的,具有严密的逻辑性和严谨的科学性。开放发展对于社会主义社会从空想到科学、从理论到实践、从畅想到实施建设都具有十分重要的意义。

(1)开放发展是社会主义从空想到科学的重要条件

社会主义能够从空想走到科学的重要因素是马克思的科学社会主义理论具有开放性,这种开放性是空想社会主义、唯心主义和机械唯物主义所不具备的。它可以从立场、观点和方法这三个方面进行区分和说明。首先从立场上来说,比起空想社会主义只有理论依据而没有现实根基和资本主义站在只代表资产阶级这部分少数人的立场,以开放发展作为其理论立场的马克思的科学社会主义更具说服力。它是以开放发展的态度站在现实中的人而非抽象的人、代表占人口绝大多数的无产阶级而非占人口少数的其他阶级的立场,并且这个立场随着人类历史的发展与时俱进地包含越来越多的人群,最终追求人的自由全面发展。因此,马克思的科学社会主义立场是随着社会的进步而不断发展开放的。其次从观点上来看,作为科学社会主义理论基石的唯物史观是以客观科学的眼光去看待人类历史,揭示了社会发展的规律及趋势,从而指引人们更好地利用世界客观发展规律去改造和推动发展。作为科学社会主义理论另一基石的剩余价值学说则揭露了经济运行发展规律。唯物史观和剩余价值学说作为科学社会主义

---

① 周绍朋:《强国之路:建设现代化经济体系》,《国家行政学院学报》2018年第5期。

的基本观点,开放地包含了跨度极长的历史、不同时期和地区的社会经济、政治、人文等,并且会随着世界的进步不断开放发展完善。同时,科学社会主义的观点虽然是马克思与恩格斯提出的,但它不是属于个人的学说而是属于整个工人阶级的世界观,它从被提出以来就受到来自各个地方、各个阶层的人的关注,并不断被人们所丰富和完善,未来也将开放地面对人们的检验和发展完善。最后从对社会的研究方法来看,不同于空想社会主义以自己的幻想来对共产主义进行阐明,马克思的科学社会主义理论从对资本主义的生产方式和运行机制的研究入手,以辩证唯物论和历史唯物论的方法对社会的发展趋势和方向进行阐述。就像马克思所说:"靠幻想来对共产主义所作的预见,在实际上只能成为对现代资产阶级社会的预见。"[1]因此,马克思的科学社会主义畅想更具有现实意义,并且辩证唯物主义认为世界是永恒发展的,所以科学社会主义也是永远在开放吸纳新的内容而发展进步的,对人类来说也是永远不会过时失效的[2]。

(2)开放发展是生产力和生产关系矛盾运动的必然结果

无论在哪个时代,生产力与生产关系永远都是在矛盾运动的,这种矛盾运动最终必将导致社会的发展需要以更加开放的态度和方式进行。这个结论不是凭空而来的,它是马克思在对人类社会前期发展及运行情况进行深刻分析之后所得到的属于马克思基本原理组成部分的重要结论和社会发展原理。对开放发展是生产力和生产关系矛盾运动的必然结果这一观点进行解释可以从生产力和生产关系这两个方面进行解释说明。首先,从生产力方面来看,生产力代表的是人与自然相互之间的关系,生产力水平越高,人类对自然界的了解程度越深入、越全面,利用自然为人类社会服务便越自然和深入。随着人类社会的发展,生产力必然要从一个相对不发达、封闭、单一的情况逐渐发展成为一个发达、开放、综合全面的社会生产力。从人类社会的发展史我们可以看到随着生产力的进步,人类会有在更大程度和范围上的交往,需要更加深入自然,探索自然,以更加开放的态度面对自然,摒弃封闭和安然满足当前的态度。其次,从生产关系方面来看,

---

[1] 中共中央马克思恩格斯列宁斯大林著作编译局:《马克思恩格斯全集》(第7卷),人民出版社1995年版,第405页。

[2] 何海根、孙代尧:《21世纪科学社会主义的新发展——论习近平的科学社会主义观》,《当代世界与社会主义》2019年第6期。

生产关系是人们在一定的生产力上进行社会生产而形成的社会关系,这种关系也是随着生产力的发展和社会的进步而不断在扩大其包纳的内容和范围。如果在生产力得到提升的同时,生产关系没有进行开放发展,那么生产力与生产关系间的矛盾将会被激化,引起社会动荡。这种矛盾的激化只有通过不断的开放发展才能减轻和消除。因此,生产力和生产关系间的这种矛盾运动的结果必然会促进开放发展。

(3)开放发展是我国社会主义建设的必由之路

中国的社会主义建设离不开开放发展的道路,让我国从一个落后的贫穷大国成为世界经济大国是改革开放,改革开放为我国 40 多年来的社会主义建设贡献了巨大的力量,取得了许多伟大的成就[①]。第一,改革开放的实践实现了中国社会主义制度的自我完善和发展,它以马克思主义的基本理论为指导依据,以建设中国特色社会主义为目的,考虑中国社会当前现实需求为条件来进行相关实践活动,通过实践所获得的经验逐步完善了中国特色社会主义制度内容。第二,改革开放将中国推进新时代,在经济上取得了快速发展,科技上取得了进步,国防上得到了加强,人民生活水平得到了提高,综合国力与国际地位得到了提升;等等。第三,中国的开放发展向世界展示了社会主义国家的优越性,为世界各国共同探讨社会主义国家发展道路提供的机遇,引起世界各国广泛的关注[②]。

今后的社会主义建设也是离不开改革开放发展,开放发展将支撑中国在新时代稳健发展,并引领中国经济的进一步发展。首先,当前世界上存在两大社会制度,即社会主义制度和资本主义制度,这两种制度将在未来很长一段时间同时存在。社会主义发展不能够完全脱离资本主义国家的影响,中国的社会主义建设与发展需要与这些资本主义国家进行竞争与合作,这种现实的客观情况促进了中国未来的开放发展。就如马克思所认为的,即使我们是社会主义国家,也可以且应该吸收资本主义制度所取得的

---

① 连永焕:《改革开放 40 年的伟大成就及其意义》,《中共伊犁州委党校学报》2018 年第 4 期。

② 保积红:《中国特色社会主义建设视域中改革开放的价值阐释》,《佳木斯职业学院学报》2019 年第 10 期。

一切好的成果,将其转化为社会主义发展和建设的助力①。其次,要进一步发展成为更高级的社会主义国家,就需要更高水平的社会生产力,而我国目前的生产力还比较落后,需要依靠开放发展来推动生产力的发展。那么,我们为了推动中国社会的进步以到达更高级的社会主义的目的就必须通过正确的道路,通过马克思对社会主义的设想和对以往实践的深刻总结,我们知道这条未来发展的道路就是开放发展②。

2.从政治经济学看开放发展

开放发展理念属于中国特色社会主义理论的一部分,也同样是对马克思主义理论的重大继承和创新。同时,开放发展理念作为经济发展理念的一部分同样也是对马克思的政治经济学的发扬和创新,是在结合中国改革开放40多年来的对外开放成功经验的总结下得到的③。

当前,世界经济发展是以美国为主要力量的发达资本主义国家所主导的,国际间的经济交流规则亦由其制定。虽然,从表面上看这种规则强调的是自由平等,主张交易的自由化和市场化,但是实际上这种规则在很大程度上对于如中国这样的发展中国家是不平等的。而中国在这种国际环境的大背景下以开放发展理念为基础提出了"人类命运共同体"理念④。中国所提出的这种"人类命运共同体"实际上是一种包含广泛的属于世界的价值观,这种价值观包含了国际权力观、共同利益观、可持续发展观和全球治理观四大相互依存的世界观。这种观点告诫人们我们大家共处一个地球这个独一无二的生存之地,要在谋求本国利益的同时兼顾其他国家的合理要求,促进各国的共同发展进步。

"人类命运共同体"的思想与当前以资本主义为主导的全球化思想存在差别,不同于后者对资产阶级国家利益的贪婪追求和对权力的极度掌控,前者将更多的目光聚焦于全球人类的前途与命运,关注并提倡各个国

---

① 中共中央马克思恩格斯列宁斯大林编译局:《马克思恩格斯全集》(第19卷),人民出版社1963年版,第431页。
② 马凯:《开放发展理念的社会主义意蕴》,《重庆社会科学》2017年第7期。
③ 方勇:《开放发展的政治经济学分析》,《南京大学学报(哲学·人文科学·社会科学)》2017年第3期。
④ 张三元:《开放发展与人类命运共同体构建》,《广东社会科学》2017年第4期。

家、各个民族之间的和平发展,共同协商谋求互利共赢①。从以资本主义为主导的全球化思想来看,各个层次的资本主义经济学研究虽然十分重视国际的经济秩序,但是又将国际经济秩序作为一种公共产品来对待。在全球化竞争中肯定国际贸易的重要性,注重构建国际间合作秩序的制定和形成,但又忽略资本主义所主导的这种生产关系必然会导致各参与者之间利益的不对称性,盲目地信任和夸大市场这只"看不见的手"的作用,从而导致了国际合作之间形成了弱肉强食、强者主导、霸权逻辑的国际经济秩序。这是一种十分不稳定的秩序,它随着国家地位、权力的改变而改变,从历史来看,之前是由英国主导,后来随着美国的崛起而被取代,也因此导致了由资本主义自身存在的基本矛盾激化而引起的全球性经济危机的发生。从中国提出的"人类命运共同体"的思想来看,它是作为中国特色社会主义五大发展理论之一的开放发展理念的衍生,既包含了马克思主义对人类自由发展的追求,又包含了中国追求和平发展、互利共赢的优秀传统文化理念和世界各国应当担当的责任的考虑,科学创新的将开放发展的内容和层次由物质层面扩展至精神文化领域,是人类历史上最重要的倡导之一。

二、贵州开放发展的现实依据

(一)开放发展理念提出的背景

为了实现新的发展目标,破解发展难题,厚植发展优势,党的十八大提出了五大发展理念。所谓五大发展理念即创新发展、协调发展、绿色发展、开发发展、共享发展的综合发展理念。就像王爱遥所说的开放既是人们的一种心态也是社会经济发展的一种理念②。开放发展理念的提出不是凭空而来的,它是建立在我国改革开放40余年来的实践经验上的,是习近平同志根据我国当前的国内国外的环境,考虑到我国的发展状况所提出的为了使我国更进一步发展和全面建成小康社会而提出的未来我国经济发展

---

① 郭杰:《习近平人类命运共同体思想研究》,延安大学硕士学位论文,2019年。
② 王爱遥:《习近平开放发展理念研究》,四川省社会科学院硕士学位论文,2017年。

的方向和思路。

1. 国际背景

从外部环境看,21世纪以来世界经济发生了飞速变化,经济全球化给全球经济发展带来了重大影响,也给我国经济发展带来了机遇与挑战,促进了开放发展理念的产生。

第一,全球经济发展速度减慢,世界各国积极调整经济发展模式导致外部环境发生改变。2008年发生的世界金融危机对全球经济发展产生了重大影响,导致各个国家尤其是发达国家的进口贸易量大幅度减少,各国的经济增速放缓。发达国家受到的影响最为重大,像我国一样的处于新兴发展中的国家虽然受到的损害与发达国家对比较轻,但由于资本主义自身的缺陷引起的金融危机给发达国家和那些依靠美国发展的国家带去了严重损害,导致他们的经济发生衰退、居民收入相对减少和企业各种投资减少,从而使得他们的进口量也随之减少,而这些国家又是众多新兴发展中国家的主要出口国,导致许多国家的实体经济增幅减缓且有所萎缩,接踵而来的是企业里的劳动岗位减少,失业率逐渐上升,就业变得越来越困难。这些因素也就形成了我国严峻的外部环境,我们也清楚地了解到世界各国为寻找发展出路纷纷调整经济模式,致使世界经济进入了大调整、大转型时代,世界格局也正在进行重新调整[1]。

第二,世界出现很多新兴经济体,全球治理体制将会发生变革。所谓新兴经济体是指有着以出口为经济发展导向,利用经济全球化的背景制定开放发展战略从而实现国内经济的快速发展,且其发展速度远高于其他国家和地区,虽然当前国家整体实力仍旧落后于一些发达国家,但却已遥遥领先于其他发展中国家的特征的国家[2]。我国也属于这些新兴国家当中的一员。这些新兴国家的发展逐渐打破了美国一家独大的局面,改变了由发达国家引领世界经济发展的局面,如同我国一样的发展中国家在国际上也逐渐占有一席之地,变得越来越有发言权了。这将积极促进新的世界格局的形成,形成新的全球治理体系。

第三,新兴科技的兴起引发新的产业革命,全球价值链将进一步深化。

---

[1] 李文兰:《习近平开放发展理念研究》,华中师范大学硕士学位论文,2017年。
[2] 李杰:《习近平开放发展思想研究》,大理大学硕士学位论文,2018年。

当今的时代是数字科技时代,大数据、云计算、物联网等新兴技术快速发展。这些新兴技术将会引领新一代的产业革命,进一步改变世界经济的发展模式。由于"互联网＋"理论在现代数字科技基础上的快速发展,促使各大行业将自身的产业与信息技术相连接,形成了新的产业价值链,进一步深化的全球价值链基本形成。

第四,世界反全球化趋势和发达国家贸易保护主义抬头。在经济全球化的趋势中,许多发展中国家顺应趋势,抓住机遇取得了发展。但这也威胁到了一些发达国家作为世界掌控者的地位和利益,为了打压和抑制这些发展中国家进一步发展,他们借由保护贸易的由头制定了一系列不利于发展中国家的条例。

2.国内背景

从国内环境看,我国正处于转变发展方式、优化经济结构、转换增长动力的攻关期①。我们必须寻找新的突破口,破解当前发展带来的难题。

第一,经济发展速度减慢,进入转变经济结构时期。自从2008年经济危机以来,我国的经济发展随着世界经济发展速度的减慢也由高速发展进入了中高速发展。在改革开放40余年来,我国的经济发展速度虽快,但却忽略了经济发展的质量,因此我国已经逐步进入了转变发展方式、优化经济结构的重要时期。

第二,内陆与沿海地区发展差距越来越大,中国经济发展处于不均衡状态。从近些年来我国各省的地区生产总值看(见表5-1),2019年,最高的三个省份分别是广东省、江苏省和山东省,他们基本位于我国东部沿海地区,而像贵州省这样的内陆地区,其生产总值只有广东省的15.2%。从各省的消费水平的比较看,物价水平相差较小,但由于沿海地区人群收入水平相较内陆地区高,因此内陆地区的人均消费量也是处在远远低于沿海地区的情况中。这说明内陆地区与沿海地区的发展水平相差甚远,不同地区经济发展较为不平衡。中国现在面临的不平衡问题除区域经济发展外,还有城乡发展、人民贫富差距、资源分配等方面的不平衡问题。

---

① 侯鹏:《习近平经济发展新常态思想研究》,东北师范大学博士学位论文,2018年。

表 5-1　2019 年 31 省(自治区、直辖市)地区生产总值

地区	2019 年	地区	2019 年	地区	2019 年
广东	107 671	北京	35 371	山西	17 027
江苏	99 632	安徽	37 114	黑龙江	13 613
山东	71 068	辽宁	24 910	吉林	11 727
浙江	62 352	陕西	25 793	贵州	16 769
河南	54 259	江西	24 758	新疆维吾尔自治区	13 780
四川	46 616	重庆	23 606	甘肃	8 718
湖北	45 828	广西壮族自治区	21 237	海南	5 309
湖南	39 752	天津	14 104	宁夏回族自治区	3 748
河北	35 371	云南	23 224	青海	2 966
福建	42 395	内蒙古自治区	17 213	西藏自治区	1 600
上海	38 155				

数据来源:中国统计年鉴,表中为 2019 年 31 省(自治区、直辖市)地区生产总值,不包括我国港、澳、台地区。

第三,经济发展出现"乏力"现象,中国传统比较优势丧失。由于当前中国的经济发展进入了经济结构对称的"新常态"时期,此时推动经济发展的新旧动力转换存在问题,同时加之全球的经济都进入低速发展,国际环境、国际市场变得越发的错综复杂,我国的经济发展出现了"乏力"现象[①]。如果不能够尽快找到解决办法,中国未来经济发展将持续陷入低迷状态。中国之前拥有的人工成本低、资源价格低等方面的传统比较优势现在基本丧失,我们需要继续寻找新的比较优势。无论是国际大环境的改变还是国内因素的变化,都促进了我国发展理论的调整,催生了现有的五大发展理念之一的开放发展理念。

(二)开放发展是适应经济全球化发展的客观要求

虽然近年来由于保护主义、"逆全球化"思潮等原因导致经济全球化的

---

① 佚名:《深入认识经济发展新常态》,《当代贵州》2018 年第 17 期。

速度有所减缓,但经济全球化是不可逆转的时代潮流,全球化的大趋势依然是不会改变的①。我国过去几十年对外开放所带来的经济发展,让我们看到了开放发展的优势和所带来的各种好处。全球化的发展使得全球各国成为可能发展的市场,将各国的生产与贸易连接了起来,使得利用全球各地的资本、技术、人才和出口产品、输出资金等成为可能,而开放发展正是促成这种发展的必要条件。改革开放以来,贵州抓住时机推动开放发展,积极融入经济全球化的主流中,尤其是十八大以来,贵州经济社会发生了深层次、根本性的变化②,被习近平总书记在参加党的十九大贵州省代表团讨论时赞誉为"党的十八大以来党和国家事业大踏步前进的一个缩影"③。如今,贵州省有着有利的基础设施和条件来促进开放发展、服务于经济全球化。

1.交通格局的改变

曾经由于贵州省土地总面积中有92.5%是山区和丘陵,是全国唯一没有平原支撑的省份,交通不便一直是制约贵州发展的重要瓶颈④。但2015年贵州省实现了县县通高速公路,截至2017年底贵州支线机场出港直飞航线达到130余条,是全国出港直飞航线最多的⑤。以贵阳为中心的"十字形"高铁网已经形成,西南高铁两小时经济圈已经构建并越来越大⑥。贵州省在所处地理位置上来说,从陆地上是与中南半岛的7个国家相连的,同时又拥有可经广西南下出海的南向便捷通道,从海上能够与东南亚国家联盟(简称东盟)的9个国家相连。由于地理位置的便利以及近年来对交通基础设施建设的重视与实施,目前,贵州省已成为国家"一带一路""长江经济带""珠江-西江经济带"等重大战略中的一员。正是由于贵州省的交通格局的巨变促进了其经济的发展,使贵州省在推动经济全球化中发挥重

---

① 钟晓雅:《国际环境影响下马克思主义中国化进程研究》,山东师范大学博士学位论文,2019年。

② 覃淋:《以人民为中心》,《当代贵州》2018年第17期。

③ 当代贵州全媒体:《习近平在参加党的十九大贵州省代表团讨论时强调万众一心开拓进取把新时代中国特色社会主义推向前进》,《当代贵州》2017年第43期。

④ 朱元兰、刘雪:《贵州省经济发展差距及原因研究》,《中国市场》2016年第47期。

⑤ 林响:《从飞鸟不通,到八方通航》,《贵阳文史》2018年第3期。

⑥ 李玉红、刘小明:《贵州大力推进交通建设促进经济社会高质量发展》,http://gjj.gzlps.gov.cn/gzdt/zfxx/202001/t20200117_43561875.html,下载日期:2020年12月17日。

大的积极作用。

2.大数据产业发展

自2011年中华人民共和国工业和信息化部(简称工信部)在其发布的《物联网"十二五"发展规划》中提出要大力发展大数据技术以来,国内有许多企业将原先的业务延伸扩展到了大数据产业[①]。贵州省长期以来作为我国经济发展较为落后的地区之一,一直在寻求实现经济发展的突破口,经过不断努力已经有了较好的发展趋势,并抓住了大数据这个经济转型的关键点。在2014年率先布局大数据战略,得到了国家层面的大力支持,赢得建设国家大数据(贵州)综合试验区的独特优势。2015年国务院印发的《促进大数据发展行动纲要》明确支持贵州建设国家大数据综合试验区,标志着贵州大数据产业发展进入国家战略层面[②]。贵州的大数据产业被称为"中国数谷",进驻了许多世界级的大企业,华为、腾讯、苹果等行业巨头的数据中心现已落户贵州。贵州举办了多届大数据博览会,不仅得到了习近平总书记的贺信,还通过举办高端论坛、领先科技成果权威发布、人工智能创新大赛等活动,吸引了全球相关行业的精英人士、跨国企业、创新型企业的参与,现如今参加数博会已经成为业界的一种时尚[③]。大数据博览会的影响力越来越大,已经成为国际性盛会、世界级的科技交流平台,是大数据行业风向标。贵州省的大数据发展成果显著,已经成为贵州省扩大开放发展的"关键一招",有助于全面推动经济全球化。

3.开放平台的搭建

为了搭建开放平台助力开放发展,贵州省做出了许多努力。为了搭建助推开放发展新平台,贵州省承办了"世界侨商贵阳会议",邀请了世界各地三四十个国家和地区的两三百位侨商前来参会,这已经成为服务国家西部大开发、长江经济带等战略和支撑贵州省经济开放发展的品牌活动,推动了多个市(州)与侨商企业签订了多项投资合作协议,涉及面极广,分别

[①] 向欢:《大数据背景下贵州省经济发展机遇探析》,《广西质量监督导报》2019年第8期。

[②] 袁燕、苏江元:《做国家大数据战略的探路者——贵州借力"大数据"后发赶超》,《当代贵州》2016年第23期。

[③] 吴桂华:《共同推动大数据产业创新发展》,《贵阳日报》2018年6月11日。

包括生态文化、旅游、建材、城市综合建设、金融服务业等领域和产业[①]。除此之外,贵州省还通过开展搭建港澳台侨海外交流平台、拓展商会建设以商招商平台、推动文化海外传播平台等一系列具有特色的活动不断开拓新的领域来服务于贵州省的开放发展工作。而随着国家"一带一路"建设的倡议和推进,贵州一直在积极地打造适合贵州省经济发展的内陆型经济开放新格局,从建设"1+7"国家级重点开放平台到如今的"1+8"国家级重点开放平台的打造是贵州全面实施内陆开放高地建设的主战略[②]。开放平台的搭建不仅有助于贵州省经济发展水平的提高,也有助于开放发展顺应和推动经济全球化的进程。

(三)开放发展是缩小同全国发展差距的内在要求

自改革开放以来,贵州省综合实力不断增强,经济社会发展无论是规模还是速度都在不断扩大和提高,呈现较好的发展趋势。但从全国来看,贵州省的经济发展水平与我国东部大多数地区相较而言仍然存在较大差距。最主要的原因是贵州省作为处于我国西南地区的一个内陆省份,其对外开放时间较晚、开放水平和开放程度较低,这是严重制约了贵州省的经济社会发展成效的因素。因此,促进贵州省开放发展,提高其开放水平和程度是缩小贵州省与全国发展差距的内在要求。

1.贵州省与全国经济发展存在较大差距

贵州省处于我国西南内陆地区,对外开放相对起步较晚。自改革开放以来贵州省经济发展速度及规模有所提高,根据贵州省2000—2019年的GDP变化可以看到(见表5-2),贵州省GDP总量在20年里增长了15 739.42亿元,虽然其在全国GDP总量中的比重较少,但一直保持着增加的趋势。尤其是在十八大以来,贵州省GDP总量在全国GDP总量中所占比重的增量相较之前有了较大提高。

---

① 张一凡、杨茜:《全国政协委员刘晓凯:搭建开放新平台助推贵州大发展》,http://cnews.chinadaily.com.cn/2015-03/06/content_19737231.htm,下载日期:2020年3月6日。
② 佚名:《贵州"1+7"重点开放平台建设提速》,《领导决策信息》2015年第36期。

表 5-2 2000—2019 年贵州省 GDP 占全国 GDP 比重

年份	贵州省/亿元	全国/亿元	比重/%	年份	贵州省/亿元	全国/亿元	比重/%
2000	1 029.92	100 280.1	1.03	2010	4 602.16	412 119.3	1.12
2001	1 133.27	110 863.1	1.02	2011	5 701.84	487 940.2	1.17
2002	1 243.43	121 717.4	1.02	2012	6 852.20	538 580.0	1.27
2003	1 426.34	137 422.0	1.04	2013	8 086.86	592 963.2	1.36
2004	1 677.80	161 840.2	1.04	2014	9 266.39	643 563.1	1.44
2005	2 005.42	187 318.9	1.07	2015	10 502.56	688 858.2	1.52
2006	2 338.98	219 438.5	1.07	2016	11 776.73	746 395.1	1.58
2007	2 884.11	270 092.3	1.07	2017	13 540.83	832 035.9	1.63
2008	3 561.56	319 244.6	1.12	2018	15 353.21	919 281.1	1.67
2009	3 912.68	348 517.7	1.12	2019	16 769.34	990 865.1	1.69

数据来源：中国统计年鉴（其中全国 GDP 不包括我国港、澳、台地区）。

但在全国范围内，如图 5-1 所示（省略云南省、西藏自治区、陕西省、甘肃省及港澳台等地区），贵州省 2018 年 GDP 与全国其他地区相比较而言仍然存在明显差异，尤其是与开放程度较大的北京、上海、广东等地相比。在由国家发展和改革委员会国际合作中心对外开放课题组著、人民出版社出版的《中国对外开放 40 年》一书中的附录《2018 年中国区域对外开放指数报告（十年进程）》中发现十年进程里几乎所有省（自治区、直辖市）对外

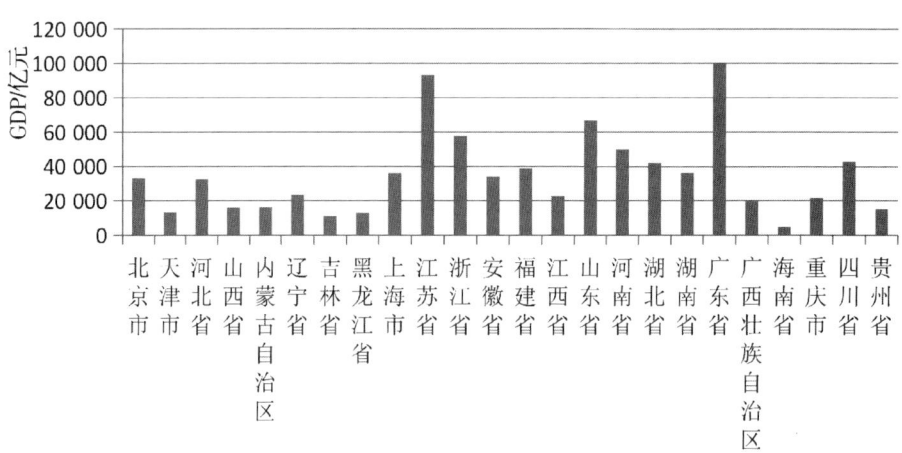

图 5-1 贵州省 2018 年 GDP 与各地对比图

开放度都有所上升,但与东部省份相比,贵州、西藏、新疆等西部省份一直相对落后[①]。

2.对外开放水平低制约了贵州经济发展

贵州省是一个多民族共同居住的省份,全省共有民族成分56个,每个民族都有着自己的特色和习俗,又由于独立的地理位置和地理特征,导致其开放水平相对落后。近二十年来,贵州省的对外贸易整体呈现增长态势,但这种增幅并不稳定,在2016年、2018年、2019年均出现了下降。从全国进出口总量上看,贵州省的进出口总额2000—2019年平均约占全国总额的0.15%,最高为2015年的0.31%,由此可知,贵州省的对外贸易规模相较于全国平均水平还相差甚远(见表5-3)。而低水平的开放会使贵州省失去更多的发展机遇,给贵州省的经济发展带来一系列的问题。

表5-3 2000—2019年贵州省进出口总额及占全国比重

指标年份	贵州省				全国进出口总额/百万美元	贵州省进出口总额占全国比重/%
	出口总额/千美元	进口总额/千美元	进出口总额/千美元	进出口总额增速/%		
2000	420 560	239 420	659 980	20.53	474 297	0.14
2001	421 770	224 680	646 450	−2.05	509 651	0.13
2002	441 830	249 640	691 470	6.96	620 766	0.11
2003	587 980	396 350	984 330	42.35	850 988	0.12
2004	866 605	647 122	1 513 727	53.78	1 154 554	0.13
2005	858 937	544 635	1 403 572	−7.28	1 421 906	0.10
2006	1 038 435	579 278	1 617 713	15.26	1 760 438	0.09
2007	1 465 466	804 834	2 270 300	40.34	2 176 175	0.10
2008	1 900 775	1 465 432	3 366 208	48.27	2 563 255	0.13
2009	1 356 610	947 600	2 304 212	−31.55	2 207 535	0.10
2010	1 920 180	1 226 621	3 146 801	36.57	2 974 001	0.11
2011	2 985 087	1 902 492	4 887 579	55.32	3 641 864	0.13

① 王恩博:《2018年中国区域对外开放指数报告:近10年北上广开放程度最高》,http://www.chinanews.com/cj/2018/12-24/8711444.shtml,下载日期:2020年12月24日。

续表

指标年份	贵州省				全国进出口总额/百万美元	贵州省进出口总额占全国比重/%
	出口总额/千美元	进口总额/千美元	进出口总额/千美元	进出口总额增速/%		
2012	49 522 29	1 679 329	6 631 560	35.68	3 867 119	0.17
2013	6 885 975	1 404 126	8 290 101	25.01	4 158 993	0.20
2014	9 397 257	1 374 069	10 771 326	29.93	4 301 527	0.25
2015	9 948 624	2 272 794	12 221 418	13.46	3 953 033	0.31
2016	4 742 792	956 825	5 699 617	−53.36	3 685 557	0.15
2017	5 793 711	2 368 602	8 162 313	43.21	4 107 138	0.20
2018	5 123 389	2 479 467	7 602 857	−6.85	4 622 444	0.16
2019	4 740 283	1 833 212	6 573 495	−13.54	4 576 126	0.14

数据来源：中国统计年鉴（其中全国进出口总额不包括我国港、澳、台地区。）

  首先对外开放水平低让贵州省难以有效利用外部的资源与市场。外资进入当地不仅可以弥补当地发展和经济建设资金不足的情况，而且还能够帮助改善当地的投资环境、更新当地落后的企业经营思想、引入创新的管理方式、促进当地人才的成长和培养，同时促进各种资源要素的培育与发展并为企业有效运用和整合，进而带来更大的经济效益[①]。因此，外部资源的有效利用对于一个地区的经济发展而言是十分重要的。而贵州省利用外资的时间相对较晚，直到2006年才开始出现外商投资者的进入，并且近年来的外资利用水平还相对较低，2015—2017年三年的贵州省实际利用外商直接投资分别为16.21亿元、27.22亿元和26.30亿元。其次是对外开放水平低让贵州省难以发挥其独特优势。贵州省是一个风景秀丽，乡土人情浓厚的地方，是中国的旅游大省，旅游资源十分丰富，但开放程度较低使得其在外的知名度不及云南，许多景点不为外界所知。最后是对外开放水平低严重制约了贵州省经济的持续增长。投资、消费和出口是拉动经济发展的"三驾马车"，只有在投资、消费、出口这"三驾马车"的协同拉动

---

① 祝年贵：《招商引资论》，四川大学博士学位论文，2004年。

下,才能让经济更加平衡地发展①。但由于贵州省开放水平较低使得其经济增长主要依靠内需和投资拉动,而贵州省的内部消费需求的不足又促使经济的增长更大地偏向于依赖固定资产和基础设施投资的高速增长。但是投资增长水平的过高将会加剧投资与消费比例的失衡、影响产业结构的转型和经济发展方式的转变、导致严重的结构性过剩等,不利于经济的可持续发展②。

3.开放发展是缩小同全国发展差距的内在要求

从改革开放以来的经验教训中,我们已然发现不断扩大对外开放程度,实施开放发展是实现一个国家或地区经济快速发展的有效途径之一。如今,贵州省的经济社会发展虽然取得了一定的成绩,在经济增速方面位列前茅,但整体水平与全国其他省份或地区相较仍然存在较大的差距,而对外开放水平较低在较大程度上导致了贵州省的现代化进程落后,是与其他地区尤其是东部沿海地区存在较大差距的重要原因。因此,贵州省要想实现经济的跨越式发展,快速缩小与其他地区的发展差距,必须实施进一步的更深层次的开放发展。正如党的十七大报告指出的"当代中国同世界的关系发生了历史性变化,中国的前途命运日益紧密地同世界的前途命运联系在一起""中国的发展离不开世界"③,同样,贵州省的发展也是离不开世界的。贵州省的发展不可能仅仅只靠自身的能力,必须实施开放发展,紧紧把握住经济全球化的趋势,进一步提高对内对外开放水平,不断丰富对外开放的形式和内容,不断提高对外开放的质量和水平以扩大开放,重视并积极实施开放型经济,充分发挥贵州市场、资源和劳动力的比较优势,吸引省外和国外的企业、资金、技术、各类人才、先进的管理经验等,让其加入贵州省的发展建设中④。

---

① 余斌、平新乔、张占斌等:《"十三五"期间的中国经济增长 改革传媒发行人、编辑总监王佳宁对话九位经济学者》,《改革》2015年第1期。
② 王远鸿:《变局时期中国经济面临的多重挑战》,《经济参考报》2012年3月28日。
③ 周文重:《这是历史的选择》,《光明日报》2011年9月7日。
④ 陈政:《营造贵州民营经济发展对内对外开放新格局》,《贵州民族报》2020年5月18日。

(四)开放发展是建设和发展贵州内陆型经济的必然要求

贵州省作为一个内陆省份,由于其特殊的地理位置与天然的地理环境导致其对外界长期处于较为封闭的状态,难以实现开放发展,使得贵州省在历史上一直是经济较为落后的地区。但自改革开放以来,在贵州省人民和政府的不断努力下,贵州省的开放发展工作取得了较大进展,从而推动贵州省经济发展发生了巨大变化。如今随着贵州省基础设施的不断完善,进一步为贵州省扩大对外开放、快速追赶全国经济发展水平、实现更深层次的开放发展提供了条件和可能性。

1.对外经济发展会对全省经济发展产生影响

对外经济的发展能够帮助省内完善和健全投资经济发展、拉动型消费经济、产业发展、产业结构调整、创新等。出口经济的增长会使省内生产产品的有效需求大大增加从而促进经济的增长,而在高新技术、重要生产设备及关键原材料和资源方面的进口,会直接推动省内生产技术和生产率的提高[①]。对外经济的有效扩大能够吸引大量来自省外及国外的投资者参与到贵州省的经济建设中来,利用外来的投资知识逐步改善省内投资环境和完善省内机制,省外企业的入驻提供更多就业岗位以及省内人员的外出务工会不断提高居民收入水平,拉动居民消费需求。外来企业的入驻及其所带来的高新技术会加快提升传统产业的竞争力和产业转型的速度与效益,培养更多优秀企业服务于贵州省经济发展,进而带动产业结构的优化升级。同时,经济的开放发展还能够为贵州省引来其他地区的知识、人才、资金、技术等创新资源,提高省内企业创新能力,从而为省内经济长期可持续发展提供支撑。

2.开放发展为贵州内陆型经济发展提供强大动力

如今贵州已经站在了新的发展起点上,开放发展对于贵州经济发展尤为重要,为其提供强大动力。在2016年国务院批复设立贵州内陆开放型经济试验区和中央全力支持贵州践行发展新理念的重大举措的条件下,贵州省经过近几年来的积极、主动、创造性的推进和努力建设,使经济新常态下贵州省在内陆地区开放发展、贫困地区的脱贫攻坚、生态地区的生态与

---

① 马青青:《贵州省对外贸易对经济增长的贡献研究》,《中国集体经济》2019年第11期。

经济融合发展等方面,探索出了新路径、积累了新经验,内陆开放型经济渐成高质量发展气候。在2016年、2017年、2018年贵州省的经济增速分别为10.5%、10.2%、9.1%,2019年经济增速为8.3%,排全国第一位。贵州省未来的经济发展潜力巨大,中国的开放需要贵州的开放,开放的贵州蕴含着无限的机遇[1]。

3.开放发展是发展贵州内陆型经济的必然要求

从总体上看,无论是在各国经济发展模式发生调整、全球治理体制产生变革、新的产业革命的来临等国际环境下,还是在经济发展放缓、经济发展出现"乏力"、经济结构转变、经济发展不均衡等国内环境下,贵州省都需要继续实施开放发展,提升省内经济实力,追赶上全国经济发展的水平,为提升中国整体国家竞争力贡献力量。而从区域经济来看,贵州省处于我国东部地区与西南地区的连接线上,贵州省的开放发展有利于国家倡导的东部产业向西部地区的转移和西南地区经济的快速发展。从贵州省自身来看,贵州省的交通、城市建设、通信设施建设等基础设施越来越完备,产业配套能力也越来越强,发展环境也在不断优化,区位、市场、资源等要素的组合优势也在不断提升,贵州省已具备承接国内国际上高水平、大规模的产业转移的能力,具有较强的综合优势[2]。从很大程度上来说,开放发展是影响贵州省内陆开放型经济试验区建设、内陆型经济发展和贵州省振兴发展进程的决定性因素,贵州省的开放发展效益、开放水平与开放程度决定了内陆型经济发展和贵州省振兴能否成功以及发展速度的快慢。

第二节 贵州开放发展实践

习近平总书记在十九大报告中指出"开放带来进步,封闭必然落后。"贵州深处"不沿海、不沿边、不沿江"的内陆省份,区位优势相比于其他省份并非很明显。在改革开放、全面深化改革、习近平总书记的开放发展理念

---

[1] 田锦尘:《开放的贵州蕴含无限机遇》,《贵阳日报》2016年11月11日。
[2] 赵立飞:《贵州承接产业转移研究》,贵州财经大学硕士学位论文,2012年。

提出以来,贵州正经历着飞速的成长和巨大的变革,进行了一系列积极有益的探索与实践。积极融入了"泛珠三角""一带一路""长江经济带""粤港澳大湾区"等国家战略的建设,更大程度地参与国际国内的分工,在政策红利的背景下,是西部重要的通道节点,建设内陆开放型经济试验区也是贵州推进开放发展的重要举措。近年来,贵州积极利用外部良好环境进行开放,搭建开放平台,助推贵州经济发展与进步,贵州的开放发展是多方面的多层次的,在各个方面都有所成就。

一、内陆开放型经济试验区建设为开放发展提供新契机

贵州在2016年成为了内陆开放型经济试验区,是继宁夏回族自治区之后的第二个开放型经济试验区。贵州建立内陆开放型经济试验区,是提高贵州内陆开放水平的重要推动力。发展至今,内陆开放型经济试验区不断扩大自身的开放化程度,在交通、开放平台、扶贫、大数据等各个领域都进行了一系列的实践,获得了不错的成绩。

在交通领域,开放道路日益扩宽与完善。贵州先后进入了高速时代、高铁时代和地铁时代,黔深欧海铁联运班列·中欧班列开行、与周边各省份高铁通达、地铁1号线开通等,交通网格紧密相连,现代综合交通运输网络基本形成。航运上,贵阳至墨尔本实现通航,是继旧金山、巴黎、米兰、莫斯科、洛杉矶的第六条洲际航线①。水运上,乌江"黄金水道"的开通,通往江河大海成为现实,积极改善了群众的出行条件。交通领域发生的巨变,也为贵州的开放发展奠定了坚实的基础。

在开放平台领域,平台成为开放发展的支撑力量。在平台建设上,贵州目前拥有以贵安新区为核心,其他开放创新平台为重点的"1+8"国家级开放平台,开放平台是推动贵州开放发展的主要载体。在口岸建设上,拥有着"1+2"对外开放口岸,"1"为贵阳龙洞堡机场口岸,"2"分别为遵义新舟机场和铜仁凤凰机场临时口岸②。开放平台渐成体系,各平台助力贵州

---

① 周燕玲、袁超:《贵阳至墨尔本航线开通洲际航线达6条》,http://news.china.com.cn/live/2019-06/11/content_438331.htm,下载日期:2020年6月11日。
② 彭显华:《加快建设国家内陆开放型经济试验区 打造内陆经济发展新高地》,http://www.ddcpc.cn/2019/first_1112/3796.html,下载日期:2020年10月31日。

朝高质量发展方向前进,推动贵州越好越快发展。

在扶贫领域,助力打赢贵州开放式脱贫攻坚战。扶贫与开放进行了融合,贵州的贫困人口大量减少,贫困发生率变低。同时积极承接对口帮扶省市产业转移,共建了33个产业合作园区,引进扶贫企业697个,投资金额达509亿元,34.8万贫困人口得以脱贫①。此外恒大集团帮扶大方县、万达集团帮扶丹寨县等企业帮扶贵州,扶贫工作获得巨大成效,扶贫工作的成功也使贵州的开放发展速度得以不断加快。

在大数据领域,大数据成为开放发展的重要着力点。贵州是全国首个大数据综合试验区,大数据成为贵州的一张新名片。2019年数博会有26个国家与地区共2.6万人参加,国内外参与的企业达448家,实现签约项目125个,签约资金达1 007.63亿元②。数字经济增速连续四年居中国第一位,数字经济吸纳就业增速连续两年排名也是第一位,大数据对经济增长的贡献率超过20%③。大数据的发展为贵州省注入新能量,推动开放发展程度进一步加深。

二、产业开放发展激发新活力

贵州坚持新发展理念,着力构建市场机制有效、微观主体有活力、宏观调控有度的市场经济体系,加快从要素驱动向创新驱动转变,推动产业发展向中高端迈进,最大限度激发市场活力,努力实现更高质量、更有效率、更加公平、更可持续的发展④。第一产业、第二产业和第三产业全方位开花,这里以农业、工业、旅游业为例来说明贵州产业的开放发展。

(一)农业合作往来进一步加深

近年来贵州根据自身的实际发展情况,不断促进农业的开放,农业获得

---

① 彭显华:《加快建设国家内陆开放型经济试验区 打造内陆经济发展新高地》,http://www.ddcpc.cn/2019/first_1112/3796.html,下载日期:2020年10月31日。
② 宗瑶:《中国"数谷"五年成绩单获世界热赞播》,https://baijiahao.baidu.com/s?id=1634859325143742246&wfr=spider&for=pc,下载时间:2020年5月29日。
③ 周燕玲:《贵州数字经济增速连续4年位居中国首位》,https://baijiahao.baidu.com/s?id=1636778422202616911&wfr=spider&for=pc,下载日期:2020年6月19日。
④ 徐天才:《坚定不移推动新时代贵州改革开放再出发》,《当代贵州》2019年第1期。

了较大的发展。2018年贵州农林牧渔业增加值为2 272.74亿元,相比于2017年增加了132.77亿元。种植业上,2018年粮食作物产量达1 059.70万吨,其中稻谷为420.73万吨;蔬菜及食用菌产量达2 613.40万吨,比上年增长15%;甘蔗产量达62.48万吨,比上年增长24%。畜牧业上,2018年猪肉产量164.84万吨,比上年增长3%①。

农业合作往来范围扩大。贵州不断进行农业领域的交流与合作,分为"引进来"和"走出去"两部分。"引进来"主要涉及新品种、新技术和资金。新品种包括新西兰的奶牛、加拿大的良种肉牛、优良牧草种子等;新技术包括聘请专家、科技研究、人才培养等;资金主要是利用国外援助和直接利用外资,包括很多的基金会、政府机构等均先后与贵州省进行了农业方面的交流与合作,推动贵州农业持续发展②。在2018年外商直接投资农林牧渔业的项目达13个,外商直接投资协议金额达25 123万美元③。贵州也不断加快农业自身"走出去"的开放步伐,贵阳地利农产品物流园是贵州农产品专业(批发)市场,物流园不仅承接了不同省市以及国外的水果和蔬菜,也将贵州的果蔬销往全国各地④。另一方面"走出去"主要体现在积极与非洲国家进行经济技术合作,加深与国际间的联系。通过自愿报名,单位考核的方式,派出农业和水利专家、技术人员赶赴非洲(尼日利亚、几内亚、埃塞俄比亚等国)执行"南南合作"项目⑤。

(二)工业向高质量发展,合作效益提升

贵州正朝向工业高质量发展,不断提高自身的开放发展水平。2018年贵州规模以上工业总产值达到了10 573亿元。规模以上分行业工业增加值比重中,采矿业增加值2018年比2017年增长6.9%,制造业增加值2018年比2017年增长9.6%。就主要工业产品产量来说,2018年茅台酒

---

① 数据均来源于《贵州统计年鉴2019》。
② 贵州省开展对外战略性合作研究课题组:《贵州省农业开发领域开展对外战略性合作专题研究》,2014年。
③ 数据均来源于《贵州统计年鉴2019》。
④ 方亚丽、李森:《贵州商务:开放发展增活力》,《当代贵州》2018年第44期。
⑤ 贵州省开展对外战略性合作研究课题组:《贵州省农业开发领域开展对外战略性合作专题研究》,2014年。

产量达 33 461 千升、磷矿石产量达 3 420.96 万吨①,贵州工业发展正迈向一个新阶段。

贵州工业企业开放程度得以扩大。贵州从 2016 年开始实施"双千工程",推动效率变革,促使工业向高质量发展。"双千工程"包括"千企改造"和"千企引进"。通过"双千工程",贵州培育壮大基础能源、清洁高效电力、先进装备制造等十大千亿级工业产业②。工业企业不断开展国内外的交流与合作,贵州省是我国矿产资源大省,因能源资源丰富,向东盟国家不断地出口磷化工产品,东盟是贵州第一大合作伙伴。同时加速推动了黔轮胎、贵州钢绳等优强企业在境外设立研发生产基地、市场营销网络和资源能源基地,瓮福、盘江等磷煤化工企业到境外建设化肥、农药、煤化工等生产线③。贵州在工程建设方面具有的优势促使其前往国外承包项目,实现了"走出去"的实践。

(三)旅游业是支柱,交流合作全面加强

旅游业是贵州省的支柱产业,推动贵州开放化水平增速发展。外国人来黔旅游人数从 2017 年的 64.86 万人次增加到了 2018 年的 79.57 万人次,相比 2017 年增长了 22.7%;2018 年旅游外汇收入达 31 762.59 万美元,相比 2017 年的 28 326.58 万美元增加了 3 436.01 万美元,其中长途交通占据最高,达 12 962.31 万美元④。2019 年贵州近三年旅游人数、旅游总收入连年增长 30% 以上,2018 年旅游人数增速全国第一⑤,旅游业的发展正逐步助力贵州的开放发展。

旅游业日益成为开放发展的支撑点。贵州省是特有的喀斯特地貌,少数民族聚集,天生丽质的条件促使贵州加大了对旅游业的投入。为了使贵

---

① 数据均来源于《贵州统计年鉴 2019》。
② 彭显华:《加快建设国家内陆开放型经济试验区 打造内陆经济发展新高地》,http://www.ddcpc.cn/2019/first_1112/3796.html,下载日期:2020 年 10 月 31 日。
③ 王淑宜:《我省出台意见切实贯彻新发展理念加快构建现代化经济体系》,《贵州日报》2019 年 6 月 3 日。
④ 数据均来源于《贵州统计年鉴 2019》。
⑤ 彭显华:《加快建设国家内陆开放型经济试验区 打造内陆经济发展新高地》,http://www.ddcpc.cn/2019/first_1112/3796.html,下载日期:2020 年 10 月 31 日。

州旅游更好地"引进来"和"走出去",贵州省采取了许多的行动。一方面贵州旅游走出国门,邀请旅行社以及媒体来贵州,开展贵州旅游的推广活动。另一方面,贵州政府积极维护以及不断扩展来黔旅游的范围,2018年来黔旅游人数的构成上,前三位分别是广东(14.25%)、浙江(11.4%)、江苏(8.73%)。此外贵州还前往江苏、安徽、山东、河南几地开展主题营销活动,给予优惠政策,吸引省外人员前来旅游。为了更好地"走出去",贵州不断加强与国际的交流与合作,加大对旅游的投资与推广,与境外的旅游机构合作,加强自身贵州旅游品牌的宣传,已成立海外营销机构达到21家[①],旅游业成为贵州开放发展不可缺少的一部分。

三、区域合作是开放发展的驱动力量

贵州与省外境外的联系日益密切。贵州通过加强与省外境外的联系,不断扩大自己的开放化程度。2018年上半年引进省外投资项目5 722个、省外到位资金5 611.9亿元,外贸转型升级的速度变快。2018年上半年,全省货物贸易进出口总值241.39亿元,同比增长15%,增速位列全国第十[②]。

(一)国际合作进一步扩大影响力

贵州通过"一带一路""国际陆海贸易新通道"等实现与国际间的开放与合作,促进贵州内陆开放型经济水平提升,打开国际市场。

贵州与"一带一路"。贵州积极参与一带一路的建设,通过"一带一路"与周边国家开展多种形式的友好往来和合作,在各领域都实现了经济协作与交流。在2018年贵州省政府办公厅印发了《贵州省推动企业沿着"一带一路"方向"走出去"行动计划(2018—2020年)》,到2020年,以对外承揽工程和制造业对外投资为重点,加强与"一带一路"沿线国家的经贸合作,

---

① 汪文学:《以文促旅,以旅兴文——贵州省文旅融合发展情况》,http://www.ddcpc.cn/2019/first_1221/4002.html,下载日期:2020年12月13日。

② 陈进:《贵州内陆开放型经济试验区推进成果显著》,https://baijiahao.baidu.com/s?id=1611280938389591621&wfr=spider&for=pc,下载日期:2020年9月11日。

力争对外经济技术合作营业额突破 15 亿美元①。

贵州与"国际陆海贸易新通道"。贵州积极融入"国际陆海贸易新通道"的建设,迅速建设了专项工作组,拟订了《贵州省关于支持中新(重庆)战略性互联互通示范项目"国际陆海贸易新通道"建设有关政策措施的意见(试行)》,主动将国家口岸发展"十三五"规划中明确必须建设的贵阳中欧班列铁路场站与陆海新通道节点建设相结合,提出"一口岸,两作业区"的思路。通过该道路积极参与对外贸易分工,走出属于自己的"富裕通道"②。

(二)周边省份合作蓬勃发展

贵州主要通过三方面推进省外的开放合作,一是推进与东部发达地区的经济合作向更宽领域、更大规模、更高水平发展,二是通过西南六省区市七方区域经济协作工作平台开放,三是通过内引外联,招商引资的方式,扩大贵州对省外的开放③。

贵州与湖南在 2012 年签署关于加强黔湘两省战略合作的框架协议,双方将发挥各自优势,将两省份的合作程度进一步加深,包括加强双方产业协作,推动两省产业优化升级,支持推动兼并重组;加强能源开发和有色金属深加工合作;推进省际交通运输体系建设,加快构建连接两省的综合交通运输网络等④。

贵州与重庆在 2011 年签署渝黔全面战略合作协议,双方建立稳定的战略合作关系。双方将在能源、IT 和信息产业、装备制造业、基础设施投资等多领域实现交流合作。贵州通过重庆这个重要枢纽,积极融入成渝经济圈,推动自身的发展⑤。

---

① 贵州省人民政府办公厅:《省人民政府办公厅关于印发贵州省推动企业沿着"一带一路"方向"走出去"行动计划(2018—2020 年)的通知(黔府办发〔2018〕36 号)》http://swt.guizhou.gov.cn/zwgk/zfxxgk/fdzdgknr/zcfg/zcwj/201811/t20181127_64444513.html,下载日期:2020 年 10 月 28 日。
② 孙蕙:《陆海联动:贵州推进高水平开放》,《当代贵州》2019 年第 23 期。
③ 农文成:《贵州形成全面对内对外开放新格局》,《贵州民族报》2018 年 12 月 12 日。
④ 赵国梁:《黔湘签署战略合作框架协议》,http://news.ifeng.com/c/7fbsv96k2Gq,下载日期:2020 年 4 月 12 日。
⑤ 杨晶:《贵州融入成渝经济区 与重庆签署全面战略合作协议》,https://finance.qq.com/a/20110820/001091.htm,下载日期:2020 年 8 月 20 日。

贵州与云南在2013年签署深化合作协议,两省将完善合作机制,加强在交通、对外开放、产业分工、生态环保领域的合作[①],合作领域得以扩大,携手共同发展,共创黔滇两地更加美好的未来,构建共赢格局。

这些协议都加强了贵州与周边省份的联系。通过加强交流与合作,双方进行优势互补,推动贵州的开放发展,开放向高水平转变。

(三)重点区域合作联合与协作加强

贵州与各区域经贸合作程度加深。贵州省一直不断加强与重点区域的合作,包括长三角区域合作、环渤海区域合作、泛珠三角区域合作、京津冀一体化区域的合作等。

贵州与长三角区域合作始于1982年,经历了规划协作、要素合作和制度合作三个阶段[②]。长三角是贵州开展贸易合作的重点区域之一,贵州通过党政代表团赴长三角学习、开展面向长三角招商推介会等形式加强与长三角地区的联系,签订了许多项目涵盖各个领域。在2013年4月,一共有122个相关项目达成投资合作协议,涉及金额1 315.87亿元;其中现场集中签约40个项目,总额达694.49亿元[③]。通过与长三角的合作,贵州开放发展的领域不断扩宽,拉动贵州经济发展水平。

贵州与泛珠三角区域的合作始于2003年,签署了《泛珠三角区域合作框架协议》、在第九届泛珠大会达成了《贵州共识——进一步深化泛珠三角区域合作》[④],在"十二五"期间,泛珠各省区企业在贵州投资项目达7 716个,合同金额达2.39万亿元,其中,广东省企业是在贵州投资最多项目的省份[⑤]。贵州正积极融入泛珠三角区域这个大家庭并达成合作,不断扩大

---

① 谭晶纯、李莎:《滇黔两省签署深化合作协议,赵克志陈敏尔与李纪恒进行会谈》,http://cpc.people.com.cn/big5/n/2013/0911/c117005-22889686.html,下载日期:2020年9月11日。
② 贵州省区域经济研究会:《贵州省与周边地区及重点经济区域深化战略合作研究》,2014年。
③ 蓝东兴:《贵州深化改革和扩大开放的现实意义》,《理论与当代》2013年第9期。
④ 贵州省区域经济研究会:《贵州省与周边地区及重点经济区域深化战略合作研究》,2014年。
⑤ 金艾:《贵州泛珠三角区域产业合作签约十个高端项目》,https://www.sohu.com/a/112592072_119832,下载日期:2020年8月29日。

自己对外开放的趋势。

贵州与京津冀一体化区域达成的合作体现在大数据领域。2019年贵州与京津冀签署《国家大数据综合试验区正定共识》,双方将进一步加强合作,共同推进京、津、冀、黔两区四地之间数据资源的交换共享和协同应用;建立长效沟通机制,共同推进大数据产业融合创新应用实践,共享综试区建设经验,推进行业数据资源交换共享和协同应用等[①]。

贵州与环渤海区域在医药领域达成合作。2014年,在北京召开了"贵州·环渤海区域科技暨医药产业合作对接会",将从综合开发利用贵州特色药材资源、建设中药材产业化生产基地、推动中药独家品种二次开发、推动化学原料药基地建设、推动医药企业兼并重组、开展医药流通体系建设、开拓医药产业市场这七个重点领域开展合作[②]。

贵州在之后的发展应加大与各重点区域的合作,因地制宜扩大自身的对外开放水平,打造内陆开放新天地,不断推动各类建设助力贵州的开放发展。

四、开放平台为开放发展打开新格局

伴随2018年4月遵义综合保税区的验收,在开放平台上贵州拥有了"1+8"国家级开放平台,是依托国家政策的优势和机遇建立起来的,"1"即贵安新区,"8"即贵州双龙航空港经济区(贵阳临空经济示范区)、贵阳国家高新技术产业开发区、贵阳国家经济技术开发区、遵义国家经济技术开发区、安顺国家高新技术产业开发区、贵阳综合保税区、贵安综合保税区、遵义综合保税区。贵州是西部省份拥有保税区最多的省份,各平台的发展推动了贵州内陆开放型经济试验区的建设。

开放创新平台发展卓有成效。2018年"1+8"平台土地面积占全省的

---

① 王永娟:《贵州与京津冀签署"大数据正定共识"建立跨区域大数据产业生态圈》,http://dsj.guizhou.gov.cn/xwzx/snyw/201910/t20191015_10391662.html,下载日期:2020年10月15日。

② 贵州省科学技术厅:《贵州·环渤海区域科技暨医药产业合作对接会在京召开》,http://kjt.guizhou.gov.cn/xwzx/dtyw/201801/t20180124_16157089.html,下载日期:2020年6月15日。

比重为 1.1%,地区生产值占比 13.0%,规模以上工业增加值占比 11.0%左右,进出口总额占比 39.0%,实际利用外资占比 30.1%,呈逐年上升趋势①。从投资上看,截至 2019 年 7 月平台引进的项目达 1 293 个,合同投资额达 7 962 亿元(其中一产合同投资额 38.1 亿元,占 0.5%;二产合同投资额 2 154.1 亿元,占 27.1%;三产合同投资额 5 769.8 亿元,占 72.5%)②。贵安新区成为贵州大数据发展的示范区,贵州制定了众多支持政策支撑开放创新平台发展,吸引国内外企业聚集于此。华为、腾讯、苹果、三大运营商以及 FAST 数据处理中心都选择贵州,此外比亚迪、中车、航天科工等知名企业纷纷集体驻扎于贵州,"高通"公司的芯片项目落地于贵州等。

"1+8"国家级开放创新平台的不断建设,推动贵州开放水平格局不断壮大,为贵州经济发展做出了重大的贡献,现已成为贵州开放发展的重要引擎。

五、贸易开放发展实现新跨越

贵州贸易开放的程度不断加深。2018 年贵州进出口总额已高达 5 009 196 万元,其中出口总额和进口总额分别为 3 375 827 万元、1 633 369 万元③。2019 年贵州省与"一带一路"沿线国家之间的贸易总值达 109.49 亿元,其中沿线国家中有 62 个都与贵州有贸易合作,这些国家包括泰国、越南、马来西亚、印尼等,其中与泰国来往最密切,两国进出口贸易往来金额达 17.48 亿元(出口 9.66 亿元、进口 7.82 亿元)。

贵州通过举办一系列的会议扩大自己的"朋友圈"。包括内陆开放型经济试验区跨境投资贸易洽谈会、数博会、国际酒类博览会等。2017 年的内陆开放型经济试验区跨境投资贸易洽谈会是以"开放合作,互利共赢"为主题的,在贵安新区开幕,会议有来自各个国家的嘉宾参加,在会议上一共

---

① 彭显华:《加快建设国家内陆开放型经济试验区 打造内陆经济发展新高地》,http://www.ddcpc.cn/2019/first_1112/3796.html,下载日期:2020 年 10 月 31 日。
② 宁南:《"1+8"国家级平台助贵州打造内陆投资贸易便利化试验区》,https://www.chinanews.com.cn/cj/2019/08-29/8941156.shtml,下载日期:2020 年 8 月 29 日。
③ 数据均来源于《贵州统计年鉴 2019》。

签约了324个项目,投资贸易总额高达1 514.6亿元,涉及的领域包括大数据、山地旅游、大健康医药等①。数博会已经成为国家级展会活动,是大数据产业先进技术的重要活动,举办数博会也使贵州迈向更高的平台。妥乐论坛在贵州省盘州市举办,通过"妥乐渠道"不断加强与周边国家的交流与合作。中外企业先后透过此论坛进行数字城市、旅游康养、建材、基础设施建设等领域的合作,签约的金额近400亿元②。印度在软件、大数据挖掘与分析、云计算应用等方面具有的优势也促使贵州积极引进印度的优势项目,与印度达成交流与合作。包括印度国家信息技术学院落户贵阳;贵阳市政府与印度软件和服务业企业行业协会签署合作框架协议;贵州贵安新区与印度工业联合会将共同打造"中印IT产业园"等③。

贸易合作与交流向更高层次发展。贵州积极融入"一带一路"的建设,2018年贵州已与190多个国家和地区建立了贸易往来,贸易开放范围扩宽④。贵州轮胎股份有限公司实现"走出去"的实践,致力于扩展"一带一路"沿线国家的市场,在越南建厂,并根据不同国家的实际情况对轮胎进行改进,使其更符合需求。茅台集团从多个方面加快自身国际化进程,走向世界各地。生产的"小批量勾兑茅台酒"进入了多个国家的多个机场,超过300家国际免税店有茅台酒销售⑤,茅台企业也成了中国民族品牌不断壮大的典范。老干妈品牌是贵州特色产业,生产的"老干妈"受到海外人士的喜爱,风靡全球。位于贵州遵义的正安国际吉他产业园被称为"中国吉他制造之乡",这里的产业园已经成为世界各大吉他品牌的代工厂,生产的吉他漂洋过海,销往巴西、美国、泰国和西班牙等多个国家和地区。2019年12月瓮福集团与中国建筑联营体同埃及磷酸盐及化肥公司(WAPHCO)

---

① 李薛菲:《2017中国贵州内陆开放型经济试验区跨境投资贸易洽谈会开幕》,http://cpc.people.com.cn/n1/2017/0909/c117005-29525413.html,下载日期:2020年9月9日。
② 刘咸吟:《2019妥乐论坛在贵州盘州开幕》,https://baijiahao.baidu.com/s?id=1647438798777211745&wfr=spider&for=pc,下载日期:2020年10月15日。
③ 杜林杰:《大数据撑起贵州对外开放半边天》,《新西部》2019年第25期。
④ 张平:《打造贵州对外开放新平台》,《贵州民族报》2018年12月17日。
⑤ 绪宗刚:《推动形成贵州全面开放新格局》,《贵州日报》2018年4月3日。

共同签署埃及阿布塔磷酸厂项目工程总承包合同①,这个项目也是中国企业在海外承接的合同体量最大的磷化工项目。

各个会议的召开为贵阳的开放带来了新的机遇,贵州的影响力进一步扩大,投资开发吸引力大幅增加,国际化程度越来越高,汇集了更多丰富的行业资源,为交流与发展提供了更好的契机,促进了贵州开放发展。企业间的国际交流与合作,贵州各企业也开始利用自己的优势走出国门,不断打开世界的新机会,不仅自身企业得到了发展,也进一步促进了贵州开放发展水平越来越高。

六、基础设施开放发展迈上新台阶

贵州基础设施日益完善,持续优化。基础设施一直是制约贵州发展的重要因素,贵州自古有"山国"之称,路难修、路难行②。这些年在省委、省政府的努力下,贵州实现交通的飞速发展,贵州现已成为西部地区重要的交通枢纽。从1949至2018年全省公路、水路交通建设累计完成投资11 195.38亿元③。2018年外省市车流量达6 272.6万车次,比2015年增长了一倍;外省货车流量达1 768.8万车次,增长75%④。

(一)贵州对内基础设施的发展

贵州加快基础设施建设的速度。从公路、铁路、航空、水运四方面逐步实现重点突破,贵州实现了"县县通"高速、"村村通"沥青(水泥)路、村村通客运、"组组通"硬化路⑤。在公路的建设上,农村公路成就显著,实现了畅通。2002年贵州省实现乡乡通公路,人民进出交通便利,生活质量水平提

---

① 刘小明:《8.48亿美元!贵州磷化集团与中国建筑联合拿下埃及阿布塔磷酸厂新项目总承包合同》,https://baijiahao.baidu.com/s? id = 1653990114193150252&wfr = spider&for=pc,下载日期:2020年12月26日。
② 郑文丰:《贵州大交通带来发展大机遇》,《贵阳日报》2020年7月13日。
③ 张蕊:《黔道不再难 天堑变通途》,《当代贵州》2019年第29期。
④ 彭显华:《加快建设国家内陆开放型经济试验区 打造内陆经济发展新高地》,http://www.ddcpc.cn/2019/first_1112/3796.html,下载日期:2020年10月31日。
⑤ 张蕊:《黔道不再难 天堑变通途》,《当代贵州》2019年第29期。

升。贵州启动农村"组组通"硬化路建设,完成了 30 户以上村民组 100% 通硬化路目标[①]。高速公路起步晚发展快,高速公路省际通道已达 19 个,交通通达率变高。在铁路的建设上,已建成铁路通道 14 个,形成了贵阳至周边省会城市及泛珠三角、长三角、京津冀等地区 2 至 8 小时高铁交通圈,黔渝高铁等 4 条铁路纳入国家西部陆海新通道建设计划[②],"市市通高铁"也在进一步的推进中,贵阳地铁一号线目前已开通,人民生活质量上台阶,幸福感不断提高。在水运的建设上,乌江"黄金水道"全线开通,实现了贵州通往大江大河的愿望,人民出行条件得到改善,运输能力显著提升。贵州交通设施的完善也加快了贵州立体交通网络的构成进程。

(二)贵州对外基础设施的发展

贵州对外合作逐年增加。贵州因其特有的地势地形,在建筑、电力等基础设施领域非常有经验,交通基础设施建设是贵州的优势产业。贵州也积极地在承接工程、劳务派遣、技术支持方面进行对外开放,贵州的企业也"走出去",寻求新的机遇,他们把目光放在了承包和承建国外的项目上,开拓国际市场,寻找新的业务增长点。比如贵州省交通勘察设计研究院参与了赞比亚首都卢萨卡的城市建设,投资金额高达 3.5 亿美元。贵州交勘院与坦桑尼亚达成合作意向,将参与其市政给排水管网项目的建设,将承担全部的设计和部分施工任务,项目总投资约 1.5 亿美元[③]。贵州的各企业都积极融入开放发展的建设之中,利用自己的优势不断地探索与挖掘新的市场,将"走进来"与"引出去"相结合,践行开放发展实践,为贵州的开放发展贡献自己的一份力量。

从过去的道路坎坷,到如今四通八达的交通运输体系,贵州基础设施得到了不断的完善,一方面加快了与国内重点城市的连接,更好地进行便捷出口,另一方面则是利用贵州在基础设施建设领域的优势积极地进行对外开放。

---

① 张蕊:《黔道不再难 天堑变通途》,《当代贵州》2019 年第 29 期。
② 彭显华:《加快建设国家内陆开放型经济试验区 打造内陆经济发展新高地》,http://www.ddcpc.cn/2019/first_1112/3796.html,下载日期:2020 年 10 月 31 日。
③ 贵州省开展对外战略性合作研究课题组:《贵州省基础设施建设领域开展对外战略性合作专题研究》,2014 年。

七、人文交流开放发展取得新突破

人文交流是推动贵州开放发展的重要桥梁。随着科教兴国和人才强省战略的推进,贵州在此背景下也不断进行人文交流领域的对外开放和实践。尤其在教育领域不断与"一带一路"周边各国进行广泛、互利、共赢的交流和合作,积极进行"引进来"与"走出去"的实践,人文交流也成了各国互通往来、教育合作的重要途径。

(一)"引进来"的人文交流工作全方位展开

人文交流工作不断推进。中国-东盟教育交流周已经成为与"一带一路"沿线国家交流与合作的一个平台,交流规模和层次持续提升,交流效果显著。贵州也通过此平台不断深化与东盟地区的合作,双方发挥各自的优势,拉近距离和友谊,取得了丰硕的成果。交流周为贵州带来了机遇,在此背景下贵州教育也得到不错的发展空间,成立了"中国-东盟清镇职教中心""东盟留学生服务中心(中国•贵州)""中国-东盟思想库网络贵州基地"等区域合作平台。中国铁建股份有限公司等企业与国内外多所高校共同致力于东盟国家交通建设中的本土人才培养合作,为"一带一路"做出积极贡献[1]。以"深化务实合作共享发展成果"为主题的2019年交流周在贵安新区举办,有10个平行主题,包括中国-东盟高等教育合作、职业教育合作、学期教育合作、高校创新创业合作、汉语国际教育、青少年交流等,还开展了21项子活动等[2]。贵州与东盟国家联系很紧密,截至2018年底来贵州的留学生已经有4 000余人,东盟国家留学生占到了70%以上[3]。贵州科学院也致力于对"一带一路"沿线国家贡献贵州智慧,在"一带一路"上飘

---

[1] 周一、吕伊雯:《依托中国-东盟教育交流周平台优势服务"一带一路"教育共同体建设——访贵州省教育厅厅长邹联克》,《世界教育信息》2018年第18期。

[2] 刘鹏:《2019中国-东盟教育交流周将在贵州举行》,https://baijiahao.baidu.com/s?id=1638847625497303652&wfr=spider&for=pc,下载日期:2020年7月21日。

[3] 程曦、李思瑾、金妮等:《十年间来黔留学生人数增加近百倍!70%来自这些国家》,http://www.gog.cn/zonghe/system/2019/07/12/017308591.shtml,下载日期:2020年7月12日。

起了"贵州云"。贵州科学院已多年承办国家商务部有关发展中国家技术人才计算机培训班①,搭建沟通的平台、开展援外培训、交流经验做法,累计接待了多个国家的学员,是一项极具国际意义的事项。来自世界各地的学员汇集在贵州,不断学习各项前沿知识并带回自己的国家,并借助贵州发展经验不断燃起信心,也随着培训班知名度的不断打开,成了对外开放的又一大窗口。

通过不断的交流与合作,不仅对贵州教育有着重大的意义,能吸引更多人才来黔学习,也为其开展教育领域的合作提供更好的服务,为合作双方带来更多的福祉。

(二)"走出去"的人文交流工作取得显著成效

贵州打开人文交流新大门。通过与国际间的交流进行"走出去",加快对外开放的脚步。2014年贵州启动了"千人海外留学计划",贵州各高校都派出优秀的学生去海外留学深造,进行学习交流与互动。贵州各高校也积极开展科教领域的人文交流与合作,扩大教育合作空间。贵州师范大学与韩国岭南大学、日本福山大学、印度尼西亚玛拉拿达基督教大学都建立了良好的交流关系,每年都会派一定的学生前往国外学习,与泰国博仁大学建立院校合作,开展学术研究活动、互换教职工等合作。在2009年两校签订了《中国贵州师范大学与泰国博仁大学互换学生项目备忘录》,规定了有关事项②。贵州教育走向国际化,促进贵州教育国际交流事业的发展,影响力和吸引力进一步提升,人文交流迈上了新台阶。除此之外,贵州在师资力量建设方面进一步加强,不断地引进人才,创办中外合作项目,推动贵州人文交流领域开放程度的深化,对外开放实现了新的进展与进步。

贵州人文交流间的合作,扩大了对外人文交流的辐射范围,推动贵州教育水平的改善、教学质量的提高,更成为贵州开放的一大动力,为贵州的发展不断助力。

---

① 毛新雅、贾智:《抓住地区发展的巨大历史契机——贵阳融入"一带一路"建设的思考与建议》,《当代贵州》2019年第2期。
② 贵州省开展对外战略性合作研究课题组:《贵州省教育人才领域开展对外战略性合作专题研究》,2014年。

第三节 贵州开放发展的基本经验

从2012年党的十八大以来,贵州践行的开放发展取得了巨大进步,在开放发展过程中也积累了一些宝贵的经验,这些经验将继续指导贵州的开放发展活动,也可以为其他地区的开放发展提供有价值的借鉴。

一、经济试验区建设是促使经济保质增速的关键环节

(一)完善试验区的管理体制是经济保质增速的保障

建设贵州开放型经济试验区的关键是开放,重点是促进试验区各类经济保质增速[①]。要进一步完善投资管理体制,为企业的"走出去"创造良好的营商环境。贵州开放发展需要引进一批优势企业带动发展,不断优化外商投资管理体制,使走进来企业能够生存并且能够很好地发展。以改革促开放,以开放促发展,对重点领域实行改革开放,引进外部有效资源向贵州聚合。通过改革剔除贵州开放发展不合理的制度障碍,充分发挥市场在社会主义经济中的主导作用。

(二)优化试验区的产业结构是经济保质增速的源泉

贵州积极做出产业结构调整,参与国际、国内产业结构调整,紧跟时代步伐,与时俱进,充分发挥贵州在交通、大数据、大旅游、大扶贫方面的比较优势,不断促进新兴产业在贵州发展壮大,不断吸收先进技术和管理经验,加快贵州现代化进程。依托大数据大力发展旅游业,不断提升贵州旅游业的知名度和美誉度,完善景点基础设施建设,落实景点间的交通互联互通、提高景点服务水平,吸引国内、国外游客到贵州旅游。依托大数据推动扶

---

① 刘庆和、白明:《建设内陆开放型经济试验区要把握好对内开放》,《贵州日报》2018年4月10日第10版。

贫产业的发展,推动贵州脱贫攻坚,积极引进各方力量参与贵州开放发展,助力贵州省的脱贫攻坚,打造内陆地区开放式扶贫试验区,专项扶贫、行业扶贫、社会扶贫协调推进,打造"三位一体"大扶贫格局。深入推进贵州参与东西部扶贫、国际减贫合作[①]。

二、推动产业内外联动是贵州经济发展的动力源泉

(一)坚持农业内外联动是推动开放发展的一大法宝

1.推动贵州农业"走出去"是为开放合作积累新经验

贵州在烟、酒、茶、药、食品等方面具有比较优势,鼓励贵州有优势的企业到东盟国家开展农业种养项目投资,兴办建厂。积极推进贵州参与中国-东盟自贸区升级版建设。支持贵州有优势的企业到中亚和俄罗斯进行农业种养基地建设,打造农产品产业链,积极推进贵州参与丝绸之路经济带中亚和俄罗斯的建设。以农业产业化为载体,培育具有国际竞争力的跨国企业集团。不断提升贵州特色农产品的知名度和美誉度,加大贵州特色农产品在南亚地区的宣传力度,推动贵州特色农产品向南亚地区出口,积极推进贵州参与南亚地区建设合作。

2.推动贵州农业"引进来"是为开放合作提供新思路

深入贯彻习近平新时代中国特色社会主义思想,进行农业结构性改革,保障产品有效供给,提升贵州农业农村经济发展。加强农业新品种、新技术从东盟"引进来"。加强有比较优势的农产品种植、农业技术、农机装备从中亚、俄罗斯和欧洲"引进来"。加强具有比较优势的新品种和种植技术、水稻规模化种植基地建设从南亚地区"引进来"。

(二)加快工业内外联动是推动开放发展的必由之路

1.推动贵州工业"走出去"是为开放合作提供新动力

贵州积极参与中国-东盟自贸区升级版建设。加大贵州有优势的企业到东盟国家开展水利水电能源开发,鼓励贵州有条件的能矿企业申请利用

---

① 吴园园:《习近平新时代开放发展理念的多维论析》,《兵团党校学报》2019年第2期。

"国家对外经济技术合作专项资金",建立贵州"国外矿产资源风险勘查专项资金"[①]。贵州积极参与丝绸之路经济带中亚和俄罗斯的建设。加大贵州有条件的企业到中亚进行能矿资源探索并进行加工投资,建设能矿资源生产基地。充分利用贵州在技术和资金等相对优势推动贵州有优势的企业到中亚和俄罗斯开展油气管道等项目投资建设。贵州积极参与南亚地区建设合作。南亚地区能矿丰富,鼓励贵州有优势企业到南亚国家进行勘探、开发、投资。

2.推动贵州工业"引进来"是为开放合作探索新举措

贵州能矿资源丰富,是我国能源矿产资源大省,贵州开放发展在"走出去"与"引进来"上效益显著,贵州应积极开展与"一带一路"沿线国家在能矿领域的战略性合作。中亚地区和俄罗斯是全世界能矿资源丰富且比较集中的地区,贵州能矿企业应积极引进中亚五国和俄罗斯等国家在能矿勘探、开发方面的先进技术和经验。南亚地区矿产资源非常丰富,矿物资源以煤、铁、锰最集中。贵州企业可在这些能矿行业加强经贸往来。

(三)贵州旅游业内外联动是推动开放发展的必然选择

1.推动贵州旅游产业"走出去"是对外开放合作的新导向

旅游产业是贵州省产业升级实现跨越发展的关键,基于贵州省旅游资源丰富,把握好国家对外开放的战略机遇,加快贵州文化旅游产业发展,贵州积极践行旅游产业"走出去"对外开放合作,建立"多彩贵州"文化旅游品牌,使各类文化产品的知名度得以提升,"多彩贵州"旅游品牌在国内外的知名度和影响力得到了提升[②]。加快推动贵州省全面对外开放进程的实现。

2.推动贵州旅游产业"引进来"是对外开放合作的新战略

为全面落实改革开放的基本国策,贵州省积极参与"一带一路"、孟中印缅经济走廊等区域一体化战略。在旅游业方面,贵州积极践行旅游产业"引进来"对外开放合作,启动旅游重点项目有利于招商引资、带动旅游产

---

① 贵州省开展对外战略性合作研究课题组:《贵州省能矿开采领域开展对外战略性合作专题研究》,2014年。
② 贵州省开展对外战略性合作研究课题组:《贵州省对外开放平台建设战略研究》,2014年。

业的发展、整合旅游产业要素,通过与国外、境外旅游组织机构合作,有利于引进外资、旅游产品开发、旅游人才培养等。

三、加快区域开放发展是贵州开放发展的根本保障

(一)贵州参与重点区域合作为开放发展创造新高度

建设区域经济开放合作平台,提高对外开放水平。完善贵州对外开放合作平台,提高对外开放水平,必须加大贵州基础设施、交通的互联互通建设,在国家倡导的"一带一路"大背景下,着力打通贵州与长江三角洲经济带、粤港澳大湾区经济带、珠江三角洲、京津冀、成渝等地区交通网络[①],不断扩大贵州的朋友圈,积极融入国家重大发展战略中,逐步推进贵州融入国内内陆开放经济发展建设,推进国家内陆经济开放发展。贵州省是国内内陆开放型经济发展的试验区、是西南地区与华南华中连接的关键点、是国家"一带一路"倡导的西部连接线、是长江经济带和粤港澳大湾区经济带的中间带。贵州已经牢牢抓住这一机遇,在交通不断完善的情况下,贵州积极营造良好的营商环境,在土地、资金、厂房、物流、进出口、高端人才引进、税收等方面给予政策优惠,引进优秀企业进入贵州落地运营。大力发展大数据、大健康、大旅游等新兴产业。完善贵州与周边地区的通关协作机制,积极参与到长江三角洲经济带、粤港澳大湾区经济带、珠江三角洲、京津冀、成渝等区域经济合作中,积极拓宽与香港、澳门和台湾的经贸往来,尝试各地管理数据信息共享、认可协作机制,使贵州逐步形成全方位、多层次、宽领域的改革开放格局[②]。

(二)贵州参与周边省份合作为开放发展提供新保障

贵州省与周边省份比较,贵州的开放发展无论是对国内开放发展还是对国外开放发展都处于落后位置,与全国比较,贵州开放发展水平低于全

---

① 邢真:《"一带一路"倡议下习近平开放发展理念研究》,青岛理工大学硕士学位论文,2018年。

② 姜良强:《贵州省内陆开放型经济发展水平研究》,贵州财经大学硕士学位论文,2015年。

国平均水平,但近年来发展差距逐年缩小①。我国的对外开放发展主要集中在东部沿海地区,面向海外、开放对象主要是发达国家,现在以及今后东部沿海面向发达国家的开放发展还要继续,同时要更多关注中西部内陆地区和沿边地区的对外开放发展。从地理位置、资源环境、政策影响等方面看,中国发展呈现阶梯形递进规律,分为东部地区、中部地区和西部地区,东部地区沿海对外开放较早,社会经济较为发达,中西部地区社会经济发展相对欠发达。我国社会经济发展呈现不协调、不平衡的特征,这一特征不利于我国国际竞争力的提升。因此,应积极创新中西部地区对外开放发展的思路,参与国家倡导的"一带一路"建设,着力打造对外开放合作平台,优化区域开放布局,缩小周边省份的发展差距②。贵州省是内陆省份,且位于社会经济发展较为欠发达的西部地区,其发展深受地理位置、资源环境和政策的影响。因此,贵州应积极创新开放发展新思路,充分利用国家所倡导的"一带一路"建设对区域经济发展的推动作用,着力打造贵州对外开放交流合作平台,疏通国际交流合作平台,走出一条适合贵州对外开放发展的新路子。

(三)加速贵州参与国际合作为开放发展提高新格局

自十八大以来,中国倡议建设"丝绸之路经济带"和"21世纪海上丝绸之路",得到了国际社会的积极响应③。党的十八届三中全会指出"中国开放发展,必须以周边为基础,坚持双边、多边、区域、次区域开放合作,打造自由贸易区战略,加快周边国家和地区在基础设施互联互通方面的建设,加快丝绸之路、海上丝绸之路建设,形成全方位开放格局"④。

---

① 吴园园:《习近平新时代开放发展理念的多维论析》,《兵团党校学报》2019年第2期。
② 周晓阳:《"一带一路"战略背景下西藏沿边开放政策调整研究》,西藏大学硕士学位论文,2016年。
③ 李艳娇:《改革开放以来中国特色社会主义发展理念历史演进研究》,兰州理工大学硕士学位论文,2019年。
④ 贵州省开展对外战略性合作研究课题组:《贵州省与周边地区及重点经济区域深化战略合作研究》,2014年。

加大与我国周边国家经济交流合作,促进区域经济健康发展[①]。贵州开放发展审视两条主线,国内开放发展和对周边国家开放发展,在新时代,要求审视周边环境,加大与周边国家在经济、经贸、服务业领域的交流合作。从实体经济来看,加大贵州与周边国家在公路、铁路、工程项目、能矿等领域的合作;从经贸来看,继续支持贵州积极参与大湄公河次区域、东盟自由贸易区的贸易往来,鼓励参与孟中印缅经济走廊,探索贵州参与俄罗斯、欧盟的经贸往来;从服务业来看,贵州加强与韩国、瑞士在文化、旅游的交流合作[②]。逐渐形成全方位交流合作机制,使沿边社会经济长期健康发展。

四、开放平台建设是贵州经济内生增长的客观要求

(一)完善开放平台建设是推进产业整合的关键举措

从地形地貌来看,贵州的发展劣势为"天无三日晴,地无三里平",当下却成为优势,这一得天独厚的自然环境为贵州发展大数据、大旅游、大健康、大生态等新兴产业提供巨大优势。贵州省积极推进开放型经济发展,积极建设开放平台,如大数据新兴产业打造数博会、贵阳生态文明国际论坛、中国-东盟教育交流周、国际山地旅游暨户外运动大会、酒博会、贵洽会等[③],当前,数博会已经成为国家级博览会,贵阳生态文明国际论坛会议已经成为国家国际性论坛,中国-东盟教育交流周已经连续举办十一届,贵州对外开放发展影响不断扩大。

(二)开放平台是贵州对外开放发展的重大战略举措

贵州省获批国家内陆开放发展试验区,是贵州实现对外开放发展的重

[①] 姜良强:《贵州省内陆开放型经济发展水平研究》,贵州财经大学硕士学位论文,2015年。

[②] 闫朝阳:《贵州内陆开放型经济发展路径研究》,贵州财经大学硕士学位论文,2018年。

[③] 孟红艳:《贵州省内陆开放经济中发展绿色经济战略的研究》,《经贸实践》2016年第8期。

大战略措施①。自从贵州获批试验区以来,积极打造开放发展的载体,搭建开放发展平台,全面建设贵州自由贸易港区,大力支持贵阳综合保税区、贵安综合保税区、遵义综合保税区在推动贵州开放发展中的积极作用。贵州省开放发展要加强多边合作,提升沿边开放发展程度。大力支持贵州省重点旅游城市的开放发展,建设机场航空开放口岸,建设互联互通的发展立体交通网络。建立信息共享渠道,通过简政放权,精简行政审批中间环节,投资审批便捷化,推进"放管服"改革,着力打造市场化、法治化、国际化营商环境,为贵州经济发展打造宽松的运营环境②。贵州省开放发展要提升贵州与周边地区贸易自由化水平。为实现贵州开放发展更好地"走出去"和"引进来",建设对外贸易企业和进出口企业的信用评价体系非常必要,着力探索适合贵州发展又符合国内国际营商标准,引进信用良好且社会效益高的企业来贵州落地运营,完善相关法律、制度体系,依法惩处违法、失信企业,着力打造信用评价机制和失信惩戒机制,不断完善营商环境③。

五、经贸对外开放是缩小与全国发展差距的内在要求

(一)加快经贸对内建设是经贸对外合作步伐的关键

贵州省作为中国"一带一路"建设的主要连接点,贵州积极参与国家倡导的"一带一路"、大湄公河次区域和孟中印缅经济走廊建设,结合贵州独特的区位交通和资源禀赋优势,打造贵州企业"走出去"战略合作平台,加快"走出去"步伐。贵州积极参与中国-东盟自贸区升级版建设,引导优势企业到东盟国家建设经贸合作经济园区。贵州积极参与丝绸之路经济带中亚和俄罗斯的建设,鼓励有优势的企业将轻工特色产品、资源性产品、装

---

① 解静:《大数据背景下贵州内陆开放型经济试验区建设的思路及建议》,《商讯》2019年第23期。
② 闫朝阳:《贵州内陆开放型经济发展路径研究》,贵州财经大学硕士学位论文,2018年。
③ 孙鹏:《习近平开放发展新理念在广西的实践研究》,广西师范学院硕士学位论文,2018年。

备制造产品等优势产品推向中亚和俄罗斯。

(二)加强经贸对外合作是经济保质增速的助推器

贵州开放发展紧紧围绕"一带一路""中国东盟"自贸区、"大湄公河"次区域和"孟中印缅"经济走廊四大区域展开,加强贵州"引进来"战略合作。从农业领域、经贸投资领域、能矿领域开展深入合作,积极引进战略合作伙伴助力贵州开放发展步伐,促使贵州积极参与到国际竞争与合作中,打造贵州企业"引进来"战略合作平台,加快"引进来"步伐。从东盟"引进来"。积极引进东盟国家的先进技术和优势产业进入贵州,搭建"引进来"合作平台,促进贵州开放发展不断深入。从中亚、俄罗斯和欧洲"引进来"。贵州企业可引进汽车、机械、机床、军工等产品的先进技术,提升贵州在这些领域的技术优势。从南亚地区"引进来"。南亚地区传统农产品具有比较优势,印度服务业发展较快,贵州可在这些产业领域对外加强经贸合作往来。

六、基础设施互联互通是贵州开放发展的先决条件

(一)贵州区域特性催生交通基础设施成为优势产业

"交通兴则开放兴,交通畅则开放畅",贵州省是我国西南地区的内陆省份,"天无三日晴,地无三里平"说的就是贵州,贵州的地形地貌就决定其开放发展必须把基础设施建设摆在优先位置。基础设施建设事关贵州开放发展的成败,是实现贵州"走出去"与"引进来"的桥梁。贵州在实施开放发展新理念过程中,优先推进了省内与沿边地区的铁路、公路、通信网络等交通基础设施建设,不断完善全区交通网络建设。这一举措有力地推动西南地区经济的高质量发展[①]。

(二)内通外联是基础设施互联互通建设的重要抓手

近年来,贵州加大对以交通为重点的基础设施建设,积极推进与西部

---

① 贵州省开展对外战略性合作研究课题组:《贵州省基础设施建设领域开展对外战略性合作专题研究》,2014年。

陆海交通互联互通建设,构建互联互通的综合立体化交通网络,在国家倡导的"一带一路"大背景下,贵州省已经积极融入长江三角洲经济带、粤港澳大湾区经济带等国家重大发展战略中,逐步推进贵州融入国内内陆开放经济发展建设,推进国家内陆经济发展。这为贵州的开放发展奠定了交通基础。在"一带一路"大背景下,沿线国家与中国基础设施互联互通需求巨大,就目前来看,我国与沿线国家交通基础设施互联互通水平还有待提高,基础设施建设相对滞后。基础设施互联互通是"一带一路"建设的关键,是"走出去"和"引进来"的先决条件,因此,贵州有优势的企业积极参与"一带一路"建设,发挥贵州优势,提高开放发展水平。

七、人文交流是贵州适应经济全球化发展的必然要求

(一)人文交流是完善外引和内培人才机制的牵引力

贵州省积极推进人才强省和科教兴省战略实施以来,贵州教育对外开放取得显著进展,不断引进和培育开放型经济人才,制定相关政策为人才培养和引进提供制度保障[①]。

贵州省搭建高端人才引进与培养合作平台,每年选派贵州省优秀青年教师到东盟国家优秀高校、科研机构、企业进修,选派贵州省各高校优秀学生到东盟国家优秀高校学习,到优秀企业实习。同时,制定相关优惠政策,引进东盟国家优秀青年骨干教师到贵州任教,解决引进高端人才在生活和发展方面的相关问题,扩大东盟国家来贵州留学生的数量,适当提高留学生奖学金额度。继续支持中国-东盟教育交流周的活动。

(二)推进人文交流是完善精准用才和留才的助推力

全面深化中亚、俄罗斯和欧洲经济走廊教育人才领域的合作。鼓励贵州各大高校与莫斯科国立大学、圣彼得堡国立大学等俄罗斯高校开展教育交流合作,就高校之间开展学科建设研究、学术研讨等学术活动。鼓励贵

---

① 孟红艳:《贵州省内陆开放经济中发展绿色经济战略的研究》,《经贸实践》2016年第8期。

州优秀青年骨干教师到欧洲国家优秀高校、科研机构和企业进修,引进欧洲高水平人才来黔任教。鼓励贵州各高校青年骨干教师参与中亚和俄罗斯等国家举办的国际学术论坛和国际科研项目,尝试贵州省高校与中亚和俄罗斯等国家高校共建实验室。

全面深化南亚经济走廊教育人才领域的合作[①]。贵州省参与"一带一路"沿线国家教育交流合作,既要"走出去"投资合作,又要"引进来"战略合作。贵州省可考虑在南亚国家开展海外教师培训基地,提高外语授课能力,鼓励青年骨干教师队伍和管理团队走出去,鼓励贵州有条件的高校参与南亚国家开展的国际合作办学。

---

① 贵州省开展对外战略性合作研究课题组:《贵州省开展对外战略性合作研究总报告》,2014年。

第六章　贵州共享发展实践与经验

党的十九大报告提出:"坚持新发展理念,发展是解决我国一切问题的基础和关键,发展必须是科学发展,必须坚定不移贯彻创新、协调、绿色、开放、共享的发展理念。"其中,共享发展是社会理想目标的核心之一,历史规律认知深化的结果。它既是贵州全面建成小康社会的硕果之一,也是维护社会公平正义的时代要求,为新时代贵州经济高质量发展奠定了广泛且坚实的基础。本章聚焦于贵州共享发展的理论与实践,共分为三节:一是从理论溯源和现实背景两方面形成对贵州共享发展的有力支撑。二是从精准扶贫、公共服务供给、教育事业、生态共享、农村普惠金融等方面论述贵州生态发展进程。从提高居民收入水平、完善社会保障制度、提高居民健康水平、改善居民居住条件等方面论述贵州共享发展成效。三是从建立健全兜底机制、保障机制、分享机制和动力机制等几方面总结概括贵州共享发展经验。

第一节　贵州共享发展的理论与现实背景

一、贵州共享发展的理论背景

共享发展是新常态下贵州经济可持续发展的需要,新时代贵州仍存在着共享发展的难题,贵州社会经济发展亟须共享发展理念的引领与指导,它顺应了贵州省情,是贵州全面建成小康社会和维护社会公平正义的时代要求,对破解贵州贫困人口全部脱贫、公共服务相对落后及代际发展问题突出等一系列的难题,增强发展动力、厚植发展优势具有非常重大的指导意义,也为贵州经济发展指明了目标方向[①],对于贵州经济新发展、实现中华民族伟大复兴的中国梦具有重要的理论指导意义。

(一)共享发展的理论渊源

共享发展理念蕴含了深厚的历史底蕴,其理论渊源可从以下主要方面追溯。

1.马列主义:公平、平等观的继承与发展

公平既是一个历史范畴,更是一个价值范畴。马克思基于历史唯物主义的立场,认为公平是一个社会关系范畴,它植根于劳动实践和社会生产,在对旧社会的批判和对新社会的构想中,阐发了较为系统的公平理论。在未来理想社会,实现"人的自由全面发展"是公平的最终价值目标[②],是在今天的社会主义制度下确定共享发展目标的历史根基。从互惠利他到共享发展,现代性条件下共同体的可能性从经济学、文化学、心理学等方面都得到了历史性的确认。共享发展的实现,也必将如《共产党宣言》所肯定的,是将社会主义与其他一切以私有制为基础的社会制度根本性区分开来的标准之一[③],对全面建成小康社会具有重要的指导意义。

马克思公平观是列宁社会主义平等思想的理论基石。列宁继承并发展了马克思主义理论,在领导俄国进行社会主义革命和建设的过程中,立足整个唯物史观,对资本主义社会的经济、政治、文化上的不平衡进行了深刻的分析与批判,从平等的前提、实质、路径等层面阐述了其平等思想[④]。

---

① 颜晓峰、吴晓宇:《共享发展是新发展理念的价值要义》,《辽宁日报》2018年1月9日。
② 刘军:《马克思主义公平理论与当代中国的共享发展》,《人民论坛》2017年第20期。
③ 吴静:《从马克思主义哲学史角度透视共享发展理念》,《哲学研究》2016年第12期。
④ 颜军、李晓宇:《列宁平等思想的共享发展意涵及其当代创新与启示》,《成都理工大学学报(社会科学版)》2019第6期。

共享发展的前提是消灭剥削制度实现社会平等,列宁充分分析了资本主义的分配状况,揭示了资本主义平等的不彻底性,论证了改变这种不彻底性的根源在于消灭剥削。共享发展的实质则是全体人民平等享有权利,列宁继承并发展了马克思"社会主义必须以平等为前提,没有人与人之间的平等,每个人自由而全面的发展是不可能实现的"的观点,认为社会主义平等的主体是全体人民群众,人民群众有平等享受权利的机会①。而实现共享发展的路径在列宁看来是发展生产力,提高生产效率,其目的不是为了改善某个人或者某个群体的生活,而是要提高亿万劳动人民的生活水平,使人民群众能够真正共同享受社会发展成果。生产力的快速发展,为人民群众共享社会发展成果提供了前提条件,而公平的社会分配又为人民群众真正平等的发展奠定了基础。

2.共同富裕理念:从行动走向深化

(1)毛泽东第一次使共建共享成为中国人民的自觉行动。毛泽东共享发展思想丰富和发展了马克思主义经典作家的公平平等的共享发展思想,第一次使中国人民千百年来梦寐以求的共享理念变成行动中的事业,第一次使共建共享成为中国人民的自觉行动②。虽然毛泽东并没有明确提出和阐释过"共享发展"的概念,但是,从毛泽东艰辛探索的实践和理论来看,共享发展的意识已经蕴含在他对共同富裕的追求之中。共同富裕的先决条件就是共享发展,共享发展的价值目标就是共同富裕。所以,毛泽东力主共同富裕,其本身就内在地包含共享发展的意识。

(2)邓小平初步表达了共享发展的基本要义。什么是社会主义?怎样建设社会主义?邓小平在探索解答这个问题的过程中,认真反思历史,深刻总结经验教训,始终高举共同富裕的大旗,但他反对把共同富裕理解为同步富裕,主张先富带动后富,逐步实现共同富裕。邓小平将焦点集中在共同富裕上,初步表达了共享发展的基本要义。

(3)江泽民凝练出了共享发展的科学概念。同样,邓小平也交给江泽民一个"中心课题":实现共同富裕。江泽民在领导开创我国改革开放新局

---

① 颜军、李晓宇:《列宁平等思想的共享发展意涵及其当代创新与启示》,《成都理工大学学报(社会科学版)》2019第6期。

② 洪谊雅、林怀艺:《毛泽东共享发展思想及其当代启示》,《广西社会科学》2018年第4期。

面的实践中,坚持以共同富裕为目标,在毛泽东邓小平的理论基础上凝练出了共享发展的科学概念,并在党的十六大报告中明确提出:"在经济发展的基础上,促进社会全面进步,不断提高人民生活水平,保证人民共享发展成果。"由此以后"共享发展"作为一个科学概念被使用①。

(4)胡锦涛进一步阐述和丰富了共享发展的内涵。到 21 世纪初,虽然我国人民的富裕程度已大大提高,但收入分配不公的问题仍较为严重。在此情况下,胡锦涛着眼于全体人民的共同富裕,坚持以人为本,大力强调科学发展、共享发展,在领导全国人民进行全面建设小康社会的实践中,进一步阐述和丰富了共享发展的内涵,在党的十八大报告中,胡锦涛又特别提出了经济、政治、文化、社会、生态五位一体的发展构想,进一步勾勒出全面共享发展的蓝图②。

3.习近平:共享发展与人类命运共同体的融合

2015 年 10 月,习近平在党的十八届五中全会上明确提出了包括共享发展理念在内的五大发展理念,这是中国共产党在新的时代背景下对发展理念的重大突破。在新全球化时代,以习近平为领导的中国政府从全人类根本的、长远的利益和共同的公共性福祉着眼,立足人类历史正道之公共价值的立场,创造性地提出了"五大发展理念"以及"人类命运共同体"的理念和构想,为全球治理和善治目标的实现,为人类社会的整体性发展贡献中国方案和中国智慧,为增进全人类共同的福祉、实现人类共同价值,勾画一个可预期的理想远景③。现阶段共享发展的含义与特征表现为:多层次的共享,即包括经济成果、社会成果和权利的共享;效率与公平的统一;其发展的重点是解决贫困及其他低收入等弱势群体的问题④。

习近平共享发展理念是在汲取马克思主义经典作家关于人民共同享有发展成果的理论精髓,以毛泽东全心全意为人民服务思想为宗旨,坚持

---

① 于江:《从"共同富裕"到"共享发展"的逻辑理路及其实践路向》,《党政干部学刊》2018 年第 5 期。

② 蔡克文:《从毛泽东到习近平:共享发展理念的演进》,《改革与战略》2017 年第 2 期。

③ 袁祖社:《"共享发展"的理念、实践与人类命运共同体的价值建构》,《南京社会科学》2017 年第 12 期。

④ 尹庆双:《坚持共享发展理念,全面建成小康社会》,《经济学家》2015 年第 12 期。

邓小平共同富裕思想的基本原则与思路,在继承中国共产党关于发展成果由人民共享思想的基础上形成的①。习近平共享发展思想以坚持共享发展是社会主义本质要求、共享发展的实质是坚持以人民为中心、共享发展引领人民创造美好生活为要旨。

对于如何实现共享发展,习近平着力强调:一是要全面建成小康社会,二是要全面深化改革,三是全面依法治国,四是全面从严治党。总之,要实现共享发展,就必须坚持以人为中心的发展思想,扎实推进"四个全面"战略布局,大力推行创新发展、协调发展、绿色发展、开放发展。以习近平同志为核心的党中央带领人民在新时代推进共享发展,相信在推进人民共享发展成果的基础上,也必将在中国特色社会主义发展的伟大征程中绽放夺目光芒②。

(二)共享发展理念的内涵特征

"时代孕育理论。"共享发展理念在中国特色社会主义进入新时代的大背景下应运而生。共享是全体人民对经济社会发展成果的共同享有。共享明确了贵州经济发展以人民为中心的价值取向。

1.共享发展的核心理念

共享发展的核心理念,即"发展为了人民、发展依靠人民、发展成果由人民共享,做出更有效的制度安排,使全体人民在共建共享发展中有更多获得感,增强发展动力,增进人民团结,朝着共同富裕方向稳步前进"③。它明确了以人民为中心的价值取向,揭示了贵州经济社会发展的出发点和落脚点。

2.共享发展的两种基本形式

共享发展的两种基本形式有发展型共享和补偿型共享。

(1)发展型共享,意指"以经济建设为中心,进一步解放生产力,以信息化带动工业化,以信息化实现工业化,推动生产力跨越式发展"。发展型共享重在生产力的发展。它是通过供给总量的增加,使所有人的利益增加,

---

① 刘武根、艾四林:《论共享发展理念》,《思想理论教育导刊》2016第1期。
② 牛凯丽:《习近平共享发展思想研究》,广西大学硕士学位论文,2018年。
③ 佚名:《中国共产党第十八届中央委员会第五次全体会议公报》编写组:《中国共产党第十八届中央委员会第五次全体会议公报》,人民出版社2015年版,第10页。

以实现真正的共赢。

(2)补偿型共享,是指对由经济社会体制转型和政策偏向造成的利益失衡进行适当调节。它重在分配的调节。如补短板是当前实现补偿型共享的一个重点工作①。

3.习近平共享发展的基本内涵

共享而非均享②。习近平总书记从四个方面阐述了共享发展理念的主要内涵:全民共享、全面共享、共建共享、渐进共享③;从覆盖人群来看,共享是全民共享;从享受的内容来看,共享是全面共享;从实现途径来看,共享是共建共享;从发展进程来看,共享是渐进共享④。

(1)全民共享。全民共享体现了共享发展理念的主体性,回答了"为谁发展"的问题。从横向看,全民共享重在"全体",如贵州扶贫路上"一个不落"。从纵向看,全民共享具有时代的延续性⑤,强调要逐步缩小甚至消除贫富差距,全体人民都能共享改革成果。

(2)全面共享。指全体人民合法合理的享有对象,包括社会和人的发展的全面性。即共享国家经济、政治、文化、社会、生态文明各方面建设成果,全面保障人民在各方面的合法权益⑥。从范围来说,它涵盖教育、就业、医疗、卫生、住房等多个领域的内容。全面共享为生活在贫困地区的人民提供平等参与社会发展的权利和机会。

(3)共建共享。它是手段与目的的关系。体现共享发展理念的持续性,蕴含着劳动优先的意识,强调每个社会成员履行为社会尽责任的义务⑦。目前,贵州城乡区域发展不均衡、收入差距扩大,"这需要形成人人参与、人人

---

① 佚名:《中国共产党第十八届中央委员会第五次全体会议公报》编写组:《中国共产党第十八届中央委员会第五次全体会议公报》,人民出版社2015年版,第10页。
② 卫兴华:《共享发展:追求发展与共享的统一》,《人民日报》2016年8月17日。
③ 中共中央宣传部:《习近平总书记系列重要讲话》,学习出版社2014年版。
④ 马占魁、孙存良:《准确理解和把握共享发展理念的深刻内涵》,《光明日报》2016年6月19日。
⑤ 袁梦馨:《习近平共享发展理念研究》,重庆工商大学硕士学位论文,2020年。
⑥ 中共中央宣传部:《习近平总书记系列重要讲话读本》,学习出版社、人民出版社2016年版,第136页。
⑦ 王庆五:《新发展理念研究丛书·共享发展》,江苏人民出版社2016年版,第179页。

尽力,人人享有的生动局面,不断提高人民自身的获得感。"①

(4)渐进共享。强调共享发展的过程性:"从低级到高级、从不均衡到均衡的过程。"②贵州必须立足省情,既尽力解决当前的民生问题,又要考虑长远的利益。

4.共享发展体现了社会主义生产力与生产关系的统一

党的十八届五中全会明确提出:"共享是中国特色社会主义的本质要求"。共享既强调了生产力的基础性地位,也要求从生产力与生产关系统一的角度认识社会主义的本质。

(1)共享强调生产力具有基础性地位。生产力是共享之源,共享是促进社会生产力发展的动力。如果离开生产力之基础,共享就是空想。生产力为人们提供丰富的物质资料,生产力生产和提供的财富是共享之源。

(2)共享从生产力与生产关系统一的角度体现社会主义的本质。共享是在生产力与生产关系的统一下得以实现。一是生产力是共享的基础性因素,但以生产关系性质为先决性条件;二是生产关系的性质是共享的决定性因素,但要受生产力发展水平的制约。如果离开生产力发展水平抽象谈共享,共享可能演变为平均财富的共享,或者成为脱离现实的空想。

二、贵州共享发展的现实背景

共享发展,它能够对经济和社会发展起到重要的引领性作用,从范围上看,已经涵盖了各个方面,然而,最为主要的一点,它能够有效地将各种矛盾化解,取长补短,实现快速发展。首先,实现共享发展的基础就是要坚持发展。这是因为共享的内容来自发展,同样,共享的对象也来自发展。然而,它的基础是创新发展、协调发展、绿色发展、开放发展的综合,这是为什么共享发展位列五大发展理念之末,也可以说共享发展是前四项发展理念的成果检验。其次,坚持改革是实现共享发展的动力。在创新发展、协

---

① 邢单伟:《共享发展理念下民族文化旅游发展研究:以黔东南苗族侗族自治州为例》,南昌大学硕士学位论文,2017年。

② 中共中央宣传部:《习近平总书记系列重要讲话读本》,学习出版社、人民出版社2016年版,第136页。

调发展、绿色发展、开放发展的基础上实现共享,必须坚持从中国的基本国情出发进行全面深化改革。共享发展意味着全面深化改革需要有利于维护我国最广大人民的根本利益,需要协调市场和政府的关系。再次,坚持法治是实现共享发展的保障。发展的基础和改革的驱动都依赖于法治的保障。然而,法治的出发点和最终的归宿就是为了切实维护人民的根本利益,一切为了人民,既要体现人人平等,维护社会的公平,更要实现社会的共同富裕。

只有共享,才能从根本上解决我国所遇到的发展难题,找到适合国情的方法。唯有共享,才能获得真正的发展;唯有共享,才能推动发展。所以共享有助于社会成员之间加强合作交流,共同走向美好的未来。共享发展为实现民众共享指明了方向,找到了实现共享的具体路径,一方面是生存民生的具体体现,另一方面又是教育等发展民生的体现,能够不断将共享的层次进一步提升,使得共享的每一个领域达到均衡,能够在很大程度上将共享的空间进行扩张,从各个方面满足诉求。

(一)经济总量持续提升

贵州经济增长总量持续提升,取得令世人瞩目的成就。从增长速度来看,是这十年间唯一增长 3 倍以上的省份。2000 年贵州地区生产总值为 1 029.92 亿元,比起 1993 年翻了一倍,2005 年再翻一倍达到 2 005.42 亿元,2010 年突破 4 000 亿元,2013 年突破 8 000 亿元。2018 年贵州 GDP 达到 1.48 万亿元,比 2008 年增长约 3.2 倍,地区生产总值的提升不仅体现在绝对数量上,占全国比重由 2010 年的 1.13% 提高到 1.61%,意味着同期的增长速度也超越其他地区的平均水平。

与地区生产总值相比,人均地区生产总值是更能体现共享发展成果的指标。1978 年,贵州人均地区生产总值只有 175 元,2000 年该值为 2 759 元,一直处于相对较低的水平。从 2010 年开始,贵州人均地区生产总值开始进入快车道,增长的速度显著加快(见图 6-1),2018 年的人均地区生产总值为 41 244 元,约是 1978 年的 235 倍、1985 年的 100 倍、2008 年的 4 倍、是 2012 年的 2 倍。这些数据充分体现了贵州跨越式发展和后发赶超的成绩。

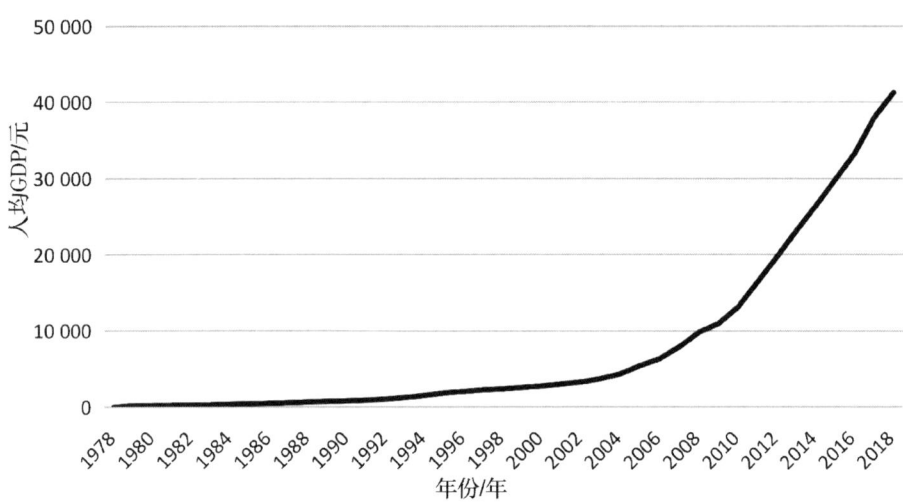

图 6-1　贵州省人均地区生产总值变化情况图

资料来源：贵州统计年鉴。

(二)守住底线,补齐短板

共享发展必须始终如一地坚持底线思维,无论是制定政策方面,还是完善制度问题上,都必须切实做好贫困人口的安排,关心和帮助社会弱势群体,特别是低收入人群,必须采取措施增加收入,改善生活的质量,最大可能地消除贫富差别。守住底线包括守住减贫底线和就业底线两个方面。

从就业底线的情况来看,近 20 年来贵州省城镇失业率一直稳步下降(见图 6-2),近十年来一直保持在较低水平。与全国城镇失业率相比较,贵州城镇失业率 2000 年之后一直保持等于或低于全国水平,说明贵州在共享发展理论的指导下守住了就业底线。

从减贫效果来看,贵州成为在全国率先建立贫困县退出机制并取得初步成效的省份。2011 年,就有盘县、施秉、兴仁 3 个国家扶贫开发工作重点县主动申请"减贫摘帽",2012 年至 2013 年,有 11 个国家扶贫开发工作重点县,宣布成功"减贫摘帽"。2014 年有 8 个县、95 个乡成功"减贫摘帽",减贫人口达 150 万。2018 年 18 个贫困县(市、区)正式推出贫困县序列,2019 年 24 个县退出贫困县序列。从党的十八大到 2020 年 3 月,贵州贫困人口从 923 万减少到 30.83 万,减贫人数全国第一,贫困发生率从

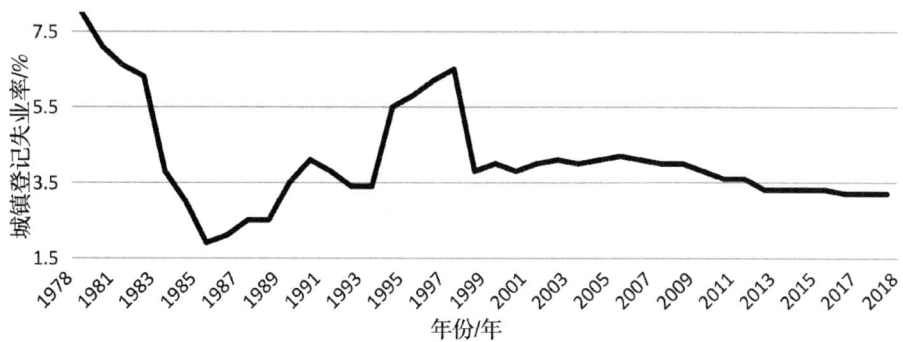

图 6-2 1978—2018 年贵州城镇失业率变化图

26.80%降至 0.85%。近年来,贵州不断深化产业扶贫、就业扶贫、科技扶贫、教育扶贫、健康扶贫和易地搬迁扶贫,建立健全监测预警和动态帮扶机制,发展起茶叶、食用菌、蔬菜等 12 大农业特色优势扶贫产业,与对口帮扶城市产业合作、劳务协作。截至 2019 年底,贵州基本实现建档立卡贫困家庭辍学学生动态清零,基本完成行政村卫生室建设和合格村医配备,基本完成农村危房改造、老旧住房透风漏雨和人畜混居整治任务,基本解决 288.24 万农村人口饮水安全问题。

解决社会中收入不均衡分配的现实矛盾需要坚持"发展成果由人民共享"作为衡量收入分配的平等状况的指标,中国的基尼系数从 2007—2009 年处于相对高位达到 0.49,之后一直呈现显著下降的态势,说明共享发展的成果开始更广泛地惠及人民(见图 6-3)。

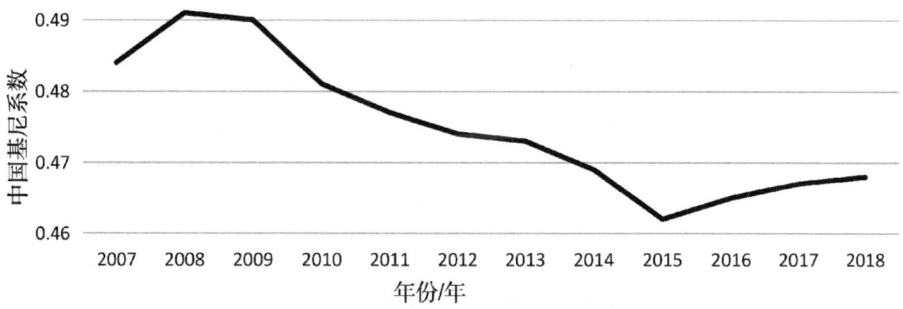

图 6-3 2007—2018 年中国基尼系数变化图

数据来源:CEIC 数据库。

第二节 贵州共享发展实践

一、贵州共享发展进程

(一)精准扶贫:共享发展理念的新范式

"十三五"时期作为全面建成小康社会的决胜阶段,全面正确把握共享发展理念的内涵,将有利于全面精准扶贫政策的顺利实施,有助于全面小康社会的顺利建成。

1.共享发展理念下精准扶贫内涵

近年来,共享发展理念愈发受到人们的广泛关注。发展理念的最为重要的演进,在于把"共享"纳入精准扶贫的中国道路,精准扶贫概念发源于理论界在落实共享发展理念的背景下对反贫困范式的重新审视,以实现共享发展与精准扶贫的耦合运转(见图6-4)。共享发展是精准扶贫的价值追求,精准扶贫是实现贫困人口人人共享发展成果的必然选择,共享发展与精准扶贫的耦合推进,是全面建成小康社会的战略要求。

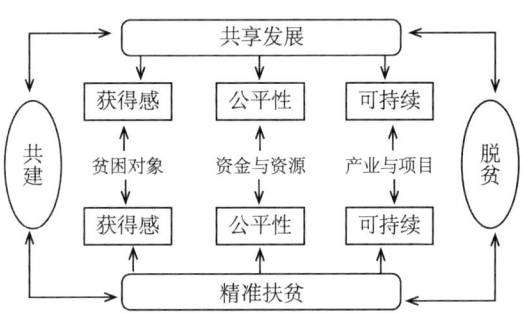

图6-4 共享发展理念下扶贫生态系统

共享发展理念下精准扶贫的核心在于可持续减贫。这里可持续性减贫与减贫的可持续性是有区别的,前者不仅包括减贫的结果,也包括减贫的手段、方式、方法,而后者主要是从减贫的结果来判断的。共享发展下的精准扶贫不仅需要实现减贫,更需要实现可持续性减贫①。精准扶贫政策的施行可以减少贫困数量,却不能从源头上解决贫困。依托共享发展理念进行精准扶贫,可以有效地减贫,从根源上扼制贫困人口的再次出现。

从扶贫的角度看,基于共享发展理念的精准扶贫蕴含了鲜明的问题意识,凸显了精准扶贫脱贫的价值诉求②。为了实现共享发展,贵州省的扶贫政策和全国一样也经由"粗放型扶贫"转变为"精准式扶贫"、由"绝对贫困"转变为"相对贫困",扶贫模式开始向集约化、精准化、整体化转变,扶贫的针对性、精准性和有效性不断增强。

共享发展是多层次的共享,它不仅包括经济成果的共享,还包括社会成果和权利的共享。其中,经济共享是基础,但同时,也必须坚持发展为了人民、发展依靠人民,必须坚持"权为民所赋,权为民所用"的权利观,必须保证人民群众在公共服务、就业、教育、医疗、社会保障等方面的基本权利,坚持"人人参与、人人尽力、人人享有"。

现阶段共享发展的重点是解决贫困及其他低收入等弱势群体的问题。共享发展是把个体利益与整体利益有机地结合起来,建立了一种新的、协调的利益分配机制。现阶段共享发展的主要矛盾是为了补偿弱势群体,在补偿的基础上,强调效率。在这个新机制中,通过鼓励每一个经济个体努力追求自己的经济社会利益,从而保证社会整体经济利益的不断增长。

2.由"粗放型"到"精准式"扶贫的转变

为了实现真正意义上的共享发展,我国扶贫政策已由一开始的"粗放型扶贫"转变为"精准式扶贫"。一段时期以来,在"粗放型"扶贫模式引导下,将 GDP 和经济数据指标作为政绩考核指挥棒,不少地方政府在扶贫开发中只强调总体经济增长的速度,过于关注数字层面的收入水平增加,而忽视了低收入群体及偏远贫困地区的收入状况和当地的基础设施建设情况,导致扶贫目标不准、效果不佳。

随着贫困地区和贫困人口不断减少,我国扶贫脱贫形势已经发生新变

---

① 雷明:《路径选择——脱贫的关键 贵州省毕节地区可持续发展与可持续减贫调研报告》,《科学决策》2006 年第 7 期。

② 孙迎联、吕永刚:《精准扶贫——共享发展理念下的研究与展望》,《现代经济探讨》2017 年第 1 期。

化,我国已由"绝对贫困"转变为"相对贫困","粗放型"扶贫模式的"普惠性"优势已无法在当前的贫困状况下发挥作用。如若不转变扶贫模式,不仅会造成资源的浪费,更有甚者还可能造成经济的停滞、滋生更多的社会矛盾。为适应当前的贫困状况,贵州扶贫模式开始向集约化、精准化、整体化转变,增强扶贫的针对性、精准性和有效性,并取得了可歌可泣的成绩。

3. 贵州贫困县精准脱贫成果显著

(1)贫困发生率显著下降。据"贵州省深度贫困地区脱贫攻坚工作推进大会"公布的数据及"贵州统计年鉴"所知,2017年贵州深度贫困人口有280.32万人,2018年减少到155.12万人,一年减少贫困人口125.20万人,贫困发生率由2017年的7.75%直接下降到2018年的4.29%[①],共计有14个贫困县成功脱贫摘帽,易地扶贫搬迁入住人口达到76.19万人;2019年末贵州省建档立卡贫困人口30.83万人,全省全年减少贫困人口达到124.29万人,全年共有24个贫困县摘帽,2 300个贫困村出列,贫困发生率下降至0.85%,比上年下降3.44个百分点[②](见表6-1)。

表6-1 2015—2019年贵州贫困人口规模及其贫困发生率

年 份	2015	2016	2017	2018	2019
贫困人口/万人	493.00	372.00	280.32	155.12	30.83
贫困发生率/%	14.00	10.60	7.75	4.29	0.85

数据来源:根据2015—2019年《贵州统计年鉴》、贵州省国民经济和社会发展统计公报相关数据整理而得。

(2)贫困县逐渐脱贫摘帽。据统计,自2016年来每年实现脱贫的贫困县逐年增加,其中赤水市脱贫成效显著,成为第一个脱贫县。2018年18个贫困县实现脱贫摘帽,2019年实现脱贫摘帽的贫困县或深度贫困县达到24个,均已达到摘帽退出程序和标准[③](见表6-2)。

---

① 周吉星:《贵州省"特惠贷"金融扶贫机制研究》,贵州大学硕士学位论文,2018年。
② 常玥玥、喻玉、陈莹:《贵州:2018年减少贫困人口148万人》,《法制生活报》2017年12月22日。
③ 谌贻琴:《2019年贵州省政府工作报告》,http://gz.people.com.cn/n2/2019.2.1,下载日期:2020年2月1日。

表 6-2 2016—2019 年贵州省已退出贫困县一览表

年份	已退出贫困县
2016	赤水市
2017	桐梓县、凤冈县、湄潭县、习水县、西秀区、平坝区、黔西县、碧江区、万山区、江口县、玉屏侗族自治县、兴仁县、瓮安县、龙里
2018	道真县、务川县、盘州市、六枝特区、镇宁县、普定县、大方县、石阡县、印江县、丹寨县、麻江县、施秉县、镇远县、三穗县、雷山县、贵定县、惠水县、安龙县
2019	正安县、册亨县、水城县、剑河县、三都水族自治县、罗甸县、锦屏县、关岭县、七星关区、织金县、德江县、松桃县、黎平县、黄平县、岑巩县、天柱县、台江县、思南县、长顺县、独山县、平塘县、荔波县、贞丰县、普安县

数据来源:2016—2019 年贵州省国民经济和社会发展统计公报。

(3)贫困地区脱贫模式多样。贵州省从 2016 年以来已有 57 个贫困县实现脱贫摘帽,在 2019 年贵州省贫困人口更是大大减少了 124 万人,并完成了 188 万人易地扶贫搬迁任务。据统计,2019 年贵州省在脱贫攻坚工作上取得了优秀的成绩,主要表现在易地扶贫搬迁、产业扶贫、电商扶贫、教育卫生扶贫以及社会兜底扶贫等方面,扶贫模式多样,群策群力,精准施策,共克脱贫攻坚难关(见表 6-3)。

表 6-3 2019 年贵州省主要扶贫脱贫模式及成果

扶贫模式	扶贫成果
易地扶贫	累计建成安置点 946 个、住房 45.39 万套,搬迁入住 188 万人,其中建档立卡贫困人口 154.03 万人,完成"十三五"时期易地扶贫搬迁任务。
产业扶贫	贵州县级以上农业产业化龙头企业 4 178 家,经营领域涵盖一、二、三产业,共联结合作社 11 016 个,带动农户 211.82 万户,增收 144 亿余元,户均增收 6 835 元,带动建档立卡贫困户 38.34 万户,增收 26 亿余元,户均增收 7 005 元。
电商扶贫	2015 年以来,有 71 个县(其中 66 个贫困县)获批国家级电子商务进农村综合示范县,服务建档立卡贫困户 400 万人次,带动 3.6 万贫困人口就业。
教育卫生扶贫	打造教育医疗"组团式"帮扶试点 176 个,促成三级医院对口帮扶 66 个贫困县医院、三级中医院结对帮扶 64 家中医院。2 760 个深度贫困村、2 632 所贫困县中小学和 1 081 所乡镇卫生院完成结对并实质性开展帮扶。
社会兜底扶贫	2019 年共将 171.2 万建档立卡贫困人口纳入低保或特困供养,占全省建档立卡贫困人口总数的 21.9%,将 22 万困难移民纳入城市低保,对 48.5 万贫困移民发放一次性临时救助金,对不符合救助条件的贫困人口建立台账并通过其他扶贫措施予以精准帮扶,强力助推贫困群众脱贫攻坚。

(4)省市县挂牌督战任重道远。贵州脱贫攻坚虽然取得了优秀的成绩,但由于地处云贵高原山地,地势地貌等自然环境等的制约,相对全国而言,贵州省2019年底仍有包括威宁县、晴隆县、紫云县等9个深度贫困县(含310个贫困村、17.09万贫困人口)未脱贫摘帽,是贵州深度扶贫脱贫攻坚的"重中之重、难中之难、坚中之坚"(见表6-4);如何整合贵州省、市、县三级力量,学习借鉴已脱贫摘帽的贫困县实现脱贫摘帽的有效措施及经验,对帮助未脱贫的9个深度贫困县实现共建共享,精准脱贫,具有非常重要的划时代意义。

表6-4 2019年底贵州省与全国未退出的贫困县比较

地区	个数/个	未退出贫困县
新疆维吾尔自治区	10	和田地区墨玉县、皮山县、于田县、洛浦县、策勒县、喀什地区莎车县、伽师县、叶城县、英吉沙县、克州阿克陶县
贵州省	9	毕节市威宁县、纳雍县、赫章县,黔东南州从江县、榕江县,黔西南州晴隆县、望谟县,铜仁市沿河县、安顺市紫云县
云南省	9	怒江州福贡县、泸水市、兰坪县,曲靖市会泽县,昭通市镇雄县,普洱市澜沧县,文山州广南县,丽江市宁蒗县,红河州屏边县
广西壮族自治区	8	河池市都安县、大化县、罗城县,柳州市三江县、融水县,百色市隆林县、那坡县、乐业县
甘肃省	8	陇南市西和县、礼县、宕昌县,临夏州东乡族自治县、临夏县、定西市通渭县、岷县、庆阳市镇原县
四川省	7	凉山州布拖县、昭觉县、美姑县、金阳县、普格县、喜德县、越西县
宁夏回族自治区	1	固原市西吉县

(二)增加公共服务供给

1.以共享理念引领新型城镇化建设

新型城镇化建设是促进全面建成小康社会的强大动力,是实现现代化的必由之路,其理论渊源是城乡人民共享发展。因此新型城镇化建设要坚持以共享的发展理念为引领,以人的城镇化为核心,更加注重提高户籍人口城镇化率,更加注重城乡基本公共服务均等化,更加注重环境宜居和历史文脉传承,更加注重提升人民群众获得感和幸福感。在新型城镇化建设过程中以共享发展理念引领新型城镇化建设,保障建设为了人民、建设依靠人民、建设成果由人民共享。

贵州新型城镇化的核心是人的城镇化,要解决进城农民工城镇户口问题,让进城农民工真正融入城市,还要逐步实现公共服务的均等化。贵州省在城镇化建设过程中坚持以共享理念引领新型城镇化建设,并探索出了一些路径。一是打造新型城镇旅游综合体,开发潜在旅游资源。贵州省拥有诸多独具特色的旅游资源以及产业,先以旅游带动其他产业发展,又通过与其他企业合作,由政府公共部门投资,并与私营企业签订合同,授权私营部门承担公共服务相关基础设施项目的建设,完善城镇基础设施建设,达到促进周围城镇共同发展的目的[①]。二是大中小城市协调共同发展。促进贵阳、遵义两个大城市的发展,支持贵安新区建成大城市,充分发挥大城市集聚效应,从而带动中等城市的形成与发展,重点发展小城镇[②]。近几年来贵州逐渐形成了以黔中城市群为城镇化发展主体形态,集聚贵阳—安顺、遵义两大都市圈,以市(州)政府所在地城市(六盘水市、毕节市、铜仁市、凯里市、都匀市、兴义市为中心的六大城镇组群)联动周边城镇打造区域城镇组群的省域城镇化空间格局。

2.共享绿色流通产业发展

流通产业是国民经济的重要支柱,贵州省绿色流通产业发展必须坚持以共享的发展理念为指导。贵州省绿色流通产业发展依托于贵州省大数据的发展,建设"智慧物流",降低流通成本,提高流通效率[③]。在乡村振兴实施过程中,贵州省加强"两通"建设,促进"黔货出山,网货进山",畅通产销对接机制,构建仓储运输中心和冷链物流体系,这些举措为绿色流通产业的发展提供了更好的环境。此外,贵州省强化"十三五"期间物流业的发展,针对各市州区位、交通、产业等条件,依据物流发展需求预判,构建形成"一核驱动、两轴拓展、四区集聚、多点支撑"的现代物流产业空间布局和

---

① 吴倩:《系统工程思想下新型城镇旅游综合体发展路径研究——以贵州省为例》,《中共福建省委党校学报》2015年第11期。

② 余蓉、汪政杰、鲁国晶:《贵州新型城镇化发展路径研究》,《黑龙江科技信息》2016年第23期。

③ 田乐:《"互联网+流通"下的流通效率提升研究》,安徽财经大学硕士学位论文,2016年。

"一主、一次、八枢纽、多节点"的物流节点城市空间布局,促进全省生产力布局优化调整,促进区域物流合作,提高对外开放水平,促使贵州邮政快递行业迅速发展,物流行业业务总量以及收入不断增长。

(1)贵州邮政快递行业迅速发展。据统计,2014—2018年贵州省物流行业业务总量以及收入迅速增长(见表6-5),快递业务总量由2014年4 669.09万件上升到2018年21 193.63万件,四年增加16 524.54万件,年均增加4 131.14万件;快递业总收入由2014年的9.82亿元上升到2018年40.45亿元,增长了3.12倍,大大提升了企业和员工的收入。尤其是"贵州枢纽"成为近年来贵州经济发展的强劲动力。

表6-5 2014—2018年贵州省物流行业业务总量及收入

年份	行业	业务总量/万件	平均价格/元	总收入/亿元
2014	邮政	3 866.51	4.76	1.84
	快递	4 669.09	21.03	9.82
2015	邮政	3 832.74	4.09	1.57
	快递	7 034.30	18.82	13.24
2016	邮政	4 335.27	7.76	3.38
	快递	11 260.13	19.36	21.80
2017	邮政	7 786.11	5.18	4.03
	快递	15 781.90	19.73	31.15
2018	邮政	9 298.19	4.00	3.72
	快递	21 193.63	19.09	40.45

数据来源:2014—2018年贵州省邮政行业发展公报。

(2)贵州物流发展收入不断提高。随着贵州基础设施的改善,物流的发展在贵州取得巨大的提升,物流收入稳步提高,由2014年的11.66亿元增加到2018年的44.17亿元,收益率每年都维持在20%以上,贵州物流取得非常大的进步。从对贵州每年在物流业的投入可知,贵州在物流的投入也是逐年递增的,如表6-6所示。可见,物流金融的发展具有广阔的发展前程。

表 6-6　贵州物流发展成效

年份	物流总量/万件	收入/亿元	收入增长率/%
2014	8 565.60	11.66	—
2015	10 867.04	14.81	21.20
2016	15 595.40	25.18	41.18
2017	23 568.01	35.18	28.42
2018	30 491.19	44.17	20.35

数据来源:2014—2018 年《贵州省统计年鉴》。

3.以共享理念引领乡村振兴

共享发展旨在解决社会公平正义问题,让广大人民共享改革发展成果是实现乡村振兴的根本目的,实现乡村振兴必须坚持共享发展[1]。贵州省在实施乡村振兴战略的过程中坚持以共享发展理念引领乡村振兴发展,大力发展农村社会事业,促进城乡基本公共服务均等化,推动建立以城带乡、整体推进、城乡一体、均衡发展的义务教育发展机制,增加乡村医疗卫生服务资源供给,全面推进乡镇卫生院提档升级,大力推动村卫生室规范化建设,不断提升基层医疗服务和水平,进一步完善农村社会保障体系[2]。贵州省在乡村振兴实施过程中通过建设"特色小镇"吸引城市资金、人才、技术、服务等各种资源,促进产业链、创新链、人才链和资本链的紧密耦合,促进乡村城市化建设。此外,在多民族杂居的地区通过资金、信息、文化等资源的互动共享,促进各民族的交往、交流、交融,推动民族地区乡村的发展与振兴。除了打造共享平台,贵州省还鼓励发展乡村共享经济,推动乡村振兴的实施,贵州清镇市芦荻哨村打造"田园综合体",利用该村的田园资源发展旅游,从而促进了该村的发展与振兴[3]。

---

[1] 余永跃、雒丽:《以共享发展理念引领乡村振兴》,《福建论坛(人文社会科学版)》2018 年第 10 期。

[2] 贵州省农业农村厅:《中共贵州省委 贵州省人民政府关于乡村振兴战略的实施意见》,http://www.moa.gov.cn/ztzl/xczx/yj/201812/t20181210_6164589.htm,下载日期:2020 年 7 月 20 日。

[3] 吕慎:《贵州清镇:在绿水青山间"乡村振兴"》,http://news.gog.cn/system/2017/12/10/016275727.shtml,下载日期:2020 年 12 月 10 日。

(三)优先发展教育事业

共享发展注重解决的是社会公平正义问题,是中国特色社会主义的本质要求,其中教育公平是社会公平的重要基石,教育兴则国兴。贵州地处西南地区,经济发展相对落后,一些历史原因和现实条件问题,使得贵州包括教育在内的等各项事业发展缓慢。治贫先治愚、扶贫先扶智。贵州把优先发展教育事业作为拔穷根的根本之策,出台了《贵州省教育精准脱贫规划方案(2016—2020年)》《贵州省教育脱贫攻坚"十三五"规划实施方案》《贵州省教育精准脱贫"1+N"计划》《用好"五步工作法"坚决打赢脱贫攻坚教育保障硬仗工作方案》等文件,统筹指导推动全省教育脱贫攻坚工作[1],并取得了不错的成绩。

1.基础教育方面

截至2018年底,幼儿园数量达到10 306所,普通高中学生数量达到687 500人,民办学校和在校生人数逐年增加,文盲率下降到8.62%,学龄儿童入学率达到99.95%,并在全国率先启动农村学前教育儿童营养改善计划,率先为所有乡村中小学配备校医,率先对农村贫困家庭学生上学免除学杂费[2]。在出台的《贵州省推进教育现代化建设特色教育强省实施纲要(2018—2027年)》中提出了大力推进普通高中内涵发展,实施普通高中特色建设支持计划,开展了新一轮示范性普通高中评估,进一步引导普通高中多样化特色化发展,提高了普通高中教育教学质量和全省普通高中总体发展水平。

2.职业教育方面

近年来,贵州职业教育经历了调整、整顿、充实、改革、完善、提高,在艰苦创业中茁壮成长,在励精图治中发展壮大,实现了普及提高、规模扩大、质量增强、能力提升。尤其是党的十八大以来,贵州继教育"9+3"计划取得阶段成果后,从"强基础、扩规模、补短板"逐步转变为"提质量、重脱贫、促发展",职业教育发生了翻天覆地的变化。数据显示,2015—2019年,贵

---

[1] 王丹:《以共享发展理念引领教育公平》,《文化发展》2018年第12期。
[2] 刘琼芳:《共享发展理念下的大学生文化自信现状及培养》,《产业与科技论坛》2019年第3期。

州累计培养输送技术技能人才180万人,高职毕业生初次就业率达93.05%,中职毕业生初次就业率达96.51%。中高职毕业生省内就业率由10年前的30%上升到70%,为贵州经济增速持续8年位列全国前3提供了技术技能人才保障。截至2019年10月,职业教育精准脱贫班累计帮助25万个家庭经济贫困学生实现"职教一人,就业一个,脱贫一家"。

3.高等教育方面

绵绵用力、久久为功。党的十九大报告提出,"要加快一流大学和一流学科建设,实现高等教育内涵式发展"。"双一流"建设是贵州顺应新时代高等教育发展的风向标,是支撑贵州经济社会发展的创新引擎。贵州高校是人才储备的重要来源,各具特色,其中贵州大学的化学、植物与动物科学两个学科分别于2016年和2017年进入ESI(基本科学指标数据库)全球排名前1%,并入选世界一流学科建设高校[1]。贵州师范大学坚持学科专业建设协调发展,有1个贵州省国内一流建设学科,3个贵州省区域内一流建设学科,6个一级学科博士学位授权点、22个一级学科硕士学位授权点、6个自主设置二级学科硕士学位授权点,9个硕士专业学位类别领域授权点。贵州财经大学在2018年获批博士学位授权单位,理论经济学和工商管理两个一级学科获得博士学位授权点等。贵州高校着眼特色优势,实现多样化办学、差异化发展,奋力走出一条有贵州特色的"双一流"建设之路,不断满足人民群众对优质教育资源的需求,办好人民满意的高等教育[2]。

4.教育开放方面

自2008年起,由外交部、教育部和贵州省人民政府共同主办的中国-东盟教育交流周已连续12年在贵州成功举办。双方政府、学校、企业等共签订各类合作协议或合作备忘录1 790余份,开展各类活动共340余项。

教育是推动贵州各项事业的先棋手,贵州牢牢把握提高教育质量这一核心任务,立足"保普惠"抓学前教育,"促平衡"抓义务教育,"增内涵"抓高等教育,"强特色"抓职业教育,"引进来""走出去"抓开放教育,促进各级各

---

[1] 韦倩、杨刚、覃淋、邱胜:《高等教育:跑出"双一流"建设加速度》,《当代贵州》2019年第43期。

[2] 韦倩、杨刚、覃淋、邱胜:《职业教育:职教一人脱贫一户》,《当代贵州》2019年第43期。

类教育均衡发展。以坚持立德树人、统筹教育资源、扩大教育公平、聚焦教育质量、坚持特色发展、提升服务能力、探索创新发展为指导思想;实现到2022年教育整体水平进入全国教育中等行列;到2027年基本达成建设特色教育强省的工作目标①。

我们相信经过贵州不断发展,不断深化教育改革,结合贵州实际谋划教育改革创新,实现教育事业助力,不断激发贵州教育发展活力,定能实现贵州蓬勃发展!

(四)加快生态共享经济发展

党的十八大以来,我们党鲜明提出了创新、协调、绿色、开放、共享的发展理念。"绿水青山就是金山银山;既要金山银山,又要绿水青山;宁要绿水青山,不要金山银山。"绿水青山,是贵州共享的"资本",也是贵州的未来!

2016年贵州被列为国家生态文明试验区之一,贵州省委、省政府高度重视以生态文明建设推动经济社会发展,见事早、谋划先、永探索,先后制定了一系列部署安排,采取了一系列有力行动,取得了一系列丰硕成果。在2017年中共贵州省第十二次党代会把大生态上升为全省战略,明确提出:实施大生态战略行动,坚持绿色发展,生态优先,将共享"绿色+"理念融入经济社会发展全过程,让绿色红利更多普惠人民。

1.共享生态发展,增进民生福祉

共享天蓝、绿地、水清的生态环境为贵州旅游业的快速发展提供了强有力的支撑,"山地公园省·多彩贵州风"旅游品牌逐渐深入人心,大力推动"旅游+农业""旅游+工业""旅游+服务业""旅游+大数据"深度融合,通过产销衔接、参与旅游服务、景区建设、乡村旅游带动脱贫;贵州打造了一批高品质旅游景区、重点线路和山地特色旅游目的地,旅游业持续保持"井喷"态势,全省森林覆盖率达到55.3%,2017年全省旅游接待达7.44亿人次,增长40.0%;外省入黔游客达3.27亿人次,增长31.2%,旅游总收入7 116.81亿元,增长41.6%。在政府的带领下实施了易地搬迁政策,对迁出地土地进行复垦或生态修复,在提升土地经济价值的同时,让群众也获

---

① 覃淋:《贵州教育发展时间表和路线图》,《当代贵州》2019年第1期。

得了更多的红利,并且很好地实现了对生态环境的保护和修复。2017年全省就减少了贫困人口120万人,对45.04万农村人口实行易地搬迁。2018年全国生态文明贵阳国际论坛开展,也让越来越多人认识了贵州,在公众对贵州生态环境满意度调查中,贵州稳居全国第二。

2.创新共享生态扶贫

贵州省积极推进脱贫攻坚与共享生态发展的良性互动,以"互联网＋生态建设＋精准扶贫"为新模式,启动单株碳汇精准扶贫试点。

单株碳汇精准扶贫项目是面对贫困户的一个扶贫项目,2018年7月8日,贵州省启动单株碳汇精准扶贫试点,在启动仪式上,联合国工业发展组织能源司司长安泰瑞和贵州省委常委、贵阳市委书记赵德明共同购买了首笔单株碳汇扶贫项目,茅台集团、瓮福(集团)有限责任公司、首钢水城钢铁(集团)有限责任公司作为碳中和工业企业代表各自购买了33 333株碳汇,每株碳汇价3元。

贵州省单株碳汇精准扶贫服务共享平台也同步上线,以村为开发单位,建档立卡的贫困户为主体,以贫困群众拥有的每棵树为载体,将每一棵树吸收的二氧化碳作为产品,通过单株碳汇精准扶贫平台,面向整个社会和社会团体进行销售,共享发展。截至2018年7月已上传平台审核通过的有739户合计39万棵碳汇树,价值117万元。

2019年10月30日,贵州省剩余贫困县纳雍县首次启动单株碳汇精准扶贫项目,毕节市生态环境局纳雍分局有关负责人、土补村村支两委负责人、全村精准扶贫户参加。聚焦"大党建、大扶贫、大数据、大生态"战略,按照"守初心、担使命、找差距、抓落实"的总要求,发动全村党员干部,为纳雍县群众成功申报单株碳汇项目打通最后一公里[①]。预计2020年,将推广到100个村覆盖10 000户贫困农民,每年可筹集扶贫资金1 350万元左右,10年开发期可筹集扶贫资金1.3亿元左右,帮助10 000户贫困家庭脱贫并防止其返贫。

3.助推共享生态产业发展

2017年4月中国共产党贵州省第十二次代表大会召开,会议将大生

---

① 赵齐兴:《纳雍首次启动单株碳汇精准扶贫项目》,https://www.gznayong.gov.cn/xwdt/nyyw/201910/t20191031_9880960.html,下载日期:2020年10月31日。

态列为大扶贫、大数据战略行动之后的第三大战略行动。打造"一村一品""一乡一特""一县一业"。15度以下坡耕地,改种蔬菜、食用菌等高效作物;15至25度坡耕地主要改种中药材、茶叶、精品水果等;25度以上坡耕地旱地退耕还林还草,发展林下经济。

作为国际山地旅游联盟成立的发起方和总部的永久所在地,贵州坚定不移推动旅游产业化,坚持开放引领、改革驱动,用好自然遗产、文化遗产两个宝贝,念好"山"字经、打好生态牌、民族牌、文化牌,努力把贵州建设成为国际一流的山地旅游目的地、国内一流的度假康养目的地。2017年发展的刺梨、油茶、核桃、竹等林业产业,吸纳农村人口171.9万人次就业,参与农户人均增收865元,吸纳农村人口32.6万人次就业,为农村人口提供就业岗位52万个,人均年收入超过20 000元。以森林景观资源为依托开展的森林旅游和森林康养,共吸纳农村人口681.8万人次就业,参与农户人均增收1 508元。林业生态资源成贵州最大的共享发展资本。

不可否认贵州目前仍然面临着诸多问题,水土流失,环境污染严重、监管力度不够等,但贵州不断创新发展思路,坚持生态优先、绿色发展。省委政府确立各职能部门保护责任。并在2018年印发了《贵州省生态环境监测网络与机制建设方案》指出到2020年,要按照"全面设点、全省联网、自动预警、依法追责"的要求,实现环境质量、重点污染源、生态状况监测全覆盖,建立统一的生态环境监测网络,成为一个美丽富有的生态宜居城。

(五)推进农村普惠金融发展

1.普惠金融的内涵与特征

普惠金融即为传统金融机构服务不到的小微企业和贫困人口提供资金融通机会的金融业务;它是在公平与可持续的前提下,尽可能满足全体社会成员的金融服务需求。普惠金融一词最早源于国际扶贫协商小组(CGAP)提出的"建设普惠金融体系"构想。自2005年联合国发起倡导后,普惠金融已经成为各国学界和政界高度关注的新兴重要领域。2015年12月,中国国务院在总结多方经验的基础上明确了与中国国情相适应的"普惠金融"概念,即在公平与商业可持续的前提下,尽可能满足全体社会成员的金融服务需求。普惠金融具有覆盖面的广泛性、资金的可持续性、服务的系统性等特点。即普惠金融强调要有足够的能力为所有的社会人群提供长期的、全方位、齐备的服务支持①。

2.贵州普惠金融不断发展

贵州地处西部山区,经济发展落后,贫困人口多,是贫困面最大、贫困程度最深的省份之一。贵州发展农村普惠金融,建立健全农村普惠金融体系,不仅能为农村低收入家庭提供相对完善的帮助,也对促进农村经济发展具有深远的意义②。近年来,作为西部省份的贵州,不断完善普惠金融体系依靠多方支持,形成合力,积极构建推动普惠金融可持续发展的长效模式和机制,促推贵州脱贫攻坚,实现经济快速发展。

(1)根据贵州省统计年鉴以及贵州省金融运行报告,可得2013—2018年贵州省金融机构(银行业)在贵州省内的网点机构数、从业人数、资产总额等(见表6-7)。

表6-7 2013—2018年贵州省普惠金融发展情况

年份	金融机构数/个	从业人数/人	资产总额/万元	资金投入/万元
2018	6 176	76 395	37 047.4	2 504.36
2017	5 340	73 520	34 755.0	2 362.30
2016	5 259	71 141	30 810.0	2 193.40
2015	5 062	67 981	25 047.8	1 917.02
2014	4 852	64 945	20 186.2	1 725.64
2013	4 649	59 968	17 287.8	1 291.52

数据来源:贵州省统计年鉴、贵州省金融运行报告。

(2)大力发展小额信贷业务

近年来,贵州省不断改善信贷环境,优化调整信贷结构,努力探索微型信贷产品、大力发展小额信贷业务。截至2017年底,据中国小额信贷联盟网,中国人民银行《小额贷款公司分地区情况统计表》,贵州省小额信贷余额达到80.99亿元,省域农户和小微企业的贷款申请获得率在95%以上,带动全省新增发放20.43亿元创业担保贷款;2019年上半年,贵州省小额信贷余额达到66.40亿元,大力支持就业困难人员和小微企业创业发展(见表6-8)。

---

① 马莉、罗磊:《贵州农村普惠金融发展现状浅析》,《农村经济与科技》2018年第24期。
② 吴晓灵:《发展小额信贷促进普惠金融》,《中国流通经济》2013年第5期。

表 6-8　贵州小额贷款公司统计数据

年份	金融机构数/个	从业人数/人	实收资本/亿元	贷款余额/亿元
2019(上半年)	216	1 926	69.30	66.40
2018	220	1 976	70.47	67.31
2017	281	2 630	88.52	80.99

数据来源:据历年全国《小额贷款公司分地区情况统计表》整理而得。

注:由于批准设立与正式营业并具备报数条件之间存在时滞,统计口径中小额贷款公司数量与各地公布的小额贷款公司批准设立数量有差别。

(3)普惠金融支持模式多样

积极引导各涉农金融机构探索新型小额贷款模式,如"631"政融保模式、"公司＋基地＋农户"的共赢发展模式、"农民专业合作社＋农户"的产业发展模式、"专业大户＋农户"的产业带动模式、土地承包经营权抵押模式、保险抵押担保模式和"一卡通"资金担保模式[①]。

(4)村镇银行积极践行普惠金融,助力脱贫攻坚

贵州省大力发展村镇银行,践行普惠金融,助力脱贫攻坚。贵州富民村镇银行自 2012 年成立以来,经过 7 年的发展,已从当初的 3 人筹备团队,发展成如今覆盖除铜仁以外的全省 8 个市州 27 个县市区的集团性村镇银行,员工近 1 600 人,营业网点近 70 个,存贷款规模近 200 亿元。贵州富民村镇银行积极开展"普惠大走访"活动,截至 2019 年二季度末,贵州富民村镇银行户均贷款 10.23 万元,存量贷款户数超过 13 万户,已累计为 18.7 万户客户提供信贷服务[②]。

二、贵州共享发展成效

(一)贵州提高居民收入水平的发展成效

1.从二元经济的视角看贵州省居民收入变化情况

(1)贵州居民可支配收入稳定增长,增速虽有所放缓但仍居全国第一

---

① 马莉、罗磊:《贵州农村普惠金融发展现状浅析》,《农村经济与科技》2018 年第 24 期。
② 高昇华、蒋平:《不忘"富民"初心 助力脱贫攻坚——贵州富民村镇银行积极践行普惠金融》,《当代贵州》2019 年第 36 期。

从贵州省提高居民收入水平的情况看,虽然城镇居民人均可支配收入仍然在农村居民人均可支配收入的三倍以上,农村居民可支配收入的增长速度 2014 年达到 13.11%,以后逐年回落至 2018 年的 9.55%,增速放缓的趋势明显,但农村居民可支配收入的增长速度在 2013—2018 年始终保持高于城镇居民可支配收入的增长速度,2018 年在城乡居民人均可支配增速上,贵州以 10.3% 的增速位居全国第一,已经达到了两位数增长(见图 6-5)。

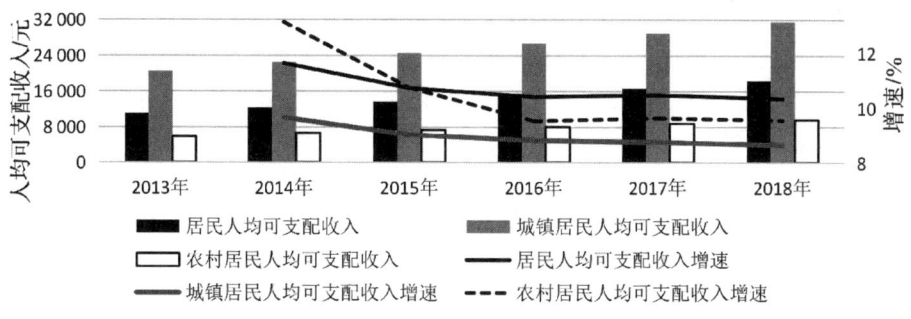

图 6-5　2013—2018 年贵州省全体及城乡居民收入水平变化情况图

数据来源:国家统计局 http://data.stats.gov.cn/。

注:国家统计局自 2013 年开始针对城乡一体化住户收支与生活状况进行了专项调查,调查的数据被用于 2013 年及以后。但是相比 2013 年前的调查范围等方面却有所不同。

(2)与全国情况比较

贵州省居民收入水平不仅在绝对数量上每年稳步增长,占全国平均水平的比例也在稳步增长,其中贵州城镇居民人均可支配收入占全国比例从 2013 年的 77.70% 稳步增长到 2018 年的 80.49%,贵州农村居民人均可支配收入占全国比例从 2013 年的 62.54% 稳步增长到 2018 年的 66.47%(见图 6-6)。

2.贵州省居民收入与人均地区生产总值的关系

由于有效地缩小居民可支配收入与人均地区生产总值的差距是共享发展的重要实现途径,是发展成果由人民共享的具体体现。居民收入占人均地区生产总值的比例体现了经济增长为居民收入所带来的贡献。从图 6-7 中可以看出,贵州省居民可支配收入占人均地区生产总值比例从 2013 至 2017 年逐年递减,导致这一时期居民可支配收入所占比重下降的主要

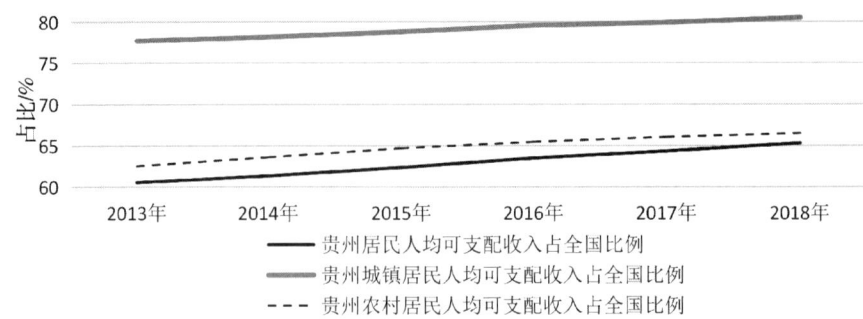

图6-6 2013—2018年贵州省全体及城乡居民收入水平占全国比例变化情况图

数据来源：国家统计局 http://data.stats.gov.cn/。

注：国家统计局自2013年开始针对城乡一体化住户收支与生活状况进行了专项调查，调查的数据被用于2013年及以后。但是相比2013年前的调查范围等方面却有所不同。

原因极有可能与工业化和城市化进程等因素有关，但2017—2018年有所回升。贵州省这一指标变动趋势方向和全国平均水平并不一致，但在2013—2018年始终比全国平均水平高，说明贵州省的经济增长为贵州居民收入的提高做出了良好的贡献。

图6-7 2013—2018年贵州省居民收入水平占人均地区生产总值关系情况图

数据来源：国家统计局 http://data.stats.gov.cn/。

注：国家统计局自2013年开始针对城乡一体化住户收支与生活状况进行了专项调查，调查的数据被用于2013年及以后。但是相比2013年前的调查范围等方面却有所不同。

从增速看（见图6-8），贵州省居民收入水平增速除2014—2015年略有下降之外，总体增长平稳，但人均地区生产总值相对波动较大，人均地区生产总值增速从2014年的14.19%降至2016年的11.38%，之后虽然略有回升,但在 2018 年降至 8.66%。

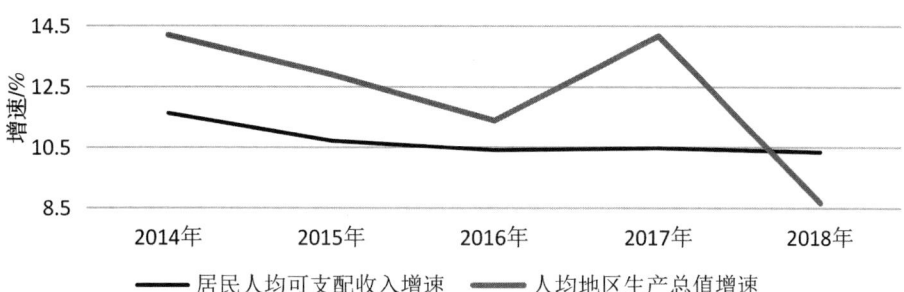

图 6-8　2013—2018 年贵州省居民收入与人均地区生产总值增速关系情况图

数据来源:国家统计局 http://data.stats.gov.cn/。

注:国家统计局自 2013 年开始针对城乡一体化住户收支与生活状况进行了专项调查,调查的数据被用于 2013 年及以后。但是相比 2013 年前的调查范围等方面却有所不同。

从共享发展的角度看,贵州的经济发展成果也起到了引领居民收入增长的作用。根据比较优势发展战略,可以看出在整个发展过程中,低收入地区共经历了 4 个不同的阶段。第一阶段就是落后地区开始朝着城市化、工业化方向发展的过程,简单来讲,就是农业人口开始脱离农业部门,不断转移到城市工业部门;第二阶段就是企业家不再粗放式生产,开始以劳动密集型技术为主,一方面实现资本的积累增加,另一方面工资水平不断提高;第三阶段就是企业家的资本密集型技术占到很大的比例,并且保持上升的趋势,由此可以看出,更多的资源优化配置到资本密集型部门,产业结构开始持续升级;最后一个阶段,经济中能够采用的技术唯有资本密集型。从这个阶段发展的过程来看,贵州省快速经历了前两个阶段的跨越,目前处于第三发展阶段。

3.从行业收入结构看共享发展成果

从数据可查的 2006 年来看,住宿和餐饮业居行业平均工资的末位,为 9 672 元,和居行业平均工资首位的电力、燃气及水的生产供应业相差三倍以上,当年的行业收入标准差为 5 360 元,随着平均工资的总体增长,行业之间的工资差距也在逐渐扩大,2018 年行业工资标准差为 24 434 元,收入的行业排名变化较大,2018 年居民服务业和其他服务业以 43 654 元成为贵州省平均工资最低的行业,而金融业则以 3.3 倍的收入水平位列第一。

按行业门类计算的工资水平变异系数则呈现较大波动,从2006年的0.31一直攀升至2008年的0.37后开始逐渐走低,截至2018年,贵州省行业间的变异系数为0.32。具体如图6-9所示。

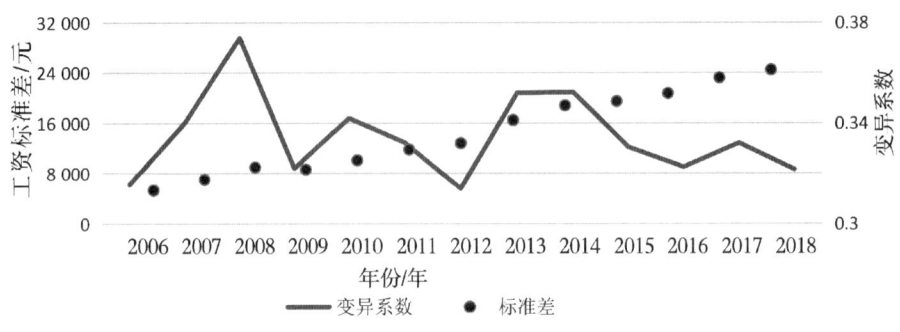

图6-9 2006—2018年贵州省行业收入标准差与变异系数图

(二)贵州完善社会保障制度的发展成效

保障民生,必须健全社会保障体系,有效降低各种风险,有助于社会的和谐发展。与此同时,能够更好地促进社会公平,维护社会公正,能够为城乡居民提供各种保障需求,加快经济发展,促进社会稳定。党的十九大报告明确指出,建立的社会保障体系,必须是多层次,能够起到惠及所有人,实现城乡统筹、保障合理,能够满足人们利益需求。这不但是解决民生问题的重要内容,而且更好地体现了公平正义;与此同时,这是给人们提供美好生活需求的重要渠道,也进一步完善了社会保险经办管理体制,建立了高效服务体系。贵州全省实现脱贫攻坚,全面建成小康社会,社会保障发挥了重要的作用,所以要以脱贫攻坚为中心,各职能部门通力合作,切实做好各项工作。

贵州省加快社会保障制度改革,强调养老和医疗保险制度的建立。建立健全养老保险制度,推动机关事业单位养老保险制度的改革。加快完成全国养老保险统筹,实现地区均衡发展,能够互助,同舟共济。提高保险基金的风险抵御能力。完善养老金的调整机制和做好相关调整工作。

贵州社会保障部门加快推行全民参保的计划,及时做好数据更新,能够与公安等部门做到共享各种数据;做好全民参保登记信息库的统计工作,及时进行数据分析,加强数据应用,加快推进"大扶贫"的工程,针对每一户开展调查,必须掌握没有参加社会保险的确切人数,尤其要清楚建档立卡人员的参保情况等一系列工作。向基本实现社会保险法定人群全覆盖的全民参保目标努力迈进,把所有符合条件的人员都纳入社会保障体系中,特别是一些建档立卡贫困人员,由于没有能力缴纳费用,不能参加城乡居民养老保险,在这种情况下,可以对有条件的人员进行科学指导,积极协调有关的资金,实行代缴保险费,根据相关的要求,切实做好有关的衔接工作,特别是易地搬迁,需要明确建档立卡贫困人口数,做到数据客观真实。建立健全社会保险关系的转移接续手续,简化流程,能够保证相关的流动人员也可以纳入社保体系当中。对于条件较为优越的地区,可以提高城乡居民基础养老金基数,为参保人员提供更好的待遇,重视开展协调工作,寻求新的支付方式,拓展支付渠道,能够保证社会保险按时发放,切实保障每一位参保人员的切身利益,这不但有助于社会的稳定进步,更有助于加快贵州的共享发展。

贵州省全面启动职业年金经办管理,进一步完善职业年金市场投资运营机制,使其更加规范化发展,科学制定职业年金计划设立等方面的方案,初步制定各种相关制度,比如运营风险控制,加快信息化建设,加强账户管理,积极做好联网数据交互,实现与外部机构的联系。

贵州省进一步建立健全城镇职工医疗保险制度,加快改革医疗保险付费制度,大力推行多元复合式医保支付方式,该方式主要是按病种付费为主,在很大程度上使得医保智能审核监控系统应用范围得到扩大,加快制定医保医师管理制度。加快城乡居民医保制度整合的进程,使医疗保险能够做到全统一。对于异地就医,应该进一步扩大即时结算范围,使得医疗保障的有效性能够获得较大提升,有助于激活它的流动性。尝试建立长期护理保险制度,能够有效解决人口老龄化问题。完善失业等方面的保险制度体系,进一步做好省级统筹,健全工伤保险认定及省级统筹制度,进一步做好各项管理工作。加强内控制度建设,完善基金预算编制等各种体系,做好社保基金监管,加快推进养老保险基金的投资运营,实现社会保障事业持续健康发展。

贵州省还不断致力于提高社会保障的服务能力。坚持的导向是人民群众日益增长的美好生活需求,根据制定的相关要求,需要针对性地清理各种证明材料,这样一来就可以节省办理时间,并且对于一些无关紧要的办理环节,可以有所减少。同时可以将一些服务职能进行整合处理,合理配置有关的资源,形成"业务链"需要相互配合,能够为参保群众提供更加标准化的服务,与此同时,标准化建设社会保险经办机构,从而将社会保险服务等全程纳入标准化管理轨道。

抓住贵州实施"大数据"发展战略的大好机遇,重视信息化建设,进一步建设数据共享平台,能够实现业务系统与数据的相互联通;依据当前的征缴模式,可以依托数据进行大集中,健全社会保险信息系统;加快建设社保网上办事大厅,进一步完善经办功能,有助于加快移动终端的运用,从而形成"互联网+社保"服务模式。积极开展定期培训,经常性开展岗位交流活动,加强岗位练兵,能够培养更多的社会保险专业人才,提高现有人员的各项素质和技能,从而组建一支业务素质过硬的社保经办管理队伍。认识窗口作风建设的重要性,加强教育培训,落实各项制度等,必须重视加强窗口作风建设,积极开展相关的业务工作,落实相关的工作部署。明确主体责任,能够为人们提供更完善的社会保障公共服务,从而使人们生活更加幸福。

从财政支持角度而言,贵州省社会保障和就业支出自2007年起逐年增加(见图6-10),从2007年的70.8亿元稳步上升到2018年的537.71亿元。但社保支出占贵州地方财政一般预算支出的比例波动较大,2009年到达10.9%的高点后2010年逐渐回落至8.5%左右,2016年之后加大了对社会保障和就业的投入力度,使得这一比例提高到接近11%。

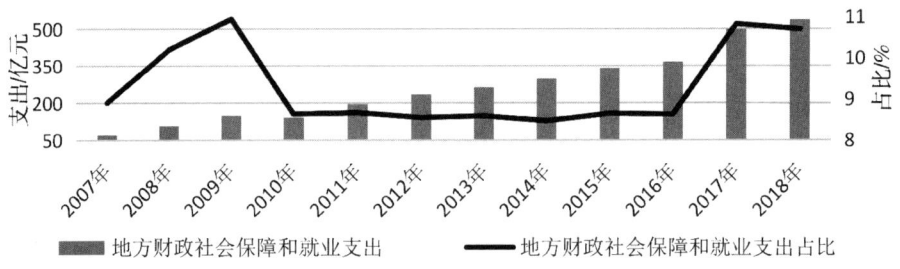

图6-10　2007—2018年贵州省地方财政社会保障和就业支出情况图

数据来源:国家统计局 http://data.stats.gov.cn/。

(三)贵州提高居民健康水平的发展成效

党的十八大以来,贵州省为了打造平安健康贵州,出台了《推动医疗卫生事业改革发展的意见》等文件,加快全民健康发展,助推全面小康社会的建成。

1.贵州省医疗资源的发展情况

从医疗卫生资源的发展看,按国际通行的衡量地区卫生资源状况的三个指标来看,首先,每万人拥有城市执业(助理)医师数量从2010年29人增加到2012年的30人后,2013年略有回落为28人,随后一直保持良好的增长势头到56人,2018年回落为34人。和城市相比农村的每万人拥有农村执业(助理)医师则一直在稳定增长,从2010年的8人增长到2018年的14人,如图6-11所示。

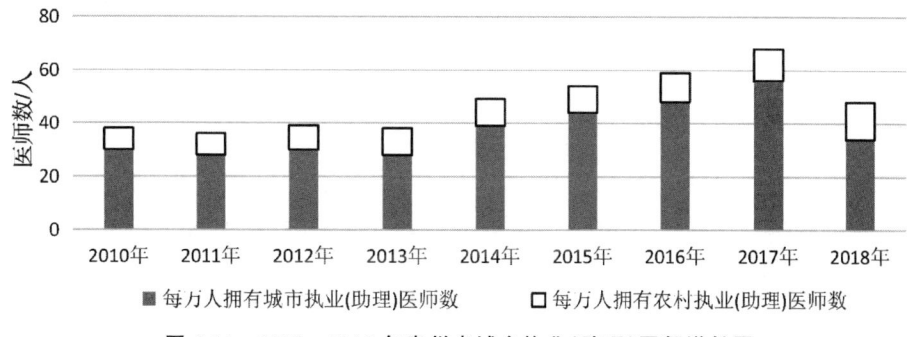

图6-11 2010—2018年贵州省城乡执业(助理)医师增长图

从每万人拥有的医疗机构床位数来看(见图6-12),同样在保持增长,城市每万人医疗机构床位数从2011年的62.43张增长到2018年的144

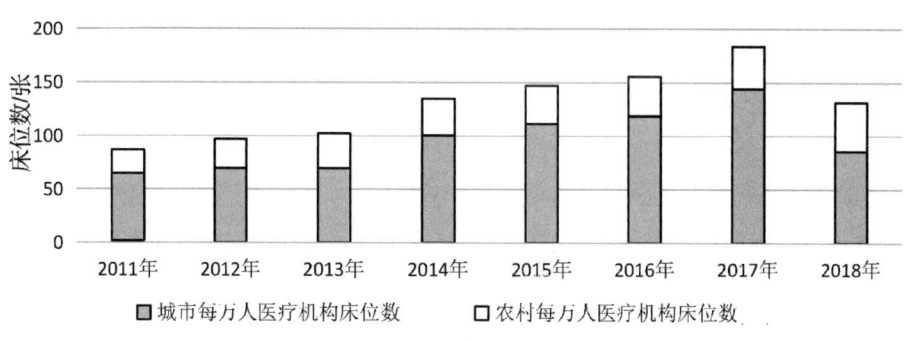

图6-12 2010—2018年贵州省城乡执业(助理)医师增长图

张,农村每万人医疗机构床位数从 2011 年的 22.48 张增长到 2018 年的 45.50 张。

根据近三次人口普查的数据,贵州省平均预期寿命从 1990 年的 64.29 岁提高到 2010 年的 71.11 岁。而 2018 年与 1990 年相比,人均预期寿命提高了十岁左右;整个贵州省已经拥有 28 072 个医疗卫生机构,相比 1950 年,翻了很多倍。该省的病床数量总计 245 639 张、卫生技术人员 32.35 万人,它们分别是 1950 年 263 倍和 486.45 倍;2018 年平均每千人拥有的病床数和卫生技术人员数,都比 1950 年出现了较大幅度的增长,分别达到了 6.82 张和 6.82 人。

2.贵州省补齐医疗短板的努力

2015 年,全省开展农村贫困人口医疗救助保障水平促进精准扶贫试点工作的县已经达到了十五个,通过新农合整合统筹,提供计生扶助等,力争农村地区贫困人口超过九成享有医疗费用的实际补偿。贵州省 2018 年因病致贫返贫人口数量减少很大,约为 17.18 万人,健康扶贫工作任重道远,力争所有农村贫困人口都能看得起病,发挥制度保障作用。大病专项救治病种不断扩大,已经达到了 25 种。同时针对 1 627 个农村饮水点,实行常规监测。先后多次组织医护人员开展大规模的义诊和巡诊活动。积极创新,开辟远程医疗,成为我国第一个可以在四级公立医疗卫生机构开展远程服务的医疗服务体系省份。精选了 102 个项目,开展"百院大战"建设。积极开展医疗卫生对口帮扶工作。通过实施"黔医人才计划",共培训 230 名医院管理人员,以及各学科骨干。其中"医疗卫生援黔专家团",包括院士 55 名,以及核心专家总计 1 305 名,其中在该省建立的工作站(室)已经达到了 44 个。

3.贵州省医疗改革方面的成就

贵州加快推进医改的进程,重点要解决两大突出问题:一是看病难,二是看病贵。全省重点加强医疗服务能力建设,省内三级医院和二级医院都已经开展临床路径管理工作,电子病历试点工作也在陆续开展;国家重视临床重点专科建设项目的实施与管理,完善医疗质量控制体系建设等。全省共有九个市州开展了分级诊疗试点工作,而且被纳入国家城市医疗联合体建设试点的城市共有两个。全省开展现代医院管理制度试点工作的公立医院达到了 42 所。同时建立"督医"制度,属于全国首创。全省在进行重点工作考核时,已经明确国家基本药物制度的实施是其中重要的内容。贵州公立医院综合改革走在了全国的前列,2018年获得中央974万元的奖励资金。国务院曾将余庆县等地公立医院改革作为典型事例,进行了表彰。重视公立医院党建工作,并将其纳入贵州省三级公立医院绩效考核的重要指标体系,既要考核党建工作,也要考核医院管理水平,真正做到党领导一切,并将其落实到医院治理的每一个环节当中。

4.贵州省公共卫生和中医药服务能力的提升

贵州在提升公共卫生能力方面,提出了预防为主的措施,并且结合中西医治疗,有助于提升中医药服务能力。贵州省在2018年的甲乙丙类法定传染病发病率比全国平均水平要低很多,这一成绩保持了九年之久。贵州是一个完全消除疟疾的省份。免疫规划等各项工作居全国领先地位。贵州成为全国第一个建设山地紧急医学救援体系的省份。全省拥有47个国家卫生城市(县城);411个国家卫生乡镇,就数量来看,居我国首位。

2015年贵州省出台《关于大力推动医疗卫生事业改革发展的意见》《贵州省医药产业、健康养生产业发展工作任务清单》2020年贵州省发布《健康贵州行动实施方案》,以全方位干预健康影响因素,维护全生命周期健康和防控重大疾病等为重点任务。

贵州省成为我国首批远程医疗政策试点省,全国总共有五个省参与该项工作试点。贵州成功完成了医疗健康云平台的搭建,成为贵州第一个行业云平台。

(四)贵州改善居民居住条件的发展成效

2015—2019年贵州在城镇保障性住房建设每年的开工数量和基本完成量方面都超额完成国家下达的城镇保障性安居工程任务,每年完成投资额都超过年度投资计划。在2015—2017年,贵州省城镇基本建成数和开工数都迅速增加,年基本完成数量从2015年的22.82万套增加到了2017年的52.69万套,与此同时,贵州省城镇保障性住房的投资也在迅速增加,从2015年完成投资557.34亿元到2017年完成投资965.53亿元。2017—2019年基本完成的保障性住房数量迅速减少,2019年基本完成10.90万套,约为2017年的五分之一,但完成投资额相对基本完成量下降不大,2019年完成投资额818.50亿元(见图6-13)。从以上数据看,贵州省城镇保障性住房体系的推进力度很大,完成效果较好,从共享发展理论来看较好地实现了改善城镇居民居住条件的目标。

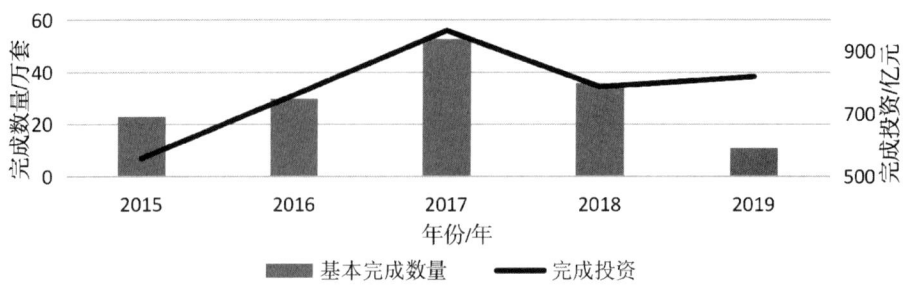

图 6-13　2015—2019 年贵州省城镇保障性住房完成数量和完成投资情况图

数据来源:贵州省住房和城乡建设厅。

2010 年贵州省提前一年实现"户户通电"目标。2015 年贵州实现县县通高速公路,这为畅通物流、改善居民居住条件奠定了良好的基础。2019 年贵州省全面完成 188 万人的异地扶贫搬迁,农村"组组通"全面完成,实现 30 户以上自然村寨全部通硬化路,受益群众近 1 200 万人。从农村的情况看,2002—2012 年农村居民人均住房面积持续上升(见图 6-14)。

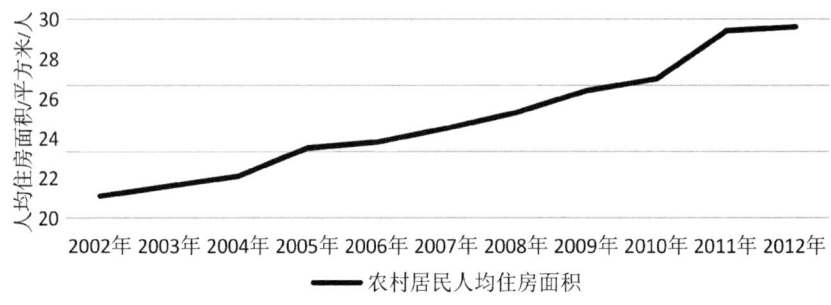

图 6-14　2002—2012 年贵州省农村住房情况图

数据来源:国家统计局 http://data.stats.gov.cn/。

注:2013 年前农村居民收支数据来源于独立开展的农村住户抽样调查。

从地方财政保障的情况看(见图 6-15),贵州省地方财政住房保障支出总体呈现增长态势,地方财政住房保障支出占地方政府一般预算支出的比例在 2012—2014 年逐渐提高,之后逐渐下降。

从城镇居民人均住宅建筑面积和农村居民人均住房建筑面积的对比

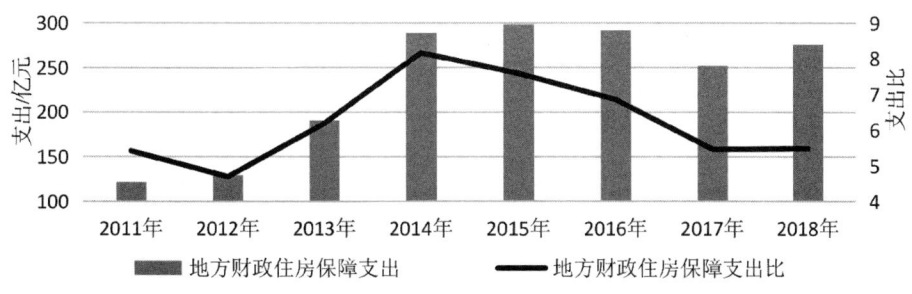

图 6-15　2011—2018 年贵州省地方财政住房保障支出情况图

数据来源：国家统计局 http://data.stats.gov.cn/。

来看，2000—2018 年，两者均保持增长且差距逐渐缩小，如图 6-16 所示。

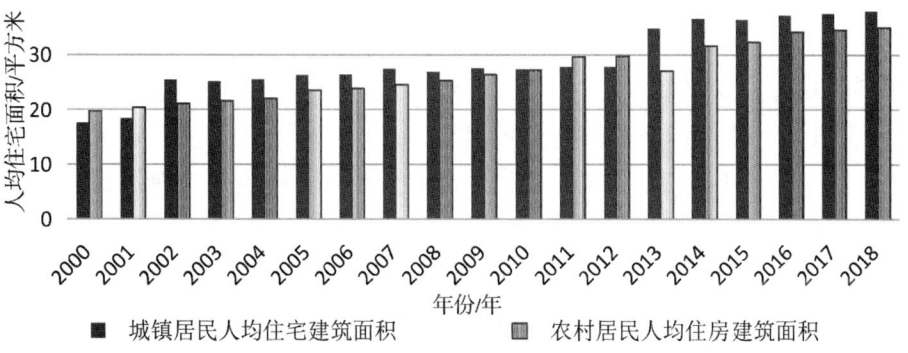

图 6-16　2011—2018 年贵州省城镇居民人均住宅
建筑面积和农村居民人均住房建筑面积对比图

数据来源：国家统计局 http://data.stats.gov.cn/。

第三节　贵州共享发展经验

一、建立健全共享发展的"兜底机制"

共享发展理念作为五大发展理念之一，是五大发展理念的着眼点和归宿，是坚持以人民为中心的发展理念。共享发展制度安排的具体内容也必然是适合人民群众的发展需要的。能够把人民群众发展的需要、社会发展的需要和国家发展的需要统一起来,做出符合人民群众根本利益、满足人民群众真正需求的制度安排。

贵州省响应党的十九大报告,让贫困人口和贫困地区同全国一道进入全面小康社会是我们党的庄严承诺。只有这样才能使人民获得更多的幸福感。逐步推进现代化进程,提高人民的受益程度,圆满解决人民群众的教育、医疗、住房、养老等问题,对于今后加强制度建设、保障社会公平,推动中国特色社会主义建设和实现全面小康的目标具有重要的意义。

民政兜底脱贫,是实现脱贫攻坚的重要内容和有力保障。2018年7月17日,贵州省民政厅印发了《关于深入推进深度贫困地区和特殊困难群体民政兜底脱贫工作的实施意见》(以下简称《实施意见》),提出坚持将深度贫困地区和特殊困难群体作为民政兜底脱贫工作的重中之重,深入实施贵州省民政兜底脱贫攻坚三年行动计划,全力助推全省14个深度贫困县、20个极贫乡镇、2 760个深度贫困村到2020年现行扶贫标准下建档立卡贫困人口全部脱贫;其特点:一是目标明确、要求具体。彻底兜住贫困群体基本生活"最后一道防线",确保"小康路上,不落一村、不漏一户、不少一人"。二是形成合力精准施策。积极引导支持社会组织开展产业扶贫、教育扶贫、健康扶贫、易地扶贫搬迁、志愿帮扶、捐助帮扶等相配套的综合扶贫。三是用足政策多措并举助推。城乡贫困群众中的残疾人、孤寡老人、重病患者、孤儿、留守儿童、困境儿童等群体以及部分文化水平低、缺乏技能的特殊贫困群体自我发展能力弱,必须由政府兜底脱贫。贵州省民政厅在2018年创建移民安置区和谐生活共同体,推动易地扶贫搬迁安置区实现自治组织、自治机制、社区便民服务、兜底保障、能力提升"五个全覆盖"。在易地扶贫搬迁安置区新建街道办事处3个、居民委员会196个、村民委员会24个,建成社区服务中心(站)181个[①]。有效保障所有特殊困难群体基本生活,有力助推到2020年所有特殊困难群体稳定脱贫[②]。

---

① 宁南:《贵州:民政兜底助力脱贫攻坚》,https://baijiahao.baidu.com/s? id=1624275564045618688&wfr=spider&for=pc,下载日期:2020年2月3日。
② 贵州省民政厅:《2019—2020贵州省〈关于深入推进深度贫困地区和特殊困难群体民政兜底脱贫工作的实施意见〉》,https://www.tuliu.com/read-87275.html,下载日期:2020年8月15日。

共享发展从理念到行动,制度建设是关键,构建共享发展的制度目的就在于通过提供重要的配套制度来保障发展成果由人民共享,使其更好地增强民众的获得感、幸福感和安全感,社会更加富裕更加公平。社会保障作为社会发展的兜底领域,与共享发展关系密切。一方面共享发展的实现必然包含社会保障的完善,使人民共享发展成果必然包含共享基本生存权利与生活保障的成果。另一方面社会保障又是践行共享发展理念的具体实践,是推动共享发展实现的具体途径,也是实现更高水平共享的重要保障。在面对我国发展过程中出现的问题,共享发展相关制度不能随之及时完善,政府在制定相关政策制度时,容易出现制度灵活性不强、执行不彻底等现象,最终导致制度实施不能达到预期效果。因此,构建完善的共享发展"兜底机制"才能够突破共享发展现实困境,将各要素协调运转起来,切切实实让人民在共享发展进程中有更多获得感[1]。"兜底"就是实现最低层次的共享发展,保障人的基本生存,可以从扶贫、救助和收入三个方面着手。

1.进一步完善扶贫责任制

只有通过这一机制建设,使中国现有标准下 3 000 多万贫困人口脱贫,筑牢共享发展的"底线",才能使发展成果惠及每一个人,初步实现最低水平的共享发展。政府应该着力提升扶贫和脱贫效率,通过发展生产、易地搬迁、生态补偿、发展教育、社会保障托底等方式实现脱贫任务。"不仅从方法和路径层面思考精准扶贫和共享发展,更要从政治、战略和可持续发展层面谋划精准脱贫和共享发展。"[2]要以精准扶贫为抓手,根据扶贫对象的具体情况,依据"五个一批"工程和当地的实际情况,层层分解扶贫任务,具体落实到村、到户、到人,要因人因地施策,提高扶贫实效,这也是确保低收入群体共享改革成果的实效措施。要确保扶贫资金有保障,扶贫项目有落实,扶贫任务能完成,2020 年贫困人口全部如期脱贫。

2.进一步完善救助机制

困难群众救助是社会保障的又一大任务。无论何种原因,任何地方任

---

[1] 刘思帆、孙育红:《以人民为中心的共享发展保障机制构建》,《改革与战略》2018 年第 10 期。

[2] 国家行政学院编写组:《中国新发展理念》,人民出版社 2016 年版,第 142 页。

何时候都不能出现生活困难人员无法生存流浪街头、高龄老年人无人照管过问、困难家庭适龄儿童上不起学、危重病人看不起病的现象，这是共享发展的"底线"和"红线"，不能突破。各级政府要承担起"兜底"的主体责任，进一步完善社会救助政策和救助制度，让弱势群体分享社会发展成果，是现代政府的一种责任，也是实现共享发展理念的保障性举措。同时要建立健全民间捐赠、社会救助、志愿活动和慈善事业的机制，弥补政府社会救助资源的不足。各级政府要建立健全共享发展的"兜底"机制，提高"兜底"的能力和水平，以"兜底"机制筑牢共享发展的"底线"，实现好最低层次的共享发展，无条件地保障人的基本生存。

3.进一步完善收入分配调节机制

党的十九大报告指出："坚持在经济增长的同时实现居民收入同步增长、在劳动生产率提高的同时实现劳动报酬同步提高"，[①]协调好初次分配、再分配与第三次分配在收入分配中的调节作用，把差距控制在合理范围内，既不搞平均主义，又要防止收入过分悬殊。首先，必须提高劳动报酬在初次分配中的比重，而初次分配在注重效率基础上强调公平，要以健全激励约束机制为着力点，以供给侧结构性改革为契机，破解市场资源自由流动配置瓶颈，打破市场竞争中的行业垄断，使劳动者共享公平的市场竞争机会；其次，除了提高劳动报酬外，还要发挥多种分配方式的积极作用，推动各生产要素更加可持续公平发展，唯有劳动力、资本、技术、人才、管理等要素合理利用、优化配置，才能促进经济社会更公平，更持续发展；最后，建立利益调节和补偿机制，要真正实现发展成果由人民共享，就必须给予这一部分群体或地区一定的利益补偿，提高其平等享受发展成果的水平。利益补偿要将"输血"与"造血"相结合，通过政策扶持、政策调节，加大对利益受损主体或地区的转移支付、改善生产生活基础设施、加强技术方面的培训、改善市场运行环境等，调动利益受损主体的生产生活积极性，增强其"造血"功能。建立科学合理的利益补偿机制是缩小地区差异、贫富差距的有效手段，有助于实现社会成员共同富裕。

[①] 习近平：《决胜全面建成小康社会夺取新时代中国特色社会主义伟大胜利——在中国共产党第十九次全国代表大会上的报告》，《人民日报》2017年10月28日。

二、建立健全共享发展的保障机制

脱贫攻坚实现后期需要完善的社会保障体系对其保驾护航,是遏制贫困户脱贫后返贫的有效保障。首先,贵州完善社会保障机制就要进一步完善贫困人口就业保障机制,对贵州农村想外出务工群体要合理引导帮助使其实现外出务工愿望,做好用人单位与务工人员之间的中间工作,提升老百姓对社会保障政策的信任感;其次,进一步完善最低生活保障、社会救助、社会福利、慈善事业等机制,统一的城乡居民基本医疗保险和大病保险制度,这是保障群众就医需求、减轻群众医药费用负担、提高群众健康水平的一项重要社保制度;最后,完善失业、工伤保险制度,以维护失业人员和工伤人员的基本权益,健全集预防、补偿、康复为一体的工伤保险制度[①]。

(一)进一步完善医疗保障机制助力扶贫

2017年,全面落实四重医疗保障制度;全面对罹患儿童先天性心脏病等13种大病的建档立卡农村贫困人口实施集中救治;全面对罹患36种慢性疾病的建档立卡农村贫困人口,实施健康管理;确保建档立卡农村贫困人口100%参合;确保建档立卡农村贫困人口医疗费用实际补偿比达90%以上;确保建档立卡农村贫困人口家庭医生签约服务率100%。到2019年,通过不断完善医疗保障机制,有力保障建档立卡农村贫困人口看得起病,从根本上有效遏制因病致贫、因病返贫。

(二)建立返贫的风险防范机制

扶贫部门要加强与各行业部门的互通,探索建立返贫风险防范机制。由于受经济社会发展、自然、疾病、意外事故等因素的影响,贫困群体退出不可避免地存在多种风险,从而产生返贫风险的脱贫户。首先,要依照国家相关规定在精准扶贫过程中确保贫困户脱贫后的跟进,让其在完成脱贫后仍能享受一段时间的扶贫政策。其次,要建立有效科学的管理制度,在脱贫户发生疾病、灾害等会导致缺乏劳动力的事故时能够及时迅速地解

---

① 邱泰如:《建立健全社会保障机制的探讨》,《财政监督》2018年第15期。

决。最后,是要关注自身发展动力,尤其是收入仅略高于达标线的脱贫人口的内生动力,通过政府培训等方式进一步提高贫困户的自身发展动力,让其通过就业来改善自身生活条件,稳定收入来源,增强抵抗各风险的信心与能力[①]。

三、建立健全共享发展的分享机制

分享在《大辞海》中的解释是和别人分着享受快乐、好处等。黄六鸿(1694)在《福惠全书》[②]中提到"与该房分享其利"。"分享发展"位居"五大发展理念"即创新、协调、绿色、开放、分享之末,并非因为它的重要程度不及其他四项,而是因为它的贯彻实施有赖于其他四项的成功实施。

关注民生,发展民生经济,共享发展理念,这是民生具体实践过程中提出的要求,符合时代发展需要。实现民生奋斗的目标,就是要全面建成小康社会,不但要有正确的理论指导,还要坚持正确的发展理念。所以共享发展实际上就是对民生实践最有力的回答,体现了全面小康的含义。实施民生共享战略体现了保障和改善民生的普惠性和公平性,其本质是让改革发展成果更多、更公平、更实在地惠及广大人民群众,最大程度地保障和改善民生,更加突出利民惠民的差异性、个体性,注重有效化解基层社会矛盾,促进和谐共生。坚守民生底线,体现了对主体的平等性尊重,体现了发展的普惠性,可以让更多的人拥有获得感,这不仅注重数量方面的增加,更是在质量提升方面提出了内在要求;同时又是从整体上提升幸福感,能够关注和帮助更多的弱势群体。

(一)分享机制在发展民营经济中的体现

经济的快速发展,民营经济发挥了重要的作用。特别是在 2017 年,贵州省民营经济发展势头良好,创造的增加值达到了 7 201.69 亿元,占到全省地区生产总值一半以上的比重。民营经济增加值在贵州省第一产业中

---

① 李嘉敏:《精准扶贫实践中返贫问题研究——以连南县为例》,华南理工大学硕士学位论文,2019 年。
② 该书是作者对地方行政的情况、阅历、经验和体会的记录,分十四部,共三十二卷。

的占比为56.6%,而在第二产业中占比为53.8%,相比上一年提高0.7%;在第三产业中占比为51.5%,相比上一年提高2.2%。贵州2018年的民营经济增加值占全省地区生产总值的比重为55个百分点,约为558 121.2亿元,对全省经济增长贡献率提高到六成,民营经济市场主体数量同比增长7个百分点,超过260万户。贵州2019年上半年的民营经济增加值同比增长9.5个百分点,约为4 050亿元,超过全省GDP的一半。直到2019年9月底,贵州民营经济市场主体数量猛增,市场主体总量的97.3%,也就是255.61万户为民营经济;全省市场主体注册资本的一半以上为民营注册资本,达到了3.68万亿元。

贵州省的民营企业发展格局2019年一直保持稳定的态势。贵州省从2015年开始每年公布全省民营企业的100强榜单(见表6-9),从2015—2019年的前十名来看,贵州省民营企业的前两名一直稳定为贵州通源集团和贵州宏立城集团两家。2019年的数据显示贵州省民营经济整体呈现头部集中的特点,贵州省民营企业100强榜单中100强企业营业收入总计1 571.81亿元,其中,贵州通源集团以234.04亿元的年度营业收入位列第一,贵州宏立城集团、贵州信邦制药股份有限公司分别位居第二和第三。榜单的前十企业总营业收入为677.96亿元,占总营业收入4成。

表6-9 2015—2019年贵州省百强民营企业前十名

排名	2015年	2016年	2017年	2018年	2019年
1	贵州通源集团	贵州宏立城集团	贵州宏立城集团	贵州通源集团	贵州通源集团
2	贵州宏立城集团	贵州通源集团	贵州通源集团	贵州宏立城集团	贵州宏立城集团
3	贵州赤天化集团有限责任公司	贵州以晴光电集团有限公司	贵州以晴光电集团有限公司	贵州信邦制药股份有限公司	贵州信邦制药股份有限公司
4	贵阳南明老干妈风味食品有限责任公司	贵州信邦制药股份有限公司	贵州信邦制药股份有限公司	毕节市力帆骏马振兴车辆有限责任公司	贵州财富之舟科技有限公司
5	贵州以晴光电集团有限公司	贵州益佰制药股份有限公司	贵阳南明老干妈风味食品有限责任公司	贵阳南明老干妈风味食品有限责任公司	贵州麒龙房地产开发集团有限公司

续表

排名	2015 年	2016 年	2017 年	2018 年	2019 年
6	贵州其亚铝业有限公司	毕节市力帆骏马振兴车辆有限公司	贵州益佰制药股份有限公司	贵阳星力百货集团有限公司	贵阳南明老干妈风味食品有限责任公司
7	贵州益佰制药股份有限公司	贵州赤天化集团有限责任公司	毕节市力帆骏马振兴车辆有限公司	贵州益佰制药股份有限公司	贵州中伟投资集团有限公司
8	贵阳星力百货集团有限公司	贵州其亚铝业有限公司	贵州百灵企业集团制药股份有限公司	贵州康心药业有限公司	贵阳星力百货集团有限公司
9	毕节市力帆骏马振兴车辆有限公司	玉蝶控股集团有限公司	贵州财富之舟科技有限公司	贵州其亚铝业有限公司	贵州益佰制药股份有限公司
10	玉蝶控股集团有限公司	贵州源翼矿业集团有限公司	玉蝶控股集团有限公司	贵州麒龙房地产开发集团有限公司	贵州康心药业有限公司

数据来源：贵州省人民政府网。

民营经济的发展，为传承工艺提供了重要的支撑。贵州产品之所以受众多消费者的喜爱，这与它品质高有着因果联系。今天，人类机械化程度越来越高，智能科技走进人们的日常生活，贵州省依托当地的特色产业，如白酒、食品等，将传统工艺与现代技术相结合，充分发挥工匠的高超技艺，彰显精益求精的精神，一心一意做好品质，使得贵州工业产品具有很高的知名度，以及占有市场很大份额。

大力发展民营经济，有助于促进产业扶贫。从当前来看，贵州八成的从业人员服务民营经济，民营经济市场主体不断扩大，能够提供更多的就业岗位，帮助更多的贫困人口走上致富之路。

贵州努力通过政策扶持等各项措施，营造良好的政策环境，加快民营经济朝着高质量方向发展。全省八成的从业人员服务于民营经济发展，越来越多人选择自主创业，或者选择应聘到中小规模企业工作，能够在很大程度上提高生活质量。

(二)促进数据分享、提供脱贫新路

贵州大力发展信息化,以为人民谋幸福作为出发点,同时也是信息化发展的最终归宿。加快整合政务信息系统,实现应用实践项目共享。通过使用信息化手段,完成政务和党务双公开。贵州是我国共享试点应用的一个重要省份,先后建成了"云上贵州"等系统平台,能够将整个省的政府数据保存在一个平台,依托这个平台实现共享交换。贵州省在2018年建成了省数据调度中心,总共投资3 000多万元,能够统筹调度全省数据资源,实现共享应用、交换等,这些行为过程的管控都是统一的,而且可以从追溯到可视化全过程,明确数据的归集权等,从而实现政务数据可有、可用等共享交换。

贵州省政府数据开放平台上线后,已向社会提供政府数据资源的浏览、查询、下载等基本服务,满足公众、企业对政府数据的知情权和使用权,在全国率先实现了省级政府可机读活数据集全面共享;还建成了国土资源云精准扶贫作战图管理系统、工商"五证合一、一照一码"信息系统等6个共享交换示范应用场景。

作为第一批接入国家政务服务平台的贵州政务服务网,提高了可办率,达到了八成以上。正是由于实行网上可办率,使得提前完成2018年度目标,贵州政务服务平台入选第二届中国"互联网+政务"优秀实践案例50强,为国家大数据战略的实施,提供了很多经验。从发布的《中国互联网发展报告2018》蓝皮书能够看出,贵州数据开放平台开放部门数量达到了63个,居我国首位,就开放数据的质量而言,贵州省可机读数据同样位列全国第一;该省是我国第一个国家大数据综合试验区,它为国家大数据战略的实施提供了许多可借鉴之处。

共享发展中的分享机制实际上非常考验一个政府的执政智慧,因为这里分享的前提并不是零和博弈,不是在损害一部分的前提下补贴另一部分,而是通过合理的资源分配与政策协调,实现多维的共赢,以实现地区所有经济主体总的福祉增加。贵州在这方面取得了良好的成绩。

四、建立健全共享发展的动力机制

改革开放以来,贵州经济发展取得了辉煌的成就,实现了翻天覆地的变化。特别是抓住了西部大开发和同步小康的历史性机遇,实现了跨越式发展,这不仅对贵州有重要的意义,对全国其他欠发达地区的后发赶超包括全球其他欠发达国家和地区都有重要的借鉴意义和参考价值。

贵州共享发展的动力机制可以归结为以下几个方面。

(一)城镇化方面的加速建设

以贵州山地特色新型城镇化示范区为引领,以国家新型城镇化综合试点为带动,2013年贵州省常住人口城镇化率为37.83%,2016年提高到44.15%,从增幅来看,已经遥遥领先于其他省份,2018年提高至47.52%,年均增长1.94个百分点,年均增幅高于全国0.77个百分点。全省常住城镇人口从1 324.89万人增长到1 710.72万人,年均增长77.17万人,常住人口城镇化率同全国差距缩小到12个百分点,贵州城镇化深入推进。

2018年出台了《贵州省加快推进山地特色新型城镇化建设实施方案》,该方案加快了贵州山地特色新型城镇化示范区的建设,充分释放新型城镇化蕴藏的巨大内需潜力和发展动能,提升发展质量,促进新型城镇化平衡发展、充分发展,助推全省决胜脱贫攻坚、同步全面小康等方面发挥了显著作用以全省小城镇高质量发展为重点平台,通过大中小城市和小城镇协调发展,大力实施"四在农家·美丽乡村"建设,城乡一体化进程加快,探索出了一条城市带动、镇村联动、城乡互动的新型城镇化发展路径,城乡发展活力不断增强,城乡差距不断缩小,城乡环境较大改善,新型城镇化空间格局不断优化。加快推进贵州省山地特色新型城镇化进程,助推脱贫攻坚、同步小康。

(二)创造性地在产业发展中开辟大数据战略发展全新思路

1.数字基础设施建设

贵州省数字基础设施发展水平排名从2015年的全国第29位跃升到第15位,进入全国第二方阵。互联网出省带宽从2010年的325G增长到

2018 年的 9 130G,8 年间增长 27 倍。《贵州省数字经济发展规划(2017—2020 年)》明确指出,贵州所要走的发展之路,完全不同于其他省份,该省强调以发展数字经济产业为主,实现三次产业的数字化融合,加快创新发展引领,实现转型升级,培育特色产业。在全球移动通信行业正在从 4G 向 5G 迭代的背景下,贵阳作为贵州的省会城市,它在 2018 年 4 月已经被列为全国 5G 试点城市。贵州省制定了一系列推进 5G 工作的制度:《贵州省推进 5G 通信网络建设实施方案》《加快推进全省 5G 建设发展的通知》和《贵州省推进 5G 通信网络建设实施方案》,计划在 2022 年,力争实现 5G 全面商用,使其能够更好地服务实体经济,有助于提高社会治理水平,促进民生事业的发展,对实施乡村振兴战略发挥重要的作用。贵阳被中国移动列为我国第一批 5G 试点城市,成立了移动 5G 联合创新实验室,同时它又被中国联通列为我国第一批 5G 试点城市,成立了联通 5G 大数据创新研究中心,它们的成立,主要用来进行 5G 大数据创新研究。从当前的统计看,贵州共开通了 60 多个 5G 试验基站,由此可见,该省在 5G 实验网建设方面已经取得了重大突破,这一成绩在全国名列前茅。

2.数博会

数博会,它的全称是中国国际大数据产业博览会,这是世界上第一个以大数据为主题的国家级展会。数博会由国家发改委、工信部、网信办和贵州省人民政府共同主办,成为共商发展大计、共用最新成果的世界级平台。数博会致力于研判大数据发展动态,聚焦行业热点、痛点和难点,精心规划每届展会的主题和话题,同步呈现了全球大数据产业快速发展的完整历程。

历届数博会(见表 6-10)均受到国家领导的关怀和指示。习近平总书记向首届和近两届数博会连续发来贺信。国务院总理李克强、副总理马凯,全国人大常委会副委员长王晨先后出席前五届数博会开幕式并致辞。贵州加快发展信息技术产业,实现以大数据为中心,创新发展,同时加快拓展大数据使用,既要在政用方面发挥积极的作用,又要在民用和商用等领域广泛应用,从而建立大数据赖以生存和发展的生态链。

表 6-10　历届中国国际大数据产业博览会举办情况表

年份	主题	展览				论坛		
		参展商/家	展览面积/m²	观众人数/人	媒体报道/家	论坛/场	媒体报道/家	参会人数/人
2015	互联网+时代的数据安全与发展	389	40 000	42 200	65	100	65	13 000
2016	大数据开启智能时代	315	60 000	92 746	185	68		27 743
2017	数字经济引领新增长	315	60 000	87 000	—	77	—	20 000
2018	数化万物智在融合	388	60 000	120 000		73		
2019	创新发展·数说未来	448	60 000	120 000		62	182	

数据来源：中国国际大数据产业博览会官方网站 https://www.bigdata-expo.cn/。

数博会经过不断发展和完善，现在不但是一项重大的国际性盛会，更是世界级信息化交流的平台。全球大数据业界十分认可数博会的召开，能够从中获取很多重要的知识，实现创新智慧发展。数博会的召开，更是全球大数据发展史上的一件大事，贵州由此成为世界数字经济发展的焦点。贵州必须紧紧抓住发展的大好机遇，充分利用这些宝贵的资源，加快发展贵州大数据和建立十分有力的支撑平台。

3.行业龙头企业构建贵州数字经济产业新生态

由于大数据产业和经济活动在空间上集中产生的经济效果以及吸引经济活动向贵州靠近的向心力，贵州数字经济表现出的电子信息产业集聚效应，主要是以大数据为核心，发展速度令世人瞩目，特别是增加值所占工业的比重，原来仅为 0.3 个百分点，在使用大数据之后，这一比重已经快速提高到 1.9 个百分点。电信业务总量增速十分明显，通过两年时间的高速发展已经超过 140 个百分点，电信业务收入快速增长，其增速能够保持 23 个月之久，居我国首位。大数据是贵州经济提质增效的"新蓝海"，而以智能终端制造、新型显示产业、集成电路产业等为代表的千亿级大数据电子信息产业，则以风驰电掣的崛起之势，助推贵州驶入发展快车道。贵州之所以会取得这些骄人成绩，与实施的大数据新领域百企引领工程密切相关，紧紧围绕 6 大新领域如人工智能等方面重点发力。

贵阳朗玛信息技术股份有限公司连续四年登上 2019 年"中国互联网

企业100强"排行榜,他们通过整合大扶贫、大健康相关资料,实现与大数据的相结合,开展精准医疗扶贫工程,主要解决当地低收入人群无能力承担医疗支出的问题。满帮集团(货车帮)全国市场占有率超过80%,连续两年入选"独角兽"企业榜单,估值超65亿美元;白山云服务全国70%的互联网用户,入选德勤"2018中国高科技成长50强",被高德纳评为全球级服务商;贵州小爱机器人不断开发各种创新智能项目,并且获得国家专项资金扶持,并被评为"中国双创优秀企业",各项智能化服务应用分布于贵阳市多个领域。晶泰科(贵州)光电科技有限公司是贵州高端显示产业的领军企业,液晶面板全部销往欧美、非洲、南美等国外市场。国际大数据龙头如苹果、微软等纷纷选择落户贵州,寻求发展;大型智能终端集团如富士康等也选择在贵州投资发展,逐渐形成智能终端产品制造集聚区,以遵义等3地为主,贵州快速发展成为智能终端制造大省。贵安新区高端装备制造产业园形成了新能源汽车产业集群等6大产业集群。

2019年贵州数字经济增速排名全国第一,骄人成绩连续保持4年,大数据的发展,更是促进了经济的快速增长。这些都为贵州的跨越发展注入了动力,也为国内外大数据发展提供了许多宝贵的经验。

依据贵州省制定的千亿级大数据电子信息产业振兴发展行动方案,大力培育一批龙头企业,如大数据、智能终端等,实现大数据与实体经济的相结合,加快产业转型升级,创新发展。2020年电子信息制造业总产值突破千亿大关,软件和信息技术服务业收入与电信业务总量分别要完成500亿元、1 864亿元。争取在2022年,电子信息制造业总产值与软件和信息技术服务业收入都增加100亿元。

4.大数据与实体经济的深度融合构建新动能

贵州大数据产业不仅本身抓住机遇快速发展,并且已经开始对其他产业产生溢出效应,这种溢出效应体现在技术溢出效应和经济溢出效应两个方面。近年来,贵州推进大数据与实体经济深度融合发展,从智慧农业到智慧广电等都实现了快速发展;政府大力实施如千企引进等一系列促进发展和扶持的相关政策。

贵州从2016年起连续4年开展大数据与实体经济融合工作,贵州数字经济实现了快速发展,在这四年的时间里,它的发展增速始终保持全国第一。数字经济的发展提供了更多的就业岗位,岗位增速排名保持两年全国第一。贵州数字经济的融合程度比较高,已经接近90%,2019年贵州省实施数字经济攻坚大行动,推动大数据应用和产业转型工作方案,以大力发展工业互联网应用,推动工业企业转型。大力发展智慧农业,助推数字乡村战略。大力发展现代智慧服务业,推动社会智能化发展。大力开展大数据产业招商引资,引进落地高成长性创新企业。大力创新工作抓手,支撑全省精准融合。

贵州在转型升级过程中,最主要的新动能就是大数据与实体经济实现了深度融合,这同时也是加快当地经济发展、实现经济向高质量发展的一种新动能。

第七章 贵州发展启示

贵州历经70余年砥砺前行,发展成绩喜人。在这漫长的70余年时光,尤其是自中共十八大召开以来的这段时间,贵州在努力赶上先发地区,在经济社会发展多方面取得相较过去长足进步,甚至可以说是获得突破性成就。自从十八大召开到现在,这段时间是贵州经济发展速度最快,经济社会软、硬实力得到最快提升,基础硬件设施投资最大,生态环境保护工作力度最强和各族人民生活质量得到最大及最快改善的奋斗期,获得了习总书记的肯定和赞誉,可以说是同时期党和国家事业飞速发展的集中体现及时代的缩影。为了使贵州在未来继续保持这种发展态势,有必要梳理和深刻总结贵州这些年发展取得历史性成就的理论逻辑和实践经验,这对贵州在做好脱贫攻坚工作,与全国人民一起同步实现全面建成小康社会的战略目标,建设生态美好、人民富足的多彩贵州来说有着深远且重要的意义。

第一节 牢记嘱托,感恩奋进

习近平总书记一直关心贵州发展。2017年,在十九大召开期间,习近平总书记来到贵州代表团会场,与贵州代表共聚一堂,热烈讨论贵州发展事宜。会上,习近平总书记当着贵州代表的面,肯定了贵州过去五年在经济建设和社会发展方面所做的工作,指出贵州发生的巨大变化是自十八大以来中国社会经济建设成就的一个时代缩影,一定程度上印证过去五年来党中央在政策制订和执行方面是完全正确的。习近平总书记的讲话统揽全局,高屋建瓴,这既是对贵州过去五年奋斗的肯定,又是对贵州进一步做好经济社会发展工作的鞭策。过去10年经济飞速增长使贵州成绩突出,这是在以习近平同志为核心的党中央的坚强领导和正确指导下取得,在习近平新时代中国特色社会主义思想指引下所得,在习近平提出的五大发展理念的引领下获得。

为回报习近平总书记对贵州社会经济发展的关心,贵州有必要在干部群众中间,积极开展"牢记嘱托、感恩奋进"的思想教育、宣传活动,让习近平新时代中国特色社会主义思想和五大新发展理念进心进脑,自觉内化为个人行动指南。马克思主义在当代中国的最新成果就是习近平新时代中国特色社会主义思想,新发展理念就是当代中国马克思主义指导中国发展的指南。五大新发展理念,是对习近平新时代中国特色社会主义思想的深刻总结和凝练概括,是当代马克思主义中国化的理论创新成果,是一个有着密切联系且有机统一的指导发展的理论体系。五大发展理念不仅能有效地指导经济发展,还适用于指导社会发展;不仅能为国内经济社会发展指明方向,还能满足国外一些国家对发展理论方面的需求。

贵州省委、省政府在"牢记嘱托、感恩奋进"教育活动中精心组织,广泛动员,始终坚持把学习贯彻习近平新时代中国特色社会主义思想、新发展理念和习近平总书记关于贵州发展的讲话及精神放在首位,做到思想上统一认识。一系列教育活动做下来,"牢记嘱托、感恩奋进"的信念广为人知,深入人心,宣传成效明显。可以说,"牢记嘱托、感恩奋进"成为贵州各族干部群众做好社会经济建设工作的精神力量,思想上牢固树立"四个意识"、坚定"四个自信"、做到"两个维护",行动上用习近平新时代中国特色社会主义思想和新发展理念指导工作。

第二节　理论与省情紧密结合

一、创新发展理念下变道赶超

创新发展是新发展理念的第一要义,也是解决全面发展问题的根本力量。从全世界过去的发展经验来看,无论是处在发达状态的国家,还是正在谋求发展的国家,创新在其发展过程中都发挥着非常重要的作用,是推动经济持续增长的源动力,发达国家依靠创新保持发展优势,发展中国家依靠创新赶超发达国家。

对贵州来说,相比北京、武汉和成都等东、中、西部地区来说,无疑在创新方面存在差距。贵州省委、省政府认识到这种差距,从顶层设计贵州创新发展思路,开辟变道超车的创新发展之路,瞄准基于信息计算机技术为基础的新兴产业——大数据及相关产业。2011 年,美国著名的管理咨询公司麦肯锡向外界发布了以大数据为主题的研究报告——*Big Data：the Next Froutier for Innovation，Competition，and Productivity*[①],这份引发热议的报告向世人展示了大数据会给社会经济发展带来的巨大影响,其中明确指出现有的生产方式在嵌入大数据后将激发革命性的变化,在社会经济发展的每个环节都将受益于大数据发展带来的红利,在技术的支持下,人类的生活将步入大数据时代,数据将成为新经济发展中最重要的资产。同年美国科技杂志《科学》也刊发了大数据专题,进一步强调大数据对人类社会发展的重要意义。从此大数据开始成为世界的热点,各国都在积极发展大数据及相关行业。

贵州省委、省政府敏锐地注意到大数据产业发展的趋势,抢先在全国将大数据产业发展纳入省级战略层面,在 2014 年初就推出了《关于加快大

---

① ［美］麦肯锡著：《大数据的下一个前沿：创新、竞争和生产力》,李玮译,http://intl.ce.cn/specials/zxgjzh/201408/27/t20140827_3436534.shtml,2020 年 08 月 27 日。

数据产业发展应用若干政策的意见》和《贵州省大数据产业发展应用规划纲要(2014—2020年)》[①],抢占了大数据发展的先机。除了省级层面重视,贵阳市也在2014年发布了《贵阳大数据产业行动计划》和《贵阳市政府数据共享开放条例》[②],其中《贵阳市政府数据共享开放条例》开创全国先河,成为国内第一个由政府制定的数据开放共享的政策依据。一系列政策的推出,加快贵州发展大数据的速度,也得到中央政府的肯定,2016年3月,国内首家国家级大数据综合试验区落地贵州,贵州依托国家政策支持成为国内探索大数据资源整合、共享和开放的实验先行者。贵州以数字产业为发展中心,大力发展大数据及相关产业。

2017年2月,贵州省政府走在全国前列,成立贵州省大数据发展管理局,以原来的贵州省公共服务管理办公室为主体,加上贵州省经济和信息化委员会与大数据相关的职能部门共同组成。这在全国范围内来说是首家省级层面的专门负责大数据管理的政府机构。大数据发展管理局隶属于贵州省人民政府,在成立之初定的级别是正厅级,性质上属于事业单位。贵州省大数据发展管理局作为主管大数据的行政机构,主要职责是推进贵州省信息化建设和管理;制订大数据方面的发展战略、规划和产业政策并负责组织实施,制订省内大数据资源采集、存储和共享方面的规范;负责建立全省大数据平台,促进省内大数据资源整合及共享,提升贵州大数据管理能力及大数据价值。在贵州省大数据管理局的推动下,贵州数博会升级为数博会中国国际大数据产业博览会,成为世界首家以大数据为大会主题的国家级展览会,进一步加快了贵州大数据发展的步伐。

贵州发展大数据产业是未来支撑经济结构优化和产业升级的长期事业,为此专门制订了大数据产业发展规划,勾勒大数据发展的蓝图,这在全国来说是走在前列。为落实规划加快贵州大数据发展,贵州在世界重视发展大数据的环境下,决定在贵阳举办大数据方面的展会,通过这种形式打

---

① 省大数据局:《省人民政府印发〈关于加快大数据产业发展应用若干政策的意见〉、〈贵州省大数据产业发展应用规划纲要(2014—2020年)〉的通知》,http://dsj.guizhou.gov.cn/ztzl/zsyz/tzzn/201804/t20180428_10395207.html,下载日期:2020年2月25日。

② 市人大:《贵阳市政府数据共享开放条例》,http://www.guiyang.gov.cn/zwgk/zfxxgks/fdzdgknr/lzyj/dfxfg/201704/t20170410_8176246.html,下载日期:2020年4月10日。

开贵州大数据产业发展的局面。2015年5月,在贵州省会贵阳市举办了首届"大数据博览会",大会以"'互联网＋'时代的数据安全与发展"为主题,吸引了海内外大众媒介和行业媒介的关注和报道,迎来了马云、马化腾和雷军等国内行业知名人士与会,华为、惠普和微软等国内外知名企业也派公司代表参会,总计500多家企业,1 000多位国内外嘉宾参加了此次展会,吸引了超过6万人参观,签约大数据相关商业项目超30个,涉及投资资金超200亿。正是第一次数博会的巨大成功,贵阳市政府在省政府的支持下将数博会打造成在国内外有知名度、影响力的大数据年度国际展会。2019年,数博会以"创新发展·数说未来"为会议主题,向全世界展示大数据发展的最新成果。此次会议,来到贵阳参加数博会的与会嘉宾有2.6万人,吸引超过12.5万人来到现场参观。在会议期间,现场签约项目125个,投资资金超过1 000亿。5年下来,贵州大数据产业从无到有,由小逐渐形成一定产业集群规模,走出了一条贵州特色的大数据发展道路。

二、协调发展理念下经济结构均衡发展

协调发展是发展要求也是发展目标,更是发展格局和评价尺度。协调发展就是"补短板"。从协调发展的视角出发,贵州短板之一就是经济结构的失衡。

贵州经济发展起点低,改革开放之初,贵州地区生产总值只有不到50亿元,占国内生产总值比重超过1%多一点。历经40来年的改革开放,特别是过去的10年,贵州经济一直保持良好的增长态势。到2018年,贵州地区生产总值达到1.48万亿,占国内生产总值的比重也提高到1.65%。经过这么多年发展,贵州经济布局由过去第一产业占主导地位、经济结构落后发展到现在以第一产业为基础、第二产业为主导、第三产业为重要部分的现代经济结构布局。近几年,贵州经济发展一直在全国居于前列,第一产业一直保持持续增长,第二产业,特别是第三产业发展势态迅猛。在工业强省的发展战略支持下,贵州工业化发展迅速,服务业在互联网、大数据等新兴产业的拉动下在经济发展中的作用日趋明显。虽然贵州的产业结构实现了"一二三"的布局,但与全国和其他先发地区相比,贵州三次产业结构仍有较大的改善空间,第一产业比重要降到个位数,第二产业在保

持总量增长的同时缓慢下降,第三产业既要实现总量的持续增长,也要加快在地区生产总值的比重增长。未来,第三产业在贵州经济发展中处于支配地位,第二产业是经济的重要组成部分,第一产业是第二、三产业发展的基础。

改革开放之初,贵州就业结构呈明显的传统结构布局,与产业结构一致,不同之处是第一产业就业人员占比过大,达到第二、第三产业占比总和的4倍之多。随着贵州经济发展,产业结构的不断优化,承载就业的三次产业部门的就业结构也在不断调整。在贵州经济保持高速增长的态势下,第二、三产业需要大量的劳动力资源。随着第一产业生产效率提高,第一产业将有丰富的剩余劳动力,他们将逐步转移到第二、三产业,最后实现就业结构与产业结构一致的"一二三"布局。

2008年以来,贵州城镇、农村和全体居民的人均可支配收入一直在持续增长,相比较而言,农村人均可支配收入增速更快,这使得城镇和农村人均可支配收入之比由2008年的4.20下降到2018年的3.25,缩小了城乡二元之间的收入差距。2020年是贵州脱贫攻坚战的结点,也是贵州建成全面小康社会的关键期,对脱贫的力度将持续加大,将加快农村人均可支配收入的提高。在贵州经济总体良好发展的形势下,城镇居民的人均可支配收入也将同步实现增长。可以说,未来几年,贵州城镇和居民人均可支配收入将持续保持增长,相比较而言,农村人均可支配收入增速将更快,两者之间的收入比将进一步缩小。

消费结构反映的是居民消费支出占总费用的情况,是经济发展水平和消费习惯的体现,也是经济结构的一个重要特征。在消费结构中,食品支出是最基本也是经济发展水平的反映,即恩格尔系数。一般恩格尔系数越高,说明一个国家或地区收入水平越低,反过来则表明该国家或地区富裕水平越高。

改革开放之初,由于贵州经济发展落后,贵州城镇和农村恩格尔系数均高,都超过60%的警戒值,是当时贵州经济发展水平的体现。经过40多年的发展,贵州城镇和农村居民的收入都有了显著的提高,恩格尔系数也都降到40%以下,但城镇比农村早了近10年先达到这个目标。总体上城镇居民消费水平要高于农村。近几年,随着国家对扶贫的重视,贵州在开展打赢脱贫攻坚战行动。

农村居民收入的提高,农村居民消费支出增速要高于城镇消费支出增速,2018年农村常住居民人均消费支出增速达到10.5%,城镇常住居民人均消费支出增速只有2.2%。在贵州经济持续增长的发展情势下,城镇和农村人均消费支出差距将进一步缩小,恩格尔系数也将逐步降低。

虽然贵州的经济结构落后于全国和其他先发地区,但在高质量的发展要求下,经济增长也在努力摆脱资源密集型和劳动密集型的发展模式。可以预期,在国家政策支持、地方区位和生态优势、先发地区的帮扶下贵州经济将保持持续高速增长的态势,贵州经济也将迈入新的台阶,带动贵州经济结构进一步优化。

三、绿色发展理念下守住青山绿水

绿色发展理念从宏观层面来说,这是符合人类历史社会发展方向的潮流,即人类要可持续发展要做到人与自然之间的平衡发展,让人类居于一个可持续的发展环境。绿色发展理念让人们在经济发展中开发和利用自然资源,要坚持合理开发,适度利用的原则,将绿色发展理念注入日常中。绿色发展观念,当下来说是马克思主义在环境方面的思想与当下及未来中国发展大势的融合,是对当前存在的生态环境问题及中国如何做到高质量发展问题的有利回应。

在绿色发展观念之下谋发展,意味着要在发展的同时注重让人民享受到绿色福利,这种福利享受不只是当代人能享受,还有后人也能享受当代人所享受的绿色福利。贵州经济发展在全国来说相对处于落后局面,经济快速发展能改变贵州落后的形势,但这也让贵州面临在经济发展与环境保护两者之间平衡的问题。十八大以来,贵州省委、省政府在经济发展与环境保护之间,秉持"绿水青山就是金山银山"的发展理念,以保护生态环境为经济发展的重要政治考量,努力做到在保护环境的同时争取经济快速增长,加快经济结构转型。贵州要在发展经济的同时将能耗降下去,发展节约型经济,同时发展生态相关产业,将生态环境打造成贵州一张靓丽的名片。在省委、省政府的努力之下,贵州成为第一批拥有国家生态文明试验区建设名号的省份,这不仅是国家对贵州在以往生态文明建设方面工作的肯定,也是国家对贵州发展生态文明建设予以先发摸索的期许。习近平总书记强调过发展理念是履行发展的先导,这说明要做好生态文明建设工作,首先要深刻理解习近平总书记对贵州在发展生态文明建设的重要嘱托,"守住发展和生态两条底线"的重要指示。贵州广大干部群众要有底线思维,发展不能以牺牲环境为代价,在发展过程中时刻要想到"绿水青山就是金山银山"。

为推动生态文明建设工作,贵州省委、省政府设立专门的管理机构,组建由省领导为组长的贵州省生态文明建设领导小组,给予生态文明建设重要的政治地位,用以打造国家生态文明试验区,这也是回应老百姓对人居环境提升的诉求。

四、开放发展理念下破除地理位置劣势

开放发展理念通俗的理解就是国家在发展过程中要与外界发生联系,孤岛式的发展是不可能在当今世界取得发展上的成功。中国过去40多年经济快速发展,一直强调改革开放在其中的重要作用。改革主要针对国内来说,开放注重的是融入世界。从我国的开放历程来看,开放使得外面先进的经济管理经验引入进来,新的技术引进,大量资金流入,这些弥补了我国发展之初在这些方面的匮乏。可以说,保持开放发展的态势是我国经济持续发展的活力之源。因此,贵州的经济社会发展也要永远保持开放发展的态度。

相比较浙江、广东等沿海地区,广西、云南等沿边地区,湖北、重庆等沿江地区,贵州天然地缺少这些开放发展的优势,贵州深处内陆地区,地理位置上的劣势使他成为全国这么些省市中唯一的"三不沿"地区,水路交通不便。除了位置上存在劣势,贵州因为自身地形地貌特征,又得了一个唯一,没有平原支撑,这造成贵州陆上交通也不便。可以说,地理位置和地形地貌的劣势严重影响着贵州与外界的经贸往来,制约着贵州的经济发展。

自十八大以来,贵州在国家政策的支持下,获得新的发展定位和功能定位。在国家加大开放发展的形势下,贵州得到很好的机会——第一批内陆开放型经济试验区;随着贵州立体化交通体系的逐步成形,贵州被中央定位为西南交通枢纽,这些都极大地方便贵州进行对外经贸往来。

地理位置上的劣势破除之后,贵州不仅获得国家的政策支持,贵州还

主动加入国家级发展战略。在"十三五"期间,贵州参加"一带一路"建设、长江经济带发展和泛珠三角区经济圈等发展战略,加强与周边省份及发达地区之间的经济合作关系,加大贵州与国内先发地区的开放合作。除了与国内其他地区经贸往来,贵州还积极扩大与国外之间的联系。乘贵州积极发展大数据的时机,贵州积极引进发达国家在这方面做得好的公司。在引进省外资源的同时,贵州还鼓励本省企业走出去,从两个方面提升贵州对外开放水平。为了让外界加深对贵州的了解,扩大经贸往来途径,贵州积极打造对外交流平台,举办生态文明贵阳国际论坛、中国东盟教育交流周和数博会中国国际大数据产业博览会等国际化会议,全面提升贵州的影响力。

五、共享发展理念下打赢脱贫攻坚战

共享发展理念既是中国特色社会主义发展的初衷也是发展的终极目标。共享发展,就是要在经济发展把"蛋糕"做大之后,做好分"蛋糕"的事宜。当前,我国经济的高速增长在持续不断将"蛋糕"做大,相比较在分配方面就还存在一些问题,人与人之间、地区之间的分配差距比较明显,有必要在共享发展理念下做好关乎人民群众切身利益的分配公平问题。当然,分配公平不是平均意义上的公平,而是在差距处于合理范围内且有激励性的公平。

贵州经济发展起点较低,百姓收入不高,存在较大面积的贫困现象。在这种局面下,贵州可以说是脱贫攻坚战中最重要的战场之一。根据木桶效应,贵州是我国脱贫攻坚中的短板,这意味着贵州打赢脱贫攻坚战的话,对中国以至世界的反贫困事业都将具有重要的样本意义。世界银行原行长金墉2018年到访贵州时即言:"贵州的案例有着巨大的启发性,我从未在其他地方见过。"

决胜脱贫攻坚战,全省各族人民同心共力,向贵州存在着几个世纪的贫困宣战;决胜脱贫攻坚战,是在以习近平同志为核心的党中央领导下赋予贵州的历史使命。贵州各族干部群众要有舍我其谁的使命感,抓紧这个难得的发展历史机遇期,把脱贫攻坚放在各项工作的重中之重,坚定不移地助推大扶贫战略的推进,取得脱贫攻坚战的最后胜利。

近年来，贵州以脱贫攻坚统揽全省经济社会发展，在工作中总结经验，用简单、精练的语言概括为"八要素""六个坚持""五步工作法"等，系统性地提炼了脱贫攻坚成功做法的核心要义，打造了"贵州样板"，创造了许多的"贵州经验"。

在贵州的发展史上，贫困问题如影随形。几千年来，生活在贵州这块土地上的各族群众，贫困阴影始终挥之不去。贵州外部形象符号，亦长期和"贫困"须臾不离。

贵州要加快发展，首先要做的就是解决好贫困问题，贵州要实现经济高质量发展，也必须先在消除贫困上做文章。改革开放40多年，这段发展历程是贵州经济社会全面发展的时期，也是贵州长期坚持做好扶贫工作的时间。

在宏观层面上，贵州始终将脱贫攻坚放在经济社会发展大局的首要位置，省委、省政府也一直在思想和行动上抱有完成脱贫攻坚任务的使命感。自十八大以来，贵州干部群众铆足劲，在省内全面向脱贫攻坚发起攻势，为在既定的时间实现全面建设小康社会的目标撸起袖子加油干。在脱贫攻坚工作中，贵州采取"三讲"策略，从责任、方法和实效等三个方面着手。

第三节　补短板，强优势

一、抢人才，保持创新动力之源

创新的产生不适无源之水，需要源动力，这其中人才发挥着至关重要的作用，发达国家的过往历史早已证明人才在成功实现经济升级中所起到的突出性作用。2013年10月，习近平总书记在北京举办的欧美同学会成立100周年庆祝大会上向与会嘉宾发表了重要的讲话[①]，明确指出国家之间的实力对比终归是人才资源的竞争，这意味着哪个国家能够培养、吸引

---

① 习近平:《在欧美同学会成立100周年庆祝大会上的讲话》，http://cpc.people.com.cn/n/2013/1021/c64094-23277634.html，2020年10月21日。

到更多的人才资源,那个国家就将在未来的国力竞争中抢到先机。从习近平总书记的讲话中可知人才对于地方经济发展的重要性。就贵州而言,经济发展相对落后使其在一段时期内缺乏人才吸引力,也引发一些问题:首先,贵州的人才总量在全国长期偏小,这种小不仅体现在人才总量上,还表现在人才比例也低于全国平均水平;其次,贵州人才分布失衡,一是人才主要分布在教育、卫生等部门,像金融、高科技等行业饱受人才匮乏之苦,二是人才主要集中在经济较为发达的贵阳和遵义两地,三是人才主要集中在国有单位和政府行政部门,相对而言私有企业人才数量偏少;最后,人才流失严重,人才竞争不止在国与国之间,国内地区之间人才争夺也非常激烈,本地人才容易被其他省份优惠的人才政策吸引过去。

为摆脱人才缺乏对贵州经济发展的限制,贵州加大力度筑巢引凤吸引人才。为吸引人才前来,贵州打出政策组合拳,贵州省委、省政府先是推出《中共贵州省委关于进一步实施科教兴黔战略大力加强人才队伍建设的决定》[①],强调对人才的重视;接着出台《中共贵州省委贵州省人民政府关于加强人才培养引进加快科技创新的指导意见》和《中共贵州省委关于深化人才发展体制机制改革推进守底线走新路奔小康的实施意见》[②],强调引进人才的重要性并予以政策指导。除了这些统领性人才政策,贵州还先后出台了超过50个配套性政策,将人才引进工作细节程序化和规范化,让政策更具操作性。

在引进人才待遇方面,贵州针对不同层次人才给予富有吸引力的现金奖励。对在贵州工作的中国科学院和中国工程院院士提供每月1万元的补贴;对入围国家"万人计划"及教育部"长江学者奖励计划"的人才、获封国家杰出专业技术和学术技术头衔的人才、获得青年科学基金的人才和贵州省内核心专家等各类人才每月给予4 000元的补贴;对在贵州工作期间获得中国科学院和中国工程院院士称号、成为国家"万人计划"和教育部"长江学者奖励计划"中一员、获封全国杰出专业技术人才、获批国家杰出

---

① 中共贵州省委:《关于进一步实施科教兴黔战略 大力加强人才队伍建设的决定》,https://kjy.gznu.edu.cn/info/1055/1115.htm,2020年12月12日。
② 佚名:《贵州省委关于深化人才发展体制机制改革助推守底线走新路奔小康的实施意见》,http://www.qxnzzb.gov.cn/rcgz/rczc/2017-07-10/2531.html,下载日期:2020年7月10日。

青年科学基金的人才给予10万元的奖励;对在贵州工作期间做出特别重大贡献,不仅能得到100万的奖励,还将获得"黔灵科技贡献奖"等称号。

除了引进各类高层次人才,贵州还根据经济发展的需要,对满足企事业要求,愿意在贵州发展的特需人才推出针对性政策,在引进人才方面创新工作思路。对达到"百人领军人才计划"条件,愿意来贵州发展的人才,贵州给予特别政策关照,在人才引进的当年就奖励100万元现金;在随后的两年,引进人才带来的项目完成预定的考核要求将继续获得100万元现金奖励;与此类似,对达到"千人创新创业人才计划"条件的人才引进经费为50万元。对引进贵州的各类高层次创新创业方面的人才,当他们在贵州工作时间达到规定的要求,根据这些人才的工作情况和要求,在科研活动和创新创业方面给予他们资金上的支持,具体金额从100万到500万不等。对符合"5个100工程"、大数据及其他产业发展急需的紧缺型人才采取个人化的专门政策。

在贵州省委、省政府的努力下,一系列人才政策的执行效果明显。自2012年以来,贵州引进各层次人才超过9万人到贵州工作生活,这些人才分布在全省各个地区和行业,是促进这些年贵州经济社会快速发展的重要智力资源。依托这些引进来的高层次人才的支持,近几年贵州建立多层次多类型的人才发展平台。2020年,贵州有国家级重点实验室5个、省部级重点实验室超过50个,建有5家国家级工程技术研究中心、超过120家省级工程技术研究中心,建成超过100家省级人才基地;有超过80家院士工作站,博士后科研工作站超过50家。这些人才工作平台不仅为贵州汇集了大量的高层次人才,还有力地促进贵州科研和创新方面的发展,为贵州科技成果转化做出重要贡献。除了在省内建立各种人才工作平台,贵州借助开放发展之势,还将人才工作平台扩展到国外,与欧美等多国人才机构签署合作协议,并设立海外人才工作站。这样做不仅有利于贵州吸引海外高层次人才,还有利于贵州加强与国外的经贸往来。

将高层次人才吸引到贵州工作只是完成第一步,还要想办法把人才长期留在贵州,让他们踏实在贵州工作生活。这就要求贵州不仅要做好人才引进工作,还要做好人才服务工作。为此,贵州省委决定将每年3月定为"人才工作活动月"。每年5月,贵州还开展大型引才活动,连续多年在贵阳举办中国贵州人才博览会。在人才博览会召开前夕,贵州面向全国,特别是北京、上海和广东等高校聚集的地区展开宣传活动,宣传贵州的人才引进政策,人才需求情况和地区经济发展情况等,向有兴趣的人才发放专门汇编的《贵州省高层次人才服务指南》,让外界了解贵州,了解贵州的经济社会发展,了解贵州人才工作环境。对引进来的人才,为他们提供全方位服务,简化人才引进程序。

为做好引进人才工作,贵州还在组织上提供保障。贵州各级政府整合资源,纷纷成立专门负责人才方面工作的机构——人才工作领导小组,由各级党委主管人才工作领导担任领导,成员主要是与人才工作相关的部门,设有办公室。为保障人才工作领导小组和引进人才工作顺利运转,各级政府至少投入3%的一般性财政预算收入作为人才工作方面的专项经费。对各级政府的人才工作,每年通过目标责任制的形式进行考核,通报和表扬做得好的地区,通报和问责工作不到位的地区,奖惩分明提高做好人才工作积极性。

二、通天堑,促进地区经济协调发展

贵州位居云贵高原,从地貌上来说是高原山地地形,是以山地和丘陵为主的地貌,境内山脉比较多,给外界的一种印象是在大山里的感觉。这种印象的形成一定程度上与早年贵州交通闭塞有关。贵州特殊的地形地貌使得境内没有平原地区,在全国来说是独一份,而这导致交通成为制约贵州发展的重要因素。贵州丰富的资源出省难,贵州人出去打工就业难,外面的人和货物进来也比较辛苦。贵州省委、省政府认识到交通对贵州发展的重要性,认同交通发展对经济发展的先导作用,将完善和修建交通基础设施作为打通贵州经济发展经脉的重要手段,长期把交通方面工作放在优先发展的位置,早在2008年就在政府发展思路中提到"交通优先发展战略"。借助党的十八大政策的东风,在坚持和拥护以习近平同志为核心的党中央领导及中央政策的大力帮扶下,贵州以2012年中央颁布的国发2号文件为契机,将文件中的"打造心安重要陆路交通枢纽"作为贵州交通发展的指导性思路及目标,结合贵州自身经济社会发展条件及战略,省委、省政府先是提出了"铁路建设大会战""高速公路水运建设三年会战"的发展口号,加快高速铁路和高速公路的建设,全面提升贵州交通发展速度,接着推出"'四在农家·美丽乡村'基础设施建设——小康路行动计划""农村公路建设三年会战""农村'组组通'公路建设三年大决战"等多项惠及农村交通设施发展的支持性政策,将交通设施发展作为实现农村经济发展和完成脱贫攻坚任务的先领性任务。贵州近几年在交通建设领域的发展如同贵州的经济增长一样迅速,在如此"贵州速度"的发展态势下,贵州的水陆空立体交通体系得到极大完善,为贵州实现多年经济增长位居全国前列提供了极大的支持。

高速铁路建设工作快速推进带动了贵州铁路系统的大发展。过去,贵州与外界的联系主要是以铁路为主,相比较高速铁路来说,传统铁路系统运行慢、运力有限,已不适应贵州快速发展的经济。为此,贵州在继续利用已有的铁路系统之余,乘着全国高速铁路建设的浪潮,加大在高速铁路建设方面的投入,将传统铁路和现代高速铁路系统组合起来形成综合性的铁路运力系统,这使得贵州的铁路里程增加不少,很多地方也告别没有铁路站点的历史,也因此加快融入了贵州经济发展的浪潮。2014年,历经6年建设的贵广高速铁路全线通车,贵州实现高速铁路发展零的突破,将贵州与广东通行时间由过去的20小时压缩到4个小时,极大地加快两地之间人流、物流等的联系。在贵广高速铁路的示范效应之下,贵州加紧了高速铁路的规划和建设工作,2015年完成沪昆高速铁路贵阳到长沙这一段建设工作并顺利通车,2016年完工沪昆高速铁路另一段由贵阳到昆明的建设工作并顺利通车,2018年完成贵阳到重庆的高速铁路建设工作并顺利通车,2019年底贵阳到成都的成贵高铁全线通车,截至2019年底,贵州铁路里程超过4 200公里,这里面高速铁路里程超过1 800公里,超过一半的地州市设有高铁站,贵州总体上构建了"一横两纵三射线"的现代化铁路系统布局。

在大力建设高速铁路的同时,贵州也在加快高速公路的发展,搭建铁路和公路组成的陆上两条交通大动脉。自"十二五"开局,像高速铁路建设一样,贵州以存量公路为基础,规划建设高等级的国家高速和升级高速公路网线的建设工作,从根本上解决贵州出行不便的难题。在随后几年,贵州加快高等级公路建设速度,先后完工沪昆高速公路、兰海高速公路、杭瑞高速公路等多个经过贵州的跨区高速公路的扩容及建设工程,到2019年底,贵州公路里程数超过20万公里,这其中高速公路里程突破7 000公里,高速公路里程数位居全国第一,在全国率先实现县县通高速,这使得贵州高速公路的密度在全国排名第一。在高速公路发展取得巨大成绩的同时,贵州依托国道、省道和县乡公路为基础,大力推进农村交通基础建设,实现村村通客运、村村通油路,为农村居民的生产生活提供了极大便利。

陆上交通大变局的同时,贵州空中走廊的建设也取得明显的成绩,形成了由点及面的航空机场分布格局。在"十二五"规划发展开始之后,贵州先后增加了多个民用机场,如毕节修建飞雄机场,六盘水建成月照机场,遵义新增茅台机场,黔东南通航黄平机场,这些新增机场加上贵州已有的机场,贵州在空中交通方面构建了更密集化的、多层次性的空中运输分布格局,实现了全省所有地州市皆有机场,其中遵义和黔东南机场数达到两个。未来,贵州规划建设还有多个机场,其他地州市也将像遵义和黔东南一样拥有超过1个机场,进一步增加贵州空中交通的密度。

虽然贵州是内陆省份,没有沿海的区位优势,但是贵州依托省内水路发展航道,在水路方面提升运力。2014年,在省委、省政府的大力支持下,贵州实施"水运建设三年会战"的发展战略,创造性地在贵州开启了高等级航道建设的先河,可以说是贵州交通基础设施建设方面的一个突破。2017年初,在经过多年的建设,贵州打通已经停航10多年的乌江水道,实现全线通航的创举,让贵州从水路方面也可以连接外面,彻底终结了贵州过去水道航运的痛点——"不沿边、不沿海"的历史。到2019年底,贵州实现水道通航里程超过3 900公里,这其中高等级水运通道超过1 000公里,使得贵州水运吞吐能力超过千万吨,极大地改善了水运通航能力,水运也在高等级航运通道的快速发展形势下实现了高质量发展。

贵州海陆空交通建设的全面发展,让贵州实现了县县有高速,步入高铁时代,空中走廊异军突起,水运高质量发展,一副立体化交通图画成型,逐步实现2012年国发2号文中的发展定位,贵州在西南地区的战略位置也得以进一步凸显。现在,从贵阳出发到广州、长沙、昆明、重庆和成都等周边地区都可以乘坐高铁出行,到西安的高铁规划落地,未来2023年随着到南宁的高铁建成通车,贵阳将进一步巩固西南地区高铁运输中心枢纽的地位,贵阳与周边省份,乃至全国的经济交流将更为紧密和方便,合作也将更多。

随着贵州地州市之间民航的全面通航、高铁连接的逐步完善和水运高等级航道的持续增加,贵州将不仅在陆路方面有着重要的战略地位,还将以海空交通加强与外面的连接,在国家级发展战略中找到适合自己的位置,为贵州及周边省份的资源优化配置在交通上创造有利条件,为贵州经济协调发展助力。

三、建生态文明,展贵州绿色之势

2012年召开的党的十八会议提出"美丽中国"的新概念,其中提到要建设生态文明,把它放在突出的位置并作为重要的发展手段,实现中国经济社会永续发展。习近平总书记一直在关注贵州生态文明建设事业,为加快贵州生态文明建设工作,习近平总书记做出多项重要指示。贵州省委、省政府认真学习习近平总书记的讲话精神,将习近平总书记的讲话精神融进工作中去,认真贯彻实施。对党中央在生态文明建设方面的工作部署,贵州省委、省政府响应中央政策号召,高度重视生态文明建设,积极推行。在习近平总书记的关心和党中央政策的支持下生态文明建设取得明显成绩,如今,贵州生态环境不仅是贵州在全国的一张名片,还是贵州经济发展的优势所在。

贵州提出大生态战略推行生态文明建设,注重将生态文明建设与经济发展相结合。2012年,在贵阳召开的贵州省委第十一次党代会上,明确把生态文明理念作为贵州经济社会发展的指导理念,在保持经济快速发展的同时又要留住青山绿水。2013年,贵州大力推进创建全国生态文明先行区的战略行动,在贵州省委、省政府的努力下,终于在2014年在中央的政策支持下获批《贵州省生态文明先行示范区建设实施方案》,这说明贵州生态文明建设获得国家的肯定并走在全国前面。2015年,贵州在生态文明建设方面推出新的行动,开启"绿色贵州"建设三年计划,将中央提到的"守住生态和发展两条底线"的发展思路从政策落地到实践,进一步加快了贵州生态文明建设速度。2017年,贵州将力推的"大生态"发展战略纳入贵州经济发展三大战略行动的范围,将其作为其中重要一环。2018年,贵州又提出打赢五场污染防治战役,分别是蓝天保卫战、碧水保卫战、净土保卫战、固废治理战和乡村环境整治战,以此加强生态环境保护和修复,着力打造美丽贵州。

随着贵州在大生态战略的持续推进,贵州在生态文明建设工作方面取得了长足进展。具体来说,贵州大力推动造林工作,将贵州森林覆盖率从1970年代不到30%提升到2019年的58.5%;地区生产总值能耗在持续下降,2019年相比改革开放之初累计下降超过65%,年均下降超过3%,效果明显;在石漠化治理方面,贵州经过多年努力减少了大量的石漠化面积,石漠化治理成效明显;截至2019年底,贵州获得世界自然遗产地标记有4处,在全面名列第一,拥有自然保护区数目超过100个,所占面积占国土面积超过5%。贵州在生态文明建设方面的巨大成就使得老百姓对贵州生态环境的满意度调查数据在全国名列前茅,位居第二;更让人惊喜的是贵州不仅保护了生态环境,还保持经济增长速度在全国领先。

四、借政策,打造开放型经济

改革开放四十多年时间,贵州在经济建设方面相比较过去发生了巨大改变,与其他地区相比,贵州基于自身条件,选择了与其他地区不同的发展思路和战略。在这个过程中,贵州取得的成绩离不开中央政策支持,其中就包括对贵州开放经济的支持。

2016年8月,在贵州省委、省政府的努力下,国务院同意在贵州设立贵州内陆开放型经济试验区。有了中央政府在政策上的加持,加上之前提到的贵州海陆空立体化交通基础设施大发展,贵州乘势融进国家"一带一路"、长江经济带和粤港澳大湾区等国家级发展战略,加大与外面经贸往来的力度,以此为契机打造基于贵州发展条件的投资贸易便利化试验区、内陆开放式扶贫试验区和现代产业发展试验区。贵州积极响应国家开放发展战略,构建开放型经济发展体制。为推动贵州开放型经济建设工作,贵州成立由省长担任组长的贵州省内陆开放型经济试验区建设领导小组,专门召开以开放型经济试验区为主题的试验区推进会,讨论和处理开放型经济发展中的重大项目和政策,细化选中的试点示范区推进工作,在这一系列积极措施之下,贵州开放型经济建设进展迅速。

在贵州内陆开放型经济试验区获批后,贵州借助中央的政策支持建立本省外商投资准入前国民待遇加负面清单制度,向外界展示了贵州紧跟国家开放政策的一面;另外,通过"单一窗口"的形式发展对外贸易,借助大数据发展的东风大力发展与贸易相关的电子商务和互联网金融等新型行业,用于对外贸易的通商口岸功能得到逐步改善,加上贵州在交通基础设施方面的完善,为贵州成为西南地区物流枢纽中心打下坚实基础。

为配合贵州外向经济发展趋势,贵州省委、省政府在原有的国内主要城市对外平台的基础上,开始在国外一些国家设立对外联络处,扩大贵州在国外的知名度和影响力。在非洲的肯尼亚、欧洲的瑞士和亚洲的印度等国家,贵州在当地设立了方便经贸往来的商务代表处。在印度,为加强中印在大数据发展方面的合作,贵州依托云上贵州大数据产业发展有限公司,在印度信息产业集中地班加罗尔开办了大数据协同创新中心。

除了努力走出去,贵州还在营商环境方面下功夫,致力于引进外商、外资和技术。为此,贵州借助发达地区的成功经验,结合贵州自身的条件,着重改善省内营商环境,重点是营造一个法治化,与国际接轨,投资便利的营商环境。为此,2017年贵州引入第三方评估机构依据国际通行的世界银行营商环境评价标准,对贵州的营商环境全面评估,找出其中存在的不足。随后,贵州根据评估结果在全省范围内下苦功夫优化营商环境。

功夫不负有心人,贵州在营商环境方面的努力成效显著。在开放型经济发展的大趋势下,贵州不仅加大与省外地区的经贸合作往来,还深化与国外之间的经贸往来。2017年,瑞士(贵州)产业示范园在贵阳市综合保税区落户。在贵州大数据发展如火如荼的形势下,像微软、高通和苹果等国际性知名高科技企业纷纷选择在贵州投资。另一方面,贵州本土企业积极向外发展,像茅台集团和瓮福集团等省内知名企业紧跟国家开放发展战略,积极在"一带一路"建设涉及国家谋点布局。

五、全面建成小康社会,共享发展成果

习近平共享发展理念为当代中国实现全面建成小康社会,践行"中国梦"的目标,在思想上给予了方向指引和理论上的保障。我们党在十八大上明确提出全面建成小康社会的时间点,这也意味着贵州要努力与其他地区同步完成这个宏伟目标,将发展的成果惠及贵州各族人民。为此,贵州要清醒地认识到,要把为人民谋福利作为贵州经济社会发展的出发点和终极目标,这既是贵州人民的期盼,更是贵州人民自己的历史担当。

在十八大召开之前,国家就表示对贵州发展的关心。2012年初,在国务院出台的国发2号文中就提到贵州的富裕关系到国家的兴旺发达,贵州要在短时间内赶上其他地区,缩小其间存在的差距,还把贵州全面建成小康社会的过程分为两步。第一步的时间节点是在2015年,贵州先要赶上西部地区发展平均水平,第二步贵州要在随后的5年时间把西部地区发展平均水平提升到全国平均层次。"两步走"战略目标,为贵州的发展指明了思路,同时也将贵州的发展上升到国家层面。贵州省委、省政府高度重视国家的政策指导,在同年4月召开的省第十一次党代会上,省委将中央的政策指示传达给全体代表,同时也给出了实现"两步走"战略目标的发展策略,并将其总结提炼成"五个跃上新台阶""三高于、一达到、五翻番"等小目标,这是贵州在践行习近平共享发展理念的冲锋号。

2012年末,贵州省委在第十一届二次全会上作出了《关于认真学习贯彻党的十八大精神为与全国同步全面建成小康社会而奋斗的决定》(以下简称《决定》),《决定》进一步分解细化了小康战略任务,根据贵州自身情况提出"实现531,县县达小康"的目标,将同步小康分解到每个县,这也是考虑到每个县的具体情况不一样。全面小康社会的建成不是在平均数上实现就完成了任务,这样很可能忽视由少数的高收入使得平均意义上达到目标。全面小康社会是要求坚持多数家庭达到标准,因此要注重居民收入结构,这样还能在一定意义上缩小贫富差距,让更多的老百姓感受发展带来的增益。为了响应党中央、国务院的政策,贵州在过去几年把打赢脱贫攻坚战、加速农村发展看作实现全面建成小康社会存在的短板,着力在这方面加大力度,通过农村"三农"的解决让所有农村居民同全省及全国人民在同一时间节点步入全面小康社会。

在农村生态环境突出问题上重点整治。扎实抓好农村人居环境整治,打造一批农村人居环境整治整村推进示范点。主要做好三个方面的工作,一是注重农村厕所革命工作质量的持续提升,继续做好农村厕所革命工作,把它作为改变农村人居环境的基础性工作;二是加大力度推进农膜污染治理工作,重视对农村受污染土地的监测,加强对已污染土地的修复工作;三是全面提升农村的居住环境,重点是做好农村生活垃圾处理和生活污水处理及监督工作。

除了上述事宜之外,通过改善农村社会公共服务质量让农村百姓体验到社会发展的好处。相比较城市,农村在教育、基层医疗卫生、文化服务和基层社会保障方面还显得较为薄弱,通过经济社会发展,加大农村这方面的投入力度,全面改进农村社会公共服务存在的不足,提升农村公共服务质量,让农民在这方面能感受到党带来的幸福感和安全感。另一方面,以国家大力推行的乡村振兴为契机,加快农村全面改革,增加农民收入。如改革农村集体产业制度,让农民通过土地流转增加资产性收益,鼓励农民组建农村合作社,以股份分红的形式增加收入。

参考文献

一、著作

1.中共中央马克思恩格斯列宁斯大林著作编译局:《马克思恩格斯选集》(第一卷),人民出版社2012年版。

2.中共中央马克思恩格斯列宁斯大林著作编译局:《马克思恩格斯全集》(第7卷),人民出版社1995年版。

3.中共中央马克思恩格斯列宁斯大林著作编译局:《马克思恩格斯全集》(第19卷),人民出版社1963年版。

4.中共中央马克思恩格斯列宁斯大林著作编译局:《马克思恩格斯选集》(第四卷),人民出版社1995年版。

5.毛泽东:《毛泽东著作选读》(下册),人民出版社1986年版。

6.中共中央文献研究室:《毛泽东文集》(第七卷),人民出版社1999年版。

7.习近平:《习近平谈治国理政》(第一卷),外文出版社2014年版。

8.习近平:《习近平谈治国理政》(第二卷),外文出版社2017年版。

9.习近平:《习近平谈治国理政》(第三卷),外文出版社2020年版。

10.习近平:《在省部级主要领导干部学习贯彻党的十八届五中全会精神专题研讨班上的讲话(2016年1月18日)》,人民出版社2016年版。

11.中共中央宣传部:《习近平总书记系列重要讲话》,学习出版社2014年版。

12.中共中央宣传部:《习近平总书记系列重要讲话读本》,学习出版社、人民出版社2016年版。

13.中共中央宣传部：《习近平总书记系列重要讲话读本(2016年版)》，学习出版社2016年版。

14.中共中央文献研究室：《江泽民论有中国特色社会主义(专题摘编)》，中央文献出版社，2002年版。

15.江泽民：《论科学技术》，中央文献出版社2001年版。

16.胡锦涛：《高举中国特色社会主义伟大旗帜为夺取全面建设小康社会新胜利而奋斗》，人民出版社2007年版。

17.本书编写组：《党的十九届四中全会〈决定〉学习辅导百问》，党建读物出版社2019年版。

18.本书编写组：《中国共产党第十八届中央委员会第五次全体会议公报》，人民出版社2015年版。

19.赵绍成：《逻辑学》，西南交通大学出版社2015年版。

20.熊彼特：《经济发展理论》，商务印书馆2000年版。

21.李忠民主编：《中国特色社会主义发展经济学》(上、下卷)，经济科学出版社2018年版。

22.约翰·伊特韦尔、陈岱孙：《新帕尔格雷夫经济学大辞典 第二卷：E-J》，经济科学出版社1996年版。

23.徐则荣：《创新理论大师熊彼特经济思想研究》，首都经济贸易大学出版社2006年版。

24.约瑟夫·熊彼特：《经济发展理论：对利润、资本、信贷、利息和经济周期的考察》，何畏、易家祥等译，商务印书馆1990年版。

25.陈宝明、吴家喜：《全面创新：创新驱动的战略路径》，科学技术文献出版社2016年版。

26.刘登攀：《新时代中国对外开放研究》，中共中央党校出版社2019年版。

27.国家行政学院编写组：《中国新发展理念》，人民出版社2016年版。

28.王庆五：《新发展理念研究丛书·共享发展》，江苏人民出版社2016年版。

二、报刊论文

1.习近平:《在重庆调研时的讲话》,《人民日报》2016年1月7日。

2.习近平:《关于〈中共中央关于全面深化改革若干重大问题的决定〉的说明》,《人民日报》2013年11月16日。

3.习近平:《中共中央关于制定国民经济和社会发展第十三个五年规划的建议》,《人民日报》2015年11月3日。

4.习近平:《在省部级主要领导干部学习贯彻党的十八届五中全会精神专题研讨班上的讲话》,《人民日报》2016年5月10日。

5.习近平:《关于〈中共中央关于制定国民经济和社会发展第十三个五年规划的建议〉的说明》,《人民日报》2015年11月4日。

6.陈金龙:《五大发展理念的多维审视》,《思想理论教育》2016年第1期。

7.陈政:《营造贵州民营经济发展对内对外开放新格局》,《贵州民族报》2020年5月18日。

8.陈涛涛:《理解并顺应东道国的发展取向》,《国际商报》2018年1月5日。

9.蔡克文:《从毛泽东到习近平:共享发展理念的演进》,《改革与战略》2017年第2期。

10.丁孝智、王海飞:《改革开放以来广东开放型经济新格局构建》,《华南理工大学学报(社会科学版)》2018年第5期。

11.杜林杰:《大数据撑起贵州对外开放半边天》,《新西部》2019年第25期。

12.方亚丽、李森:《贵州商务:开放发展增活力》,《当代贵州》2018年第44期。

13.方勇:《开放发展的政治经济学分析》,《南京大学学报(哲学·人文科学·社会科学)》2017年第3期。

14.呼倩:《中国人口老龄化的劳动供给效应——基于省级面板数据的分析》,《广东财经大学学报》2019年第4期。

15.费英秋:《对邓小平"一部分人先富起来"思想的几点思考》,《前沿》

2002年第1期。

16.冯俊:《邓小平改革思想的理论精髓和现实意义》,《光明日报》2014年8月13日。

17.谷克鉴:《内外经济联动发展的大国贸易模式——兼评〈国家规模、制度环境和外贸发展方式〉》,《唯实》2020年第3期。

18.顾海淞:《贵州农业脱胎换骨"黔货出山"前景广阔对接大市场》,《当代贵州》2019年第47期。

19.郭晖:《贵州绿色产业发展的思考》,《贵州农业科学》2004年第3期。

20.高其才、罗昶:《村规民约与生态保护和绿色发展——以贵州省文斗村为考察对象》,《人权》2016年第3期。

21.高异华、蒋平:《不忘"富民"初心助力脱贫攻坚——贵州富民村镇银行积极践行普惠金融》,《当代贵州》2019年第36期。

22.何海根、孙代尧:《21世纪科学社会主义的新发展——论习近平的科学社会主义观》,《当代世界与社会主义》2019年第6期。

23.解静:《大数据背景下贵州内陆开放型经济试验区建设的思路及建议》,《商讯》2019年第23期。

24.胡志平、甘芬:《国内共享发展若干问题研究述评》,《当代世界与社会主义》2016年第4期。

25.胡学勤:《新常态下创新驱动经济的理论思考》,《现代经济探讨》2015年第11期。

26.黄勇:《推动贵州经济高质量赶超发展》,《贵州日报》2020年1月8日。

27.黄勇、蒋莉莉:《将旅游产业打造成新时代贵州经济发展新引擎》,《贵州日报》2019年6月12日。

28.黄群慧:《论中国特色社会主义的创新发展理念》,《光明日报(理论版)》2017年9月5日。

29.蒋佳、陈昌兵:《中国特色社会主义创新发展理论》,《现代经济探讨》2019年第5期。

30.雷明:《路径选择——脱贫的关键贵州省毕节地区可持续发展与可持续减贫调研报告》,《科学决策》2006年第7期。

31.李裴:《坚持科学开发推动绿色发展》,《求是》2010年第16期。

32.李剑玲:《基于低碳绿色经济的中国城市建设问题研究》,《生态经济》2014年第5期。

33.李晓红:《贵州经济高质量发展的三大空间与支撑》,《贵州日报》2020年1月15日。

34.李扬、张晓晶:《新常态:经济发展的逻辑与前景》,《经济研究》2015年第5期。

35.李安峰:《三线成就:贵州经济社会发展的精彩乐章》,《贵州日报》2019年9月11日。

36.李思瑾、张恒、林民:《贵州:"四个融合"深耕大数据"试验田"》,《当代贵州》2019第27期。

37.刘玉飞:《人口老龄化背景下城市化对劳动力供给的影响效应分析》,《统计与决策》2019年第18期。

38.刘娟、赵永华:《全球治理视角下中国制度性话语权构建的路径选择》,《国际传播》2018年第11期。

39.刘悦、李唯睿、罗亮亮:《数说贵州:70年经济增长翻天覆地》,《当代贵州》2019年第26期。

40.刘庆和:《贵州经济增长的常态》,《当代贵州》2019年第2期。

41.刘纪远等:《中国西部绿色发展概念框架》,《中国人口·资源与环境》2013年第10期。

42.刘志雄:《中国绿色发展的条件与面临的挑战》,《新视野》2013年第4期。

43.刘军:《马克思主义公平理论与当代中国的共享发展》,《人民论坛》2017年第20期。

44.刘武根、艾四林:《论共享发展理念》,《思想理论教育导刊》2016年第1期。

45.刘琼芳:《共享发展理念下的大学生文化自信现状及培养》,《产业与科技论坛》2019年第3期。

46.刘思帆、孙育红:《以人民为中心的共享发展保障机制构建》,《改革与战略》2018年第10期。

47.连永焕:《改革开放40年的伟大成就及其意义》,《中共伊犁州委党校学报》2018年第4期。

48.林响:《从飞鸟不通,到八方通航》,《贵阳文史》2018年第3期。

49.罗亮亮、张丽:《多彩贵州向高质量发展迈进》,《当代贵州》2019年第3期。

50.罗亮亮:《绿色化:生态优先绿色制造》,《当代贵州》2019年第28期。

51.龙奋杰:《交通强省与贵州经济社会协同发展》,《贵州日报》2018年12月11日。

52.吕福新、孙宁:《绿色发展的主体-生态模式——基于浙商的实践》,《商业经济与管理》2014年第7期。

53.梁青:《中国银行贵州省分行:在改革创新中实现高质量发展》,《当代贵州》2019年第36期。

54.蓝东兴:《贵州深化改革和扩大开放的现实意义》,《理论与当代》2013年第9期。

55.毛新雅、贾智:《抓住地区发展的巨大历史契机——贵阳融入"一带一路"建设的思考与建议》,《当代贵州》2019年第2期。

56.孟红艳:《贵州省内陆开放经济中发展绿色经济战略的研究》,《经贸实践》2016年第8期。

57.孟宪生、关凤利:《论共享发展的层次性及实现路径》,《思想理论教育导刊》2016年第8期。

58.马占魁、孙存良:《准确理解和把握共享发展理念的深刻内涵》,《光明日报》2016年6月19日。

59.马莉、罗磊:《贵州农村普惠金融发展现状浅析》,《农村经济与科技》2018年第24期。

60.马青青:《贵州省对外贸易对经济增长的贡献研究》,《中国集体经济》2019年第11期。

61.马凯:《开放发展理念的社会主义意蕴》,《重庆社会科学》2017年第7期。

62.农文成:《贵州形成全面对内对外开放新格局》,《贵州民族报》2018年12月12日。

63.韦倩、杨刚、覃淋等:《职业教育:职教一人脱贫一户》,《当代贵州》

2019年第43期。

64.覃淋:《以人民为中心》,《当代贵州》2018年第17期。

65.韦倩、杨刚、覃淋等:《高等教育:跑出"双一流"建设加速度》,《当代贵州》2019年第43期。

66.覃淋:《贵州教育发展时间表和路线图》,《当代贵州》2019年第1期。

67.任理轩:《坚持开放发展》,《人民日报》2015年12月23日。

68.梅松:《生态贵州:天人合一·知行合一》,《大众科学》2016年第8期。

69.石明奎:《贵州乌江中下游地区发展绿色产业的思考》,《贵州民族研究》1999年第3期。

70.石丽、张步阔:《贵州融入"渝新欧"提升外向型经济发展对策研究》,《物流科技》2018年第11期。

71.石建勋:《践行新理念引领新发展》,《经济日报》2017年1月13日。

72.盛斌、马斌:《中国经济学如何研究开放发展》,《改革》2016年第7期。

73.孙东方:《新变局下的中国和平发展与防范化解重大外部风险》,《国际观察》2019年第4期。

74.孙蕙:《陆海联动:贵州推进高水平开放》,《当代贵州》2019年第23期。

75.孙迎联、吕永刚:《精准扶贫——共享发展理念下的研究与展望》,《现代经济探讨》2017年第1期。

76.唐啸:《绿色经济理论最新发展述评》,《国外理论动态》2014年第1期。

77.田锦尘:《开放的贵州蕴含无限机遇》,《贵阳日报》2016年11月11日。

78.韦一茜:《科技创新"引擎"助推贵州经济腾飞——访贵州省科技厅党组书记、厅长廖飞》,《当代贵州》2020年第4期。

79.伍国勇、李桥兴:《以现代产业体系特色化促进贵州经济体系现代化》,《贵州日报》2019年6月5日。

80.王常青:《习近平创新驱动发展思想述要》,《岭南学刊》2017年第

4期。

81.王凯、庞震:《从社会主要矛盾变化看我国城乡收入差距的不平衡》,《当代经济管理》2019年第5期。

82.王秀峰:《基于"三化"的贵州经济高质量发展思考》,《贵州日报》2019年5月15日。

83.王江平:《"资源路径依赖"地区的绿色发展经》,《中国经济和信息化》2012年第24期。

84.王新玉:《低碳发展与循环发展、绿色发展的关系研究》,《生态经济》2014年第9期。

85.王胜:《五大发展理念是不可分割的整体》,《解放军报》2016年1月26日。

86.王远鸿:《变局时期中国经济面临的多重挑战》,《经济参考报》2012年3月28日。

87.王丹:《以共享发展理念引领教育公平》,《文化发展》2018年第12期。

88.王红霞:《贵州生态文明建设的实践与探索》,《新西部》2019年第28期。

89.王淑荣、许力双:《共享发展理念的重大意义与实践指向》,《红旗文摘》2016年第4期。

90.吴倩:《系统工程思想下新型城镇旅游综合体发展路径研究——以贵州省为例》,《中共福建省委党校学报》2015年第11期。

91.吴晓灵:《发展小额信贷促进普惠金融》,《中国流通经济》2013年第5期。

92.吴园园:《习近平新时代开放发展理念的多维论析》,《兵团党校学报》2019年第2期。

93.吴桂华:《共同推动大数据产业创新发展》,《贵阳日报》2018年6月11日。94.卫兴华:《共享发展:追求发展与共享的统一》,《人民日报》2016年8月17日。

95.汪枭枭:《美丽中国的"贵州实践"》,《当代贵州》2018年第26期。

96.肖春花、蒋锦洪:《当代中国新发展观的认识逻辑》,《中共福建省委党校学报》2017年第2期。

97. 邢昉：《金融支持贵州绿色经济发展的思考》，《贵州社会科学》2012年第12期。

98. 徐天才：《坚定不移推动新时代贵州改革开放再出发》，《当代贵州》2019年第1期。

99. 绪宗刚：《推动形成贵州全面开放新格局》，《贵州日报》2018年4月3日。

100. 许艳华：《构建共享发展的制度保障体系》，《中国特色社会主义研究》2016年第4期。

101. 谢艳锋、于开锋：《贵州省经济增长驱动因素实证分析》，《全国流通经济》2019年第26期。

102. 颜修琴、王佳尧：《大数据背景下贵州经济发展现状探究》，《商场现代化》2019年第5期。

103. 颜晓峰、吴晓宇：《共享发展是新发展理念的价值要义》，《辽宁日报》2018年1月9日。

104. 颜军、李晓宇：《列宁平等思想的共享发展意涵及其当代创新与启示》，《成都理工大学学报（社会科学版）》2019年第6期。

105. 杨柳青青、李小平：《基于"五大发展理念"的中国少数民族地区高质量发展评价》，《中央民族大学学报（社会科学版）》2020年第1期。

106. 杨多贵、周志田：《创新驱动发展的战略选择、动力支撑与红利挖掘》，《经济研究参考》2014年第64期。

107. 袁广达、朱雅雯、徐巍娜：《我国工业环境成本核算内容与方法研究——基于2008—2012年数据分析》，《会计之友》2015年第2期。

108. 袁航：《推动贵州经济高质量发展》，《当代贵州》2018年第48期。

109. 袁燕、苏江元：《做国家大数据战略的探路者——贵州借力"大数据"后发赶超》，《当代贵州》2016年第23期。

110. 尹庆双：《坚持共享发展理念，全面建成小康社会》，《经济学家》2015年第12期。

111. 于漪、李桥兴：《基于资源开发视角的贵州省旅游产业发展路径研究》，《贵州社会科学》2019年第7期。

112. 余永跃、雒丽：《以共享发展理念引领乡村振兴》，《福建论坛（人文社会科学版）》2018年第10期。

113.余蓉、汪政杰、鲁国晶:《贵州新型城镇化发展路径研究》,《黑龙江科技信息》2016 年第 23 期。

114.张乾元、谢文娟:《论新发展理念的内在逻辑》,《中州学刊》2017 年第 1 期。

115.张惟佳:《我国投资驱动型增长模式战略转型分析》,《现代商贸工业》2009 第 19 期。

116.张茉楠:《投资依赖是最大元凶》,《中国经济和信息化》2011 年第 11 期。

117.张筑平:《新时代贵州农村经济发展面临的机遇和挑战》,《现代商业》2019 年第 33 期。

118.张贵祥:《从商业模式创新视角探论贵州特色农业开发》,《贵州民族学院学报(哲学社会科学版)》2011 年第 6 期。

119.张梅:《绿色发展:全球态势与中国的出路》,《国际问题研究》2013 年第 5 期。

120.张三元:《开放发展与人类命运共同体构建》,《广东社会科学》2017 年第 4 期。

121.张平:《打造贵州对外开放新平台》,《贵州民族报》2018 年 12 月 17 日。

122.张蕊:《黔道不再难　天堑变通途》,《当代贵州》2019 年第 29 期。

123.张贤明、邵薪运:《共享与正义:论有尊严地共享改革发展成果》,《吉林大学社会科学学报》,2011 年第 1 期。

124.赵卫军、焦斌龙、韩媛媛:《1884—2050 年中国农业剩余劳动力存量估算和预测》,《人口研究》2018 第 2 期。

125.周欢、刘洪:《贵州省山地高效农业发展现状分析及对策建议》,《农场经济管理》2018 年第 8 期。

126.周绍朋:《强国之路:建设现代化经济体系》,《国家行政学院学报》2018 年第 5 期。

127.周文重:《这是历史的选择》,《光明日报》2011 年 9 月 7 日。

128.朱元兰、刘雪:《贵州省经济发展差距及原因研究》,《中国市场》2016 年第 47 期。

129.郑文丰:《贵州大交通带来发展大机遇》,《贵阳日报》2020 年 7 月

13日。

三、硕博论文

1. 刘登攀:《新时代中国对外开放研究》,中共中央党校博士学位论文,2019年。
2. 侯鹏:《习近平经济发展新常态思想研究》,东北师范大学博士学位论文,2018年。
3. 钟晓雅:《国际环境影响下马克思主义中国化进程研究》,山东师范大学博士学位论文,2019年。
4. 祝年贵:《招商引资论》,四川大学博士学位论文,2004年。
5. 李杰:《习近平开放发展思想研究》,大理大学硕士学位论文,2018年。
6. 郭杰:《习近平人类命运共同体思想研究》,延安大学硕士学位论文,2019年。
7. 王爱遥:《习近平开放发展理念研究》,四川省社会科学院硕士学位论文,2017年。
8. 李文兰:《习近平开放发展理念研究》,华中师范大学硕士学位论文,2017年。
9. 赵立飞:《贵州承接产业转移研究》,贵州财经大学硕士学位论文,2012年。
10. 邢真:《"一带一路"倡议下习近平开放发展理念研究》,青岛理工大学硕士学位论文,2018年。
11. 姜良强:《贵州省内陆开放型经济发展水平研究》,贵州财经大学硕士学位论文,2015年。
12. 闫朝阳:《贵州内陆开放型经济发展路径研究》,贵州财经大学硕士学位论文,2018年。
13. 孙鹏:《习近平开放发展新理念在广西的实践研究》,广西师范学院硕士学位论文,2018年。
14. 周晓阳:《"一带一路"战略背景下西藏沿边开放政策调整研究》,西藏大学硕士学位论文,2016年。

15.李艳娇:《改革开放以来中国特色社会主义发展理念历史演进研究》,兰州理工大学硕士学位论文,2019年。

16.袁梦馨:《习近平共享发展理念研究》,重庆工商大学硕士学位论文,2020年。

17.邢单伟:《共享发展理念下民族文化旅游发展研究:以黔东南苗族侗族自治州为例》,南昌大学硕士学位论文,2017年。

18.田乐:《"互联网＋流通"下的流通效率提升研究》,安徽财经大学硕士学位论文,2016年。

19.周吉星:《贵州省"特惠贷"金融扶贫机制研究》,贵州大学硕士学位论文,2018年。

20.李嘉敏:《精准扶贫实践中返贫问题研究——以连南县为例》,华南理工大学硕士学位论文,2019年。

21.吴俊:《五大发展理念的哲学思考》,南华大学硕士学位论文,2018年。

四、电子文献

1.原新:《人口老龄化是我国不可逆转人口新常态》,https://www.cpaw.org.cn/article/? id＝20,下载日期:2020年1月2日。

2.刘厚莲:《世界人口展望2019:中国人口老龄化的趋势与应对》,https://mp.weixin.qq.com/s/NMC9gKkQbq5mczF4＿RmYyA,下载日期:2020年6月20日。

3.学习强国:《新中国成立70年来固定资产投资年均增长》,https://www.xuexi.cn/lgpage/detail/index.html? id＝4129652986388839718,下载日期::2020年9月4日。

4.夏妍:《中国投资依赖度已达80％,专家称:1.25元GDP需要1元投资拉动》,http://finance.sina.com.cn/roll/2017-02-21/doc-ifyarrqs9892941.shtml,下载日期:2020年2月21日。

5.黄锐:《习近平:加快实施创新驱动发展战略》,http://www.xinhuanet.com//politics/2014-08/18/c＿1112126748.htm,下载日期:2020年8月18日。

6.佚名:《如何坚持新发展理念?》,www.qstheory.cn/2019-08/23/c_1124913977.htm,下载日期:2019年12月20日。

7.习近平:《共谋绿色生活,共建美丽家园——在2019年中国北京世界园艺博览会开幕式上的讲话》,https://www.xuexi.cn/lgpage/detail/index.html? id=7124620269568411403,下载日期:2020年4月28日。

8.刘鹏:《联合国防治荒漠化公约缔约方大会为贵州石漠化治理成就点赞》,中新网,http://www.chinanews.com/gn/2019/02-26/8765696.shtml,下载日期:2020年2月26日。

9.于桂琴:《"以渣定产"推动磷化工绿色发展》,人民网,https://www.sohu.com/a/367977841_114731,下载日期:2020年12月20日。

10.贵州省农业农村厅:《"凤冈模式"入选全国农业绿色发展十大典型案例》,http://www.zunyiol.com/index.php? m=content&a=show&catid=218&id=82487,下载日期:2020年12月9日。

11.欧东衢:《贵州:大数据产业乘"云"而上》,搜狐网,https://www.sohu.com/a/316100320_114911,下载日期:2020年5月24日。

12.刘骏娇:《2019多彩贵州大事记:大数据产业发展蒸蒸日上》,https://baijiahao.baidu.com/s? id=1655680560712059096&wfr=spider&for=pc,下载日期:2020年12月20日。

13.方春英、赖盈盈:《农村产业革命酿造幸福味道》,http://szb.gzrbs.com.cn/gzrb/gzrb/rb/20190117/Articel07003JQ.htm,下载日期:2020年1月17日。

14.罗林:《"组组通"硬化道路近8万公里》,https://wb.gywb.cn/epaper/gywb/html/2019-06/20/content_44789.htm,下载日期:2020年6月20日。

15.中共贵州省委宣传部:《贵州全力以赴决战决胜脱贫攻坚》,http://m.people.cn/n4/2020/0522/c1294-13970934.html,下载日期:2020年5月30日。

16.佚名:《我省首例环境公益诉讼宣判》,http://news.sina.com.cn/o/2007-12-28/085413159401s.shtml,下载日期:2020年12月28日。

17.郄建荣:《民间组织起诉造纸厂非法排污贵州清镇法院受理》,http://www.chinanews.com/fz/2010/11-24/2678507.shtml,下载日期:

2020年12月20日。

18.张玥、贾过之:《贵州发起生态补偿三省"大合唱"打造生态建设"金名片"》,http://www.gog.cn/zonghe/system/2019/05/31/017258766.shtml,下载日期:2020年12月20日。

19.孙远桃:《贵州2020年将建成800个以上绿色矿山》,http://www.cbmd.cn/epaper/content/2019-03/12/content_5421.htm,下载日期:2020年3月12日。

20.彭显华:《加快建设国家内陆开放型经济试验区打造内陆经济发展新高地》,http://www.ddcpc.cn/2019/first_1112/3796.html,下载日期:2020年10月31日。

21.赵齐兴:《纳雍首次启动单株碳汇精准扶贫项目》,纳雍县人民政府网,www.gznayong.gov.cn/,下载日期:2020年10月31日。

五、其他文献

1.贵州省区域经济研究会:《贵州省与周边地区及重点经济区域深化战略合作研究》,2014年。

2.贵州省开展对外战略性合作研究课题组:《贵州省农业开发领域开展对外战略性合作专题研究》,2014年。

3.贵州省开展对外战略性合作研究课题组:《贵州省基础设施建设领域开展对外战略性合作专题研究》,2014年。

4.贵州省开展对外战略性合作研究课题组:《贵州省教育人才领域开展对外战略性合作专题研究》,2014年。

5.贵州省开展对外战略性合作研究课题组:《贵州省能矿开采领域开展对外战略性合作专题研究》,2014年。

6.贵州省开展对外战略性合作研究课题组:《贵州省对外开放平台建设战略研究》,2014年。

7.贵州省开展对外战略性合作研究课题组:《贵州省开展对外战略性合作研究总报告》,2014年。

8.三都县林业局:《贵州省岩溶地区第三次石漠化监测成果公报》,2019年。

后 记

党的十八大以来,在习近平总书记的亲切关怀下,中共贵州省委团结带领全省各族干部群众,不忘初心、牢记使命,牢记嘱托、感恩奋进,牢牢守好发展和生态两条底线,强力实施大扶贫、大数据、大生态三大战略行动,加快推进三大国家级试验区建设,产业发展、基础设施、大数据发展、生态建设、改革开放、民生福祉和社会治理水平大踏步前进,政治生态持续向好,全省经济社会发展取得了历史性成就,被习近平总书记誉为是"党和国家事业大踏步前进的缩影"。为全面总结五大发展理念在贵州的生动实践,我们组织撰写了本书。

本书写作分工如下:

韩卉提出本书基本撰写思路,并参与提纲和具体研究内容的讨论与审定,刘肇军参与提纲和具体研究内容的讨论与审定,杨斌承担全书的统稿任务并参与提纲和具体研究内容的讨论与审定,康文峰撰写绪论和第三章,韩轶春、王雪琴撰写第一章,陈兴建、袁仁书撰写第二章,单晓娅、廖加固、杜雪莲、胡剑波、任晓冬撰写第四章,李靖、肖萍、谢静、赵泽鑫撰写第五章,许红莲、杜欣欣撰写第六章,张雄撰写第七章。

中共贵州省委党校原副校长汤正仁教授仔细审阅了全书初稿并提出了宝贵的修改意见,十分感谢!由于我们水平有限,加之时间仓促,错误遗漏在所难免,恳请学界同仁及读者诸君批评指正!

韩卉
2021 年 4 月 22 日